文化伟人代表作图释书系

An Illustrated Series of Masterpieces of the Great Minds

非凡的阅读

从影响每一代学人的知识名著开始

  知识分子阅读，不仅是指其特有的阅读姿态和思考方式，更重要的还包括读物的选择。在众多当代出版物中，哪些读物的知识价值最具引领性，许多人都很难确切判定。

  "文化伟人代表作图释书系"所选择的，正是对人类知识体系的构建有着重大影响的伟大人物的代表著作，这些著述不仅从各自不同的角度深刻影响着人类文明的发展进程，而且自面世之日起，便不断改变着我们对世界和自身的认知，不仅给了我们思考的勇气和力量，更让我们实现了对自身的一次次突破。

  这些著述大都篇幅宏大，难以适应当代阅读的特有习惯。为此，对其中的一部分著述，我们在凝练编译的基础上，以插图的方式对书中的知识精要进行了必要补述，既突出了原著的伟大之处，又消除了更多人可能存在的阅读障碍。

  我们相信，一切尖端的知识都能轻松理解，一切深奥的思想都可以真切领悟。

■ 文化伟人代表作图释书系

On War

陈 娜 / 编译

战争论（全新插图版）

〔德〕卡尔·冯·克劳塞维茨 / 著

重庆出版集团 重庆出版社

图书在版编目（CIP）数据

战争论 /〔德〕卡尔·冯·克劳塞维茨著；陈娜编译.
—重庆：重庆出版社，2019.1（2021.5重印）
ISBN 978-7-229-13684-0

Ⅰ.①战… Ⅱ.①卡…②陈… Ⅲ.①战争理论 Ⅳ.①E8

中国版本图书馆CIP数据核字（2018）第257357号

战争论
ZHANZHENGLUN
〔德〕卡尔·冯·克劳塞维茨 著 陈 娜 编译

策 划 人：刘太亨
责任编辑：张立武
责任校对：刘小燕
特约编辑：何 滟
封面设计：日日新
版式设计：曲 丹

重庆出版集团
重庆出版社 出版

重庆市南岸区南滨路162号1幢 邮编：400061 http://www.cqph.com
重庆三达广告印务装璜有限公司印刷
重庆出版集团图书发行有限公司发行
全国新华书店经销

开本：720mm×1000mm 1/16 印张：31.5 字数：502千
2019年1月第1版 2021年5月第2次印刷
ISBN 978-7-229-13684-0

定价：68.00元

如有印装质量问题，请向本集团图书发行有限公司调换：023-61520678

版权所有 侵权必究

PREFACE TO THE FIRST EDITION 初版序

  由一个女人来撰写这样一本书的序言，一定有人会为此感到惊讶。对我的朋友来说，无须作任何解释，但我认为，还是有必要向那些不了解我的人简单说明一下原因，以免他们认为我狂妄自大。

  这部著作是我挚爱的丈夫在他人生的最后十二年里完成的。尽管倾尽心血，但他却从未想过在他有生之年将本书出版。当我劝他改变这种想法时，他总是半开玩笑地——或许也带着某种不好的预感——说："应该由你来出版。"（他每次这样说，我都会忍不住落泪，尽管我并未把它当真。）正是这句话，让我的朋友们认为我应该为丈夫的遗著写点什么。虽然有人对此持不同的看法，但他们定不会不体谅使我克服羞怯心理来写这篇序言的感情，这种羞怯往往使一个女子在做这样的事情时感到极其为难。

  当然，我绝不奢望人们把我看作这部著作的真正出版人，因为以我的能力，要做这件事还远远不够。我只想当一名助手，参与这部著作的出版工作。我有权利要求这样做，因为在这部著作的产生和形成过程中，我也曾担任过相应的角色，而且没有人比我更清楚成书的方式和时间，以及我的丈夫在写这部书的时候怀抱着多么大的热情和希望。上天赋予了我的丈夫卓越的才智，使他自少年时代就渴望光明和真理。他在许多方面都很出色，但他几乎将毕生精力都投入到了军事科学上，这对国家的富强具有巨大的重要性，并最终成为他的职业。首先是沙恩霍斯特把他引上了正确的道路。在1810年，他受聘担任柏林军官学校的教官，同时他还荣幸地为王太子殿下讲授基础军事课。这一切都促使他致力于这方面的研究。1812年，他在结束他为王太子殿下讲授的课业时写下的一篇文章，已经勾勒了如今这部著作的雏形。然而，直到1816年，在科布伦茨，他才再次开始科研工作，并得以将极其重要的四年战争时期（1812—1815年欧洲反法联盟对法兰西共和国的战争）累积的丰富经验记录下来。起初他把自己的见解写成一些简短的、相互间联系松散的文章。我从他的手稿中，发现了下面这篇没有标注日期的文章，应该也是他在这个时期写下的——

"我认为，在这里写下的一些原则，已经涉及了所谓战略的主要问题。我把它们视作早期的草稿，但实际上它们差不多已可以融合进单独的一部著作。

"这些草稿是在没有预定编写大纲的情况下写成的。起初，我只想用简短而严密的表达写下战略方面的重点，而没有考虑它们的体系或形式联系。当时，我想到的是借鉴孟德斯鸠谈论问题的方法。我认为，文章采用简短的格言式将会吸引有远见卓识的读者，因为它们一方面能够启发思想，另一方面自带许多论点。我所设想的读者，是那些足够了解战争的人。在很长一段时间里，我致力于从一些论文中只提炼最重要的结论，把精髓集中到一个较小的范围。但是后来，我的个性占了上风，它促使我尽力发挥——此时考虑的是对该主题并不太熟悉的读者。

"随着研究的深入，我愈加注重分析精神。为了使著作更加系统化，我陆陆续续添加了一些篇章加以充实。

"最后，我打算把所有文章再度修改，充实早期的文章，归纳整合后期的文章，使所有文章成为一个比较系统的整体，然后撰编成一部内含八篇的书。此外，在写作过程中，我尽量避免写些为人熟知或谈论过千百遍的东西，因为我无意写一部两三年后就会被人遗忘的书，而是写一部对这个主题有兴趣的人经常翻阅的书。"

在科布伦茨，由于工作上的事务繁杂，我的丈夫只能抽取零星的闲暇时间来写作。直到1818年，他被任命为柏林军官学校的校长，才有了充裕的时间可供专注于自己的创作，并用当时的战史来充实它的内容。根据这所学校当时的制度，科学研究工作不属校长管辖，而由专门的研究委员会主持，因此他并不十分满意这个职务，但充裕的闲暇时间使他仍乐于接受他的任命。虽然他没有庸俗的虚荣心，也不计较个人荣誉，但始终要求自己真正胜任，不愿荒废了上帝赐予自己的天赋。在职业生涯中，他从未得到过能满足他这种要求的职位，不过他对此也不抱太大的希望。他把自己毕生的精力都投入到科学研究的领域，对他来说，人生最大的理想就是自己的著作能对世人有益。尽管如此，他仍然坚持生前不出版这本书。这就证明他丝毫没有沽名钓誉的虚荣心，更无任何利己的动机，他只希冀这部作品能产生巨大而深远的影响。

直到1830年春，他被调去炮兵部门任职，由于工作繁忙（至少在最初阶段是这样），不得不放弃自己所热爱的写作。他把手稿整理封存起来，并一一贴上标签，最后难过地与他极其热爱的工作告别。同年8月，他被调往布雷斯劳担任第二炮兵监察部总监；12月又被调回柏林，担任伯爵格奈泽瑙元帅的参谋长，直到元帅的指挥权终止为止。1831年3月，他陪同元帅前往波森。由于遭到悲痛的打击（格奈泽瑙元帅感染霍乱去世），他于11月7日又从波森回到布雷斯劳，他打起精神，意欲继续写作，并计划在当年冬天完成。但是上帝作了另外的安排，16日他就离开了我们，他亲手封存的文稿直到他去世之后才得以打开。

现在，这部著作按照它们被打开的样子分篇出版，没有增删一个字。尽管如此，出版时仍有很多工作要做，要进行整理和研究。我衷心感谢在这方面给予我帮助的朋友们。首先感谢奥埃策耳少校，他承担了付印前的校对工作。我还要感谢我的弟弟，他在我最悲痛的时候给了我很大的支持，对这部遗著的出版作出了很大的贡献。特别想说的一点就是，他在细心地阅读和整理这部遗著时，发现我挚爱的丈夫最先的修改（他在1827年所写的《说明》一文中提到了这一未来的计划），并把修改好的文稿插进第一篇的有关章节中。

与此同时，我还要感谢其他的众多朋友，他们向我提出了很多宝贵的意见。虽然我无法把他们的名字一一列出来，但我相信他们定会领受我衷心的谢意。

我在丈夫身边度过了非常幸福的二十一年，虽然我现在失去了他，但每当我想起挚爱的丈夫留给我的回忆和关怀，看到他深得人们广泛的仰慕和公认的赞颂，凡此种种，令我的幸福恒永地持续。

国王和王后出于信任，召我到宫中任职，这对我又是一种安慰。我感谢上帝，让我担任了这个我愿为之奉献一切的光荣职务。愿上帝降福，让我能够胜任这项工作，并希望尊贵的小王子将来能够阅读这部书，鼓舞他像他荣耀的先祖一样建功立业。

威廉王后陛下女侍从长
玛丽·冯·克劳塞维茨
1832年6月30日写于波茨坦大理石宫

前言 | FORWARD

科学方法，不仅仅或者不主要在于一个完整的体系或理论大厦，这在当今是毋庸置疑的问题了。在本书中，我不提供这样的体系和理论大厦，而只提供其所需的材料。

本书的科学性在于，要探讨战争现象的实质，指出它与构成它的事物之间的联系。在书中，我没有回避哲学的结论，只是在结论不足以说明问题时，选择放弃它们，而采用读者乐于接受的现象来说明。我要做的，是让理论这棵大树更接近固有的土壤。如果你想知道麦穗的形状，最简单的办法就是去田地里看看，而不是在书籍里去研究它。

哲学和经验、研究和观察，总是相互作用、相得益彰。本书中具有内在的必然性的一些原则，或者是建筑在经验的基础上，或者是建筑在战争概念本身的基础上。因此可以说，这些原则都建立在牢靠的基础上，能得到足够的支撑。

要写出一部充满智慧的、实质性而系统的战争理论并非不可实现，但我们现有的理论与之还存在着很大的差距。抛开这些理论的非科学精神不说，仅仅因为它们一味追求体系的完整性和连贯性，就使得其论述充满各种陈词滥调。如果有人想要就其性质得到准确的印象，不妨读一读利希滕贝格的"消防章程"：

"如果一幢房子着了火，那么人们首先想到的是去保护位于左边的房子的右墙和位于右边的房子的左墙。因为如果人们想要保护位于左边的房子的左墙，那么这幢房子的右墙位于左墙的右边，因而火也在这面墙和右墙的右边，所以，这幢房子的右墙比左墙离火更近，而且在火烧到受保护的左墙以前，如果不对右墙加以保护，房子的右墙就可能烧毁。由此可以得出结论：未加防护的东西很容易烧毁，比其他的更快，即使其他的也未加保护。所以，人们必须放弃后者，保护前者。同时必须牢记：如果房子位于火的右边，就保护左墙；如果房子位于火的左边，就保护右墙。"

我想把自己经过多年对战争的研究，以及在同许多军事天才的交往及自己的经验中收获的成果献给大家。本书中，从表面上看，章节之间的联系不甚紧密，但我希望它们并不缺乏内在联系。或许不久的将来会出现一位伟大人物，他带给我们的不再是这般分散的颗粒，而是一整块毫无杂质的纯金属铸块。

卡尔·冯·克劳塞维茨
写于1816至1818年间

说明

我认为，已经誊写好的前六篇，只是一些不成形的素材，需要再次修改。改写后，务必使读者能够清楚地区分战争的两种类型，这样一来，一切观念才会更明晰，总趋势才会更明确，运用才会更具体。

战争的两种类型是：以打垮敌人为目的的战争和仅以占领敌国边境的一些地区为目的的战争。前者可以是在政治上摧毁敌人军队，或者只是解除敌人的武装，迫使敌人签订某一和约；后者可以是为了占领这些地区，也可以是利用这些地区作为有用的交换手段签订和约。当然，这两者之间必然有一些过渡性的战争，但它们之间完全不同的特点必然贯穿始终，而那些互不相容的部分也必定会区分出来。

除了指出上述这种战争中实际存在的差别以外，还必须明确一个重要的观点：战争无非是国家政治以另一种手段的继续。只有明确这一观点，我们所研究的问题才会比较容易解决。虽然这个观点主要应用于第八篇，但是必须在第一篇中展开，并在前六篇的改写方面发挥作用。在对前六篇进行修改时，将去其糟粕，弥补缺漏，并把一般性的东西归纳为比较明确的思想和形式。

第七篇"进攻"（各章的草稿已经写好），可以看作是第六篇的对照和扩展，并且应该根据上述展露的明确观点进行修改。这样一来，第七篇在以后就不必再修改，甚至可以作为改写前六篇的标准。

第八篇"战争计划"（战争规划总论）的许多章节已经草拟完成。但这些章节甚至还不能算是真正的素材，而只是对大量材料的粗略加工，目的是能够在工作中明确重点。这个目的已经达到。我计划在完成第七篇以后，立即着手修改第八篇，修改工作主要遵循上述两个观点，同时简化一切材料，深化论点。我希望这一篇能够厘清一些战略家和政治家脑袋里的模糊思想和观念，并且表明问题的关键所在，以及在一场战争中必须考虑的问题。

如果在修改第八篇的过程中能够使自己的思想更明朗，能够把握战争的重要特征，那么以后我就可以比较轻松地把这种精神带到前六篇的修改中，让这些特征和思想发挥作用。只有到了这一步，我才会着手修改前六篇的内容。

如果因为我的早逝而中断了这项工作，那么这些东西自然就只是一堆不成形的文字材料而已。它们会不断遭到曲解或批判。每个人都认为自己想到并提笔写下的东西是足够好的，可以直接发表出去，就像二乘二等于四那样毫无疑问。如果他们也像我一样花如此多的精力，长年累月地思考这些问题，并且经常拿来同战争史进行对比，那么他们在批判的时候自然就会更慎重。

就算我不能完成这本书，我仍然相信，一个没有偏见、渴望真理和追求信念的读者，在读前六篇时也不会看不见那些经过多年思考和对战争孜孜不倦的研究所得出的真知灼见，并可以从中发现一些在战争理论中引发一场革命的主要思想。

1827年7月10日于柏林

（除了上面的《说明》，在作者的遗稿中还发现下面一篇未完成的说明，这篇说明写于1830年。）

在我去世以后，人们将会发现，这些论述大规模战争的手稿，就其形态来看，只能作为用以建立大规模战争理论的材料汇编。其中大部分我是不满意的，而且第六篇只能看作是一种尝试，我准备对其作比较大的修改并另寻方法展开论述。

尽管如此，我仍相信这些材料中的主导思想对于研究战争来说是正确的，它们是我对现实生活多方面的思考，以及回忆同一些优秀军人之间的交往所收获的思想成果。

第七篇谈的是进攻，这部分内容是我在仓促间写下来的。第八篇谈论战争计划，其中我打算特地阐述一下战争中的政治方面和人性方面。

我认为第一篇第一章是全书唯一已经完成的部分，因为它至少阐明了我在全书中想要遵循的思路。

研究大规模战争的理论或者所谓的战略，是一件特别困难的事，因为只有极少数的人能够理解其中的各种问题，即了解各种事物和问题之间的必然联系。大多数人仅根据即刻的判断采取行动，他们的成功往往得益于他们天生的才能的大小。

所有杰出的统帅之所以能够凭才能行事，是因为他们的判断总是正确的。但是，如果不是亲自行动，而是在讨论中说服别人时，就需要明确观点并能指明事物之间的内在联系。但是这方面的研究还停留在初级阶段，大部分的讨论都只是一些没有根据的争执，最后要么各执己见，要么放弃争执而选择一个毫无价值的折中方案。

关于这些问题的明确的观点是有益的，而且通常来说，人类头脑也要求得到一个明确的观点以及找到事物之间的必然联系。

为军事艺术建立这样的理论是十分困难的，人们在这方面所作的许多糟糕尝试，使得大多数人得出如下的结论：建立这样的理论是不可能的，因为它是一种无法用固定法则来概括的东西。我们一方面会同意这种观点并就此放弃对建立理论的研究尝试。但是另一方面，很多显而易见的原则让我们将这种研究继续下去，比如，带消极目的的防御是强有力的作战形式，带积极目的的进攻是较弱的作战形式；大的胜利决定小的胜利；战略的效果可以回归到某些转折点上；相对于真正的进攻来说，佯动是较弱的一种兵力使用，只有在特定条件下才能采用；胜利不仅是占领地区，也是破坏军队的物质和精神力量，后者在大多数情况下，只能通过战役胜利后的追击才能实现；对于经过战斗取得的胜利，效果总是最大的，因此，转移战线或方向只能算作一种下策；只有在占全面优势或者在交通线以及撤退线上占优势的情况下，才能考虑侧翼包抄——只有在上述条件下才能占领侧面阵地；进攻力量会在前进过程中逐渐削弱。

目录 CONTENTS

初版序 / 1
前言 / 4
说明 / 6

第一篇　战争的本质 / 1

第一章　什么是战争？ ············ 2
第二章　战争的目的和手段 ············ 17
第三章　军事天才 ············ 29
第四章　战争中的危险 ············ 42
第五章　战争中的消耗 ············ 44
第六章　战争中的情报 ············ 45
第七章　战争中的阻力 ············ 47
第八章　结束语 ············ 50

第二篇　关于战争的理论 / 51

第一章　军事艺术的区分 ············ 52
第二章　关于战争的理论 ············ 58
第三章　军事艺术或军事科学 ············ 71
第四章　方法与常例 ············ 73
第五章　批判 ············ 77

第六章　关于史例 …………………………… 90

第三篇　战略概论 / 95

第一章　战略 …………………………… 96
第二章　战略要素 …………………………… 102
第三章　精神要素 …………………………… 103
第四章　主要的精神要素 …………………………… 105
第五章　军队的武德 …………………………… 106
第六章　胆量 …………………………… 109
第七章　坚忍 …………………………… 111
第八章　数量上的优势 …………………………… 112
第九章　出其不意 …………………………… 116
第十章　狡黠 …………………………… 119
第十一章　在空间上集中兵力 …………………………… 121
第十二章　在时间上集中兵力 …………………………… 122
第十三章　战略预备队 …………………………… 126
第十四章　兵力的合理使用 …………………………… 129
第十五章　几何要素 …………………………… 130
第十六章　军事行动中的间歇 …………………………… 132
第十七章　现代战争的特点 …………………………… 135
第十八章　紧张与平静
　　　　　——战争的力学定律 …………………………… 136

第四篇　战斗 / 139

第一章　引言 …………………………… 140
第二章　现代会战的特点 …………………………… 141
第三章　战斗概论（一） …………………………… 143
第四章　战斗概论（二） …………………………… 146

第五章 战斗的意义 ……………………………151
第六章 战斗的持续时间 ………………………153
第七章 决定战斗胜负的关键时刻 ……………154
第八章 战斗是否需要经过双方同意 …………159
第九章 主力会战（一）
　　　　——决定胜负的时刻 …………………161
第十章 主力会战（二）
　　　　——胜利的影响 ……………………164
第十一章 主力会战（三）
　　　　——会战的使用 ……………………167
第十二章 利用胜利的战略手段 ………………170
第十三章 会战失败后的退却 …………………176
第十四章 夜间战斗 ……………………………178

第五篇　军队 / 181

第一章 引言 ……………………………………182
第二章 战区、军团和战局 ……………………183
第三章 兵力对比 ………………………………185
第四章 各兵种的比例 …………………………187
第五章 军队的战斗队形 ………………………192
第六章 军队的一般配置 ………………………196
第七章 前卫和前哨 ……………………………201
第八章 前卫部队的行动策略 …………………206
第九章 野营 ……………………………………209
第十章 行军（一） ……………………………211
第十一章 行军（二） …………………………216
第十二章 行军（三） …………………………219
第十三章 舍营 …………………………………222
第十四章 给养 …………………………………226
第十五章 作战基地 ……………………………236

第十六章　交通线 ……239

第十七章　地形 ……242

第十八章　制高 ……246

第六篇　防御 / 249

第一章　进攻和防御 ……250

第二章　进攻和防御在战术范围的比较 ……254

第三章　进攻和防御在战略范围的比较 ……257

第四章　进攻的向心性和防御的离心性 ……261

第五章　战略防御的特点 ……263

第六章　防御的手段 ……265

第七章　防御和进攻的相互作用 ……269

第八章　抵抗的方式 ……271

第九章　防御会战 ……281

第十章　要塞（一） ……283

第十一章　要塞（二） ……291

第十二章　防御阵地 ……295

第十三章　筑垒防线、筑垒阵地和营垒 ……299

第十四章　侧面阵地 ……305

第十五章　山地防御（一） ……308

第十六章　山地防御（二） ……313

第十七章　山地防御（三） ……318

第十八章　江河防御（一） ……322

第十九章　江河防御（二） ……332

第二十章　沼泽地防御和泛洪地防御 ……334

第二十一章　森林地防御 ……338

第二十二章　单线式防御 ……340

第二十三章　国土的锁钥 ……343

第二十四章　侧翼活动 ……345

第二十五章　向本国腹地撤退 ……351

第二十六章　民众武装 ……………………359
　　第二十七章　战区防御（一） ……………363
　　第二十八章　战区防御（二） ……………365
　　第二十九章　战区防御（三）
　　　　　　　——逐次抵抗 …………………374
　　第三十章　　战区防御（四）
　　　　　　　——不求决战的战区防御 ……377

第七篇　进攻 / 393
　　第一章　　从进攻与防御的关系看进攻 …394
　　第二章　　战略进攻的特点 ………………395
　　第三章　　战略进攻的目标 ………………398
　　第四章　　进攻力量的削弱 ………………399
　　第五章　　进攻的顶点 ……………………400
　　第六章　　消灭敌人的军队 ………………401
　　第七章　　进攻会战 ………………………402
　　第八章　　渡河 ……………………………404
　　第九章　　对防御阵地的进攻 ……………406
　　第十章　　对营垒的进攻 …………………407
　　第十一章　山地进攻 ………………………408
　　第十二章　对单线式防线的进攻 …………410
　　第十三章　机动 ……………………………411
　　第十四章　沼泽地、泛洪地和森林地的进攻 …413
　　第十五章　寻求决战的战区进攻 …………414
　　第十六章　不求决战的战区进攻 …………416
　　第十七章　对要塞的进攻 …………………418
　　第十八章　对运输队的攻击 ………………421
　　第十九章　对舍营敌军的进攻 ……………423
　　第二十章　牵制性进攻 ……………………426
　　第二十一章　入侵 …………………………429

第八篇　战争计划 / 435

- 第一章　引言 ……………………………436
- 第二章　绝对战争和现实战争 ……………………………437
- 第三章　战争的内在联系及战争目的和使用力量大小的关系 ……………………………440
- 第四章　深入探讨战争目标（一）——打垮敌人 ……………………………449
- 第五章　深入探讨战争目标（二）——有限目标 ……………………………454
- 第六章　政治 ……………………………456
- 第七章　有限目标的进攻战 ……………………………462
- 第八章　有限目标的防御战 ……………………………464
- 第九章　以打垮敌人为目标的战争计划 ……………………………468

第一篇 ｜战争的本质

战争是一种迫使敌人屈从于我方意志的暴力行为。战争的目的是打垮敌人，使之失去抵抗力。战争的实质是一种真正的政治工具，是政治所利用的另外一种手段的延续。

战争主要包括三个方面：第一，战争要素原有的暴烈性，即仇恨感和仇忾心（二者皆为盲目的自然冲动）；第二，盖然性和偶然性的活动（二者使战争成为自由的精神活动）；第三，战争是政治工具的从属，属于一种纯粹的理智行为。第一个方面主要涉及人民；第二个方面主要涉及将领及其军队；第三个方面主要涉及政府。我们的研究任务就是使理论在这三者之间保持平衡。

第一章　什么是战争？

一、导言

我准备先谈战争的各个要素，再谈它的组成部分或环节，进而剖析它的内在结构中的整体，即从简单到复杂地推进。但是战争相较于别的话题，更需要着眼于整体的性质，因为它不同于别处，必须将部分与整体结合起来考虑。

二、定义

我不想一开始就给战争下一个学究式的繁复定义，只想直接抓住战争的要义，即对决来谈。战争无非就是一场扩大化的对决。如果我们想要把构成战争的无数个对决当作一个统一体来考虑，不妨想象一下两个人决斗的情形：决斗的双方都力图使用暴力来迫使对方屈从于自己，其直接目的是打倒对方，使对方不能再作任何抵抗。

因此，战争是一种迫使敌人屈从于我方意志的暴力行为。

暴力，必须借助科学和技术的成果武装自己，以此对抗暴力。一直以来，对于暴力的限制，比如来自国际法惯例的限制，都是自愿承担、微乎其微的，并不能削弱暴力的力量。暴力，即物质强力（因为在国家和法律范围之外，根本就没有精神暴力）是手段，将自己的意志强加于敌人是其目标。为了达到这一目标，必须使敌人失去反抗能力，从理论上讲，这就是战争的真正目的。这个目的替代了上述目标，将其排除在战争本身的构成之外。

三、暴力的极端使用

仁慈者可能会想，也许有什么办法可以在不造成大量伤亡的前提下打垮敌人，解除对方的武装，甚至认为这是军事艺术的发展趋势。这种想法看似美好，却是必须指出的谬误。因为对于战争这样一项危险的事业来说，出自仁慈的错误是最糟糕的。极尽暴力手段和运用智力毫不冲突。如果一方在另一方不使用暴力的情况下，肆无忌惮、不惜代价地使用暴力，他必然取得优势——并最终迫使对方也用尽暴力手段来还击。由此，战争的双方便走向暴力极端。除去人们内心对暴力的抵抗，这种极端的趋势便不再受任何限制。

我们必须这样来看待战争。出于对暴力残酷的抵触，而无视战争的本质是徒劳的，甚至是错误的。

如果说比起野蛮民族的战争，文明民族的战争没有那么残酷和具有毁灭性，那也是交战双方的社会形态和国家关系所决定的。虽然战争是在社会形态和国家关系中产生，并受其制约或因其而缓和。但是，上述因素，是在战争开始之前就已经存在的客观事实，它们并不属于战争本身。因此，如果把缓和因素归属于战争哲学无疑是荒谬的。

人类战争原本就是由两种不同的元素构成，即敌对情感和敌对意图。我们之所以把后者作为我们定义的标志，是因为它更具普遍性。没有敌对意图，就不会产生最原始的近乎本能的仇恨感。但许多敌对意图根本不带敌对感情，至少不带强烈的敌对感情。野蛮民族受感情驱使，文明民族被理智支配。然而，这种区别并非野蛮和文明本身造成，而是由这个民族当时的社会状况和制度等要素决定的。这种区别存在于大部分的军事案例，而非所有的军事案例中。总之，就算是最文明的民族之间，也可能激起最强烈的仇恨。

□ **克劳塞维茨**

卡尔·菲利普·戈特弗里德·冯·克劳塞维茨（1780—1831年），德国军事理论家和军事历史学家，普鲁士军队少将。12岁参加普鲁士军队，一生参加了莱茵战役、奥斯塔德会战、法俄战争和滑铁卢战役等四次著名战役。并自修了战略学、战术学和军事历史学等。1818年5月，克劳塞维茨担任柏林军官学校校长，并在担任校长的十二年间，潜心研究战史和从事军事理论著述，完成了军事思想史上第一部划时代的战争理论兵学巨著《战争论》，他本人也因此被称为西方的"兵圣"。

由此看来，如果把文明民族的战争看成是政府作出的理智抉择，并认为战争将逐渐摆脱激情，直至最后不再需要使用军队的武装暴力，而只需拿双方的兵力相比较即可，那么，战争将是一种靠代数演算的军事活动。

眼看战争的理论开始倾向于这个方向发展，但最近的几场战争改变了这一倾向。战争既然是一种暴力形式，就必然掺杂感情因素。虽然战争不会因感情而起，但它会受到感情的影响。而它受影响的程度，并非取决于文明的程度，而是取决于敌对利益的重要性和持续性。

如果文明民族不滥杀战俘，不摧毁城市村庄，那是因为他们的战略往往更加理智，并已掌握使用暴力的有效途径，这自然比野蛮的本能更有效。

从火药的发明和火枪的进化充分说明，战争概念中，消灭敌人这一固有趋向，并不会随着文明程度的提高而改变或消失。

在此，我必须重申下面的论点：战争是一种暴力行为，暴力的使用是没有限度的。暴力作用于交战双方，相互影响，最终必然走向极端。这是我们遇到的第一种相互作用和第一种极端。

四、战争的目的——使敌人失去反抗力

前面我们已经提到，战争的目的就是使敌人失去反抗力。现在应当指出，至少在理论上必须如此。

要让敌人服从我们的意志，就必须将其置于一种糟糕的处境中，这种糟糕的程度要更甚于我们想要他们所作出的牺牲。而且，至少从表面上看，这种糟糕的境况并非暂时的，否则敌人只会等待时机而不会真正地屈从。因此，所有军事行动的延续，都是为了使敌人的处境更加糟糕——至少在理论上必须如此。对于交战一方来说，最坏的境况就是完全失去反抗力。所以，要使敌人真正服从我们的意志，就必须使他们完全失去抵抗力，或者将他们置于一种将无力抵抗的处境中。由此可知，战争的目的从来只有两个：解除敌人武装或打垮敌人。

战争是两股活的力量冲突的结果，而不是一股活的力量对一死物的行为。倘若一方能绝对忍受，战争就不可能发生。因此，我们上面所提到的战争的真正目的，即让对方失去反抗能力，是交战双方都必须考虑的，这又是一种相互作用。在打垮敌人之前，我方始终担忧自己被敌人打垮。因此，我们不再是自己的主宰，而不得不像敌人那样行动，就像敌人不得不闻风而动一样。这是第二种相互作用，它直接引发第二种极端。

五、最大限度地使用力量

要想打败敌人，就必须估量敌人的抵抗力，从而决定投入多少力量，总之，必须使双方的抵抗力相称。敌人的抵抗力受两个不可分割的因素的影响，即可以使用的全部手段与意志力。

可用手段的多少可以确定，因为它有数量作为根据（虽然不尽如此）。但是意志力的强弱却很难确定，只能根据战争动机来推断。倘若我们能就此衡量出敌人

的抵抗力，便可切实地制订相应的作战计划，合理地调度部队。但敌人也会这样做，于是又激发了新的竞争。从纯理论出发，这必然又将把敌对双方推向极端。这就是我们遇到的第三种相互作用和第三种极端。

六、现实给予的修正

在抽象思维领域，好刨根究底的大脑不达到极端是绝对不会停止思考的。这跟思考的定势有关，它想象的是一种极端场面：一场无拘无束的暴力冲突，它只遵循自身的内在规律，而不受任何其他规律影响的力量冲突。如果要在纯概念中，给战争的目的以及使用手段列出种种规定，那么交战双方就会在上述三种稳定的相互作用中陷入极端。在逻辑概念上吹毛求疵，如同被一根看不见的细线牵引着，陷入一场概念游戏中去。如果我们一定要坚持这种绝对性，不顾现实的各种困难，非要遵循严谨的逻辑思维，认为时刻都必须准备着应对各种极端，且每一次都必须最大限度地使用力量，那么这种方法无非是纸上谈兵，对现实世界毫无用处。

就算我们最大限度可使用的力量是一个易于求得的绝对值，我们仍须承认，人的感情是难以被这种逻辑空想所控制的，否则将在某些方面消耗甚至浪费力量，且与治国政策的其他方面相冲突。另外，要求人们具有一种同既定政治目的不对等的意志力，也是不可能实现的，因为人的意志力从来不是被逻辑思考激发出来的。

再从概念世界回到现实中，一切又大同了。在概念世界里，我们把一切想象得很乐观，认为交战双方不仅都在力求大获全胜，而且也都获得全胜。然而，实战中真能如此吗？

是的，能够如此。但必须有以下几个前提：

（1）战争是一个孤立的事件，是突然发生的，它和之前的国际事件没有关联。

（2）战争只包括一次对决或一系列同时进行的对决。

（3）战争的解决是完美无缺的，不受任何战后政治形势的评估的影响。

七、战争不是孤立的冲突

关于上述第一点，我们应该牢记，对于在敌对状态下的任何一方来说，对方都不是抽象的，即使是意志这一在抵抗力中不受外界影响的因素，也不是抽象的。意志并不完全是未知数，我们可以从今天的状况推断出明天的意志状态。

□ 尼德兰革命的领袖人物

1566年，由于西班牙女总督玛格丽特拒绝了尼德兰人民要求废除迫害新教徒的请愿，尼德兰人民在威廉·奥兰治亲王等人的领导下发动起义。起义遭到了阿尔法大元帅的血腥镇压，奥兰治逃往国外，重新组织军队与西班牙殖民势力抗衡。革命持续了数十年，其间尼德兰成立了荷兰共和国（1579年）。1609年，西班牙国王腓力三世与荷兰共和国签订《十二年休战协定》，标志着尼德兰革命的胜利，这是历史上第一次成功的资产阶级革命。图为尼德兰革命的领袖威廉·奥兰治和荷恩大将。

战争的发生和扩大都不是瞬间的事。因此交战双方都可以根据对方具体的行动来判断对方，而不是通过猜测对方应该是什么或应该做什么来判断。然而，一切人和事都不可能完美，这是敌对双方皆存在的缺陷，并同样地影响着双方，因而成为一种缓和因素。

八、战争的过程不是一蹴而就的

关于上述第二点，我们可以作出以下评论：

如果战争只包括一场对决或一系列同时进行的对决，那么所有的准备工作必须无懈可击，因为任何疏漏都将无可挽救。而现实中，能为准备工作提供的唯一参考，就是敌方所采取的措施——只要它们是已知的；其他的因素仍需进行抽象的计算。但如果对决是由若干连续的军事行动构成，那么前一行动自然会成为下一行动的启示。这样一来，抽象世界再次被现实世界所取代，朝向极端的发展趋势也因此得到了缓和。

但是，如果我们在一场战争中用尽一切可用的手段，那么每场战争就只能是一场唯一的或是一系列同时进行的对决。一次对决的失利，必然使这些手段退出战争的舞台。因此，如果在第一次对决时用尽全部的手段，就不会有第二次对决了。而之后所进行的所有军事行动，都是第一次的延续。

由此可以看出，在战争的准备阶段，现实世界便已替代抽象的思想领域，现实的筹备也替代了假设的极端，敌对双方在相互作用的影响下，都不会倾力而战，更不会同时动用所有的资源。

并且，从这些资源的性质和使用特点来看，它们也不可能全部同时投入到战争中去。这些资源包括军队、国家（土地和居民）及其同盟国。

国家（土地和居民），不但是军队的力量源泉，其本身也是战争中的一个关键因素，当然，这里指的是属于战区的部分，或对战区有重要影响的部分。

虽然可以同时启用所有的军队力量，但要塞、河流、山脉和人民等资源，却是不可能同时动用的。总之，要想将整个国家的力量都同时投入进来，并非易事，除非国家小到战争一开始就被全部席卷。其次，同盟国也不会以交战国的意愿来参与战争，他们往往要到战争的后期，或者在平衡被打破且需要及时校正时才会参与进来，这是由国际关系的本质决定的。

在大多数情况下，在全部抵抗力中，不能立即使用的资源所占的比例，比人们想象中的要大得多。就算在第一次对决中动用了巨大的力量，交战双方的力量均势因此遭到严重破坏，也仍然可以恢复平衡。这一点我们在后面的章节里会详细探讨。在此，我想指出的是，同时使用所有力量有悖于战争的本质。当然，这不能成为在第一次对决中不倾力而战的理由，因为谁也不愿面对战争的失利所带来的严重后果。即便第一次对决不是唯一的，但是它的规模越大，对后面的对决所起的影响就越大。然而，竭尽全力有违人性，因为人们大多倾向于拖到以后才来决定胜负。这就使得人们在对决中所作出的努力，不如可能的那么大；战斗力的集中程度，也不如可能的那么高。交战的任何一方，出于势单力薄而没有使用全部力量，对于另一方来说，便成为可以缓和战局的真正的客观原因。基于这种相互作用，极端的趋势被再度减弱。

九、战争的结果不是绝对的

最后，整个战争的最终结果并不是绝对的。战败的一方通常把失败看作一种短暂的厄运，在未来的政治关系中仍可以改变。显然，这不但能够缓和战争的紧张程度，还将降低力量使用的激烈程度。

十、现实中的盖然性代替了概念中的极端和绝对

这样一来，战争行为摆脱了使用极端暴力的严格法则。既不用担心极端，也无须追求极端状态。这样就可以通过判断的方式来确定投入力量的多少，而不是最大限度地使用力量。当然，判断只能根据现实世界的现象和盖然性的规律而来。敌对双方不再是抽象的概念，而是具体的国家和政府；战争也不再是理想化的概念，而是特殊的行动过程。此时，现实世界提供出资料，使我们得出那些在之前尚不明确的事实。

交战的一方，可以根据对方的特点、力量编排、状况以及总的处境，按照盖

然性的规律来推断出对方可能采取的行动，从而制订自己的计划。

十一、政治目的再次显露

我们必须再度考虑一下战争的政治目的。

在这之前，它一直被极端的逻辑，被使敌人无力抵抗和打垮敌人这个意图所掩盖。现在，随着极端的逻辑作用的减弱，这个意图将失去原来的目标，战争的政治目的必然显露出来。既然我们总是考虑如何根据确切的人和关系来作盖然性的计算，那么，作为最初动机的政治目的，必定成为算式中的一个重要因子。我们要求敌人所作的牺牲越小，便越不能预料他的奋力反抗，而我们将要投入的力量也就越小。其次，政治目的越小，对它的重视程度也越小，便越容易放弃它，因此需要投入的力量也越小。如此一来，作为最初动机的政治目的，既是战争行动的目标标尺，也是衡量投入力量多少的标尺。我们研究的是现实世界，而非抽象概念，因此，政治目的必须同双方国家相联系才能成为这样的标尺。同样的政治目的在不同的民族或同一民族的不同时期，所产生的影响和作用是完全不同的。所以，只有在我们认为这种政治目的能够对全民产生动员作用时，它才可以作为一种标尺，这便是我们要考虑民众这一因素的原因。同样的政治目的带来的结果可能完全不同，它取决于民众对这场战争是支持还是反对。这一点很好理解。当两个国家或民族间累积一种强烈的敌对情绪时，即使战争的政治动机再小，也能引发一场真正的大爆炸。

这也适用于以下两个方面：一是政治目的在交战国家中能够动员多少力量；二是政治目的应该为战争行为制订怎样的目标。但有时候，政治目的本身就是一种战争行动的目标，比如占领某一地区。有时候，政治目的并不能作为战争行为的目标，这就需要寻找另一个目标作为政治目的的对应物，并在媾和时期代替政治目的。然而，不得不在此考虑交战国的特点。有时候，要想达到政治目的，这个替代目标必须比政治目的重要得多。民众越不关心，国内的气氛和两国的关系就越不紧张，政治目的作为标尺的作用和影响就越大。在某些情况下，政治目的对各种形势的形成起决定性的作用。

如果战争行为的目的就是政治目标的对应物，那么战争将会趋向缓和；而政治目的作为标尺的作用和影响越明显，情况便越是如此。由此，战争顺理成章地具有不同程度的重要性和激烈度，从歼灭战，直到单纯的武装监视。从中也衍生出新的问题，亟待我们探讨并解答。

十二、尚且无法解释的军事行动中的暂停

无论敌对双方的政治要求多么温和，使用的手段多么有限，战争的目标多么微小，军事行动过程是否会出现短暂的中断，这个问题涉及问题的本质。

完成每一次行动都需要一定的时间，我们称之为行动的持续时间。它的长短取决于当事者的行动速度的快慢。

我们谈论的重点不在于此。每个人都有自己的行事方式，缓慢的人并非故意慢下来，而是他的性格决定了他需要花费更多的时间。如果让其快速地处理，事情可能就会办不好。因此，它的速度由内在原因决定，这属于决定行动持续时间的一个因素。

如果每次行动都允许有其相应的延续时间，那么，我们必定认为花费额外的时间（军事行动的暂停）是十分荒谬的。有必要强调一下，我们所谈论的不是任何一方的进展，而是双方军事互动的整体进展。

十三、军事行动中的暂停原因只有一个，而且它似乎只存在于交战的一方

交战双方既然已经作好战斗的准备，他们之间就必然存在一个敌对因素使他们走到了这一步。只要交战双方没有放下武器，没有媾和，就说明这个敌对因素仍然在起作用。只有一种情况能使这个敌对因素失去效力，那就是交战双方都暂停行动，以等待有利时机再行动。看起来，这种条件和时机似乎只能被一方所把握，因为另一方的意图正好相反。如果军事行动对一方有利，那么另一方必定按兵不动，等待时机。

如果双方力量均衡，便不会产生军事行动的暂停，因为抱着积极目标的一方，即进攻方，一定会采取主动。

但如果处于均势的双方中，有一方有积极的目的，即强烈的动机，但是他们拥有的力量却不多，也就是说双方的力量与动机的乘积是一样的，那么，如果这种均势局面不被打破，双方必然会选择媾和。如果均势局面发生了变化，且这种变化只对一方有利，那么另一方必然会采取行动。由此可见，均势并不能使军事行动出现暂停。唯一说得过去的解释就是，双方都在等待有利时机。如果交战的两国中有一个国家抱有占领对方某一地区，以作为和谈筹码的激进目的，那么，当它占领了该地区时，便达到了它的政治目的，因而没有必要继续采取任何的军

事行动。如果另一个国家接受这种结果，就会同意停战，如果不接受，军事行动必然继续；如果他们认为四个星期之后能准备好继续战斗，那么他们就有充分的理由推迟行动。

但从逻辑上讲，这时占优势的一方似乎应该抓紧时机立即行动，不给对方反击之机。当然，这种情况的前提是，双方都能对当前形势洞若观火。

十四、连续性常见于军事行动中，并使一切趋向极端

如果军事行动出现连续性，那么一切必然趋向极端。这种连续性的行动能挑起更为激动的情绪，使战争变得更加激烈。不仅如此，行动的连续性还会导致行动衔接得更为紧密，形成一条更加严密的因果链。每一项行动都将变得更加重要且危险。

然而，在实际的战争中，军事行动很少有这种连续性，连续行动的时间在整个军事行动的时间中只占很小的比例，其余时间都是按兵不动。这种现象并非反常。军事行动出现暂停在所难免，这并不矛盾。我将在原文中努力说明这一点。

十五、两极性原理

假定两位统帅的利害关系相对立，彼此针锋相对，我们就相当于承认了真正的两极。后面会有专门的章节来详细探讨这个原理，但我在此必须先作以下说明：

两极性原理只适用于与同一事物的关系中，其中的正负利益能够完全抵消。在战争中，交战的双方都想取得胜利，这就是真正的两极性。因为胜利是唯一的，一方的胜利意味着另一方的失败。但是，如果我们讨论的是具有外在共同关系的两种不同事物，那么两极性并不存在于事物本身，而是在于它们的关系之中。

十六、进攻和防御是不同的军事行动，有强弱之分，两极性原理对这两个概念并不适用

如果战争只采取单一的形态，即只有进攻没有防御；换句话说，进攻和防守只有动机不同这唯一的差别，即进攻有积极的目的，而防御没有，其作战形式却是一样的。在这种斗争中，一方得利恰好使另一方失利，这就是两极性原理。

然而，军事行动中有两种不同的作战形式，即进攻和防御，它们的强弱也不相等。因此，两极不存在于进攻和防御中，而存在于两者的关系，即对决中。如果一方统帅想晚一些对决，那么另一方必定想早一些对决，当然，这只针对于同

□ **为被围困的莱顿市民分发鲱鱼和白面包**

　　1572年，莱顿市民与尼德兰起义者一起反抗西班牙侵略军。1574年5月，西班牙军队围攻莱顿城，遭到莱顿市民的坚壁清野。从5月至10月，莱顿市民一直被西班牙军围困在莱顿城内，粮食供应被切断，人们处于饥荒之中。然而，即便面临着粮绝的危机，市民们仍然拒不投降，他们坚信威廉·奥兰治亲王一定会前来救援。10月初，亲王的游击队水淹西班牙军，令其仓皇溃逃。亲王给围困的市民带来了鲜美的鲱鱼和白面包……莱顿城得以解围。

一作战形式。如果对一方来说，四个星期后对决是有利的，那么对另一方来说，现在遭受对方的攻击比四个星期后更有利，这是当前的直接对立。但我们不能因此得出后者现在发动攻击是有利的结论，因为这完全是另外一回事。

十七、当防御强于进攻的时候，两极性的作用便会消失，这就是军事行动中出现暂停的原因

　　如果相较于进攻，防御的战斗力更强，那么问题来了：一方延迟决战的利益是否与另一方进行防御的利益一样大？如果不是，那么，推迟决战就不能抵消防御的益处并由此影响军事行动的发展。因此，利害关系的两极性所衍生的推动力，会因进攻和防御之间的强弱差别而失去作用力。

　　如果目前的时机对之有利的一方，由于力量太弱而不能放弃防御的好处，那么，它只能等待在将来不利的条件下被迫行动。那时候防御可能仍会比现在进攻

或媾和更有利。既然防御的有利程度如此大，我们便能够理解为什么军事行动中存在大量的暂停时段了。行动的动机越小，越容易被防御和进攻的差别掩盖和抵消，而军事行动中的暂停也越频繁。战争中的经验印证了这一点。

十八、一个次要原因是对形势了解不够全面

对形势了解得不全面是促使军事行动出现暂停的另一个原因。一位将领能够确切了解的形势也只是己方的情况，而敌方的情况只能根据一些不确切的情报来了解和推断。因此难免会作出错误的判断，比如，把自己的有利行动时机误以为是敌人的有利时机。这种误判既可能导致在应该行动的时候按兵不动，也可能导致在应该停滞的时候盲目冒进。换而言之，它可能延迟军事行动也可能加速军事行动，这两种可能性的概率近似。即便如此，我们仍应把它看作促使军事行动暂停的自然原因之一，这并不矛盾。从人性角度出发，人们往往会过高地估计对方的力量，基于此，我们将更加赞同这种观点：对形势了解得不全面，一般来说，会很大程度地阻碍军事行动的发展，使其趋向缓和。

这种产生暂停的可能性促使军事行动趋向新的缓和，因为暂停延长了军事行动的时间，减缓了军事冲突的激烈程度，推迟了危险的到来，进而增加了恢复均衡局面的可能性。战争的局势越紧张，战斗越激烈，军事行动的中断时间就越短，反之，中断时间就越长。因为较强的动机能增强意志力，而无论什么时候，意志力都是实力的一个要素和实力的一种结果。

十九、经常出现的军事暂停使战争不存在绝对性，而是一种盖然性的计算

军事行动的进程越缓慢，它的间歇次数就越多，错误也越容易得到补救。而统帅就可以越大胆地推演，越容易避免趋向极端，从而越倚赖依据盖然性的计算去估计。对于军事行动中的每个具体情况，要求将领根据已知的条件估算这个盖然性。而进行此估算的时间，则取决于军事行动进程的快慢。

二十、偶然性要素的存在，使战争成为赌博，而战争从不缺少偶然性

由此可见，战争的客观性明显使战争成为一种盖然性的计算。现在只要加上偶然性这个因素，战争就成了赌博，而战争中从不缺少偶然性。要知道，在人类历史上，战争的偶然性是一种普遍存在。而且，在偶然性的作用下，猜测和幸运给战争带来了巨大的影响。

二十一、主观性使战争成为赌博

如果我们再审视一下战争的主观性质，即进行战争所必需的手段，我们就会发现，战争完全像是一种赌博。军事行动总是充满危险的，而其中最可贵的精神力量是什么？勇气。虽然勇气和谋略能够并存，但它们毕竟有着两种不同的心理作用力。此外，冒险、信心、大胆、蛮干等，都属于勇气的范畴，而且它们都有赖于偶然性发挥作用。

因此，在军事艺术中，数学上所说的绝对值是根本不可能存在的，有的只是各种盖然性、好运和霉运的互相作用，它们来回交织成经纬线。在人类的各种活动中，战争是最像赌博的行为。

二十二、一般来说，这一点最契合人性

虽然人的理智总是喜欢追求清晰和明确，但是人的天性却偏向于追求那些充满神秘色彩的不确定。天性不愿意随理智走那条哲理和逻辑的幽径，因为这条幽径会把人带入一个陌生的环境，使他偏离原来熟悉的世界，越走越远。所以人们宁愿和想象力一起待在充满偶然性和幸运的王国里。在这里，人们能够不受必然性的束缚，沉浸在无限可能的世界里。在可能性的鼓舞下，勇气便如虎添翼，像勇敢的游泳者一般，毅然跳入危险的激流中去。

于此，理论是否可以忽视个人的感情而一味地追求绝对的结论和规则？如果真的如此，它对现实生活将一无所用。因此，理论应该考虑人的情感，让勇气、大胆及蛮干等拥有一席之地。军事艺术的作用对象是现实生活中有精神力量的活物，因此，它达不到绝对和肯定。它必须给偶然性留下余地，无论大事还是小事，皆应如此。偶然性的存在，促使人们必须具备勇气和自信来利用它。勇气和信心越大，偶然性的作用和影响就越大。所以，战争中的勇气和自信心十分重要，理论中的每一个原则，都应该使这些最宝贵的武德（勇气与自信心）能够得以发挥。然而，在冒险中，机智和谨慎的作用也不可忽视，只不过它们得参照另一种标准。

二十三、然而战争仍然是一种带有严肃目的的严肃手段，它有一个更精确的定义

如前所述，战争即如此，指挥作战的将领即如此，作战理论也是如此。然而战争不是消遣，不是冒险或赌博，不是灵机一动的产物，而是一种带有严肃目

的的残酷手段。出于偶然性、激情、勇气和幻想所表现出来的一切，都只是它的特性。

社会共同体的战争，即整个民族，特别是文明民族的战争，总是在某种特定的政治形势下产生，并最终归诸于某个政治目的。因此，战争是一种政策行为。只有当战争真的如纯概念要求的那样，是一种彻底的、不受限制的、绝对的暴力行为，它才会被政策引起，完全独立于政策，继而取代政策，最后将政策排挤掉，根据自身的法则进行统治，就像一颗被预先设置好的地雷。直到今天，每当人们在处理军事与政治之间的不协调而引起理论上的分歧时，就会持这种观点。但事实上，这种看法根本就是错误的。如我们所见，现实世界的战争并非如此，它的暴力并不会通过一次爆炸就消失殆尽。它是有着不同发展方式和程度的作用力的活动，这些力量有时很强大，能够克服懒惰和摩擦带来的阻力；有时候又太微弱，起不到任何效果。战争是暴力脉动，时急时缓，它可以消除紧张，消耗力量。换句话说，它用变动的速度来实现目标，但无论如何，战争都会持续一段时间，以便接受外来的作用并作出调整。简而言之，战争仍听从指导战争的意志的支配。我们知道，战争由政治目的引起，因此引起战争的最初动机理应受到极大的重视。但这并不代表政治目的可以决定一切，它必须符合经选择的手段。然而无论如何，政治目的仍然是首要考虑的因素。因此，政策贯穿于整个战争行为，并对战争产生持续不断的影响。

二十四、战争不过是政策通过另一种手段的延续

因此，战争既是一种政策行为，也是一种真正的政治工具，是政治交往的继续，通过另一种手段来实现。除此，为战争所特有的，便是它的手段的特殊性质。在所有的战争以及任何特定场合下，统帅有权要求政策方针和政治意图不得与这一手段相违背，军事将领这样要求无可厚非。不过，无论这种要求对政治意图产生多大的影响，它仍然只被当作对政治意图的一种补充。因为政治意图是目的，战争是手段，世界上不可能存在没有目的的手段。

二十五、战争的多样性

战争的动机越强烈，就越鼓舞人们，它对整个民族的影响力就越大；战局越紧张，战争就越接近它的抽象形态，打垮敌人就变得越发重要，政治目的和军事目标就越发吻合，战争也就越倾向于军事性而非政治性。相反，战争的动机越不

强烈，局势越平缓，政治规定同战争要素（暴力）的自然趋向就越发不一致。最后，因战争离它的自然趋向越来越远；政治目的与观念性战争的目标相去甚远，战争冲突就越发倾向于政治化。

然而，为了避免引起读者的误解，我们必须说明，战争的自然趋向仅指哲学上的、纯逻辑上的趋向，而非实际发生冲突的各种力量（例如交战双方的士气和激情等）的趋向。不可否认，

□《盲人的寓言》　彼得·勃鲁盖尔

著名尼德兰画家彼得·勃鲁盖尔的这幅《盲人的寓言》为我们描绘了一幅生动的场面：六个盲人相互牵着朝前走，领头者已经跌入壕沟，后面的人却浑然不知危险的来临。一人跌倒，便意味着跟随者将遭遇同样的命运。这幅画体现了基督教的名言："如果一个盲人给另一个盲人引路，两人将一起跌进沟里。"作品虽然使用了夸张手法，却在一定程度上影射了尼德兰的现实生活，暗含画家对人类命运发出的警告：一个民族乃至一个国家，决不能让盲人来引路，否则必遭大难。

在某种情况下，士气和激情可能被强烈地激发，以致政治因素难以将其控制。但是，这种情况并不容易发生，如果有这样强烈的动机，那么必定会有一个相应的宏大计划。相反，如果追求的目标并不宏大，群众的情绪也不会高涨，这种情况下只能激发，而不是抑制。

二十六、一切战争行为都等同于政策行为

现在我们回到主题上来。倘若政治似乎真的消失于某一种战争中，而在另一种战争中表现得非常明显，那么，这两种战争应该都是政治性的。如果我们把国家看作一个人，把政策看作这个人的大脑的产物，那么导致前一种战争的各种条件必然包含在政治应考虑的范围之内。只有不把政治当作智慧，而是按习惯把它理解为一种避免使用暴力的、谨慎的、狡猾的阴谋，才可以认为后一种战争比前一种战争更具政治性。

二十七、应该以上述观点为根据，分析战争史，确立理论基础

根据上述观点，我们可以总结出两点：第一，我们不能把战争看作自主的事物，而应该把它看作一种政策工具。只有这样，才能避免与整个战争史相悖，也

才能完全洞悉战争。第二，我们因此而看清，战争是如何随着不同的动机而呈现出不同的形势。

因此，政治家和战争统帅应该首先作出具有重大意义的决断，即依照以上观点来给自己正参与其中的战争定性，既不应该把那种不符合当时情况的战争，看作是他应该从事的战争，也不应该让他所从事的战争成为不合时宜的战争。这是战略问题中尤为重要且涉及最广泛的一个问题。在后面关于战争计划的章节中，我们将作深入的讨论。

至此，我们已经确定了研究战争和战争理论必须依据的主要观点，无须赘述。

二十八、理论上的结论

战争是一条真正的变色龙，总是在不同的情境中改变自己的颜色来与之相适应。从总体来看，战争各主导倾向使之成为一个自相矛盾的三位一体，它包括三个方面：第一，战争要素原有的暴烈性，即仇恨感和仇忾心，被视为一种盲目的自然冲动；第二，盖然性和偶然性的活动，使战争成为自由的精神活动；第三，战争作为政治工具的从属，是一种理性的行为。

这三个方面中，第一个方面主要涉及民众，第二个方面主要涉及将领及其军队，第三个方面主要涉及政府。战争中迸发出的激情，必定早就存在于民众之中了；而在盖然性和偶然性的国度中，勇气和才智的作用大小取决于统帅及其军队的特点；而政治目的则单纯与政府有关。

这三种倾向如同三套不同的法典，深藏于它们的主题中。无论哪种理论，如若忽视了其中的一种倾向，或者想在这三种倾向中订立一种随意的、武断的关系的理论，都会引发与现实的矛盾，以致它将毫无用处。

因此，我们的任务是创建一种理论，使之在这三者之间保持平衡，就像保持三个引力点之间的平衡一样。

至于应该采用什么样的方法才能完成这个任务，我们打算在"关于战争的理论"一篇中加以研究。但无论如何，这里所确定的战争的概念，使我们对理论的基础构架有了初步的了解，从而对理论的主要部分能够进行初步的区分和识别。

第二章　战争的目的和手段

在第一章里，我们了解到战争的性质是复杂多变的。下面我们将讨论战争性质如何影响战争的目的和手段。

我们先来思考这样一个问题：特定的战争目标，如何才能使战争成为政治目的的有力工具？我们从中可以发现，战争的目标，与战争的政治目的和它的具体条件一样，也是多变的。

如果仍以纯粹的战争概念来谈的话，那么我们不得不承认，战争的政治目的本身并不属于战争领域。正如我们所知，战争就是一种用暴力迫使对方服从我方意志的行为，它的目的是打垮敌人，解除敌人武装。虽然这个目的是从战争概念中推断出来的，但在现实中，很多战争追求的目的与之非常相似，因此我们打算探讨一下现实中的这类战争。

关于什么叫解除武装，我们将在"战争计划"一篇中作进一步的探讨。现在我们必须先弄清楚军队、国土和敌军意志这三个要素，因为将它们相结合便可以概括与战争相关的一切。

要摧毁敌人的军队，就必须将敌人军队置于无法继续作战的境地。下文中的"消灭敌人军队"，指的就是这个意思。

敌人的国土必须占领，否则敌人可能会建立新的军队，东山再起。

然而，即使我们消灭了敌人的军队，占领了敌人的国土，如果敌军的意志没有屈服，敌国及其盟国没有被迫签订和约，或敌国民众的意志没有屈服的话，我们就不能说战争结束了。因为即使我们可以占领敌人的国土，对方却依然可以依靠盟国的支援卷土重来。当然，即使签订了和约也不一定能够避免这种情况的发生（这意味着，并不是每一次战争都能使问题得到解决）。即使战事会重起，每一份和约的签订，都会使暗中继续燃烧的星火熄灭，使紧张的局势趋于缓和，使那些向往和平的人完全放弃抵抗的念头，而这类人在任何时候都占大多数。所以，我们必须承认，随着和约的签订，战争目的算是达到了，战争即视为结束。

□ **勒班陀海战**

1570年，奥斯曼帝国为了加强对地中海的控制，登陆塞浦路斯岛并占领了该岛的部分地区。奥斯曼帝国的野心刺激了西班牙殖民帝国、罗马教廷和威尼斯等基督教国家结成反穆斯林神圣同盟。1571年10月7日，神圣同盟联合海军，与奥斯曼帝国海军在希腊勒班陀附近的海域发生战争。经过一天的激战，奥斯曼海军被联合海军击溃，失去了在地中海的海上霸权。勒班陀海战标志着桨船时代的结束，以及风帆战船和舰炮时代的到来。

在上述的三个要素中，军队的作用是保卫国土，因此必须最先消灭；紧接着才是占领敌人的国土。只有取得了这两方面的胜利，我们才可能利用当前优势迫使敌人媾和。当然，这两个方面都是逐步实现的，通常这二者也会相互影响，因为国土被占同样会削弱军队的力量。然而，上述的顺序并非绝对的，因此实际情况不会总是如此。有时候，敌人的军队尚未被完全消灭，就已经退到了国土的另一边，甚至逃亡到了国外，这样我们就可以轻而易举地占领其国土。

然而，解除敌人武装这个目的是抽象战争的目标，是实现政治目的的最终手段，所以在现实世界中，它仅作为一个和平条件，并非达成媾和的必须条件。因此，我们不能把它当作理论上的一个定则。而实际上，许多和约在签订的时候，并未达到一方处于无力抵抗的地步，甚至连交战的均势都尚未打破。不仅如此，通过研究具体的情况，我们不得不承认，大多数时候，尤其当敌强我弱的时候，打垮敌人只是一种没有实际意义的概念游戏。

从战争的概念中推断出来的目标并不适用于现实世界的战争，因为概念中的战争和实际中的战争大不相同，这一点我们已经在前一章讨论过了。如果战争真的像纯粹概念中所规定的那样，那么力量悬殊的国家之间根本就不可能发生战争。因为在概念理论中，只有当双方物质力量的差距是在精神力量所能弥补的范围之内时，战争才可能发生。但以当今的欧洲社会状态来看，精神力量所起的作用是有限的。实际上，战争总发生在那些力量悬殊的国家之间，因此现实中的战争与概念中的战争的差距巨大。

在现实战争中，除了无力抵抗这一因素，另外两种情况也可以促使媾和的实现：一是获胜的机会渺茫，二是获胜的代价过高。

如前一章所述，战争作为一个整体，必然不受严格的内在必然性的支配，而趋于盖然性。引发战争的条件越趋向盖然性，发动战争的动机就越弱，局势就越不紧张。这样一来，就不难理解，为什么仅仅根据盖然性的计算就会促成媾和了；也就是说，战争并不一定非要击溃对方才能结束。我们可以想象，在战争动机较弱，局势较为缓和的情况下，即使能想象到的最微小的失败场景，也可能令处于劣势的一方屈从。如果优势的一方从一开始就发现了这一点，那么他必然会努力去促成这种盖然性，而不会选择彻底打垮敌人这样一条绕远的路。

当一方产生了媾和的念头时，就会清楚地考虑现已消耗的力量和将要消耗的力量。战争并不是盲目的冲动行为，而要受政治目标的支配，因此付出代价的多少就取决于政治目标的价值。这里所说的代价，除了规模的大小，还指承受代价的时间的长短。所以，当消耗的力量与政治目标的价值不对等时，人们必然会放弃这个政治目标而选择媾和。

由此可见，在不可能出现使另一方无力抵抗的战争局势中，双方是否能媾和，取决于获胜可能性的大小和需要消耗的力量的多少。如果双方都想媾和，那么他们的政治分歧就会找到一个折中的办法。如果一方媾和的愿望比较迫切，另一方的愿望就会相对较弱一些，只要双方希望媾和的意愿达到足够的程度，媾和就会达成。在这种情况下，媾和愿望弱的一方比较占优势。

在此，我们暂且不谈政治目的的积极性和消极性在行动中必定产生的差别。后面我们将谈到，这种差别是极为重要的，但我们在此只能先作一个大致的论述，因为政治目的在战争中可能发生较大的变化，甚至全然改变，它同时还取决于已得的结果和可能的结果。

现在出现了第一个问题：如何才能提高获胜的可能性。最容易想到的当然是使用打垮敌人的手段，即消灭敌人军队和占领敌人的国土。但这两种方法对于提高获胜的可能性和打垮敌人的作用是不同的。当我们进攻敌方时，是想在第一次进攻后一鼓作气地进行一系列的进攻而将敌人消灭干净，还是只想获得一次胜利来威胁敌人，使其对我们的优势感到不安，这两者是完全不同的。如果我们的目的是后者，那么只要消灭能够达到这一目的的敌军就可以了。同样，如果我们的目的并非打垮敌人，那么占领敌人国土就是另一回事。如果我们的目的是打垮敌人，那么最有效的行动就是消灭敌人军队，而占领敌人的国土只不过是其后续的结果。如果我们在尚未消灭敌人军队之前就占领了敌人的国土，那也颇令人无奈。与此相反，如果我们的目的不是打垮敌人，并肯定敌人害怕残酷的决胜，那么占领一个敌人防守薄弱或难以掌控的地区，对我们来说是大有裨益的。而且，如果我们获益极大，以至于让敌人害怕出现这种局面，那么，占领敌人的国土就可看作是一种促成媾和的捷径。

现在，我还要提出一种方法——不需要打垮敌人就能提高获胜的可能性，即采取有直接的政治影响的作战行动。它意在破坏盟国之间的关系，为自己争取同盟国。这样的作战行动能提高获胜的可能性，不失为一条比打垮敌人军队更好的捷径。

第二个问题是：用什么样的办法能更多地消耗敌人的有生力量，使敌人付出更大的代价。

消耗包括两个方面，即军队的消耗和国土的丧失，换句话说我们可通过消灭敌人的军队和占领敌人土地的途径来达成目标。

二者在消耗敌人力量的目标上同其他目标的作用不同。这种差别可能不明显，但在实践中不可忽视，因为即使最细微的差别，也会对使用力量的方式产生决定性的作用。这里需要强调的是，在某些条件下，采用不同的途径也可能实现目标，它们并不矛盾，更非错误。

除了上述两种方法以外，还有三种特殊的方法能够直接消耗敌人力量。第一种为"入侵"，即夺取敌人的某些地区，目的不在于占领它，而是为了在此收取军税，进而摧毁它。入侵的目的并非占领国土，也非消灭军队，而是使敌人遭受损失。第二种方法是采取能增大敌人痛苦的作战行动。由此我们可以联想到两种选择：如果目的在于打败敌人，那么第一种方法比较适用；如果目的在于使自己受益，那么第二种方法更好。前一种方法偏向于军事化，后一种方法则更加政治化。如果从全局的角度来看，则两者都是军事的，都不适宜，除非符合特定条件。第三种方法是"拖垮"，从应用范围上来说，它是最重要的方法。我们选择用"拖垮"一词，在于它能准确扼要地描述这种方法的特征和实质，而并非简单的修饰。"拖垮"这一概念的意义在于：在持久的军事行动中消耗敌人的物质力量和精神意志。

如果我们想打持久战，就只能追求较小的目标，因为很显然，大目标比小目标需要我们花费更多的努力。最小目标就是纯粹自卫，即无积极目的的战斗。只有这样，我们的相对力量才会达到最大值，成功的把握才更大。但是这种消极应该有个限度吧？不可能让其发展到绝对被动的地步，完全耗着就不叫战斗了。抵抗也是一种作战方式，它消耗敌人的力量，迫使他放弃自己的企图。这就是单纯抵抗的目的，也是我们意图的消极性质所在。

毋庸置疑，在单次行动中（在积极意图能够实现的前提下），消极意图所得的效果比积极意图差一些。但是，消极意图却比积极意图更容易实现。消极意图效果差的这一缺陷只能通过时间，即持久战的方式来弥补。所以，这种基于消极意图的单纯抵抗，是通过持久战来战胜敌人——也可以说是拖垮敌人的手段。

由此引出整个战争进攻战和防御战的差别。我们暂不深入探讨这个问题，只想说明一点：这种消极意图为我们提供了一切有利的条件和作战的有效形式，它体现了一种胜利大小和获胜的把握之间的哲学上的力学定律。这一点我们在后面还会谈到。

如果集中一切力量进行单纯抵抗的消极意图，能够带来有利的作战形势，并且这种优势比敌人占的优势更大，那么，仅仅通过持久战就可以增加敌人的力量消耗，即使对方的政治目的达到了，也会因此而付出较大的代价，因此敌人不得不放弃他的策略。由此可知，拖垮敌人的作战方式特别适用于以弱抗强的战例中。

在七年战争中，腓特烈大帝若非如此，就根本不可能击败奥地利帝国。如果他照卡尔十二世的打法，必然会一败涂地。但他天才般地采用了持久战战术，使与他敌对的同盟列国，在七年间将力量消耗到无法弥补的地步，最终被迫选择媾和。

综上所述，要想在战争中实现目标有很多种方法，并非都要打垮敌人。其他

□ 勒班陀海战中的奥斯曼帝国舰队

勒班陀海战中，奥斯曼帝国约300艘桨帆战舰在阿里·巴夏的指挥下参战。在联军舰队的袭击下，奥斯曼帝国舰队受到重创，损失了230艘舰船。然而，土耳其人只用了一个冬季便重建了舰队，而且舰船数量比战前更多。

方法，如消灭军队、占领敌人国土或单纯占据土地、短暂的入侵、采用直接同政治有关的措施或被动地等待敌人的进攻等等，都可达到目的，并且每一种方法都能削弱敌人的意志。至于哪一种方法更有效，则要具体问题具体分析了。此外，还有一种方法，也是实现目标的捷径，即人为因素。在人类交往中，哪一个领域不迸发着超越现实的个人特点的火花呢？在战争的范畴里，军事家和政治家的个性，都发挥着重要的作用，因此这种个性的火花无处不在。至此我们列举了很多种方法，若要把它们一一分类，那是书呆子的做法。正因为有了这些方法，便可以说用来实现目标的方法是无穷尽的。

如果把这些捷径仅仅看作少见的例外，并且认为它们在战争中造成的差别是无关紧要的，便是低估了它们的作用。为了防止这个错误，我们必须明白一点，引发战争的政治目的是多种多样的，或者我们必须看到，争取国家生存的殊死战争，与被强迫结成的同盟或即将瓦解的同盟间勉强履行义务的战争，二者有着巨大的差别。在这两种概念不同的战争之间，发生了无数场战争，如果我们在理论上否定某一种，那就有可能否定全部，这样就完全无视现实世界了。

以上我们探讨的是战争目的，下面来谈一谈战争的手段。

手段只有一个，即争斗。不管争斗的形式如何多样，不管它与粗暴地宣泄仇恨的搏斗有多么不同，也不管其间掺杂了多少并未参战的军队，战争中的一切事件都源于争斗，这是战争所固有的。

就算在错综复杂的现实世界里，也永远是这样，这一点很容易证明。战争中所发生的一切，都源于军队的存在。哪里有军队，哪里就有争斗。

因此，同军队有关的一切事物，如军队的建立、维持以及使用都属于军事活动的范畴。

军队的建立和维持只是手段，军队的使用才是目的。

战争中的争斗不是个人与个人的争斗，它是由许多部分组成的整体。对于这个大整体，我们可以按主体和客体的区分法来区分。军队通常按一定数量的军人编成一个单位，一定数量的单位又构成更高一级的组织。因此，军队中任何一个单位的争斗，就构成一个或多或少可以区别的争斗单位。另外，根据争斗的目标（对象），我们也可以把争斗区分为一个个单位。

我们把这种可以相互区别的任意一个单位称为一次战斗。

既然军队的使用基于战斗，那么军队的使用就是多次战斗的决定和部署。

因此，任何形式的军事活动，都与战斗有直接或间接的关系。大到征兵入伍、拿起武器、接受训练，小到吃饭、喝水、睡觉、行军等，所有的行动都只是为了在合适的地点和时间进行战斗。

既然军事活动中的一切最终都要归于战斗，那么，只要我们确定了战斗部署，其他的问题就迎刃而解了。军事活动的效果，只能在战斗部署和战斗的过程中产生，而非在之前的条件中直接产生。战斗中的一切行为都是为了消灭敌人，或者不如说是摧毁敌人的军队，这是战斗概念固有的特性。所以说，摧毁敌人的军队始终是达到战斗目的的手段。

战斗的目的不一定就是消灭敌人军队，也可能是完全不同的目的。正如我们曾经指出的那样，击垮敌人绝不是达到政治目的的唯一手段。我们追求的目标还有其他目的，这些目标也可以成为某些军事行动的目的，即战斗的目的。

即使小型战斗的目的是摧毁敌人的军队，但是这个目的并非就是我方的首要动机。

倘若一个部队的建制极其复杂，影响军队使用的因素繁多，那么，该军队所进行的战斗必定也是复杂的，是由上下从属和相互联系的若干部分组成。每个部分的任务都不尽相同，且与消灭敌人军队无关，但它们却能间接地加大敌人损失。当一支步兵营受命驱逐某一高地、桥梁或其他据点的敌军时，这个营真正的目的是要占领这些地方，而消灭敌军只不过是达成目的的一种手段。如果只需佯动就能令敌人闻风而逃，那么这个目的便已达到。不过，占领这个地方通常是为了更彻底地消灭敌人军队。既然战场如此，那么战区的情况更是如此，因为那里不仅是一支军队与另一支军队的对抗，而是一个国家与另一个国家，一个民族与另一个民族的对抗。其间可能出现更多错综复杂的关系，因而战斗的行动方式必定增多，战斗的部署也更加多样，而且由于目的的层层从属的关系，最初的手段与最终的目的便逐渐背离。

在多种原因的作用下，消灭敌人军队，特别是消灭同我军对峙的那部分敌军，可能不是战斗的目的，而仅仅是其他目的的一种手段。在这样的情况下，问题已不再是消灭敌方军队了，因为战斗只是力量的考验，它本身并没有什么价值，考验的结果才有价值。

在双方力量悬殊的情况下，只要估量一下彼此力量的强弱即可。战斗并不会发生，因为较弱的一方会立即让步。

既然战斗的目的并不一定就是消灭敌人军队，有时也无需经过实际战斗，而只需通过对局势的评估就能实现，那么这就可以解释，为什么有时候整场战役中活动非常频繁，而实际的战斗却没有起到明显的作用。

战史中无数的战例可以用来证实这一点。至于这种不流血的作战方式是否都取得了成效，以及它们因此而取得的声誉是否经得起检验，我们在此暂且不讨论，因为我们只想强调有这种过程存在可能性。

战争中唯一的手段就是战斗。但这种手段有着多种用法，我们可以根据不同的目的采取不同的用法，这样一来，我们的研究似乎看不见成效。但事实并非如此，在这个唯一的手段中，隐藏着一条贯穿于整个军事活动的线索，它可以把整个军事活动联系起来。

我们已经说明，消灭敌人的军队是战争的目的之一，但是我们未谈到它与其他目的相比到底有多重要。在特定情况下，消灭敌人军队的重要性随情形而变。若要从整个战争来看它有多大价值，还不能界定。现在我们就探讨一下这个问题。

　　战争中唯一有效的行动就是战斗。在战斗中，消灭敌军是达到目的的手段，就算没有发生实际的战斗也是如此。因为不管在什么情况下，只要发生战斗，敌人就会遭到摧毁。因此，消灭敌人力量是一切军事行动的基础，也是一切行动的基础，就如同拱门必须建在拱座上。所以说，一切军事行动都要基于这一的理念：若战斗真的发生，它必须对我方有利。战斗同一切军事行动的关系，就如用现金支付与期票交易一样，不管兑现的期限有多长，最后总要兑现。

　　既然战斗是一切行动和计划的基础，那么，敌方通过一次胜利便可以颠覆这一切。敌方不光可以通过一次对我方的计划有直接影响的战斗，也可以通过一次规模宏大的胜利来做到这一点。因为任何一次重要的战斗（指消灭了对方的军队），都会对以前的所有战斗产生影响。

　　显而易见，相较于其他手段，消灭敌方军队始终是一种最为有效的手段。

　　当然，以上的前提是其他一切条件均等。但是，如果因此认为，轻率的蛮干比巧妙的谋略更好，那就错了。轻率的蛮干只针对进攻而非防御，这不是我们想要阐述的。较大的战果和目标有关，而非方法，我们在此只是把达到不同目标所产生的不同战果加以比较而已。

　　此处我们必须强调一点，当我们谈及消灭敌方军队时，不应该局限于物质力量，而应该把摧毁敌人的精神力量考虑进去，因为它们有着密不可分的关系。尤其是我们此前谈到的一次大的胜利的破坏性，不可避免地对其他行动产生影响，其中，精神因素最富传染性，会影响到其他部分。与别的手段相比，消灭敌方军队具有较大的价值，但也要求人们付出较大的代价，而且它本身也存在较大的危险。人们正是为了避免这种风险，才去采用别的手段。

　　在其他条件都相同的情况下，越是致力于消灭敌方的军队，我方付出的代价就越大。

　　这种手段的风险在于：当我方确定了较高的目标却遭受了失败，便将陷入十分不利的境地。

　　因此，采用其他方法，胜利的代价不会太大，失败的损失也比较小，但前提是交战双方同时采用这一方法，且双方的路线相同。如果敌方采用大规模战斗的方式进攻，我方就不得不违背意愿采用同样的方式反击。这时战斗的结果就至关重要了。显然，即使我方的所有条件都和敌方一样，我方所处的形势仍是不利

□ 格拉沃利讷海战（英西大海战）

1588年8月8日，为了和英国争夺海上霸权，西班牙派出"无敌舰队"远征英国，两国舰队在加来海峡南岸的格拉沃利讷交战。经过激烈的战斗，西班牙舰队因不敌英国海军先进的战术而被迫返航，不料在绕道苏格兰的返航途中又遭到暴风雨的袭击，损失近60艘战舰。自此，西班牙海军走向衰落，英国取而代之成为海上强国。

的，因为我方的注意力和手段有一部分用于其他目标，而敌方却并非如此，他们集中了一切人力和物力在这一目标上。两个不同的目的，如果没有从属关系，它们就是互相排斥的。用来达到这一目的的力量，不可能同时用来达到另一个目的。因此，如果交战一方决定战斗，且他了解对方没有战斗的打算，而是在追求别的目的，那么，他获胜的可能性就比较大。相反，如果交战的一方，确定对方也不愿决一死战，那他追求其他的目的便是明智之举。

这里所说的注意力和手段的分散，是指用在除了消灭敌方军队以外的其他目的上，而非单纯的抵抗。单纯抵抗没有积极的打算，即我方的力量只能用来粉碎敌人的意图，而不能把力量分散到其他目标上。

下面我们要探讨一下消灭敌方军队的对立面，即如何保存我方的实力。保存我方军队和消灭敌方军队是两种相互影响、相辅相成的目标，是同一个意图在两个方面的表现。我们现在探讨的是，其中一个方面占主导地位时会有什么后果。毋庸置疑，消灭敌方军队有积极的目的，能产生积极的结果，其最终目标是要打垮敌人。而保存我方军队则有消极的目的，意在粉碎敌人的意图，相当于单纯抵抗，最终目标是延长军事行动的时间，以拖垮敌人。

由此可见，具有积极目的的企图引起摧毁性行动，具有消极目的的企图则坐等时机的到来。

战争中，我们可以等待到什么程度，将涉及进攻和防御等因素，我们将在专门研究这个问题

□ 西班牙"无敌舰队"

"无敌舰队"是十六世纪末期西班牙著名的海上舰队。当时，西班牙为了保障自己的海上交通线和在海外的利益，建立了这支同时代最庞大的舰队。作为强大的海上舰队，"无敌舰队"拥有150多艘大型战舰（鼎盛时期有千余艘舰船）、3000余门大炮及数以万计的精锐海军。这支舰队在地中海和大西洋横行无碍，骄傲地自称"无敌舰队"。

时再作进一步的探讨。在此须指出，等待并不意味着绝对的忍受，在等待的过程中我方也可以把消灭敌方军队作为目标。若是认为消极意图就是寻求不流血而不是消灭敌方军队，那是不对的。诚然，当消极意图占居主导地位的时候，会促使我方采用不流血的策略。但是这种策略也不一定合适，因为这要取决于敌方的条件。所以，这种不流血的策略绝不是保存我方军队的必然手段。如果这种策略和当时的情况相背离，那将适得其反，甚至使我方军队遭到覆灭，很多统帅就是因为犯了这样的错误而身败名裂。当消极企图占主导时，它的作用只有一个，那就是推迟决战的时间，使人们等待决战性的时刻。但是，如果最后的时刻来临，再推迟下去将导致不利形势，这种消极的策略就丧失了优越性。于是，消灭敌方军队这个被抑制而暂居次位的意图便会重新占据重要位置。

综上所述，要在战争中达到目标，即实现政治目的，方法有多种，但手段是唯一的，即战斗。任何行动都要服从于用武器解决问题这个最高法则。如果敌方决心战斗，我方就不能拒绝。因此，只有当我方确信对方不想战斗，或者确信对方将会失败时，我方才可以采用其他策略。总而言之，消灭敌方军队永远是战争

的最高目标。

至于其他策略在战争中会产生什么效果，我们只能在后面的研究中一一剖析。在此，我们只能暂且承认，其他策略是可能的，毕竟现实和理论之间有所差别，具体情况也各不相同。但必须指出，通过流血方式解决危机，即消灭敌人军队这一目的始终是战争的"长子"。只有在政治目的不大、动机不强、局势不紧张的情况下，慎重的统帅才有可能采取巧妙的途径来避免大规模的流血冲突，并利用敌人的弱点达到媾和的目的。如果他对获胜把握十足，我们便无可指责。但他仍须时刻记住，他选择的并非光明的坦途，他和他的军队随时都有可能遭到突袭。他要随时警惕敌人，以防当敌人举剑袭来时，自己却只能用装饰性的佩剑去抵抗。

我们对战争的定义、目的、手段等如何在战争中发挥作用，以及战争是如何在现实中偏离它原来的概念而发生变化的等问题，都进行了总结性的阐释。我们必须牢记这些结论，因为它会贯穿我们以后研究的每一个课题。只有这样，我们才能正确地理解这些论题的真正关系和特殊意义，避免理论与现实自相矛盾。

第三章　军事天才

无论哪个专业领域，只要是必须靠技能去完成和钻研的，就要求在智力和禀赋方面高于常人。如果你天赋极高又成绩斐然，则可被人称作"天才"。

众所周知，"天才"的含义十分广泛，很难给它下一个准确的定义。然而，我们既不是哲学家也不是语言学家，不妨把它通俗地理解为，在某个领域中具有杰出的能力和智慧的人。

为了让大家对"天才"的概念有更深刻的理解，我们先来谈谈智力和禀赋的作用和价值。但我们不能只谈那些天资最高级而被称为天才的人，因为我们还没有明确这一定义。我们重点研究的是，这种智力和禀赋在军事活动中的各种综合表现，二者集中起来，便构成了军事天才的精华。我们之所以强调集中，是因为军事天才不仅拥有与军事活动相关的某一种力量，如勇气，他还拥有智力和感情等其他力量，这些力量在战争中都发挥着不容忽视的作用。军事天才是具备各种天赋和特长的结合体，任何一种力量都可能起主要作用，并且绝对不会起阻碍作用。

如果每个军人都具备某方面的军事天才，那么军队的人数就会大大减少。因为军事天才有特殊的智力和精神，所以在一个要求多方面发展和培养精神力量的民族中，可谓凤毛麟角。但如果这个民族的活动种类少之又少，军事活动就会占主要地位，这时候就会出现较多的军事天才。然而这种现象只是数量上的，并不能说明天才能力的高低，因为军事天才的水平还取决于一个民族智力发展的总水平。对于这一点，我们只要考察一下野蛮民族就能得出结论。相较文明民族，野蛮民族的尚武精神更为普遍，几乎每个参战的人都崇尚武力。而在文明民族中，绝大部分人的内心都抵触战争，从军只是迫不得已。实际上，野蛮民族中很少出现真正伟大的统帅或者军事天才，因为他们的智力水平还没有发展到某一高度。当然，文明民族中也存在好战者，如果刻意培养这种性格，具备尚武精神的人就会越来越多。当普遍的尚武精神和高度的文明融合在一起，就会出现更多天才的

□ 白山战役

1617年，信仰天主教的神圣罗马帝国皇帝费迪南二世被选为波西米亚王储，这一决定遭到波西米亚境内新教徒的反抗，并由此引发了三十年战争（1618—1648年）。图为三十年战争的第一仗——白山战役（1620年11月8日）。当时波希米亚新教徒发动起义，费迪南二世组织了2万多人的帝国军前去布拉格镇压波西米亚军，双方在布拉格附近的白山交战。战斗中，波西米亚军被打得节节败退，最后甚至吓得四散逃窜，大败而归。帝国军得以顺利进入布拉格。

军人，其中最具代表性的是罗马人和法国人。在所有以战争闻名的民族中，伟大人物都出现在文明高度发达时期。

由此可见，智力对军事天才的水平起着重要的作用。下面我们就来深入地探讨这一点。

战争是充满危险的活动，因此，勇气是军人首要的品质。

勇气分为两种：一种是敢于冒险；另一种是面对外在或内心压力时敢于承担。这里我们只谈第一种。

敢于冒险的勇气又可分为两种：其一，对危险毫不在乎，不管是缘于个性，还是无惧死亡，抑或习惯使然，它都可以被看作一种长期具备的禀性。

其二，由某种积极的动机，如爱国心、荣誉感或其他感情激发而产生的勇气。它并非常态，而是一种感觉，一种情绪。

显然，这两种勇气的作用是不同的。第一种勇气是人的天性，是稳定固有的；第二种勇气则具有更多的激励作用。比如，顽强属于前者，大胆则属于后者。第一种勇气能使理智发挥更好的作用，第二种勇气既可以增强人的理智，也能让人丧失理智。只有将二者结合起来，才是最佳勇气。

战争是充满疲累的活动，会摧毁我们，除非我们视死如归。因此，我们必须具备足够的体力和精神力量，无论是天生还是后天训练而成。具备了这种素质，再加上健全智力的引导，我们才能应对战争。这些素质在野蛮民族或半开化的民族中十分常见。如果仔细研究一下战争对参战者的各种要求，就会发现，智力的要求永远是最主要的。战争充满了不确定和偶然性，采取军事行动的依据有四分之三都藏在不确定的迷雾中。这就需要我们首先具备高水平的智商，以便准确而快速地辨别真相。

平庸的智力有时也能辨明真相，强大的勇气亦能弥补失误。但是在大多数情况下，战绩平平往往暴露出智力的不足。

战争是充满偶然性的活动。没有任何其他人类活动，能比战争更依赖于运气。在战争中，运气总是反反复复，它会增加各方面的不确定性，为事件的进展带来诸多干扰和变数。

战争中，由于情报和预料都不确定，再加上运气变幻莫测，将领在战争过程中不停地发现情况与预料的不一样，原来的计划势必受到影响。如果这种影响大到必须改变原有的计划，那么就得重新制订新的计划。但是，战场的时间如此紧迫，根本不能及时获得新情报，而战场的局势又要求我们必须临机决断，因此根本来不及仔细考量。更常见的情形是，即使我们的某些想法或战场情况发生了变化，但又不至于完全取消原定的计划，只是让我们对它产生疑虑；即使我们对情况了解得更多，但不确定性却并不会减少，反而会增加。因为我们了解情况不是一次性的行为，所以我们的决定将不断地受到新情况的冲击，我们的精神也不得不时刻处于一种戒备的状态。

要想从容应对各种意外情况，我们必须具备两种特质：一是能冲破无边黑暗，通过内心的微光找寻真理的智力；二是有敢于追随这种微光的勇气。前者在法语中叫作"慧眼"，后者被称为"果敢"。

战斗是战争中最引人关注的行动，而空间和时间则是战斗中重要的因素，骑兵战要求速战速决更体现了这一点。因此，首先得对时间和空间进行正确的评估，并因此得到"慧眼"这个与眼相关的词语。军事学家们最初使用这个名词时都采用的是它的狭义。然而很快，军事行动中的所有的正确决定都用这个词来表达，比如准确识别出攻击点，等等。因此，慧眼不仅指视力，还包括洞察力。虽然这个词经常用在战术上，但是它在战略上的作用同样不容小觑。如果撇开这一概念中的比喻义和狭义，那么它指的只是一种迅速辨明真相的能力——这种真相普通人难以辨别，或需要经过长时间的观察和思考才能做到。

果敢是勇气的一种具体表现。当它成为一种性格特征时，又是一种精神习性。这里说的勇气，不是敢于冒生命危险的胆量，而是敢于承担的勇气，即敢于面对精神危险的勇气。这种勇气源于智慧，被称为"智勇"，但它不是智力而是情感的表现。智慧不代表勇气，生活中常见一些聪明但并不果敢的人。所以智力倚赖于勇气的支持，在危急时刻，情感往往比思想更能影响人们的行动。

在动机不足的情况下，果敢可以消除疑虑带来的苦恼以及迟疑造成的危险。如果不那么严谨地说，单纯的冒险倾向、大胆、无畏、蛮干等，也可以称之为果敢；但如果是在动机（不管是主观的还是客观的，恰当的还是不恰当的）充分的情况下，我们就不能再妄下断语了，否则那就是一种臆断，认为他是出于疑虑，而事实上并不是。

这里讨论的只是动机的强弱问题，我们还没有迂腐到因为语言习惯的差别而争论不休，在此只是为了避免一些无理的非议罢了。

果敢，它能消除疑虑，且只能由理智唤起，即由这种具有特殊性质的智能唤起。然而较高的理解力和必要的感情的简单结合，还不足以产生果敢。有些人虽然有洞察复杂事物的能力，也具备承担责任的勇气，但无法在某些复杂的形势下当机立断。他们的勇气和智力并没有结合生成果敢。只有具备理智这种特质，被理智告知需要大胆，才会产生果敢。这种特殊的智力排斥摇摆不定、犹豫不决，压制所有其他的恐惧，成为使强者能够果敢的力量。因此，智力不足的人不可能具备果敢的特质。他们也许也能在困难的形势下毫不犹豫地快速行动，但这种行动是没有经过深思熟虑的，不存在什么疑虑。虽然这样的行动偶尔也能成功，但是正如前文所说，军事天才是一种平均的结果，而不是偶然的结果。有人提出，许多骠骑兵军官都不善于深思熟虑。关于这一点，有必要强调的是：我们谈的是特殊智能，而非思考能力。

因此，我们相信，果断源于特殊的智力，具有这样的智力活动的人，与其说是有才能的人，不如说是意志坚强的人。我们还能举出更多的事实来证明果敢的由来，比如，有些人在处于低级职位时常常表现得果敢，可一旦到了高级职位，却不如从前。虽然他们也想当机立断，可是他们心里明白失误会导致怎样的后果，且又不熟悉所面临的新情况、新事物。因此，这个时候他们的智力就会"暂停"，他们越清楚后果的严重性，就越犹豫不决，畏缩不前。

讨论过慧眼和果敢，自然得谈到一个与之类似的概念——机智。这是一种能够出色应对突发事件的能力，在充满意外事件的战争活动中，机智的作用无可比拟。人们欣赏机智，因为它不仅能应对突发的质疑，还能有效地化解突发的危险。我们并不要求这种应对质疑和化解危险的方法不同寻常，只要求它是合理的。如果它是深思熟虑的结果，那么它看起来并不奇特，也不会给人留下深刻的印象；但它若是在危急时刻产生的，就会令人钦佩有加。"机智"一词非常贴切地体现了智力是一种及时而迅速地提出解决办法的能力。

这种可贵的素质是主要缘于一个人的智力水平，还是缘于他出色的情绪控制力，就要视事件的性质而定了，但是两者缺一不可。机敏地应对突发的质疑是智慧的彰显，而化解突发危险则是冷静的体现。

构成战争氛围的四个要素分别是：危险、劳累、不确定性和偶然性。要想在这充满了困难和危险的境况下顺利前行，需要拥有强大的智力力量和性格魅

□ **三十年战争中的神圣罗马帝国装甲骑兵**

三十年战争之初，神圣罗马帝国军队只有1个装甲骑兵团，随着铠甲装备的升级，其数量飞速式增长，从1627年的11个团发展到了1641年的61个团，虽然之后有所缩水，但在战争的最后五年中依然保持着40个团的数量。所有的骑兵团都由一个总指挥部和多个野战连队组成。

力。我们发现，战争的讲述者通常把这些力量称为干劲、坚强、顽强和坚定等。这些充满了英雄气概的行为，都是同一种意志力在不同情况下的不同表现。不管这些表现多么类似，但它们毕竟不是一回事，因此，我们有必要对这些相互作用的精神力量进入深层次的探讨。

首先，我们必须指出，将领所承受的精神压力或负担，绝大部分并非来自敌人的抵抗或行动。敌人的活动，对将领能造成的直接影响只是他的个人安危，并不能影响到他作为一个将领的能力。比如敌人的抵抗时间由两个小时延长至四个小时，那么将领面临危险的时间也随之增长了一倍。不过，将领的职位越高，这种危险就越小。而对于总司令来说，这种危险几乎可以忽略不计。

其次，敌人的抵抗对将领有直接的影响，因为敌人长时间的抵抗消耗了我方军队的力量，而将领对此负有责任，因而使他产生担忧和焦虑，从另一方面来说，这也能考验和激发将领的意志力。不过，在他所要承受的负担中，这并不是最沉重的，因为，他只需要对他自己负责。一旦敌人的抵抗起了作用，必将对他的部下产生影响，这种影响就会通过其部下反作用到他的身上。

如果部下能够英勇顽强、斗志满满地投入到战斗中，则将领不需要太大的意志力。但一旦他们遭到困难，事情就不会那么顺利了，阻力也随之出现。此时便需要将领发挥强大的意志力去克服这种阻力。这种阻力并非不服从或抗命，而是指整个军队的士气低靡、体力难继，以及面对流血牺牲而引发的痛苦情绪。将领首先要控制住自己的情绪，然后要想办法把支撑自己的思想、情感、希望都传递给他的部下。否则，当部下的体力和精神意志衰退到无法靠自身意志支撑下去时，将领就得独自扭转整个军队的颓势。他必须把自己内心的希望之火传递到部下，这样才能继续统率他的部队。反之，一旦他自己的勇气不能再感染和鼓舞他人，那么，他就会受他们的影响而撤退甚至临阵脱逃，以及不知羞耻地投降的境地。将领如果想取得成功，就必须用自己的勇气和坚强去克服压力，这种压力随着他所统率的部队人数的增加而增大，因此，他要承受的压力，以及他所应具备的意志力，是同他的职位成正比的。

干劲表示的是某种行为动机的大小。这种动机可能源自理智的信念，也可能源自感情的冲动。没有感情的冲动，人们是很难发挥巨大力量的。

不可否认，在一场战斗中，荣誉心是人们心中最高尚的品质和感情。这种感情在德语中被称作"沽名钓誉"，这实在有失偏颇。但是，这种感情如果在战争中被毫无节制地滥用，必然导致人类遭受深恶痛疾的暴行。但就这种感情本身而言，它不失为人类最高尚的感情之一，它为军队带来活力。不管士兵是否具有爱国心、理想、复仇心等感情，不管它们看起来多么崇高，荣誉心对于士兵来说，都始终不可或缺。其他感情虽然也能鼓舞士气，却不能增强将领的雄心。如果将领想要在自己的军事事业上取得更高的成就，这种雄心是必备的素质。除此，没有任何感情能激发将领对每一次军事行动的热情，就像对待私有财产般关切。他们会想尽一切办法利用好这份"田地"，努力耕耘、细心播种，期待好收成。正是这种从上到下的各级将领的努力和进取心，才能使军队斗志高昂，无往不胜。至于统帅，试问古往今来是否有一位毫无雄心的统帅？确实，那是难以想象的。

坚强指的是面对猛烈打击所表现出的抵抗力，顽强则是面对持续打击所表现出的抵抗力。

虽然两者常常被当作同义词来使用，但它们还是存在着本质上的区别。坚强仅仅源自情感的力量，顽强则更多的来自智力的支持。军事行动的时间越长，坚韧就越是必不可少，这便构成了顽强的力量之源。

现在得把话题转移到精神力量或性格力量上。首先要问的是，这两个词为何意？

显然，这里不是指感情猛烈，或性情暴躁，这是扭曲词义。这里指的是在感情激动或高度紧张的情况下，也能保持理智。这种能力仅仅是从智力中产生吗？我们并不认同。当然，我们也不能就此总结出相反的结论。虽然大量事实表明，有些人智力过人却无法自制，但至少可以说明，这种人所需的是一种强有力的自我控制能力，即我们所说的自控力，它是一种使人保持理智和镇定的能力。这种自控力是一种感情力量，是内心最深处的要求，即时刻保持理智和判断力，其砝码是人的自尊心和自豪感。总而言之，精神力量是指一种在最激动的时候也能保持理智和镇定的感情。

如果从情感反应上来区分人，有以下几种：

第一种是不太敏感的人，我们称之为感情迟钝或感情淡漠的人。

第二种是非常活跃的人，但他们能控制自己的感情而避免冲动，这种人敏感而冷静。

第三种是容易情绪激动的人，他们的感情就像火药燃烧一样，发展迅速但不持久。

第四种是不会为小事而动的人，他们比较慢热，感情的体现需要发酵，这种感情更有力且更持久，是一种感情强烈却深藏不露的人。

这些感情差异可能与人体中各种生理力量有关，也就是说，来源于神经系统中具有双重性的组织，即与物质方面和精神方面有联系。在这个神秘的领域里，单凭我们有限的哲学知识是探究不出什么结果的。但是我们必须要知道，这些心理特征是如何影响军事活动方式的，并找出形成强悍性格的途径。

感情淡漠的人总是保持镇静，但不同于刚强，因为他们根本没有任何激情。但是因其镇定，他们在战争中也能发挥一定的作用，因为他们常常没有积极的动机，也就不会积极行动，所以不容易失误。

极度敏感者在小事面前行动积极，但在大事面前容易意志消沉。他们在个人遇难时会积极帮助，但当整个民族遭受不幸时，他们就会变得优柔寡断，不知所措。这种人在战争中不乏干劲，也能保持镇静，但难以取得重大成就，因为他们缺乏一种非凡智力。

容易情绪激动的人通常连生活中的琐事都处理不好，在战争中就更难成事。

他们虽然有冲劲，但大多持续不了多久。但是，如果他们的感情集勇气、荣誉心和干劲于一身，同时他们在军队中担任较低级的职务时，这种感情就会成为一种优点。因为低职务的军官所指挥的军事行动的时间比较短。只要他们勇敢大胆，斗志激昂，一次冲锋，一阵厮杀，不过是几分钟的事情，但一次激烈的战斗也许要持续一天，一场战役则可能持续一整年。由于情绪变化无常，这种人很难在持续的战斗中保持镇定，有时甚至会彻底失去理智。这对于指挥作战来说，是最糟糕的事情。但这并不意味着，这种人决不可能在情绪激动的时候保持镇静，因为他们也会有刚强的一面。要知道，他们同样具有自尊心啊！他们通常只是因为没有办法控制自己的情绪，来不及表现刚强，所以事后往往会懊恼。如果能够有意识地锻炼自己的自制力，学会有效控制自己的情绪，那么他们也能发挥强大的性格力量。

最后，我们来谈谈情感强烈却较为深沉的人。与前一种人相比，他们就像火焰相比于火苗。他们最能唤起巨大的力量，用来解除战争中的障碍。他们的情感活动就像巨型物体的运动一样，缓慢却有力，势不可挡。这种人虽然不会轻易被情感控制，但也有失去自制力，被盲目的激情所控制的时候。这种情况在野蛮民族的伟大人物身上很常见，因其智力发展有限，所以激情总是容易占主导。然而，这种现象也可能出现在文明民族最有教养的阶层中：他们被激情控制，就像在中世纪，那些受到贵族们的惩罚，被拴在鹿身上的偷猎者，往往身不由己。

综上所述，精神力量强大的人，不仅在于他们的感情强烈，而且在于情绪激动时能够保持冷静。他们虽然激情猛烈，却能坚持原则和判断力，就像暴风雨中的航船上的罗盘，始终能够理智而准确地指引方向。

如果一个人能坚持自己的信念，不管这种信念来自于自身还是他人的见解；不管这些信念代表原则、态度、领悟或任何其他精神力量，我们就说这个人有性格。如果一个人的见解经常变动，那么其坚定性就值得怀疑了。见解的不断变化不完全是外界的影响，也可能是自身智力的反映，这也说明智力本身具有不稳定性。如果一个人频繁地改变自己的见解，就算是他思考的结果，也不能说他是一个有性格的人。只有信念坚定的人才能称之为有性格的人。而信念的稳定，有可能是因为经过了深思熟虑，难以改变；有可能是懒于思考，懒于改变；抑或是因为他们有理智主导，所以意志明确，拒绝改变。

战争中，大量逼真的印象，以及对得到的信息情报等的怀疑，使得人们容易失去自信和对他人的信心。因此，战争中的人们，很容易偏离既定的行动方针。

战争中出现的危险和痛苦很容易让人失去理智，而要在一团迷雾中作出明确的判断和决定，绝非易事，因此，即使人们改变主意也是可以原谅的事。战争中，绝大部分的判断都是凭借直觉，出现的分歧比任何其他场合更多且更尖锐，并且相悖的信念也会随时产生。就算智力最迟钝、最不敏感的人，也无法逃脱新的观点的冲击，因为它过于强烈且不断对感情产生影响。

那些指导行动的一般原则和见解，必须是明确而深刻的认识的产物，并从当前的具体情况中得出。困难在于，如何坚守这些见解和原则，使其不受当前不断变化的情况的影响。具体情况和普遍原则之间存在很大的差距，且难以始终通过一些推断来逾越。这时，一定的信心和适度的怀疑都是不可缺少的。在这里，一个可以支配思想的推导原则也是大有益处的。这个原则本身不重要，只要它能够使犹豫不决的人们坚守最初的见解和原则——除非有了一个更明确的信念。我们必须坚信，经过考验的原则往往才是可靠的，那些偶然而短暂的现象，绝大部分是不太可靠的。如果我们能在犹豫中坚守这些信念，那么我们的行动便取得了可称为"性格力"的坚定性和一贯性。

镇静对坚定的作用不言而喻，所以刚强的人通常也是有性格的人。

性格力往往容易蜕变为顽固。在现实中，我们似乎很难界定二者的区别，但要在概念上做到这一点并不难。

顽固并非一种智力缺陷，它出于我们不愿承认自己所犯的错误。这不能归于智力，因为智力支持判断力。因此，顽固是一种性情方面的缺陷。它源于一种特殊类型的自私自大。这种人，最大的乐趣就是抬高自己的智力，意图使他人仰慕。也可把它说成虚荣心，但它比之更甚，虚荣心满足于表面，顽固则要求实际的认可。

因此，如果一个人拒绝不同的见解不是出于有更好的见解，也不是出于信奉更高的原则，而是出于一种本能的抵触，那么，坚定就成了顽固。虽然这个定义并无多少实用价值，但它能防止人们把顽固当做刚强的极端方式。二者存在本质区别。我们也发现，顽固的人出于愚钝等，其性格中已没有刚强的成分。

在确定了杰出的将领在战争中应具备的感情和智力方面的素质后，我们必须探讨军事活动的另一个特性——无关感情，仅涉及智力，即战争同地形的关系。

首先，这种关系长期存在，一支正规的军队不可能不在一定的空间作战；

□ 吕岑会战

吕岑会战为三十年战争中的一次会战。1632年11月16日，瑞典国王古斯塔夫二世率领瑞典及新教诸侯联军，与神圣罗马帝国军队在德国吕岑展开战斗。在战争之初，瑞典军队士气高涨，占据优势，不幸的是古斯塔夫二世在与罗马帝国军搏杀时阵亡。愤怒的瑞典军队同仇敌忾，继续顽强作战，虽付出惨重的代价，但赢得了这场战役的胜利。在此战中，瑞典军最终能取得险胜，精神力量即他们对古斯塔夫二世的狂热崇拜，占了很大成分。

其次，这种关系至关重要，因为它影响所有部队的作战；最后，这种关系既能影响局部地区最细微的地貌，又可支配最广阔的空间。

由此可见，战争与地形的关系，使得军事活动具有明显的特点。不仅如此，很多其他人类活动也与地形关系密切，如园艺、农业、建筑、水利工程、矿业、狩猎和林业等，这些行业的活动都在较为狭小的空间进行，因此人们很容易了解全貌，掌握全局。但战争却不同，将领在作战时，难以全面地了解所在的空间地形。因为战争的空间是变动的。虽然这种困难在交战双方都存在，但是，第一，正因为困难是双方共同的，一旦有一方有能力克服它，就会占得先机；第二，困难均衡的情况很少见，在实战中，防御的一方总是更熟悉交战的地形。

这个问题需要人用特殊的天赋来解决它，人们赋予这种能力的名称太过狭窄——方向感。它指的是一种对任何地形都能迅速地构建出几何图像并判断方位的能力。显然，这也是一种非凡的想象力。这种能力需要智力的帮助，智力可以弥补眼力的不足，把眼力所见的某些片段拼凑起来，并使其在脑中形成一幅完整而持久保存的地图。一位天才诗人或画家，一定对他的缪斯女神也能支配这些活动大为震惊——在他看来，若说一名年轻的猎场看守人也需要这样一种想象力来把工作干得完美，是十分荒诞的。若是如此，我们承认，这里所说的想象力只是运用到了一个很狭窄的领域，行使它最低级的职能。尽管如此，想象力还是发挥了它的作用。因为没有想象力就不可能把那些分散的片段拼凑成一个整体。当然，记忆力在这个过程中也发挥了很大的作用，但是记忆力是作为一种独立的精神力量，还是恰恰就包括在想象力之中呢？对此我们不能作出确切的结论，因为我们很难想象记忆力和想象力各自为主的情形。

可以肯定的是，有实践经验和接受过训练的头脑在这方面作用巨大。卢森堡将军的著名军需总监皮塞居尔说，起初他对自己的方向感毫无自信，因为他发现，每当他去远处取口令时，都会迷路。

当然，职位越高，运用这种才能的范围就越广。比如，一个骠骑兵或侦察兵在执行任务时就必须擅长认路，但他只需具备简单的判断力和想象力即可。而军队的统帅就必须对全省或全国的地理概况了如指掌，包括道路、山脉、河流等的特点都要了然于胸，不过这并不代表他就不需要具备判断局部地区地形的能力。虽然他可以通过情报、地图和书籍等资料了解情况，细节方面也可以询问参谋人员；但不可否认的是，如果他能够迅速而准确地判断地形，就能在整个行动中自己做决定而不依赖别人的力量。

如果说地形判断力来自想象力的作用，那么这也是想象力对于军事活动的唯一贡献。除此之外，想象力在军事行动中的作用弊大于利。

至此，我们探讨了军事行动所要求的各种智力和情感力量的素质和表现。显然，智力在军事活动中的作用最为重要。军事行动看似简单，但如果离开了出色的智力，就很难取得卓越的成就。

因此，若对敌人阵地进行了若干次的侧翼包抄，便是智力缺乏的表现。

不可否认，人们总是喜欢把朴实能干的军人同那些善于思虑的学者，以及有创造力、有理想以及有教养且才华横溢的知识分子对立起来。这种观点虽然无可厚非，但并不代表军人就只有勇气，而不需具备非凡的智力和才能。我们要指出的是，军官随着级别的提升，直至取得超出其能力范围的职位时，他们的实战能力就会逐渐减退，这种情况屡见不鲜。另外，我们所说的卓越成就是一个人在他的职位上所获得的声誉。因此，在战争中，每一级将领都必须具备与职位相应的智力，这是其获得相应的声誉的先决条件。

统帅，即指挥整场战斗或整个战区的司令官，他与其下一级将领存在很大的差别。后者受到更多的领导和监督，其智力的发挥受到一定的限制。因此很多人认为，只有最高职位的统帅才具备非凡的智力，而下级将领只需智力平平。我们确实可以看到军队中一些年长而职位仅次于统帅的将领，由于常年从事单一活动，其智力就显得降低，甚至变得迟钝。因此，人们一边钦佩他们的勇敢，一边又暗自嘲笑他们头脑简单。我们并不是要为这些勇敢者挽回声誉，这么做毫无意义，更不会让他们产生幸福感。我们只想说明，在战争中，若只靠勇气而没有智谋，不太可能取得卓越的成就。

即使是职位最低的将领，要想有所成就，也必须具备非凡的智力，而且这种智力必须随着职位的升高而提高。基于此，我们发现了那些仅次于最高统帅且享有声誉的将领的不同之处。虽然他们与那些知识渊博的学者、精明能干的企业家以及能言善辩的政治家相比，头脑似乎简单一些；但我们不能因此抹杀他们由非凡的智力活动而获得的卓越成就。当然，有些人的声誉是在较低职位时获得并带来的，在其现在的职位上并无多少成就，因此是名不符实的。但是，如果他们在提升后很少被任用，这种智力的缺陷就不会被暴露出来，人们也很难判断他们到底应该享有什么样的声誉。因为有了这种人的存在，人们往往忽略了那些在低职位上可能成绩卓越的人。

因此，只要具备一定的智力和天赋，就有可能在战争中取得非凡的成就，这无关职位高低。然而历史往往只把天才的称号加持在最高统帅身上，因为这个职位对精神力量和智力的要求最高。

要在整个战争的大型军事活动中取得辉煌的战绩，统帅必须对国家关系有全面的了解，在这里，军事和政治合二为一，统帅同时又是政治家。

卡尔十二世之所以未被视为"天才"，是因为他虽有军事才能，却缺乏高远的见解和智力。亨利四世没能获得"天才"的称号，是因为他尚未来得及以军事成就来影响改变国家关系就与世长辞了，而他的高尚情操和骑士精神在这个高级的领域发挥不了太大的作用。

统帅必须掌握和决断一切，这一点我们已经在第一章中谈到。统帅若要同时兼好统帅和政治家之职，一方面必须对一切政治关系了如指掌，一方面要确切知道利用自己所掌握的手段能带来怎样的效果。

这些关系错综复杂，没有明显的界限，涉及的因素也很多。并且，这些因素大部分只能按盖然性的规律来估计。因此，统帅如果不具备睿智而敏捷的洞察力，就无法准确而迅速地作出决断。正如拿破仑所说，需要统帅作的决断就好比需要牛顿和欧拉解决的数学难题。

综合力和判断力是构成高智力的两个要素，二者结合会产生惊人的洞察力。此种洞察力使人能够迅速辨清成百上千个模糊的概念，这是一个智力平庸的人即使绞尽脑汁也很难做到的。然而，即使一个人具备这种高智力（天才的眼力），但他若没有我们前文所讲的情感和性格特征，是很难名留史册的。

真理所产生的动力是微小的，因此，认识和意愿、知识和能力之间存在着很大的距离。情感是行动的最大动力，情感和智力共同的产物，即干劲、刚强、顽强以及坚定，则是行动的最大支持。

如果一个统帅没有在战争中发挥他全部的智力和性格力，而是仅凭借人们的信心，那么他也同样难以获得历史的认同。

人们了解到的战争过程，其实只是战争的简化版，往往根本不能了解其中各种复杂的困难。

□ 布赖滕费尔德会战中的古斯塔夫·阿道夫二世

古斯塔夫·阿道夫二世（1594—1632年），瑞典国王、统帅，军事家。他统治时，对瑞典进行了一系列深入的军事改革，就连普通的农民都被训练成精锐部队，打了很多胜仗。为夺取波罗的海的海上霸权，古斯塔夫·阿道夫二世于1611—1629年先后与丹麦、俄国和波兰等多个国家进行战争，并取得胜利。图为古斯塔夫·阿道夫二世在1631年的布赖滕费尔德会战中。此战是三十年战争中瑞典-萨克森联军与天主教联盟军的一次会战，瑞典军在古斯塔夫·阿道夫二世的率领下取得了辉煌的胜利。

只有在一些统帅或其部下的战争回忆录或历史专著中，我们才能了解到较为全面的信息。然而，军人在重大行动前的思考和内心活动，大都因涉及政治上的利害关系而被隐瞒，被当成大楼建成后就要拆除的脚手架。

最后，我不想再冒险对高级精神力量下一个更严密的定义，那就按固有的语言习惯来表述智力的差别吧！若问军事天才应该具备什么样的素质、经验，观察将告诉我们：军事天才应富有探索性的智力而非创造性的智力；应擅长使用综合性的方法而非专门化的方法；应具备冷静的头脑而非神经质的头脑。在战争中，我们愿意把人民的生命以及祖国的荣誉和安全托付给这样的人。

第四章　战争中的危险

没有亲历过战争的人，往往把战争想象得神秘，而非令人惊骇。在激情的推动下，你冲向敌阵，不管子弹和死亡。在那个瞬间，谁也不曾想过与死神计较。但是，胜利的桂冠和荣誉的果实唾手可得，难道这是困难的吗？不，何况从表面看来，它根本谈不上困难。但是这个瞬间不是脉搏跳动的一瞬，而像吃药一样，需要一段时间来冲淡药的味道。而且，这样的瞬间也是极少的。

现在，让我带着那些没有上过战场的人到真正的战场上去感受一下吧！在我们接近战场时，隆隆的炮声越来越密集，也越来越响亮，其中夹杂着炮弹的呼啸声，这对初来者自然有着极大的吸引力。突然，一颗炮弹落在距离我们不远的地方。我们要立即前往司令官与其随从所驻扎的高地上。这时，炮弹依然不断地落在我们附近，就这样，初来者的天真的幻想终于被炮声击碎了。忽然间，一个战友倒下去了——被突如其来的榴弹炸死——人们开始不镇定了，就连最勇敢的人也变得心神不宁。我们继续向前，来到一位师长的身边，这里的战斗简直像戏剧场面一样展现在我们眼前。炮弹的呼啸声，轰隆的爆炸声，眼前的一切都搅动着人的心神。我们来到一位旅长的身边，这是一位胆量过人的将领，只见他也小心翼翼地隐藏在小山岗、房屋或者树林中——这就意味着危险正在增大。榴弹在房顶和田野上方呼啸而过，子弹从身边穿过，尖叫声不断。最后，我们到达步兵部队处。他们已经在这

□ 瑞典轻骑兵

瑞典轻骑兵为中型骑兵，他们身穿简单的胸甲，头戴一顶壶盔，装备有两把手枪和一把直剑，其直剑比别国的长。历史上的瑞典轻骑兵是一支令人闻风丧胆的部队，他们中最好的士兵来自芬兰，名为Hakkapelis，这个名词来自他们战斗时的呼号，意即"把他们剁成排骨！"

里顽强奋战了好几个小时。子弹不断地从身边嗖嗖飞过,带着短促而尖锐的刺耳声,似乎近在咫尺,甚至就在我们的耳边、头上、胸前掠过。而更让人感到悲痛欲绝的是,附近遍地是或死或伤的战士。

  初上战场者在经历这番危险之后,无不感慨幻想和现实之间的巨大差距。如果一个人在亲历这些场景后仍能保持冷静,并能当机立断,那么他定是非凡之人。然而,习惯可以冲淡这些场景最初带来的影响,半个小时后,人们就会对战场的枪林弹雨习惯一些。不过,一个普通人不可能在这种情况下一直保持冷静从容。所以说,战争中若只具备普通人的精神力量是远远不够的,而且责任越大,所要求具备的力量就越大。在这种困境中,要想取得非同平常的效果,就必须具备极大的勇气、强烈的荣誉心以及久经危险的耐力。

  战争中的危险是战争的一种阻力。只有正确地认识它,我们才能更了解战争。

第五章　战争中的消耗

如果让一个饥寒交迫或因炎热而头晕眼花或疲惫不堪的人来给战争下一个结论，那么他所作出的结论，从客观上来说，正确的概率很小，但在主观上无疑是正确的，因为评论者的体验将准确决定他的判断。然而，一个目睹不幸事件的人，对该事件的态度和观点往往是消极悲观的，甚至言过其实，如果他们亲自参与其中，情况更是如此。从这一点，我们可以看出战争消耗的影响力之大，必须多加注意。

我们无法严格规定战争中诸多因素的使用限度，尤其是体力。如果体力没有被浪费掉，那么它就是一切力量的基础，而且我们无法准确说出人体能承受多大的体力消耗。在战争中，只有坚强的将领才能将其军队的力量完全发挥出来，就像只有强大的臂力，才能拉紧弓弦，箭才射得远。一种情况是军队因战败而处境危险，他们只有以最大的体力去寻求安全，即忍饥受累逃脱危险；另一种情况是，胜利的军队斗志高昂，心甘情愿服从将领的指挥和安排。其实两者都需要忍受劳累，但是前者往往只能引起人们的同情，而后者却能让人钦佩，因为它更难做到。显然，体力消耗在无形中阻碍了智力活动，削弱了情感力量。

虽然我们谈论的是，统帅和将领是否能令军队和部下吃苦耐劳，但同时也不能忽视将领本身的消耗。即使这一点属于次要问题，我们仍须多加注意。

消耗同前一章提及的危险一样，都是战争中的阻力。但消耗并没有标准的衡量尺度，因为它是有弹性的，它所产生的阻力很难被计算。

为了不过分强调甚至夸大上述观点以及战争中的各种困难条件，我们可以从感情中得到指引。一个人在受到侮辱和诽谤时，提起自己的弱点和缺陷并不能招来同情，但当他成功地反驳了别人后，再提起自己的弱点和缺陷，证明自己这样做有多难，则是有利的。一支军队在战败的情况下，提及危险、困难和劳累是无法驱赶失败所带来的消极悲观情绪的，但当他们胜利以后，他们所经历的危险、困难和劳累则会为他们增添光彩。由此可见，感觉是我们作出公正判断的阻碍因素，因为感觉是一种更高层次的判断。

第六章　战争中的情报

情报是我方所了解到的敌方即敌国的一切信息。战争中的一切计划和行动都基于情报。只要想想这个基础的本质以及它的不确定性和多变性，就该知道战争是一幢多么危险的建筑物，它随时都可能坍塌，使我们葬身其中。教科书教导我们要相信可靠的情报，不要停止怀疑。然而，这些苍白无力的格言又有什么用呢？

□ **罗克鲁瓦战役**

罗克鲁瓦战役属于三十年战争中的一次会战。1643年5月18日，一支大约2.8万人的西班牙军队在德梅洛将军的率领下，从西属尼德兰出发，朝巴黎进军。中途，西班牙军停下来围攻罗克鲁瓦（位于法国阿登省，16至19世纪为要塞），在此与法军交战。战争中法军一举击溃西班牙战斗力和领导力最强的佛兰德军的步兵团，终结了西班牙在欧洲历史上的大陆战术优势，使西班牙从此走向衰落。

战争中的大部分情报自相矛盾，有的甚至是虚假的，充满不确定性的。因此，将领必须具有一定的辨别能力，这种能力只能通过对事物或人的认识和判断而获得。他必须遵循盖然性的指引。当我们还在营房里拟订最初的计划时，这些盖然性就难以得到应用。而一旦战争开始，情报接踵而至，难度加剧。如果情报出入太大，正好互相抵消，留下一种对比任人评估，这就算幸运的了。但是对于新的将领来说，最糟糕的是，一个情报关联着另一个情报，似乎后来的情报都是前一个的证明和补充，就像是不断增添新色彩的图画，混乱难辨。最后他只能在匆忙中作一个决断，然而用不了多久他就会发现这个决定是愚蠢的，因为大部分情报都是夸大的谎言。而恐惧导致谎言增加，就一般性通则来说，人们更愿意相信坏消息而非好消息，并且宁愿将之夸大。这种情况带来的后果会像潮水一样，很快就消失不见，但是它也会像潮水一样毫无征兆地再次出现。将领必须有坚定的信念，像海滩上的礁石一样经得住海浪的拍打。这么做并不容易。如果将领天生消极，或者他没有足够的战争经验，无法作出准确的判断，他就必须遵循一条：压制个人的信念，强迫自己摆脱恐惧，心怀希望。只有这样，他才能保持心态上的平衡。如果人们对战争的最大阻力之一——不确定的情报——有准确的认识，那么情况就和想象的很不一样了。从感觉中得到的印象往往比深思熟虑后的观念更强烈。这种强烈的印象使得将领在执行每一次重要行动时，都不得不重新排除一些疑虑。但是，人们总是受到他人意见的影响，大多不能当机立断。他们总怀疑现实并非想象的那样，尤其是当他们听信了别人的意见后，就会愈发相信这一点。即使是亲自拟订计划的人，在亲眼所见的事实面前，仍然会怀疑自己最初的想法。在这种情况下，坚信自我才能战胜一时的假象。只有当人们亲临战场，看到那些危险的想象轰然倒塌，原来的观点和信念才最终证实。这就是制订计划和实施计划之间的最大差别之一。

第七章　战争中的阻力

没有亲历过战争的人，往往无法理解战争中的困难到底是什么，不知道统帅为什么需要具备卓越的军事才能和精神力量。他们以为，一切似乎都十分简单，所需运用的知识并不高深，战略选择方案也一目了然，似乎比高等数学里最简单的题目还简单。然而，一旦他们亲历战场，这种想法就会被彻底地改变。而要说明引起这种变化的原因，或者要指出这种不可见却又处处起作用的因素是什么，仍然是很困难的。

战争中，即使最简单的行动也会变得很困难。困难累积就成了阻力，没有经历过战争的人对这种阻力毫无概念。打个比方，如果一个旅行者想在天黑之前再走两站，他只需骑马在宽阔的大道上走四五个小时就能走完。但是，如果当他在第一站没有找到好马，甚至没有马，而山路又很崎岖，夜幕降临，他只能身心俱疲地赶到下一站，这时如果能找到一个简陋的住处，他就心满意足了。在战争中情况也是如此，许多无法预料的细节都可能影响战争的进程，以致既定的目标无法实现。钢铁般的坚强意志能克服这些阻力，扫除各种障碍。若把军队比喻成机器，它也会因此而受到较大的损耗。这一点我们以后还会详细探讨。统帅的坚强意志和坚定的指挥力，就像是城市街道交会点的方尖碑一样，在军事艺术中起着十分重要的作用。

阻力是区分现实战争和理论战争的唯一概念。军队这台机器看上去操作十分简单，但我们要明白的是，这台机器是由许多个部分组成，每个部分都不是一个整体，因而每个人都会在各个环节对战争产生阻力。比方说：营是一个通过纪律集结而成的整体，营长在执行上级命令的时候，如果他是一个被部下敬佩和信任的人，那么这个整体就会像轴套围绕轴心转动一样，行动的阻力很小。然而这是一种理论上的假想，包含了很多夸大和虚假的成分，一旦上了战场，问题就会暴露出来。一个营是由单个的人组成，即便最次要的人也能造成阻力和混乱。战争中的危险和军人的体力消耗会使战争的阻力变得更大，因此它们是形成战争阻力

□ 马斯顿荒原战役

1642—1651年，英国国会派与保王派之间发生了一系列的武装冲突及政治斗争，即英国内战（英国辉格党称之为"清教徒革命"）。图为发生于1644年7月2日的马斯顿荒原战役，它是英国内战第一次内战时期国会军与国王军队之间的一次重要战役。战争中，克伦威尔率领国会军击溃国王军，取得了巨大胜利。此战是国会军从失败走向胜利的转折点，它开创了英国资产阶级革命的新篇章。

的最重要原因。

这种阻力不可能像机器故障一样，被简化到几个点上，而是处处存在，并可能诱发难以预料的状况，因为大部分阻力都是偶然性的。例如，天气就是一种充满偶然性的因素。有雾时，可能导致我们不能预先发现敌人，炮弹不能准确发射，也影响我们不能及时向将领报告情况；下雨时，会导致军队的阵营不能按时集结，行军时间可能由三小时延长到八小时，战马可能陷在泥泞里，骑兵的机动性大打折扣。

举这些例子是为了更具体形象地说明战争中的阻力，如果要详细充分地一一列举，恐怕几本书也无法尽述。在此，我们再来作一些比较生动的类比，便于大家对战争中诸多细小的困难有更明确的概念。

战争行动是一种在特殊环境中的运动。比如在水中，连走路这么简单的动作都会变得困难。而在战争中便是如此，付出正常的努力可能连中等的成绩也达不到。因此，真正的理论家应该像游泳教练一样，能够在陆地上教人水里的动作，但这些动作在没有从游泳方面考虑的人眼中，是极其荒诞的。而很多理论家并没有实战经验，也不能从实践经历中总结出一般原则，他们只能教人人都会的动作，那就是走路。

此外，每一场战争都会出现许多特殊现象，就像是一片未知而充满暗礁的海域，统帅虽然不能亲眼看到，但他必须凭借卓越的智力和丰富的经验去感觉这些阻碍的存在并克服或绕过它们。要做到这一点极其不易，因为从远处观望是无法看清这一切的。一个优秀的统帅，必须拥有预见阻力的智慧。但这仍是不够的。如果他徒有经验却怯于行动，仍算不上最好的统帅。了解阻力并能够克服它们，并对不可能达到的战果不抱有太大的渴望，这才是一个优秀统帅应该具备的素质。理论上说，阻力是一种完全无法确定的力量，即使可以确定，仍需将领具备机敏的应变能力——一种处理细微而复杂的情况的判断力，而非重大问题的判断力。在面对重大问题时，人们可以独立思考，或通过与别人交流来解决。运筹帷幄的人之所以能在任何场合都游刃有余，就是因为他能够随机应变。同理，具备这种能力的统帅才能在战场上快速作出正确的决断。只有具备了这种能力，他才可能少犯严重的错误，否则很容易动摇军心，这在战争中是极其危险的。

  正是因为这些阻力的存在，使原本看起来容易的事情变得困难，这个问题我们以后还会提及。它表明：一个卓越的统帅，除了经验和坚强的意志，还需要具备卓越的精神力量。

第八章　结束语

在前几章中，我们所提到的危险、消耗、情报和阻力，都是构成战争氛围的要素，是产生一切行动阻力的介质，也是战争阻力的总和。那么，是否存在某种减缓这种阻力的润滑剂呢？有，且只有一种，但统帅和军队并非都能拥有它，那就是战斗的经验。

习惯能够锻炼人的身心，使人们保持理智的判断力，而不受第一印象的干扰。习惯同时使人们变得冷静，下自轻骑兵、步枪手，上至将领本人，整个军队都得益于这样的素质，统帅的行动阻力也因此而减弱。

战争中，军人的丰富经验如同黑暗中的人眼作出反应一样：瞳孔会扩大，眼睛凭借微弱的光线慢慢地辨清一些东西，最后才能把整个空间看清楚。这就类似于一个受过训练的士兵在战场上的表现，而新兵只能看到一片漆黑。

再优秀的统帅也无法把战场上获得的所有经验都赠给他的军队，军事演习虽然比循规蹈矩的日常操练更有效，但它同实战仍然相去甚远。如果在军事演习中加入一些前述的各种阻力，使将领从判断力、思考力及决断力方面得到锻炼，那么，演习的价值和效果会好很多。重要的是，当各级军人亲历战场，便不会感到惊慌失措。因为体验过，熟悉感就会增加一半。体力消耗同样如此。锻炼得越多，身体就越能承受疲累。在战场上，新兵极易把身体所承受的巨大劳累看成是将领指挥失误所造成的，因此倍感失落和沮丧。其实，他们只要在平时的训练中学会承受这些，情绪就会稳定得多。

在非战争时期，获得战斗经验的另一种不常用但十分重要的方法是，聘用有战争经验的外国军官。整个欧洲都处于和平状态的情况十分少见，军队经常寻求有经验的优秀外国军官的帮助，或者派自己的军官去他们那里学习相关经验。

虽然将领的人数在整个军队中只占很小的一部分，但其影响巨大。他们的经验、见识和精神力量都影响着部下和同僚。即使他们不担任领导职务，也是对某一地区最熟悉的人，在很多情况下都可以给他人以指导。

第二篇 | 关于战争的理论

　　战争理论又叫狭义的军事艺术或作战理论，主要研究如何使用各种手段来达到战争的目的。

　　战争理论分为战术和战略。战术指战斗本身的部署和实施，是在战斗中使用军队的学问；战略指为了达到战争目的而对战斗的运用，是为了战争目的运用战斗的学问。而行军、野营和舍营等军队的状态，皆是因为战斗才与战术和战略发生关系。至于它们的具体归属，如果是同战斗的方式有关，则属于战术；如果是同战斗的意义有关，则属于战略。

第一章　军事艺术的区分

战争本义就是战斗。在战争的各种复杂活动中，战斗是唯一有效的要素。战斗是精神力量和物质力量通过物质力量这一媒介进行的较量。精神力量是不可忽视的，它对战争中的各种要素的行使具有决定性的影响。

为了适应作战的需要，人们发明了各种手段，以便在战斗中取得优势，这就致使作战模式不断改变。然而，无论怎样变，它的概念不会变，它始终是构成战争的最基本要素。

最初的发明为武器和装备，供战士使用。它们必须在战争前就准备完毕，并被战士所熟悉和使用。武器和装备必须符合战斗的性质，因此它们的样式由战斗决定。但是，这些活动同战斗本身并无关系，只能说是战斗前的准备。显然，就作战概念而言，武器和装备并非不可或缺，因为即使空手搏斗也是战斗。

战斗决定了武器和装备的性质，但后者又可以反过来改变战斗的形式，两者之间相互依存，相互作用。

然而，战斗本身始终是特别的活动，由于它充满危险，因此就更是如此。

因此，把两种活动区分开来是很有必要的。这也非常具有现实意义，因为我们经常发现，在某一领域非常有才能的人，在其他领域就可能成为平庸无能的人。

如果把装备完善的军队看作是既定的手段，只需要了解它的主要性能和作用就可以有针对性地利用它了，所以要区分这两种活动也并非很难。

我们因此得出结论，狭义的军事艺术就是在战斗中运用现成的手段，用"作战方法"来形容它再合适不过了；广义的军事艺术包括所有战争行为活动，如征兵、准备军队和训练军队等。

区分这两种活动对理论是否正确具有重要的现实意义。如果军事艺术总是从建立军队开始，并根据这种军队的要求来制定作战方法，那么这种军事艺术就只在少数的事例中具有实用价值。但是如果我们需要一种普遍适用的理论，那么这种理论就必须以一般军队为根据，建立在通用手段和最重要的效果基础上。

由此可知，作战方法就是部署和执行战斗。如果战斗只是单次的行动，就不需要再作区分了，但是，战斗是由多个单次行动组成的。正如我们在前面提到的，我们把这些完整的单次行动称为战斗。于是就有了两种不同的概念，即战斗本身的部署和执行，以及为了实现战争目的而对战斗进行协调。前者是战术，后者是战略。

根据我们的分类，战术是指在战斗中使用军队的学问，战略则是实现战争目的而运用战斗的学问。

至于如何确定单个战斗的概念，我们只有详细地研究战斗，才能予其一个准确的定义。简而言之，从空间上来说，在同时进行的战斗间，战斗的范围受个人指挥的限制；从时间上来说，在连续发生的战斗间，一次战斗的持续时间应以交战的转折点为界限。

□ 邓巴战役

邓巴战役发生于英国第二次内战时期。1650年9月3日，克伦威尔率领1.4万人的国会军与大卫·莱斯利率领的苏格兰保王派军队2.7万人在苏格兰邓巴地区展开战斗。战争中，克伦威尔乘着莱斯利军队离开邓巴附近高地上一个坚固阵地之机，率部将其一举击溃，取得战斗的决定性胜利。此战国会军伤亡仅30人；苏格兰保王派军队的伤亡数达3000人，被俘9000人。

有时候，若干战斗也可以看作"单独一次的战斗"，这并不是说我们上述的区分就是不对的，因为很多事物都存在过渡阶段，并不是所有事物都界限分明。因此，有的军事活动既属于战略，也属于战术，比如，把军队像岗哨那样延伸部署，或是某些渡过河流的军事部署，等等。

我们这里作的区分只针对使用军队而言。但是战争中还有很多与"使用军队"不同的活动，我们称之为"维持军队"，它是使用军队的必要条件，就像建立和训练军队是使用军队的前提条件一样。维持军队的一系列活动都属于战斗的准备，它和使用军队的活动交替进行，贯穿于整个军事行动中。因此，我们不必把这些准备活动列入狭义的军事艺术，即作战方法中。如果理论的首要任务是区分不同因子的主要目的，这也是在情理之中。我们也不必面面俱到，非要把军队的维持和管理列入作战理论之中。它们之间虽然存在相互作用力，但在本质上却有根本性的差别。

在第一篇第二章中我们讨论过，如果把战斗或交战视为唯一的直接有效的活动，便可以掌控其他一切活动的线索，因为这些线索最后都要归于战斗。而一切活动都是有目的的，它们按照自身的规律去达到目的。在此我们必须详细探讨一下这个问题。

战斗以外的其他活动，彼此的性质很不相同。

有的活动既属于战斗本身，又为维持军队而服务；有的活动仅属于维持军队，但因其与战斗的相互作用力，所以对战斗有一定的影响。

例如行军、野营和舍营，既属于前者又属于后者。虽然这三种活动是军队作战中存在的一个独立方面，但当人们想到行军、野营和舍营时，就总会联想到战斗。

给养、补充武器装备、救护伤病则仅属于维持军队的活动。

行军就是在使用军队。战斗内的行军，虽然没有真正地使用武器，但它是战斗不可分割的一部分；非战斗过程中的行军主要是战略计划的实施，战略决定确定军队应在何时何地，以何种兵力战斗，而行军则是实现这种决定的唯一手段。

战斗外的行军是一种战略手段，但军队在行军过程中随时可能展开战斗，因此，行军是既属于战略手段又属于战术手段。当一支军队受命在河流或山的某一面行军，即为战略决定；它表明：如果行军中有展开战斗的需要，那么最好在河流或山的某一面与敌人交战。

当指示一支军队不要沿着谷底前进，而是在谷旁高地上前进，或者将一支军队分成若干个小分队以便行军，即为战术决定，因为它们都涉及如何使用军队。

行军的内部部署是为了随时战斗，它是对可能发生的战斗的提前部署，因此具有战术性质。

战斗间行军是战略部署战斗的手段。由于它只显效于战斗结果而非战斗过程，因此人们在研究中经常将战斗和行军的概念相混淆。例如，人们常说"决定性的巧妙的行军"，实际上指的是由于行军而导致的战斗。这种概念的替换对人们颇为受用，因为它简明扼要。但这只是一些精简过的概念，我们仍然必须记住它原来的意思，避免产生错误。

如果说战略思想的价值与战术结果无关，无疑是不正确的。因为有人认为，只需部署行军，不经战斗就可实现目的，并由此推论，可以不通过战斗就能战胜敌人。这种错误观点的严重后果，我们在以后的章节中再加以讨论。

虽然行军是战斗不可分割的一部分，但它的某些活动并不属于战斗，因此这些活动既不属于战略也不属于战术。例如修路、架桥等活动，它们只是战斗的先决条件，是为了军队的便利而采取的措施。但是由于它们本身与使用军队有所区别，因此涉及它们的理论也不属于作战理论。

宿营是一种随时准备作战的军队部署，与驻扎不同。宿营是一种静止休息的状态，它意味着战事一起就得立即展开作战的战略准备。对宿营地的选择决定了战斗的基本路线，它是进行防御战斗的必要条件。因此，宿营是战略和战术的重要部分。

如果军队需要长时间的休整，驻扎便替代宿营。从驻扎的位置和范围来看，它属于战略；从备战的内部部署来看，它属于战术。

除了休整军队，宿营和驻扎还具有如掩护或镇守某一地区的目的。当然也可能只是单纯的休整。我们必须记住：战略是用来实现各种目标的，只要是有利于战略的东西都可以成为战斗的目的，而维持作战工具本来就是某些战略思想的目的。

此种战略的目的是为了维持军队，我们无须再深入探讨。我们的关注点仍然是使用军队的问题，因为无论军队在任何地点进行任何部署，都属于使用军队。但是，在宿营和驻扎时，为了维持军队而做的工作如架设帐篷、修建屋舍、给养以及清洁等，则不属于战略和战术。

防御工事是为战斗选定位置和安排工事，属于战斗部署的一部分，是战术问题。但工事构建本身并不属于作战理论。这些知识和技能是受过训练的军队早已具备的，是战斗理论的前提。

在单纯维持军队的活动中，军队的给养与战斗的关系最为紧密，因为给养是军人每天所必需的。因此，它在战略范围内对军事行动产生直接的影响。我们之所以将它限定于战略范围，是因为在单次战斗中，军队给养还不足以改变具体的作战计划。军队给养往往只与战略之间存在相互作用力，因为对军队给养的考虑一般不会影响到一次战斗或整个战区的主要战略方针。无论如何，军队的给养在本质上不同于使用军队，它只是以自身的结果影响着使用军队这一活动。

至于我们所提到的其他行政管理活动，与军队的使用更是关系疏远。医疗机构虽然对军队的福利起着重要的作用，但它只涉及小部分人；而武器装备的维护，并非经常性活动，在战略计划时可以忽略不计。

但是不可否认的是，在某些特殊情况下，上述这些活动也可能具有决定性的意义。如医院和弹药库的远近，确实可以成为作出重大战略决定的唯一依据，这一点我们不可否认。但我们研究的不是个例，而是抽象且广泛的理论。因此，医疗机构和武器弹药的补给理论，在此无须再进行讨论，把它纳入战争理论没有太大的价值。

总之，战争的活动可以分为两大类：战争的准备活动和战争本身的活动。理论上也必须进行相应的分类。

与战争准备有关的知识和技能，是为了建立、训练和维持军队之用。炮兵学、防御工事、所谓的基本战术、军队组织及管理等知识和技能都属于这个范围。战争理论的研究主题是如何运用这些手段来实现战争的目的，它只需要研究这些知识和技能的主要特征和最终结果。

□ 克伦威尔解散议会

英国内战结束以后，从1653年起，克伦威尔建立了军事独裁统治，以"护国主"之名统治着英格兰、苏格兰和爱尔兰。在1654年9月的议会中，部分议员想要限制克伦威尔及其军队的权力，克伦威尔便用武力解散了议会。从那时起直至1658年去世，克伦威尔曾先后成立和解散了三个不同的议会；并采用了两部完全不同的宪法，但都未能发挥作用。

我们称这种理论为狭义的军事艺术、作战理论或者使用军队的理论。

因此，战争理论研究战斗本身，同时把行军、宿营和驻扎看作一种类似于战斗的军队状态。军队给养不在这个范畴里，但它同其他战争条件一样，被当作既定因素考虑在其中。

狭义的军事艺术分为战术和战略。战术研究战斗的方式，战略研究战斗的运用。行军、宿营、驻扎，只有通过交战才与战术或战略发生关系。至于它们到底属于哪一范畴，那就要看它们关乎战斗的方式还是战斗的意义。

也许有人认为，没有必要如此详细地区分战术和战略，因为这对战斗本身没有什么直接的影响。

任何理论首先必须澄清杂乱的，或者说是混淆不清的概念和观念。只有对名称和概念有了共同的理解，才可能清楚而顺利地研究问题，才能与读者站在同一个立足点上。战术和战略这两种活动，在时间和空间上相互交错，但在性质上又互不相同。如果不能准确地界定它们的概念，就不可能完全理解它们的内在规律和相互关系。

那些认为这一切毫无意义的人，他要么顽固地不听取任何理论分析，要么他的智力未曾受损于混乱离谱的观念。我们之所以经常听到或读到这样的观点，是因为很少有真正具有科学研究精神的学者去研究这些问题。

第二章 关于战争的理论

一、军事艺术最初的概念仅指军队的准备

人们最初把军事艺术和科学解释为与物质有关的知识和技能的总和。这类知识和技能包括武器的布置、准备和使用，要塞和野战工事的构筑，军队的组织及其行动机制等，所有这些都是为了在战争中可以使用军队而作准备。这里只涉及物质材料，只涉及单方面的活动，说到底就是一种从手工业逐渐提高到精巧的机械技术的活动。这些活动同战斗的关系，就像铸剑术同击剑术的关系一样。它尚不包括在危险时刻，在与敌方不断产生相互影响的情况下，如何使用武力，以及与智力和勇气相关的内容。

二、在围攻术中首次谈到作战方法

在围攻术中首次谈到作战方法，即由上述物质的活动转变为智力的活动。但在大多数情况下，这些智力活动只能体现在接近壕、反接近壕、平行壕、炮台等新技术上。它的每一次发展都是以出现新的物质对象为标志。围攻术在这里只是一条串联这些新事物的纽带。由于在这种形式的战争中，智力几乎只表现在这些新技术上，因此理论发展谈及这些就足够了。

三、后来战术也涉及行动机制

后来战术也企图按照军队的特性，为军队的一般部署制定行动机制。这已涉及战场上的活动，但仍然没有涉及自由的智力活动。这种机制通过编制战斗队形，使军队成为一部自动机器，一声令下就会执行精确行动。

四、真正的作战方法只在其他问题中附带提及

真正的作战方法，即根据具体情况的需要自由地使用已有的手段，被认为不是理论要讨论的问题，而是取决于人们的偏好。但当战争从中世纪的搏斗逐渐变成复杂而有序的斗争后，人们不得不开始思考这个问题。但这些思考只是在某些回忆录或故事中附带提及，并未作为专门的研究对象。

五、对战争事件的各种看法促使战争理论建立

随着对战争事件的各种看法与日俱增，研究越发需要具有批判性。人们迫切需要理论、原理和规则来解决战争历史中的争端和分歧。对于杂乱而没有原则的争端，人们必然是厌恶的。

六、努力建立明确的理论

由此，人们开始致力于制定规则、原则或理念体系。这提出了一个明确的目标，但人们却没有认真考虑过将会遇到的困难。正如前文所述，无论从哪方面来讲，作战都是没有固定界限的，而每一座理论大厦，在现实世界面前总会显现其局限性。因此，理论和实践之间始终存在着不可调和的矛盾。

七、局限于物质对象

这个论题的困难随之而来。理论家认为，解决的办法就是再次把他们的原则和体系局限在所涉及的物质对象及单方面的活动上。他们把战争理论同有关战争准备的科学同等对待，只想获得明确的结论，而且只打算研究那些可以计算的因素。

八、数量上的优势

数量上的优势是一个物质方面的问题。有人认为它可以看作一个数学公式，通过时间和空间计算出来。至于其他因素，如果是交战双方共有的，则抵消不予考虑。数量上的优势有时候确实可以看作是一个数学公式，但如果把它当作军事艺术唯一的法则和奥秘，则过于片面，是无法经受现实考验的。

九、军队的给养

有人想在理论研究中，把另一个物质因素——军队的给养体系化。因为军队是一个现成的组织，军队的给养对大规模作战起决定性的作用。这种方法无疑可以得到某些确定的数值，但是它们大多是没有根据的臆断，也无太大的现实意义。

十、基地

某个有才之人曾把军队的给养、人员和武器的补充、本国信息联络的安全以及必要时刻的退路的安全等问题，连同有关的精神因素全部囊括到基地概念

□ 第一次英荷战争

1652年，由于海上贸易问题，英国和荷兰的关系变得剑拔弩张。7月8日，英国攻击荷兰商船，随后双方发起了大规模的船舰冲突，战争正式爆发。经过激烈的战斗，双方海战由封锁与反封锁的贸易战最终演变为主力舰队间争夺制海权的决战。1653年，英国控制了英吉利海峡的制海权，使荷兰经济瘫痪。1654年，英荷双方签订《威斯敏斯特和约》，荷兰承认此战英国胜利。

中。他首先用"基地"这个概念取代上述的各个因素，然后用基地的面积取代基地概念本身，最后用军队部署位置和基地两端的连线所构成的角度取代基地的面积（指毕洛夫的战争理论）。这些论述只是为了取得一个纯粹的几何学结果，几乎毫无现实意义。这种无用性难以避免，因为每一次概念的替换，不是对事实有所歪曲，就是使原义受到损害。基地概念是战略中必要手段，发明此概念者的确是作了一个贡献。但是如上所述的那样使用这个概念是不可取的，只会导致这位研究者走向极端和荒谬，使他过分相信他提出的包围战术。

十一、内线原则

后来出现的另一支几何学原则——内线原则，与上述研究正好相反。这个原则建立在"战斗是战争唯一有效的手段"这个观点之上。尽管如此，它也只是纯粹的几何学结果，同样不具备较大的现实意义。

十二、所有这些理论试验都将被批判地对待

所有上述理论试验的分析部分都是探索真理的过程，但是它们的研究结果，即由此得出的规则却完全不可取信。

这些理论往往强调确定的数值，认为战争的一切都可以通过计算得出。然而战争的一切都是没有定数的。

同时它们过分强调物质因素，而军事行动不可能没有精神力量的作用。而且这些理论只是对单方面的活动的观察，但战争却是双方间持续的相互作用力的

结果。

十三、这些理论把天才排除在规则之外

这些理论将一切不能解决的问题,都置于科学研究的范围以外,认为那是超越规则的天才领域。

其实规则对于天才来说毫无约束力,他们甚至会嘲弄这些规则;而那些必须在规则的丛林中爬行的军人则不幸得多。天才在战争中的行为就是最好的规则,而理论的作用就是阐释他们为什么这样做,以及他们是怎样做的。

那些同理性相对立的理论是多么可怜!无论它们显示得多么谦虚谨慎,也无法掩盖它们自身矛盾的存在。它们越是低调,就越会受到嘲弄,越会被排斥在现实生活之外。

十四、一旦考虑精神因素就会遇到理论困难

任何理论,只要涉及精神因素就会变得困难。如建筑和绘画,如果理论只针对物质因素,则比较明确,力学或光线构图都没有什么分歧。但是一旦涉及创作的美学价值,要求加入精神上的印象和感情时,规则就会变得含混不清。医学只跟活的有机体打交道,而活的有机体在不断变化着,研究的困难已然很大了,而若是再加上精神的作用,困难几乎难以言喻,所以精神病医生是多么的了不起!

十五、战争中不能忽视精神因素

军事活动不仅针对物质因素,还针对赋予物质生命力的精神力量,二者不可分割。

精神因素只有人们用心灵之眼才能看得到,而且每个人的感悟力都不一样,同一个人在不同时刻的感悟也有所不同。危险在战争中无处不在,因此左右判断的主要是勇气,即对自己力量的信心。这就像眼球一样,一切印象都是通过它传达到大脑。当然,经验本身为这些印象提供了一定的客观价值。

每个人都清楚奇袭、侧翼攻击和背后攻击的精神作用,也都会低估败退敌人的勇气;人们在追击时和在被追击时会表现出完全不同的勇气;每个人判断对方的依据通常是对方的名望、年龄和经验,然后确定自己的行动;每个人都非常注意敌我军队的情绪和精神状态。我们已经在经验中证明了所有这些以及与之类似的精神作用。它们的反复出现证明,它们有理由成为重要的客观因素。理论如果

忽视了这些精神因素，那么就不再是理论了。

毫无疑问，真理必须源自经验。没有哪一个理论家和统帅会陷在哲学和心理学的空谈之中。

十六、作战理论的主要困难

要弄清作战理论中的困难，并根据这些困难找出作战理论所具有的特性，我们就必须对军事活动的主要特点进行进一步的考察。

十七、第一个特点：精神力量及其作用——敌对情感

斗争原本是敌对情感的表现，但在战争中，敌对情感往往变成了敌对意图，至少个人与个人之间没有敌对情感。当然这并不是说敌对情感是不存在的。在当代的战争中，个人与个人之间的敌意或多或少被民族仇恨所取代，很少没有民族仇恨的。即使没有民族仇恨，没有最初的激愤，在斗争中也会逐渐产生敌对情感。任何人遵照上级命令对我们使用了暴力，我们都在敌对他的上级之前，先对他进行报复。在理论斗争上这往往被看成是一种抽象的实力较量，由此，他们自觉犯下理论上的错误。

除了战斗中所特有的敌对情感以外，还有如功名心、统治欲及其他各种感情，它们并非与战斗紧密相连，却又由于某种关联，很容易与战斗结合在一起。

十八、危险的影响——勇气

战斗中处处有危险，一切军事活动都是在危险中进行，犹如鸟在空中飞翔、鱼在水里游一样。危险的作用会引起人的情感反应，即人们总会出于本能地试图逃避危险，如果不能逃避，便会产生恐惧和焦虑的情绪。如果完全没有这样的反应，那就是他的勇气克制了本能。然而，勇气和恐惧都不是智力的表现，而是一种情感：恐惧是害怕肉体受到伤害，勇气是为了维护精神的尊严。勇气是一种高尚的本能，我们不能把它当作一件没有生命的工具来使用。勇气不仅可以减弱或抵挡危险，它本身也具有特质。

十九、危险的影响范围

要想正确估计危险在战争中的影响，就不能把危险的范围限定在当下的危险时刻。危险对统帅的影响，不但指他本人承受的威胁，还包括其部下受到的威胁；危险不仅在当下威胁着统帅，由危险产生的想象也在其他一切与危险有关联

的时刻威胁着他；不仅如此，危险还通过责任感间接地影响统帅，使他在精神上倍感压力。当统帅在每一次重大事故面前作决定时，只要思及它所带来的危险和责任，便会感到紧张恐惧。可以说，战争中，只要军事行动是真实行动而非演习，危险就始终伴随。

二十、其他情感力量

虽然大多认为，由敌对情感和危险引发的情感力量是战争所特有的，但这并不意味着人类生活的其他情感就与战争无关，它们同样发挥着不同程度的作用。在战争中，某些微小的情感被战争的严肃压制下去，但这通常指的是职位低的指挥官。他们在危险和劳累中，总能抛开虚伪，放下生活的其他事情，全情投入战争。但职位高的军官则必须考虑和关心更多问题，因此情感往往更复杂，无论好坏，都需要他作出决断。总的说来，无论是宽容或妒忌、谦虚或傲慢，温和或暴躁，都是在战争中起作用的情感力量。

□ 第二次英荷战争

第二次英荷战争爆发于英国斯图亚特王朝复辟时期（1665—1667年）。这一时期的战争次数明显减少，但规模变大，战场基本集中在英吉利海峡和北海地区。交战双方主要以海军主力决战的方式，企图按照战列线战术作战来夺取制海权。随着炮火的改进和射程及杀伤力的提高，英荷双方在战斗中的损失剧增。在经历了三个阶段的战斗之后，最终英国战败，并由此催生了之后的第三次英荷战争。

二十一、各人的个性特点的不同

除了情感素质，指挥官的个性特点也至关重要。一个爱幻想、狂热而不成熟的指挥官和一个冷静又果断的指挥官是完全不同的。

二十二、由于个性特点的不同，实现目标的方法也不同

如我们在第一篇中所讨论的，实现目标的方法之所以多种多样，盖然性和偶然性之所以具有很大的作用，主要是因为个人个性特点的不同。这种影响随着职位的晋升而不断增强，所以主要体现在职位较高的人身上。

二十三、第二个特点：积极的反应

军事行动的第二个特点是积极的反应及由此对应的相互作用力。前文中我们已经谈过，如何计算精神力量的问题，在此我们并不关心积极的反应在计算上的困难。我们要谈的是，作战双方的相互作用力在性质上注定了其不可预知性。在战争中，每一次行动对敌我双方都会产生完全不同的影响。但是理论通常都限定于为普遍现象，而没有考虑到特殊情况，这些特殊情况只能靠判断力和才能去处理。战争中，遇到计划之外的情况很常见，因此相较于人类的其他活动，军事活动必须更多地依靠才能，而不是运用理论知识。

二十四、第三个特点：一切情报的不确定性

最后，战争中的所有情报都充满了不确定性，这是一种特殊的困难。几乎任何军事行动都是模糊不清的，在朦胧中，它们可能轮廓巨大，形状怪异，令人捉摸不透。因此，在客观情况不明了的情况下，我们只能依靠才能和运气去认清它们。

二十五、建立绝对正确的定律是不可能的

综上所述，我们可以这样认为：为军事艺术建立一套绝对正确的定律，像搭脚手架那样来保证指挥官随时上上下下，是根本不可能的。当指挥官企图依靠自己的才能时，他就会发现自己完全站在这个模型之外，与它格格不入。而且，不管这个理论看起来多么有理有据，都会遇到一个结果：才能和天才不受法则的约束，理论和现实对立。

二十六、成立理论的选择方案，困难的大小不同

在上述困难中，面临两条出路：

首先，我们在前文中也提到过，困难不是一概而论的，职位越低，需要自我牺牲的勇气越大，但智力和判断方面的困难就相对小很多，接触的事物也比较有限，追求的目标和使用的手段相对较少，掌握的情况也比较准确，大部分甚至是亲眼所见。反之，职位越高，困难就越大，尤其是最高统帅，几乎必须依靠非凡才能来解决。

即使从军事活动本身的区分来看，困难也各不相同。越是物质性的活动，困难就越小；越是涉及精神领域的活动，困难就越大。因此，关于战斗部署、组织和实施的理论，比关于战斗运用的理论容易得多。前者虽包含了精神因素，但

主要仍是物质手段。然而，在战斗的作用中，也就是说当物质结果变成意志动力时，人们所接触到的就只有精神了。总而言之，建立战术理论比建立战略理论容易得多。

二十七、理论应该是一种探究，而不是教条

困境中的第二条出路是：不把理论当作一贯正确的教条和行动手册。当某种活动始终在处理同一种事情，即处理同一目的和手段时，即使它们有许多细小的变化，或者有多种不同的组合，它们仍然可以是理论考察的对象。这样的考察才是一切理论最重要的部分。只有对事物进行分析研究，才可以使人们对事物认识得更透彻。如果对经验作这样的考察——对我们来说就是要对战史作这样的考察——进而深入地了解它们。理论越使人们了解事物，就越能将客观的知识变为主观的能力，在需要才能来解决问题时就越能发挥作用。也就是说，理论对才能本身具有重要作用。

如果理论能够分析战争的各个部分，能够区分战争中含糊不清的事物，能够全面说明手段的特征，能够推断不同手段可能带来的结果，能够明确目的的本质，能够不断发现并解释战争中出现的问题，那么理论的任务就算完成了。这样的理论可以作为军官的指南针，为他们指明方向，并培养他们的判断能力，防止他们掉入陷阱。

研究者耗尽半生心血来全面阐述一些晦涩不明的问题，他们比起花费时间研究问题表象的人，自然要懂得多得多。确定理论是为了方便他人使用研究成果。所以理论可以用来培养指挥官的智力，使其能够自我提升，而不是陪他们上战场，就像一位聪明的老师应该引导和培养学生的智力发展，而不是永远牵着他们走一样。

如果理论或真理可以自然而然地得出规则，那么理论就不会与智力活动这种自然规律相对立，而会像拱门上最后砌上的拱心石一样，把这些规则都显现出来。但是，这么做也是为了顺应科学的理性法则，为了将所有线索汇聚在一起，而不是建立战场上套用的纯粹公式。原则和规则的主要作用是为好思考的人提供参考的线索，而不是像路标那样指出具体的道路。

二十八、上述观点使理论成为可能，同时消除了理论与实践的矛盾

上述观点促使了作战理论的产生，即建立一种实用的、不与现实冲突的作战

理论、只要使用恰当，就不会出现理论脱离实践的现象。其实这种现象往往是由不合理的理论导致的，它使理论和健全的理智相对立，同时被那些愚昧无知的人用来掩饰他们的无能。

二十九、理论应该考察战术的目的及手段的性质

在战术中，手段用来训练作战的军队，目的是胜利。如何定义胜利，我们将在后文中详细探讨。在这里，可以说只要敌人从战场上撤退就算是获得了胜利。胜利代表战略目的的实现，也使战斗具有了真正的意义，这种意义会对胜利的性质产生一定的影响。这种夺取阵地的目的，与削弱敌人军队的目的不同；因此，战斗的意义对战斗的计划和实施都能产生较大的影响，它也应该和战术结合起来研究。

三十、使用战术手段时必备的各种条件

战斗中，总有一些常见性因素会对战斗产生或多或少的影响，因此，在使用军队时，应该多考虑这些条件，它们包括地形、时间和天候。

三十一、地形

地形可视为地理环境和地貌的结合。严格来说，如果战斗发生在平坦的荒原，地形的影响就不大。但是在欧洲地区被开垦过的土地上，战斗是不可能不受地形影响的，在文明国家更是难以想象。

> □ 第三次英荷战争
>
> 1672年3月，英国不宣而战，突袭了一支荷兰商船队，第三次英荷战争爆发。这场战争发展到最后，将法国、丹麦、瑞典、西班牙等多个国家卷入参战，与此同时，战争也并未局限于海上，而是在海上和陆地同时进行。1674年，英国与荷兰议和，英国在得到荷兰的部分殖民地的同时，给予荷兰20万英镑作为补偿，第三次英荷战争落下帷幕。

三十二、时间

时间的昼夜之分，对战斗产生影响。但这种影响的范围会超过昼夜的界限：每次战斗都会持续一定的时间，大规模的战斗甚至会持续

多个小时。一次大规模的战斗的开始时间是早晨还是下午，有很大的区别。但是也会有很多战斗不受时间的影响，因此，时间对战斗的影响是有限的。

三十三、天候

天候对战斗的影响很少是决定性的，如果是有雾的天气往往影响会大一点。

三十四、战略上的目的和手段

最初的战略手段是夺取胜利，也就是战术成果。战略上，目的其实就是那些直接导致媾和的目标。在战略上运用手段达到目的时，始终伴随着在一定程度上对此产生影响的那些条件。

三十五、在战略上使用手段时离不开的各种条件

这些条件仍然是：地理环境和地貌（前者可以扩大到国家和整个战区），时间（包括季节）和天气（包括严寒等特殊天气）。

三十六、构成新的手段

战略将上述的条件和战斗成果结合，使战斗有了特殊的目的。但只要这个目的不能直接促成媾和，那么它仍是从属性的，只能被看作一种手段。因此不同意义的胜利在战略上都被看作是手段。占领敌方阵地是同地形相结合的胜利。不论是带有特殊目的的单次战斗，还是具有共同目的的系列战斗，都被看作是一种手段，如冬季战役，就是同季节结合的战斗形式。

因此，剩下可作为目的的是那些直接促成媾和的目的。理论应该对这些目的和手段的作用，以及它们的相互关系加以研究。

三十七、只能根据经验来确定战略的手段和目的

如何确定战略的手段和目的？从哲学的角度入手，很难得出战斗和战斗理论之间的逻辑必然性。因此，只能依据经验，从战史着手研究。但是，这样得出的结论具有一定的局限性，它只适用于战史文献记录的那些战事。然而，这种缺陷不可避免，因为理论研究题大多来源于战史的研究。这种缺陷几乎都存在于概念中，而不是现实中。

这种方法的优点是基于实际，而非泛泛而谈，不至于使人陷进空想的漩涡里。

三十八、手段的分析要达到什么程度

那么,理论应该对手段分析到什么程度呢?显然,只需使它们具有实践意义就可以了。对战术而言,各种火器的射程和性能是十分重要的,但它们的构造却并不那么重要,即使后者决定着武器的性能;作战方式关心的是现成的武器和性能,不需要了解如何从煤、硫黄、硝石、铜和锡中制造火药和枪炮。就战略而言,只需使用军用地图,而不需要研究三角测量的问题;它不研究国家应以什么样的方式被组织起来,人民应受怎样的训练和统治,才能达到最佳的军事效果。它只接受这些事情的即有状态,正如欧洲各国共同体那样,只注重影响战争进程的寻常状况。

三十九、知识范围明显缩小

显而易见,理论所需研究的对象明显减少了,作战所需的知识范围也大大缩小了。一般军事活动有大量的知识和技能作为后盾,其目的在于为战场打造一支装备精良的军队。在最后运用到战场之前,这些知识技能必须总结为几条主要的结论,就像小河汇入大海前必先汇成一条大河一样。只有这样的结论才是指挥战争所需要的。

四十、伟大统帅的迅速成长以及他们为什么不是学问家

事实上,只有这样的结论才能说明,为什么那些从未接触过军事活动的人可以成功担任高级职位,甚至成为统帅;为什么伟大的统帅从不出自知识丰富的军事专家,而是那些其出身环境导致他无法获得大量知识的人。因此,那些认为优秀的统帅必须接受详尽的培养训练的人,往往会被嘲讽为学究。这是大可不必的,因为人的智力是根据所接受的知识和思想塑造的。宏伟的知识和思想能使人变得伟大,琐碎的知识和思想造就狭隘的心灵。

四十一、以往的矛盾

战争所需要的知识简化曾一度被人漠视,也可以说是,知识成了大量无关紧要的附属信息和技能的堆积物,从而导致这些知识与现实中的战争相矛盾,于是人们能把一切矛盾推给天才,因为天才不需要理论就能解决问题。

四十二、人们否定知识的用处,把一切归于天赋

但凡有点常识的人都知道,天才和学者之间有着天壤之别。有的人自以为理

论并不可靠，认为作战完全依靠人的天赋，天赋高低决定成败。显然这样的看法是不对的。因为如果没有思想的累积，智力就无法到达某个高度，这些思想不是先天遗传的，而是后天形成的，也就是我们所说的知识。那么，战争中我们到底需要哪种知识呢？毫无疑问，正如我们说过的，思想应当与军人直接关注的事物有关。

四十三、不同的职位需要不同的知识

军事活动中，不同职位的指挥官需要具备不同的知识。低级职位所需的知识涉及面较窄，也比较具体；高级职位知识涉及面广且比较综合。如果让一位统帅去当骑兵将领，不见得他会有出色的表现。反之亦然。

四十四、战争所需的知识虽然简单，但实际运用却不易

我们在第一篇章已经谈到过，战争中常会遇到困难。在这里我们不讨论那些只能靠勇气去克服的困难，我们能够断定的是：智力活动在低级职位上是简单易行的，随着职位的提高，它的困难也随之增大；到了统帅这样的最高职位上，智力活动便可以承受困难的极限了。

四十五、这些知识的性质

虽然统帅不必是渊博的历史学者或政治家，但他必须熟悉国家内政，必须了解传统方针，当下的利害关系、问题以及当权者，并能够对这些事务作出正确的判断。统帅不必细致地分析人性，但他必须清楚地了解部下的性格、思考方式、习惯以及优点缺点；他不必了解战车的构造和火器的用法，但他必须能准确知道一支军队在不同情况下的行军时间。这些无法靠科学公式或机械方法计算得出，只能在实际生活中总结得来，运用理解事物的天赋，作出正确的判断。

因此，在军事活动中，高级职位所需的知识只能在研究和思考中，借助特殊的才能获得。这是一种精神本能，就像蜜蜂从花朵中采蜜一样从生活中汲取精华。除此之外，他们还可以通过生活实践获得知识。充满教训的生活实践，虽培养不出牛顿或者欧拉那样的文化伟人，但能够培养出孔代或者腓特烈大帝那样出色的军事家。

我们不必为了强调智力在军事活动中的地位，而陷入迂腐或虚假的考究之中。杰出的统帅的确是智力超凡之人。但有些低级职位的人原本表现出色，一旦

到了高级职位就因智力的不足而显露出平庸；甚至连统帅也会因为职权的不同，所需智力有所差异。

四十六、知识必须变成能力

我们还必须考虑另一个至关重要的条件，那就是将知识融会贯通，不再以独立、客观的形态存在。在人类生活的其他活动中，学过的知识即使被遗忘，一旦需要用时，人们仍然可以从书本中重拾它，甚至是每天运用的知识，也不必成为一种本身的能力。当建筑师计算一个石墩的负载力时，他得到的正确结果并不是他自身智力的创造，而是依据各种定律和公式运算得来的。然而，战争中不可能出现这样的情况，因为人的精神活动和客观情况都是不断变化的，统帅必须把所学知识内在化，以便随时作出判断。因此，他的知识必须与智力融合，变成自身的能力。这就是为什么优秀的统帅可以运筹帷幄地指挥一场战斗，也是为什么人们把一切都归功于他的天赋。我们所说的天赋，是为了将它与从考察和研究中培养出来的才能区分开来。

至此我们已经比较明确地探讨了作战理论的任务，以及完成这一任务的方法。

我们曾把作战方法分解为战术和战略两个概念，如前文所述，战术仅涉及有限的领域，而战略理论无疑要难得多，因为战略理论讨论的是如何直接达成媾和，其可能性是无限的。但是这些目的主要关乎统帅，战略上最大的困难也是与统帅有关的那部分。因此，与战术理论相比，战略理论——尤其是涉及重大问题——更应该是纯粹地对事物的考察和研究，更应该帮助统帅认识事物。当这种知识与他的思想融合在一起，他就能更加准确而顺利地思考和行动，而不是勉强自己服从所谓的客观真理。

第三章　军事艺术或军事科学

一、名称待定

能力和知识。艺术的目标为创造能力，科学的目标是知识。

这些名称仍处于待定状态，虽然事情看起来似乎很简单，但是直到现在，人们似乎还没有找到选择这一措词的依据。我们曾说过，知识和能力是两码事，不可能混淆，书本无法真正教人怎么做某件事，因此"艺术"不应当见于它的标题。可是，人们早已习惯将掌握某种艺术所需要的知识称为艺术理论，或者就叫艺术。因此，凡是以培养能力为目的的都称之为气术，如建筑艺术；凡是纯粹以知识研究为目的的都称为科学，如数学、天文学。任何艺术都可能包含几门独立的科学，但是值得注意的是，任何科学都不可能与艺术无关，比如，数学中的算术和代数应用就是一种技艺。但艺术可能走得更远。从整体的人类知识来看，无论知识和能力之间存在着多么明显的区别，但在单独的事项中，区别起来就十分困难了。

二、区分认识和判断的困难（军事艺术）

任何思想都是一种艺术。当逻辑学者画一条线，代表来自感知的前提结束，也代表判断的开始，即艺术从这点开始发挥作用。不仅如此，甚至通过智力活动形成的感官认识也是一种判断力。总而言之，难以想象一个人只具备认识力而无判断力；或只具备判断力而无认识力。因此，艺术和科学同样不可分割。当它们越具体地体现在存在的外部形态上，它们的界线就越明显。我们不妨重申：凡是以培养能力为目的的都属于艺术，凡是纯粹以知识研究为目的的都属于科学。由此可知，使用军事艺术比军事科学更为恰当。

我们之所以对这些概念进行深入探讨，是因为它们不可或缺。但是我们必须进一步指出，战争既不是真正的艺术，也不是真正的科学。正是因为人们没有看清这一点，才将战争的概念弄得模糊不清，在研究上犯了不少错误。

人们早已意识到这一难题，因而把战争说成是一门技艺。这种做法是得不偿失的，因为技艺只是一种低级的艺术，并且遵守的是更加严格和苛刻的规则。事实上，在历史中的某一时段里，军事艺术类似于技艺，那就是雇佣兵首领时期。然而，这种趋势没有内在基础，只有外在浅薄的生存依据。而且战史也向我们证明，当时的结果并不令人乐观。

三、战争是一种人类交往的行为

我们得出结论，战争既不属于科学也不属于艺术，而是社会生活的一部分。它是巨大利害关系冲突的结果，这种冲突的特别之处在于，它采用的是流血的方式。与其说它是一门艺术，不如说它是一种商业，因为商业同样是人类利害关系和活动的冲突。但是它更接近于政治，因为政治也可以说是一种大规模的商业活动。此外，政治孕育了战争，它的线条轮廓在政治中秘密成形，就像生命的属性在胚胎中就已形成了一样。

四、区别

战争与技艺的本质区别在于：战争不像技术，只针对无生命的东西来行使意志力；也不像艺术，只针对活的、被动的受人支配的对象，如人的智力和情感。战争针对的是有生命力的且有博弈能力的对象。显然，科学和技术所使用的思维公式都不适用于战争，而企图从战争中得出与物质世界类似的规律也是不可能的。过去，人们确立的军事艺术仿效机械技艺是错误的。精美艺术是难以效仿的，因为它本身就缺乏法则和规律——即使有也往往是片面而不完善的，因为它们不断地被各种意见、感觉和习惯的洪流冲击，最后瓦解。

那些在战争中产生和消失的活的力量的冲突，是否服从一般法则，是否能成为行动准则？这一点我们将在本篇进行探讨。但是有一点非常明确：任何对象都无法超出人类的智力范围，战争也一样。只要具有研究精神，我们就能够充分地认识它，弄清它的内在联系。只要做到这一点，我们的理论概念将成为现实。

第四章　方法与常例

　　方法和常例在战争中起着重要的作用，为了清楚阐明它们，我们就必须概括地了解支配行动世界的逻辑层次，正如各尽职责的层层权力机构一样。

　　法则是一个广泛的概念，适用于感知和行动。从词义上看，它明显具有一定的主观性和武断性，但它恰好体现了我们与外界事物之间的关系。对认知来说，法则表示事物同其作用的关系；对意志来说，法则是对行动的约束，类似于命令或禁令等。

　　原则，类似于行动法则，也是对行动的一种规定。它具有法则的精神和意义，但又不像法则那样刻板。无法依据法则来处理的事情，必须通过判断来处理。因此，原则对于行动者来说，可以是一种基本依据，一种行动指南。

　　如果原则是客观真理的结果，并适用于所有人，那么它是客观的；如果它含有主观因素，此时，它只对使用它的人有价值。那么它在主观考虑渗入时，往往被称作"箴言"。

　　规则通常被理解为法则，与原则类似。人们常说"每条规则都有例外"，但却没有"每条法则都有例外"的说法。这就说明规则往往具有更多的自由性。

　　从另一种意义上来说，规则也是一种手段，即通过个别明显的相关的特性来认识隐藏的真理，从而确立符合这一真理的行动准则，如竞技规则和数学上的简便算法就属于这一类规则。

　　细则和方针也是对行动的规定，它涉及的是大量更细微更具体的情况，对一般法则来说，过于琐碎和繁杂。

　　最后要讲的是方法或常例。方法指的是各种可行的解决途径中最常用的一种。常例指的是根据方法决定行动，而不是根据一般原则或特殊细则。当然，这里的前提是，用这种方法处理的各种情况是基本相同的，就算不完全相同，至少这种方法应该适用于最可能出现的那些情况。因此，常例是根据各种类似情况的盖然性建立的适用于一般情况的真理。如果能反复应用这一真理，很快就能达到

□ 路易十四

路易十四（1638—1715年），法国波旁王朝的国王和纳瓦拉国王，在位时间长达72年，是在位时间最长的帝王之一。路易十四统治时期，在法国建立了一个君主专制的中央集权王国，并发动了法荷战争、大同盟战争和西班牙王位继承战争，使法兰西王国成为当时欧洲最强大的国家。但战争使法国负债沉重，法国人民生活在穷困潦倒中。

机械般的熟练程度，让事态朝正常的方向发展。

法则无法操控感知，因为战争是错综复杂又无规律可循的，所以简单的真理比法则更有用。在作战理论中，"行动的法则"这一说法几乎是不存在的，因为战场形势瞬息万变，极为复杂，要形成一套普遍适用的法则是不可能的。

如果要把作战理论变成固定的学说，原则、规则、细则和方针这些概念都是不可或缺的一部分，因为真理只能以这种精炼的形式存在其中。

在战术中，最有可能变成固定条文的就是战争理论。运用战术原则的例子有如下这些：不到非常时刻，不得用骑兵攻击队形完整的敌方步兵；在敌人进入有效射程前，不得发射火器；要尽量节约兵力，以备最后的决战。这些原则并不是绝对的普遍适用，但是统帅必须掌握它们，以便在可用之时应对。

若敌人行炊时间改变，可以推断出军队的开拔；若敌人在战斗中故意暴露军队的行动，可判断敌人在佯攻。这些揣测真理的方法称为规则，因为人们从这些明显的个别情况中可以推断出敌人的意图。

规则告诉我们，一旦发现敌人的炮兵开始撤退就应该立即猛攻，这是因为这个个别现象暴露了敌情：敌人准备放弃战斗开始撤退，这时候他们是无法充分抵抗进攻的，也难以摆脱进攻方的追击。

只要军队能够接纳细则和方法作为行为准则，那么为战争准备的理论就能在战斗中发挥作用。有关队形、训练及野战勤务有效指示都为细则和方法。有关训练的指示大多为细则，有关野战勤务的指示主要为方法。在实际战争中，它们都是被人们接受的实用的方法，因此必然会被作为现成的办法列入作战理论之中。

但是，在使用军队时，不能规定细则和固定的指示，因为它们限制了军队选择的自由。相反，常例是执行任务的普遍方式，它可以把原则和规则的精神融入实际的运用中，只要它保持原有的面目，不变成死板的规定而影响个人决断，就应该纳入作战理论中去。

战争中按常例办事十分重要，且必不可少，因为战争中的大多数决定都是在极不确定的情况下作出来的。因为敌方会妨碍我方去了解所有有可能对部署产生影响的情况，或者时间原本也不允许我们这么做。即使做到了，但由于情况过于复杂，我方也很可能无法以此作出调整，因此通常我方只能根据某些不确定的情况进行部署。另外，在战争中往往需要同时考虑多种具体情况，因此我们只能粗略地作出估计，然后根据普遍情况进行部署，除此之外别无他法。最后，由于下级军官的人数很多，不可能要求他们都具有独立的见解和准确的判断力。我们只能给他们一套类似于细则的方法作为判断的依据，防止他们作出一些难以补救的错误计划。因为在要付出巨大代价的战场上，不按常例办事是非常危险的。

□ 法荷战争

1672年，一心想要称霸欧洲的法王路易十四派遣12万名法军官兵进攻荷兰，摧毁了号称"最强防线"的荷兰堡垒，并迅速占领了荷兰的大部分领地。荷兰、西班牙、罗马及布兰登堡结成四国同盟，共同反抗法国的侵略，却被法国击败。1678年，随着《尼姆维根条约》的签订，法荷战争结束，法国获胜，开始独霸欧洲大陆。

常例，除了必不可少之外，还具有很大的优势。如前文提及的，反复运用常例使指挥达到熟练精确的程度，使战争的阻力减少，军队这台机器也能更好地运作。

因此，职位越低，常例就使用得越多也越重要；职位越高，常例就使用得越少；最高职位几乎用不上任何常例了。所以，常例在战术中的作用比在战略中要大得多。

从战争的最高级形式来看，它不是由无数的次要事件构成，而是由单独的、意义重大的事件组成。因此，其处理结果取决于处理方法的好坏，需要特殊地处理。战争不同于收割庄稼，收割时不必考虑每棵庄稼的形状、镰刀的好坏；它就像砍伐大树时，必须注意每棵大树的形状和方向。

实际上，战争中常例的使用不取决于职位的高低，而取决于事情的大小。统帅处理的是全面而重大的事情，所以很少使用常例。如果他在战斗队形、部署先锋部队和前哨上采用死板的常例，那么他及其部下都会受到束缚。当然，这些方法可能是他视具体情况创造出来的，但只要它们是基于军队和武器的一般特性，这些方法也可以成为理论研究的对象。要注意的是，如果按照任何方法确定的战争和战局计划都一成不变，是应当坚决抵制的。

如果作战理论不够完善，职位较高的人有时候也会滥用常例，因为他们无法通过好的教育来提升自己，也没有机会接触更高层次的生活来提高自己的智力。而许多不切实际又充满矛盾的理论使他们无所适从，因此除了依靠经验，他们别无他法。于是，在必须自由处理问题的情况下，他们偏爱使用从经验中得到的方法——不自觉地形成一成不变的模式。腓特烈大帝的将军常用所谓的斜形战斗队形；法国革命时代的将军运用延伸战线的围攻战法；拿破仑手下的将领经常集中大量兵力进行血战，我们可以明显地看出方法被习惯性地沿用。就是说，就连高级指挥官也摆脱不了常例。如果我们有一套完善的理论，它既能正确研究作战方式，又有助于提高那些高级将领的智力和判断力，那么作战常例就不会被滥用。那些被认为必不可少的常例，就会有理论依据，而不是从单纯模仿中产生。即使一位伟大统帅的工作再出色，始终都带有他的主观性，如果他呈现出一种特定的办事风格，那么这种风格也就体现了他的个性，那些模仿他的风格的人，在个性上却无法复刻。

人们不可能在作战方法中完全摒弃这种主观的常例，我们应该将它看作是一场战争的总特征对单个现象形成影响的表现。当理论还不能预见和研究战争的这种影响时，就只能依靠常例。法国大革命就有它独特的常例，这不是再自然不过的事吗？又有哪种理论能事先涵盖它的特点呢？然而，如果这种从特定战例中发展出来的风格，比导致它出现的局势持续得更久，这是十分危险的，因为情况总在变化，这种风格其实早就过时了。理论就是要通过明确而合理的批判来防止这种过时。1806年，普鲁士的一些将军，比如，路易亲王在扎耳费耳特，陶恩青在耶拿附近的多伦山，格拉韦特在卡佩伦多夫的一侧——吕歇尔在卡佩伦多夫的另一侧，都因为仿效了腓特烈大帝的斜形战斗队形而全军覆没，霍恩洛厄的部队遭到了前所未有的惨败。这不仅是因为作战风格过时，也是因为在当时，常例束缚了统帅的智力和想象力。

第五章　批判

　　理论真理不是通过条文，而是通过批判作用于实际生活。我们即将说到的批判，是指理论真理的实际应用，它使真理更切合实际，也让人们更加熟悉这些理论。因此，我们不仅要制定一套理论标准，还要为批判建立一套标准。

　　批判地分析历史事件同简单地叙述历史事件是不同的。后者只是罗列事实，最多不过是叙述一些最直接的因果关系。而前者则有三种不同的智力活动：

　　第一，考证历史上有疑问的战事。这是历史研究，不同于理论。

　　第二，从结果追溯原因。这是纯批判本身，理论的基础，因为理论需要用经验来证明，而且只能用这种方式证明。

　　第三，检验使用的手段。这是真正的批判，包含赞扬与指责。在这里，理论是用来研究历史的，确切地说是用来总结历史经验和教训的。

　　在后两种批判活动中，最重要的是要探寻事物的根源，即务必要触摸不容置疑的真理。

　　从原因推断结果，往往存在一种难以克服的外在困难，即完全不了解真实的原因。这种情况在战争中尤为常见。人们几乎不可能完全了解真相，因为行为的动机不是被当事者故意隐瞒，就是它们本身非常短暂，并充满偶然性，从而无从考究。批判大多需要与历史携手共进。即便如此，原因同结果仍有不一致的时候，即结果不一定是已知原因的产物，这样就会产生断层的现象，这使得我们无法从某些历史事件中总结教训。而理论要做到的是，当遇到断层时就及时停止研究，如果因为过分重视而继续推断，只能导致情况更糟糕。

　　除了上述的外在困难，还有一种巨大的内在困难，即战争中的结果通常是由许多原因共同作用产生的，而不是单一的原因。因此，仅仅探寻事件的根源还不够，还须要弄清楚每个原因所起的作用。这样，就必须进一步地探讨原因的性质，从这一点来看，批判性的研究把我们带入真正的理论领域。

　　批判地考察，即对手段进行检验，必须弄清所使用的手段会产生什么结果，

□ **维也纳之战**

　　战争发生于1683年9月12日，当时维也纳已经被奥斯曼土耳其帝国军队围困了两个月。这一天，波兰—立陶宛联合王国国王约翰三世·索别斯基世率领波兰和神圣罗马帝国联军，在维也纳与大维齐尔率领的奥斯曼土耳其帝国军队交战。战争中，奥斯曼土耳其帝国军队被击溃。此役成功阻止了奥斯曼帝国进攻欧洲的行动，同时维护了哈布斯堡王朝在中欧的霸权。

这些结果是否是行为者的意图。

　　想要知道手段的结果，就必须探讨手段的性质，因此，我们又进入了理论的领域。

　　如前所述，批判的目的是要得到不容置疑的真理，随意作出的论断只会被不断地质疑并带来无休止的争论，更遑论什么教训和总结了。

　　如前文所述，不论是对原因的探究，还是对手段的检验，都会进入理论的领域，即进入普通真理的领域，仅靠研究个别情况是难以到达这个领域的。如果真有一种实用的理论，在进行考察时可以直接以这种理论作为根据，那么无须追根溯源了。但是，并没有这样一个理论存在，因此，考察仍然得如此。如果总是需要这样做，理论家就不得不对每一个问题都进行研究，对每一件事都予以关注，这几乎是不可能的。最后，为了限定考察的范围，他不得不随意提出主张，尽管他本人不予以承认，但别人也能够一眼看穿，因为这些主张含糊不清，根本没有说服力。总之，实用的理论是批判的根本基础，如果没有这样一种合理理论的存在，也就无法使人信服。

但是，这并不表示理论能概括所有的抽象真理，否则，批判家只需要检验具体的情况是否符合相应的法则即可。同样，如果规定批判不能触动"神圣"的理论是可笑的。批判家也应该具有创造理论的探讨分析精神，这种精神指导批判家的工作，使其时常进入理论领域，以便阐明那些至关重要的观点。如果批判变成了对理论的机械性运用，其作用也就不复存在了。理论探讨出的一切肯定的结论、规则、原则和方法，越是成为死板的定律，就越是失去普遍性和包含其间的绝对性真理。这些原则、方法等本来是需要时使用，而使用者负责判断与决定它们在何时何处适用。我们在批判时绝对不能将理论中的这些结论作为衡量一切的标准，而只能把它们当作判断的线索和依据。战术上规定，在整体战斗队形中，骑兵应配置在步兵之后。但是，如果仅仅因为在战斗序列上违背这一规定就加以责难，这样的做法也是无知的。批判家应该对这种违背规定的做法分析其原因，而不该只是照搬理论原则。相似的情况还有：如果理论指出，多路进攻会减小胜利的可能性，而当多路进攻并遭遇失败时，不作进一步的了解就认为失败的原因在于多路进攻，这是毫无道理的；或者在多路进攻获得胜利的情况下，就断定原来的理论是错的，这也是不合理的。总之，理论上经过分析探讨得出的结论，一般可作为批判的主要依据。批判的任务是探讨原因及产生的结果，以及手段是否与目的相适应。但当这些因果、手段与目的紧密相连时，批判家这方面的工作就很容易完成。

如果一支军队遭遇奇袭，无法发挥它应有的战斗力量，那么奇袭的效果是毋庸置疑的。如果理论上已经确定，在战争中使用包围战能取得较大规模的胜利，但胜利的把握并不大，那么关键就在于指挥官使用这一方法的目的。如果想取得巨大的胜利，那么他选择的手段就是正确的；如果他使用包围战只是为了确保胜利，且他并不是从具体情况出发，而只是根据包围战的一般性质作出的选择，那么，他就弄错了手段的性质。

在这里，只要局限在最直接的结果和目的，批判地探讨原因和手段并不难。如果撇开整体，只考察事物之间直接的因果关系，那研究出来的结果难免武断。

但是，组成战争这个整体的各个部分都是彼此联系的，因此即使是微小的原因导致的后果一定会对后面的军事行动产生影响，在某种程度上改变最后的结局，哪怕是非常细微的改变。同样，每一个手段也必然会影响到最终的目的。

因此，只要有一个微小的细节还有考察的价值，就可以继续研究它的原因和结果。我们不但可以根据直接的目的检验其手段，还可以把这一目的当作手段去检验更高一级的目的。如此探讨一连串从属的目的，直到它们确定无疑为止。特别是涉及大型军事行动时，应该一直考察到最终目的，即直接导致媾和的目的。

显然，每上升到一个新的阶段，判断就会有一个新的立足点。因此，手段也必须随着立足点的不同而不断改变。

在军事行动中研究某些现象的原因时，常常是依据目的和检验手段相配合的，因为只有通过原因才能找到检验对象。但这样上下反复地追溯的研究困难重重，因为事件离原因越远，支配它的各种力量和情况就越多，同时也会产生许多其他的原因，于是人们需要考虑众多原因的不同影响。如果找到战斗失败的原因后，也知道了这次失利对整个战争结局的影响，但是这只是一部分原因，因为还有其他原因影响着战争的最终结局。

随着立足点的提高，检验手段的复杂性也在剧增，因为目的越高，所用的手段就越多。所有军队都在同时追求战争的最终目的，因此，我们必须把所有发生的和可能发生的都考虑进去。

我们发现，随着考察范围的扩大，我们很容易感到迷惑，因为存在很多可能发生却没有实际发生的事情，而人们不得不对此作出许多假定。

1797年3月，拿破仑率领意大利军团，由塔利亚曼托河进攻卡尔大公，他打算在卡尔大公的援军还没有从莱茵河开来之前迫使他决战。如果只考虑直接的目的，这种手段是很正确的，战争的结果也证明了这一点。当时，卡尔大公兵力较弱，因此在塔利亚曼托河只尝试了一次抵抗，当他看到对方的强大兵力和坚决的气势时就决定撤退了，并放弃诺里施阿尔卑斯山的山口。拿破仑应该如何利用这次胜利呢？他是否应该长驱直入奥地利的心脏，支援莫罗和奥舍率领的两支莱茵军团的进攻，并同他们取得紧密联系？拿破仑正是这样考虑的，从他的立场看也确实没错。但批判家如果从较高的立足点，即法国督政府的角度来看，六星期之后莱茵河战役也不会开始了。拿破仑此举太过冒险，如果奥地利人民从莱茵河调动大量的援军在施泰尔马克建立起强大的预备军，卡尔大公就可以借此进攻拿破仑的军队，这样一来，拿破仑的军队不仅有可能全军覆没，还有可能输掉整个战役。拿破仑到菲拉赫后看清了这一情势，因此他欣然同意签订了《莱奥本停战协定》。

但是，如果从更高的立足点来看，奥地利在卡尔大公的军队和维也纳之间并没有预备军，奥地利的首都维也纳会因为拿破仑的进攻而受到威胁。

假如拿破仑知道维也纳没有军队掩护，也十分确定在施泰尔马克对他本人仍有决定性的优势，那么他急速逼近维也纳就是带着明确目的的。至于此番行动的价值，完全取决于奥地利对维也纳的重视程度。如果奥地利愿意接受拿破仑提出的媾和条件，那么威胁维也纳就可以看作他的最终目的。如果拿破仑从某种依据中已知道这一点，那么批判就结束了。如果对这一点怀疑，那就要从更高的立足点去批判并质疑：如果奥地利选择放弃维也纳，继续向腹地撤退会是怎样的状况呢？显然，他首先必须分析，双方军队在莱茵地区之间可能发生的事件，否则根本无法回答这个问题。在法军兵力占绝对优势——13万人对8万人——的情况下，胜利几乎毫无疑问。然而问题再度出现：法国督政府将如何利用这次胜利呢？是乘胜侵入奥地利将之灭亡，还是只想占领大片土地以缔结和约呢？只有弄清楚这两种情况可能产生的结果，才能推断出它的选择动机。假定法国的兵力不足以彻底打垮奥地利，如果真的出击会使整个战局发生根本性的转变，甚至连只占领大片土地的目的也无法实现，那么，这种结果必然会改变人们的想法，以致对拿破仑军队不抱太大希望。显然，这就是拿破仑明知卡尔大公孤立无援却同他签订《坎波福尔米奥和约》的原因。这个和约没有要求奥地利作出多大的牺牲，只是使其丧失了再无可能收复的土地。但是，如果法国人没有考虑这两个问题，这个和约就不可能存在，因为它不可能带来多大的利益，更不可能使之成为冒险进军的目的。

这两个考虑是：

第一，奥地利如何看待上述两种结果。尽管奥地利人有最终获胜的可能，但是在战争继续的情况下，他们就不得不作出牺牲；而如果签订一个条件并不苛刻的和约就可以避免牺牲，他们是否认为这样是值得的。

第二，奥地利是否会深入思考，评估对方取胜的潜在限度，而不会因为一时的失利而失去战斗的勇气。

第一个考虑不是毫无意义的，当人们提出极端的计划时，总要考虑这一点，才不至于冲动地实施计划。

第二个考虑是必不可少的，因为人们并不是同抽象的敌人作战。大胆的拿破仑确信自己的逼近足以威慑敌人。出于同样的信心，他才在1812年进攻莫斯科，可惜他失败了，威名也受到了损伤。随着几次大战的发生，他的威慑力逐渐减弱。但在1797年，他的威慑力仍盛极一时，抵抗到底的秘密尚未被人发现，尽管如此，如果不是他预估到可能的失败而签订《坎波福尔米奥和约》，那么他的大胆很有可能造成相反的结果。

是时候终止这项讨论了。我们只需表明一点：一项批判如果追溯到最终目的，即检验为最终目的而采取的重要措施时，所涉及的范围和对象有多广泛，将遇到的困难有多大。除了理论认识，天赋的才能对批判的考察有着极大的影响，因为要在诸多复杂的事件及其关系中辨明哪些是最根本的，主要还得依靠天赋。

批判的考察不仅要检验已使用的手段，还要检验一切可能使用的手段。因此，首先得在考察过程中构想这些手段，如果没有更好的可替换的手段，就不能指责已经使用的手段。虽然在战争中，可能的手段并不常见，但不能否认，列出它们并不是对现有事物的单纯分析，而是一种独立的创造，它并非来自理论，而是创造性的智力活动。

我们并不是说，用少数几个实际可行的简单战法就能解决一切，就可算是伟大天才的表现。有人认为迂回攻占阵地是伟大天才的发明，但我们觉得很可笑。然而这种独立的创造性评价很有必要，它对批判的价值影响甚巨。

1796年7月30日，拿破仑决定放弃对芒托瓦的围攻，转而迎击前来解围的乌尔姆塞尔的军队，并集中兵力逐个击破了被加尔达湖和明乔河隔断的支援军队。可以说这是他走向决定性胜利的最稳妥的途径，事实上拿破仑也确实通过此举获得了一次又一次的胜利，并得到大家极大的赞赏。

但是，在7月30日，拿破仑要采取上述行动，就不得不放弃进攻芒托瓦城的所有希望，因为这样就没有办法保护行军辎重，而在此役中，他没有办法再搞到一套新的辎重。所以，之后的围攻就变成了单纯的封锁，尽管他在野战中取胜，但原本只需七八天围攻就能拿下的要塞，却又继续消耗了六个月。

由于批判家也想不出更好的对付援军的方法，只好将这种战术归结于不可避免的无奈。遗憾的是，在围城打援的战术上，由于常常受到批评和轻视而被人遗忘。这一战术在路易十四时代曾经流行一时，然而，在百年后，却被新颖时髦的观点影响了人们的判断。如果拿破仑当时在芒托瓦围攻防卫圈内配置4万名步兵，在最精锐步兵加坚固工事的条件下，根本无需惧怕乌尔姆塞尔率领的5万名援军，而防线遭到攻击的危险也几乎没有。在此，我们并不打算进一步论证我们的看法，但是我们所说的已足够表明这种战术值得考虑。至于拿破仑当时是否考虑到这一点，我们不能妄断，只不过根据他的回忆录和其他已出版的资料，无法找到确实的证据说明他曾经考虑这一战术。后人的所有评论也未曾提及这一战术，只能说它已经被人完全遗忘了。人们应该做到的，是不受新颖时髦的观点影响，而要考虑各种可能使用的手段并加以考察，以之与拿破仑所使用的手段进行比较。无论结果如何，在批判中这样做都是很有必要的。

□ **大同盟战争**

17世纪后期，法国国王路易十四企图凭借自己冠绝欧洲的海陆军力进行大规模的对外扩张，遭到神圣罗马帝国、英国、荷兰、西班牙、瑞典、萨克森等国结成的奥格斯堡同盟的联合抵抗。大同盟的结成使路易十四速战取胜的计划落空，并被迫在毫无进行持久战准备的情况下打了一场长达九年的战争（1688—1697年），史称大同盟战争。1697年秋，法国被迫与大同盟各国签订《赖斯韦克条约》以示言和，大同盟战争正式结束。路易十四虽然放弃了对外扩张的念头，但仍保住了欧洲大陆最强国的地位。

1814年2月，拿破仑在埃托日、尚波贝尔、蒙米赖等地的战斗中击败布吕歇尔，继而将矛头转向施瓦岑贝格，并在蒙特罗和莫尔芒将他打败。人们对此十分钦佩。他声东击西地调动自己的主力军队，巧妙地利用了联军分兵进攻的失误。人们认为，如果这场出色的战斗也没能扭转他的失败，至少这失败不是他的过错。到目前为止，没有人提出这样的问题：如果拿破仑不将矛头转向施瓦岑贝格，而是继续进攻布吕歇尔，将他一直追到莱茵河边，结果又会怎样呢？如果这样，整个战局可能会发生根本性的转折——联军的主力可能不会进攻巴黎，而是退回到莱茵河东岸。并不是说我们的见解就是对的，但是一旦有人提出另外的观点，我们就应该加以考究，这是任何军事学家都不会反对的。

这一打法在此例中比在上一例中更加具有说服力，但是没有人想到它，因为人们怀有偏见，思想受到束缚，缺少公正而理性的态度。

即使有些批判者意识到了这一点，并且认为有必要提出更好的打法来替代饱受争议的打法，但是他自己提出的观点却没有什么依据，无法使人信服。于是，当其他人也提出见解时，争论便产生了。这样的现象在所有的军事著作中都出现过。

如果提出的手段使人存疑，无法使人信服，就必须提出证明，即将这两种手段的特点进行比较，找到最简单的真理，或者得出新的结论，否则争论将是无休止的。

拿第二个战例来说，如果我们想证明，假定拿破仑对布吕歇尔继续追击，比把矛头转向施瓦岑贝格更好，可以依靠以下几点简单的理论：

（1）一般来说，针对一个方向连续进攻要比忽东忽西地进攻有利，因为后者更浪费时间。同时，敌军由于受挫而士气沮丧时，连续进攻并充分利用已有的优势能够更有把握获得新的胜利。

（2）虽然布吕歇尔相比施瓦岑贝格实力更弱，但其冒险精神使他成为更为重要的对手。

（3）当时布吕歇尔损伤严重，拿破仑占据了绝对优势，要使布吕歇尔退到莱茵河边并不是难事，因为后者在这个方向上并没有援军。

（4）没有比布吕歇尔被迫退到莱茵河边更容易引起恐惧。让人不寒而栗的是，这种影响对以优柔寡断出名的将领施瓦岑贝格必定尤为有效，因为他的部下都是些胆小怕事的人。施瓦岑贝格侯爵肯定十分了解，符腾堡王太子在蒙特罗以及维特根斯坦伯爵在莫尔芒一带遭受的损失；相反，如果布吕歇尔在从马恩河到莱茵河这条孤立的战线上遭遇失败，那这个消息到了施瓦岑贝格那里，就只会是一大堆流言。拿破仑在3月底曾向维特里进军，目的是威胁恐吓联军。这显然是依据了恐惧原理。但是当时的情况已不如之前，因为拿破仑已经在拉昂和阿尔西地均遭遇了失败，同时布吕歇尔已经率领10万人的大军向施瓦岑贝格靠拢。

当然，上述理由也不可能说服所有人，有人会反驳：如果拿破仑继续追击布吕歇尔向莱茵河前进，威胁施瓦岑贝格的基地，那么施瓦岑贝格就可能去威胁拿破仑的基地——巴黎。但是上述理由已证明这一情况是不可能发生的。

依旧以1796年战局为例，拿破仑认为他所采纳的计划是击溃奥地利军队最有效的办法。但即便如此，他也只能获得一场没有什么意义的胜利，它对芒托瓦的攻陷毫无作用。我们的建议则有可能使芒托瓦难逃一败。然而，即使我们站在拿破仑的立场认为这个打法获胜的可能性更小，也必须对比一下这两种打法：一种是获胜把握大，但胜利的好处或效果小；另一种则情况相反。如果权衡得失，有胆略的人往往会选择后者；可是从表面上看，事实恰好相反。拿破仑纵然有胆魄，但他无法像我们一样，可以借鉴历史经验看清事件的过程和结果。

经常借鉴战史来考察作战手段是很正常的，因为战争的经验比抽象哲理有用得多。但是这种借鉴有其特定的条件，这一点我们将在下一章节谈及。遗憾的是，人们很少注重这些条件，以致这些引证反而导致概念的混乱。

另一个重要问题是，批判者在对某一事件进行判断时，可以在多大程度上利用自己的认知，包括事实上关于结果的认知，或者说他在什么情况下必须抛开这些而完全站在指挥官的立场上考虑问题？

只有尽可能地完全站在指挥官的角度思考问题，批判者才能对当事者作出恰当的评判，也就是说，批判者既要搜集当事者所知道的一切情况以及行动动机，又要将指挥官当时不知道的情况抛开，即必须抛开结果。但这仅是人们努力追求的目标，完全实现是不可能的，因为批判者要完全站在指挥官的角度思考问题是很难的。许多细节无从考究，主观动机如果在回忆录等资料中未被提及或是被有意掩盖，那么指挥官所了解的就不可能完全被批判者知道。

然而，要批判家把脑子里的多余信息删除谈何容易？如果抛开不甚重要的偶然性事件，即与事件本质没有联系的事情，尚不太难，但是要抛开基本的问题几乎是不可能的。

不妨让我们先来考虑一下结局。如果结局是靠运气来的，那么想要对结局的了解不影响人们对事态的判断，应该是不可能的。因为我们是在知道结局的前提下进行观察的，而且有的部分只有参照结局才能完全了解并加以评价。对批判来说，战史上的所有现象都是教训的源泉，批判者用考察历史所得到的认知来阐明事物是很正常的。因此即使他想将结局抛开，也并不能完全做到。

不仅对结局，即后来发生的事，而且对事前发生的情况也是这样，即对那些决定行动的情况也是这样。对于事情的起因，批判者比当事者知道得更多。人们认为批判家可以完全不用考虑那些，但他却难以做到。当事者了解事前和当时的情况不只靠确切的情报，还要根据大量的推测，即使这些情况不是偶然的，那它们也是先有推测，之后才得到情报的。这不难理解。但是，后世的批判者已经知道事前和当时的情况，因此，他总会受到多知道的那部分材料的影响。总而言之，要想完全抛开多知道的材料的影响是不可能的，就像不能完全抛开结局一样。

□ 比奇角海战

1690年7月10日，大同盟战争的第一轮制海权争夺战——英法海战在英吉利海峡的比奇角打响。图尔维尔指挥的法国舰队向英荷舰队发起猛攻，顽强抵抗的英荷联军最终仍以失败告终，且损失惨重（英荷联合舰队失去11艘舰船，法国无任何损失）。经此一战，法国夺得了制海权，在此后差不多两年的时间内，大西洋上只有法国的船只。

因此，我们必须注意一点，完全从当事者的角度去批判事件，在大多数情况下能够实现；但在有些情况下，却不能完全达到。

事实上，要批判家站在指挥官的位置上是完全不可取的。战争同别的技术活一样，指挥官需要的是经受训练的禀赋，这种禀赋就是技艺。当事者的技艺有高有低，但是无论如何也没有哪个批判者能说自己具有堪比腓特烈大帝或拿破仑一样的军事天才。因此，既然无法同伟人相提并论，批判者就不能不使自己的视野更广阔。

因此，批判者与其像四则运算般去求证指挥官的解决办法，不如站在实事求是的角度看待他的成功，用他取得的战果和准确的判断来评判他卓越的军事才能，以及他的天才眼光所预见的事物的本质关系。

不管自身的造诣是高是低，批判家都必须全面地看待问题，以便掌握丰富的客观依据，尽量把主观的意志压缩一下，避免用自己有限的智力作为批判的尺度。

从较高的立足点，通过全面了解问题后来评判是非，一般不会引起什么争议。但是如果批判家将全面了解后所获得的高超见解，说成是自己的能耐，就会引起人们的质疑。尽管这种伎俩不堪一击，但是仍然会有人在虚荣心的驱使下这样做。更常见的是，虽然批判者在大多数情况下不会刻意这么做，但稍不注意，仍会被部分读者误认为他有这种倾向，并因此而质疑他的批判能力。

如果批判者指出腓特烈大帝或拿破仑这样的伟大人物犯了错误，并不代表批判者本人就不会犯这样的错误，他甚至应当承认，身在当时的处境，他可能会犯更大的错误。这只是说，批判者是从事态发展中发现了这些错误，并且认为，以当事者的智慧，本应意识到这些错误。

这就是根据事态发展进行的判断，这种判断也是建立在已知结果的基础上。但是，如果仅用结果来检验措施，那么它对判断的作用就会完全不同。这种判断称为根据结果进行的判断。这种判断看上去似乎毫无用处，但实际上并非如此。

当拿破仑1812年向莫斯科进军时，他的冒险在于，在夺占了俄罗斯的首都之后，是否一定能迫使亚历山大一世求和。正如1807年的弗里德兰战役使亚历山大一世媾和，以及1805年的奥斯特里茨战役和1809年的瓦格拉姆战役使弗朗茨二世媾和一样。如果不能，那么拿破仑只好撤兵，即意味着战略失败。我们无须谈拿破仑为了征服莫斯科都做了什么，以及他是否错过了很多原本可以使亚历山大一世求和的机会，也不谈撤退中有多狼狈。

问题的关键仍在于：即使拿破仑的挺进大获全胜，亚历山大一世也不一定会因恐惧而媾和；即使撤退时并未全军覆没，它也仍是战略上的一次重大失误。如果亚历山大一世签订了不平等的和约，那么这次战役就可以同奥斯特里茨、弗里德兰和瓦格拉姆战役相提并论。相反，如果这几次会战没有促成合约，那它们对拿破仑来说，也可能导致如1812年战役的惨败。因此，不管这位军事天才具有何等卓越的军事才能与过人的胆识，最后的致命问题依然存在。人们不能以1812年的失败而否定1805年、1807年和1809年的战役，说它们是鲁莽行事的结果，即便胜利也有违自然法则；也不能认为1812年的结果说明，战略上的公平原则打败了所谓的"碰运气"。这是毫无根据的主观臆断。因为我们不能依据事件之间的相互联系来看战败君主们的决心；我们同样不能认为，1812年战役的失败是外部原因造成的，因为亚历山大一世的顽强并不是外因。

我们只能这样说：拿破仑在1805年、1807年和1809年的战役中对敌人作出了正确的判断，而在1812年没有。

我们说过，战争中一切行动的结果都不是确定的，都只是可能。战争的胜算，往往取决于天气、运气等因素。那么，是不是越少依靠这些客观因素越好呢？原则上是这样的。在战斗中，运气的成分越少越好。但如果我们因此就说，为了稳操胜券，我们应该尽可能地采取保险的打法，这无疑是不正确的。有时候，战争中的冒险往往体现了最大的智慧。

当战争靠运气取胜的时候，指挥官的智慧和责任心似乎毫无用处。尽管如此，我们还是会跟着结果的好坏而满意或不快，这是我们根据结果对当事者作出判断的全部意义。

不可否认，在运气面前，当事者所作的判断有一种微妙的联系。因为我们相信，如果一个指挥官反复胜利或失败，并不是运气能够完全决定的，在一定程度上也跟指挥官自身有很大的关系。这就是为什么运气在战争中比在赌博中更高贵。一个成功的统帅只要没有对我们造成什么伤害，我们便乐意去了解他。

因此，批判家在人类智力范围内，把一切因素考虑进去，凡是深藏在事物内部的部分，则只能通过结果来说明。批判者应该审视具体情况，既维护这种根据结果展开的判断，又反对对这种方法的滥用。

根据结果进行的判断是针对智力无法确定的东西，如确定精神力量及其作用。因为它们和人的意志的关系非常密切，而意志又很容易被它们支配。基于恐惧或勇气的决定，都没有经过客观的判断，因此，推测和盘算不可能用来决定可能出现的结果。

我们有必要谈谈批判的工具，即批判时所使用的语言。因为它伴随着战争的行动，是行动前的思考，因此应该如同在战争中思考一样，具有与之相同的特性，否则批判就毫无意义，并与批判所涉猎的问题脱节。

谈及作战理论时我们说过，理论不是为指挥官提供完全正确的条文和体系，而应该在对指挥官的培养过程中起指导作用。如果说在战争中判断某一具体情况时，没有可作为依据的科学指南或辅助的真理，只能直接依靠洞察力而非推理，那么，批判性考察也应如此。

必须承认，当某一形势难以确定的时候，我们应该求助于理论的相关法则。当然，战争中也一样，如果指挥官死守这些真理，而不把它们融会贯通到具体的事件中去，就很难真正运用这些真理。同样，批判者也应该这样运用真理，不必把它当作外在的法则，每被用到都要证明它的适用性。我们必须明白，真理总是不言而喻的，理论只是为其提供准确而复杂的论据。所以，在批判的时候应该尽量避免隐晦不明的语言，而运用简洁的语言表达观点。

当然，要完全做到这一点很难，批判者在表述时应该尽量少用复杂的问句和概念，必须让不受任何体系约束的洞察力来阐明一切。

然而，在批判性考察中，这个目标是难以实现的；相反，出于一种虚荣心，批判家往往把它当作浮夸的理论展示。

第一种常见的弊病是：把片面体系视为金科玉律，滥用以致得出无法令人信服的结论。但片面的体系毕竟不算多，因此危害也不大。

第二种较大的弊病是：滥用名词、术语和比喻于这些体系上。它们像不法暴徒和散兵游勇一样无处不在，很难受到约束和规范。有些批判者即使不准备采纳某种体系，但是为了指责某一统帅行动错误而提供依据，便随意从该体系中断章取义。尤其是术语和比喻，经常被用作批判论述的点缀。

然而不可避免的是，一切原属于某一理论体系的名词、术语，一旦被抽取出来当作一般的公理使用，自然就会失去原有的正确性。

这就造成：理论书籍没有运用简单明了的词语，而是使用一些模糊且容易产生歧义的术语，以致读者无法准确理解作者的意思。更有甚者，作者自己都不太清楚这些术语的真正含义，但是他们又不满足于使用普通易懂的用语。

□ 西班牙王位继承战争

1701—1714年，法国的波旁王室与奥地利的哈布斯堡王室为争夺西班牙王位展开激烈战争，吸引了英国、荷兰等多个国家参与战斗，战争演变为一场列强进行的大规模的领土和殖民地掠夺战，斗争的主要矛头直指独霸欧洲的法国。战争最后以各国之间签订和约停战，法国波旁王室的腓力五世赢得王位告终。图为1701年法国军队与奥地利军队在尚未宣战时便登陆意大利，各自进行战斗部署。次年5月，在反法同盟正式对法国宣战之后，法奥双方才正式交战。

第三种常见的弊病是滥用史例，炫耀学识。下面我们即将谈到对于史例的看法，因为如果不加考究地引用史例，那么很可能导致错误的甚至相反的观点。如果从不同的时代不同的国家引用史例，随意地堆砌，往往导致片面的判断；这样的研究与垃圾无异，只不过是作者为了炫耀学识罢了。

这些似是而非、混淆不清、随意杜撰的概念有什么用处呢？几乎没有。理论如果采用了这些概念，就始终偏离实际，将遭到能征善战的将帅的嘲笑。

理论如果能够切实地、从具体实际出发地考察战争的各方面，不滥用术语和史例，并用简洁的语言表述，不与战场上依靠洞察力指挥作战的伟人脱离关系，那么理论就能避免上述种种弊端了。

第六章　关于史例

在军事艺术中，史例澄清一切问题，最具说服力。沙恩霍斯特将军在《炮兵手册》中完美诠释了史例的重要性，他本人也十分出色地运用了史例。如果他能完成手册的第四部分（他死于1813—1815年的战争），无疑将给后人提供一个出色的范本，向世人展示他是以怎样的研究精神从经验中吸取教训的。然而，像沙恩霍斯特将军这样，能把史例运用得如此完美的人，毕竟是少数。理论家们在运用史例的时候，常常不能令人满意，甚至让人难以理解。因此，我们再次强调正确地运用史例和防止滥用史例的重要性。

军事艺术的各种基础知识都是经验科学。这些知识大多来自事物的本质特征，但通常也只有通过经验传递给我们。而且这些知识的运用方式是不断变化的，我们仅根据手段的性质根本无法完全认识其作用。

火药是现代军事活动的重要动力，它的作用只有通过经验显现出来，而且人们还在进行一系列的研究。因为有了火药的推动，子弹的速度倍增，它几乎可以杀伤一切生物，但是，还有数不尽的相关细节决定着这种作用，而大多数细节都需要根据经验才能得知。

除了物质作用，我们还应该探讨精神作用，这就只能依据经验去了解。在中世纪，火器刚发明的时候，由于构造不完善，它的物质作用不如现在，但精神作用却比现在要大得多。如果想了解一支久经磨炼的军队究竟可以达到什么境界，可以从拿破仑所率领的军队在炮火中展现出的顽强不屈的精神中看出。屡战屡胜的骄人成绩，使这支英勇善战的军队树立了用最高标准要求自己的准则。仅从理论上去想象，这是令人难以置信的。然而，欧洲仍有鞑靼人、哥萨克人和克罗地亚人的军队，只消几发炮弹就能轻易驱散他们。但是任何一种经验科学的理论并不是永远都能找到史例为证的，军事艺术的理论亦是如此。其原因在于：一方面，若每个真理都以史为证则过于烦琐；另一方面，用单个的现象论证经验是很困难的。如果某种手段在战争中非常有效，就会被人再次使用，再通过经验而被广泛运用，并纳入理论。理论满足于用一般经验说明手段，而不是对其进行论证。

但是，如果要利用经验否定某种常用的手段或者介绍一种新的手段，就必须运用史例来证明，而运用史例体现在以下四个方面：

第一，运用史例可以单纯说明某种思想。通常来说，作者的思想是通过抽象的考察来表述的，因而很容易被误解，而通过引用史例来阐明思想，就能使读者更好地理解作品。这种运用通常只需要简单地提出史例，甚至可以是虚构的事例。无论如何，史例都是具体的，它能使所阐述的思想更贴近实际生活。

第二，史例能够更好地说明某种理论的运用。史例可以给人机会，去展示各种细小问题的作用，它们不可能被抽象的理论框架囊括在内。这就是理论和经验的区别。这种运用需要比较详细的叙述，正确性是次要的。（上述两点仅仅是举例子，后面两点则用作证明。）

第三，史例可以证明论点，证明某种现象或结果的可能性。这种运用只需举出确凿无疑的事实，比如，有人要证明筑垒阵地是有效的做法，他只需举出本泽尔韦茨阵地这个例子即可。但如果需要叙述某个史例来证明某一真理时，就要尽可能详尽地探讨与这个论点有关的一切，将史实原原本本地展示给读者。如果无法详尽地论述，就应该列举多个事实来补充。

□ 腓力五世

腓力五世(1683—1746年)，西班牙波旁王朝创始人。1700年，一生无子女的西班牙国王卡洛斯二世在去世时，将全部领地(西班牙、西属美洲、西属荷兰和意大利部分)传给了他。紧接着，法王路易十四宣布由他继承西班牙王位，由此引发了西班牙王位继承战争。1713年，英国、荷兰与西班牙签订《乌得勒支和约》，承认腓力五世的西班牙王位，并继承西班牙本土和海外殖民地，同时剥夺了他对西属尼德兰及西班牙哈布斯堡王朝在意大利的领地继承权。后来，腓力五世在妻子的支持下企图收复意大利领地，却遭四国同盟击溃。

第四，通过详细叙述史例可以得到一条宗旨：史例本身就是证明。

如果想用经验证明，骑兵配置在步兵之后比配置在侧翼好，那么只列举几次失败或获胜的例子并不够；如果想要证明，在无绝对优势的情况下，分几路纵队深入包围敌人是危险的，那么只列举里沃利会战或瓦格拉姆战役以及1796年奥军进攻意大利或法军进攻德意志的例子也是不够的。作者还应该详尽地追逐当时一切相关的情况和具体过程，以便表明上述配置形式和进攻形式确实导致了失误。这样一来，我们就能总结出以上手段在多大程度上是行得通的，而非全盘否定。

上面我们提到，如果无法详述某个事例，则可以例举多个事例来弥补，但是这种方法经常被人滥用：例举三四个史例，看上去似乎给出了强有力的证据，实际上却得不到任何结论，因为人们经常能够列举出很多与之相悖的史例来推翻这些论证。

综上所述，可见滥用史例是多么容易的事情。

如果不能详尽地叙述某一事例，而是轻描淡写，便如同从远处看东西，只能辨其形，而看不清细节，无论从哪个角度看上去都像是一样的。这样的事例，从正反两面都可以证明。有人认为道恩指挥的几次战争是深谋远虑、谨慎周全的范例，而另一些人则认为那是优柔寡断、踌躇不前的例子；拿破仑1797年越过诺里克阿尔卑斯山，有人说他勇敢果断，也有人说他鲁莽；而对于他在1812年的失败，有人称是勇猛过度造成的，也有人说是勇猛不足的结果。这些不同意见的存在，是由于人们对事态发展持有不同的看法；但是这些对立的意见，总有一方是错误的。

我们得感谢弗基埃，他在其回忆录中留下了许多珍贵的史例。他不仅列举了快要被人们完全遗忘的事件，还首次对理论观念（抽象的观念）和实际生活作了比较，他列举的史例都是对他的理论主张进一步的解释和说明。然而，就一个秉持公正的读者看来，他所追求的"用历史事实证明理论真理"并未实现。虽然他详细地叙述了一些事件，却无法证明他的结论是事件内在联系造成的。

如果粗略地叙述史例，还会导致读者由于不熟悉史例或只记得片段而无法理解作者所表达的思想，进而导致读者只会盲目地赞叹或者完全不信服作者的论证。

要将史实比较详细地展示给读者，用其充当有力的证据，是很困难的，因为这往往会受到材料的限制。但我们必须指出：对于一个较有争议的新观点，详细地叙述一个事件比简略地提及十个事件有用得多。粗浅地引用史实只会导致人们轻率地对待历史，并因此产生许多错误的见解和虚假的理论。如果作者想证明他的新观点总有历史作证，则应责无旁贷地探究各种事物发展的内在联系，避免错误的发生。

综上，我们认识到使用史例的困难，由此得出结论：读者普遍熟悉的、经过

□ **维哥湾海战**

　　1702年10月22日（西班牙王位继承战争初期），雷诺堡侯爵率15艘法国战舰护送西班牙运宝船队回国。在维哥湾卸载货物时，法军特意在海湾狭窄处设置障碍物以防止英荷海军进入，并在海湾南岸的兰达要塞加强了防御。23日，英荷联军在海军上将乔治·鲁克的率领下，清除了海湾狭窄处的障碍物，对法军发起攻击，将15艘法国战舰围困在葫芦形的海湾里。眼看兰达要塞将被攻陷，法军只好放火烧了自己的船只后朝岸上逃去。这是法国舰队首次遭遇全军覆没，它极大地鼓舞了英荷联军的士气。

研究的现代军事史是最好的选择。

　　年代久远的战争，其条件和作战方法与现代战争极为不同，对我们来说，现实意义并不大，而且其中很多小细节会随着时间的推移而变得模糊不清，残存至今的部分则受到人们的过分重视。

　　经过研究可以发现，现代战争与当今的战争比较接近，特别是在武器方面；这主要包括奥地利王位继承战争以来的战争。虽然大多数的主要情况已经有了较大改变，但仍与现代战争相近，仍具有指导意义。而西班牙王位继承战争则大相径庭，火器尚不完善，骑兵仍是主要的兵种。因此，年代越久远，记载就越不详细，意义也越小。至于各民族的古代历史，无疑是苍白而无用的，在此就无须赘述了。

也不是说这些史实就是完全不可用的，而是在需要详细叙述史例或者具体的作战方法的情况下，它们才不适用。即使我们对瑞士人与奥地利人、勃艮第人与法国人的战争过程不甚了解，但正是它们向我们展示了优秀的步兵对最好的骑兵的优势；或者我们回头看看雇佣兵队长时期就能发现，工具对作战起着怎样的决定性作用，战争在别的时代不会有这种现象的存在——军队带有真正的工具性质，完全脱离国家和人民生活。

总而言之，事件越是涉及诸多细节，就越特殊；年代越是久远，就越难作出中肯的评价，更无法用它们来论证已完全不同的现代战争的手段。但是各个时代的批判家都有喜欢引用史例的癖好，抛开这其中的虚荣心不谈，我们看不到多少论证的热情和研究的精神。因此，我们只能把这种癖好看作是掩盖缺点和失误的点缀。

如果能像弗基埃设想的那样，完全用史例教人理解战争，那确实是一项伟大的功绩。但要实现这一点，必须有长期的作战经验，也必须把它当作一项毕生追求的事业去完成。

第三篇 | 战略概论

　　战略是为了达到战争目的而对战斗的运用。运用于战斗的战略要素分为精神要素、物质要素、数学要素、地理要素和统计要素。

　　其中精神要素贯穿战争始终，与推动和支配整个物质力量的意志紧密相连。精神力量对于军事行动规模的影响比对行动方式的影响大得多，但在行动方式占主要地位的战争中，精神力量发挥的作用则会减少很多。当精神力量在战略的最高范围，即接近政治和国家事务的时候，会表现得错综复杂。

　　主要的精神力量包括统帅的才能、军队的武德和民族精神。

第一章 战略

我们在第二篇第二章中,对战略的一般概念下了定义——它是为了达到战争目的而对战斗的运用。战略原本只与战斗有关,但是战略理论必须同时研究战斗的执行者,即军队本身,以及同军队相关的一系列问题,因为战斗由军队发起,并首先对军队产生作用。对于战斗本身,战略理论必须研究其可能产生的结果以及在使用过程中起重要作用的智力和精神力量。

战略是为了达到战争目的而对战斗的运用,因此,战略家必须为整个军事行动制订一个合适的目标,这个目标与战争目的保持一致。战略家在起草行动计划的时候,应牢记这一切都是为了实现战争的目的。由于战争过程中的不确定因素太多,战略家不仅要事先计划好在战争中要打哪几场仗,还必须亲赴战场,以便现场处理各种问题,并对总体的作战计划作必要的调整,即战略家在任何时刻都不能停止工作。

关于这一点,人们并不是全都赞同。按照习惯,他们认为战略必须在首都确定而非战场上。在我看来,只有当政府距离军队很近,作为军队的大本营时,这种方式才是被允许的。

拟订计划时,理论将为战略服务,或者更确切地说,理论将阐明事态发展之间的联系,并强调少数作为原则和规则的东西。

回顾第一篇,我们所了解的战争涉及的各种重大问题,我们就会明白,要在整个战争中掌控全局,非凡的洞察力和过人的智力天赋是如此重要。

一个君主或将帅的天才表现在:恰到好处地利用他手中的资源,不多也不少,且恰好实现预期的目标。天才的作用不是表现在个别的战斗上,而是体现在整个战争的胜利上。我们赞赏那些完成了战争目标,使整个战斗一气呵成的作战指挥,而这一点往往只能在最后的胜利中显现出来。

一个研究者如果不能看到贯穿于整个战争的协调性,就容易去没有天才或不可能有天才的地方寻找天才。

□ **布伦汉姆战役中前进的英军**

布伦汉姆战役是西班牙王位继承战争中的一场重要战役。1704年8月13日,为了解救神圣罗马帝国利奥波德皇帝于危难并助其留在奥格斯同盟内,马尔博罗公爵和欧根亲王联手,指挥英国、荷兰和奥地利联军5万多人,在多瑙河畔的布伦海姆村附近与法国和巴伐利亚联军交战。战争以英荷奥联军杀伤敌军1.5万人,俘虏1.5万人取得胜利。此战成为西班牙王位继承战争的转折点,它成功地防止了奥格斯同盟的崩溃,决定了法国在这场战争中不能获胜的命运。

实际上,战略家使用的手段和方式都极为简单,且因反复运用而为人们所熟悉。批判家如果反复拿它们研究讨论,便会让人觉得十分可笑。以被运用过无数次的在敌人侧翼迂回运动为例,要么被称赞为最杰出的天才表现,要么被称赞为最透彻的洞察力的表现,更有甚者赞赏它为最渊博的知识表现,难道还有比这更无聊的怪论吗?更为可笑的是,还有一些批判家把一切精神因素都排除在外,只论物质因素,并只局限在均势和优势、时间和空间等数学关系上。如果一切真的这么简单,这么少的东西恐怕还不够用来给小学生出一道数学应用题。

事实上,这根本不是数学和科学的问题,比起物质因素,精神因素才是最难把握的。但精神力量也只有在战略的最高范围,即接近政治和国家事务的时候,才表现出其复杂性。精神力量对于军事行动规模的影响,要比其对行动方式的影响大得多,而在行动方式占主要地位的战争中,精神力量发挥的作用就会减少很多。

涉及战略的问题看似简单，但一切事情并不如想象的容易——只要从国家间关系出发就可以确定战争是为了什么目的，战争能实现什么，从而找到规划战争的路径；但是，要坚定不移地把这条路走下去，把计划贯彻到底，不因成千上万种干扰之事而脱离既定的轨道，除了要有坚强的性格外，还必须保持清醒的头脑。在上千个优秀的人物中，有的以智力，有的以洞察力，有的以勇敢或意志坚强而出众，但要找出一个兼具所有品质而高出一般水平者的统帅应该很难。

战略比战术更需要强大的意志力。这个观点听起来似乎很奇怪，但是熟悉战争的人是不会怀疑的。在战术上，战场的情况变化无常，指挥官犹如卷入一场巨大且危险的旋涡，受眼前压力的激发，在抛开了最初一瞬间的顾虑之后勇敢地冒险前进；在战略上，一切都在缓慢进行，所有的疑虑、异议、意见和懊悔等都可能对指挥官产生作用。战术上，大多数情况是可以亲见亲历的；而战略上一切全依靠猜测和揣度，信心相对较弱。因此，将帅往往在行动前会陷入各种疑虑中。

让我们看一看腓特烈大帝1760年的战局。这次战局以出色的行军闻名于世，被称为"战略上的真正杰作"。难道腓特烈大帝值得我们敬佩的，是他忽而左翼、忽而右翼地迂回道恩的战法吗？答案是否定的。真正值得称赞的，是他那绝妙高深的智慧——当他以有限的力量去追求一个主要目标时，从来都只做力所能及之事，采取的行动也恰好达到目的。这种超凡的军事能力，不仅体现在这次战局中，在他所指挥的其他三次战争中都有同样出色的表现。

腓特烈大帝的目的在于签订和约，以确保西里西亚的安全。

作为一个小国的统治者，他不可能成为亚历山大一世，也不可能仿效卡尔十二的行事风格。但是在他领导的所有的战争中，我们发现，他始终能够保持力量的平衡，在十分急迫的时刻保持冷静，把力量发挥到令人钦佩的程度，随后又能再次保持平稳，以应对政治上的微小变动。所谓的虚荣心、荣誉心，抑或复仇心，都不能使他偏离轨道，阻止他走向最终的胜利。

三五句话无法概说这位伟大统帅的成就，只有仔细观察每次战争的起因和结局，分析每次胜利的原因，人们才能发现，敏锐的洞察力使他顺利绕过所有暗礁。

腓特烈大帝令我们钦佩的这一点，在他指挥的所有战役中都可以见识，但在1760年的战局中，表现得尤为突出，因为他指挥的其他任何战役，都不似这次战局——以极少的牺牲战胜了占有绝对优势的敌人。

腓特烈大帝值得我们钦佩的另一个方面是，他克服了军事计划实施过程中的困难。从左翼或右翼迂回敌人的战术并不难想到，集中有限的兵力，在任何地点抗击分散的敌人，用迅速的行动使自己的力量成倍地发挥……我们必须承认，这些办法都很容易想出来。

但是，如果让一个统帅模仿腓特烈大帝试一试会怎样呢？目击者曾在书中指出，腓特烈大帝当时的部署是多么的冒险。而且我们应该可以想象，这种危险要比事后看来大两三倍。

在敌军的眼皮底下，一般是在其炮火下行军，总是非常危险的。但腓特烈大帝安排了这样的行军和部署，并非草率为之，而是根据道恩处理问题的方式、配置兵力的方法及其责任感等性格特点作出的决定。他之所以无惧危险，完全出于他本人的勇敢果断和坚强的意志。在当时的处境之下，恐怕没有几个统帅会相信那些简单的战略手段是可行的。

事实上，在这次战局中，腓特烈大帝还面临着一个困难——军队在不断机动。他的军队曾两次在有拉西追踪的情况下，尾随道恩，沿着崎岖的乡村小路从易北河向西里西亚行军（7月初和8月初）。军队必须时刻保持备战状态，还要巧妙曲折地行军，军队承受着极大的体力消耗。虽然有几千辆辎重车随行，但军队的给养仍旧极其缺乏。在西里西亚的莱格尼察会战之前，军队不得不连夜行军八天，辗转在敌人阵地前面布阵，单此一项就承受着极大的劳苦。

难道所有的这一切不会导致在军队的战力损耗吗？难道统帅仅凭智力，就能像测量员用手转动等高仪那样轻而易举地调遣军队吗？这位统帅看到那些可怜的、饥寒交迫、疲惫不堪的战士们，能不千百次地痛心疾首吗？难道因此而产生的牢骚和怨言不会传入他的耳朵？普通人哪有勇气要求他们承受这样的牺牲呢？如果不是对统帅有着坚定的信任，这种处境怎么可能不引起军队的士气低落和纪律散乱呢？腓特烈大帝值得我们钦佩的地方正在于此，这种在军事部署的执行中所创造的奇迹令我们蔚为惊叹。只有那些亲历过战争的人才能领会这种困难，而那些仅仅从书本和演习中了解战争的人，是根本无法真正领会的，但愿他们能够真诚地从我们这里接受关于战争的经验。

我们通过上述例子明确了我们的主要观点。总之，在论述战略时我们将会阐明那些我们认为最重要的因素，包括物质和精神方面。我们的论述方式是从局部到整体，最后总结出整个军事活动的关联，包括战争计划在内。

□ 德南战役

1712年7月24日，西班牙王位继承战争末期的一场重要战役——德南战役爆发。战争中，维拉尔元帅率领9万名法军官兵阻止了欧根亲王及其麾下的荷兰—神圣罗马帝国联军14万人进军巴黎，并一路追击欧根亲王，将其赶回莱茵河。

在某一地点部署军队，只能表明战斗的可能性，并非一定发生。那么这种可能性是否能看作实际发生的呢？当然可以。战斗的可能性只要具有效果，无论效果如何，都可以看作实际的东西。

（注：在第二篇较早的修改文稿中，作者对以下几段文字作了标注："用于第三篇第一章使用。"但是修改计划最终未能实现，因此我们现将这几段文字全部附录于后。）

一、由于有效果，可能的战斗可以看作实际的战斗

如果派遣一支部队去截断敌人的逃跑退路，而敌人未经战斗就缴械投降了，这种结果也是这支部队准备进行战斗而引起的。

某部队占领了敌人一个未设防的地区，从而使敌人得不到重要的军力补充。我军之所以能够占领这个地区，是因为敌人意识到，想要夺回这个地区，就必须同我军交战。

上述两个事例说明，当战斗只有发生的可能性的时候，就已经产生了效果。我们不妨假设，当敌军以优势兵力迫使我军作战而放弃之前的目的。虽然我们未能达到目的，但我们的应战仍然产生了效果，因为它吸引了敌人的大批兵力。

总而言之，消灭敌方军队和打垮敌人，只有通过战斗的效果才能实现，不论战斗是否已经进行或者只是作了部署。

二、战斗的双重目的

战斗效果有直接和间接之分。如果战斗不是直接以消灭敌军为目的，而是通过其他活动来达到这一目的，那么这种战斗效果就是间接的。如果战斗的直接目

的是占领某些重要的地区，如占领城市、要塞、道路、桥梁、军火堆积场等，那么这绝非战斗的最终目的，而是战斗的中间环节，是产生有效原则的步骤。

三、实例

1814年，拿破仑的都城巴黎被占，战争的目的达到。巴黎的政治分裂已成定局，巨大的裂痕使皇帝的权势趋于瓦解。但是我们必须这样分析：正是由于政治上的崩溃使得拿破仑的兵力急剧下降，而联军的优势相对增加。拿破仑军队失去了抵抗能力，这直接导致联军迫使法国的媾和。如果当时联军也受到了重创，那么他们的优势荡然无存，占领巴黎的目的就无法实现。

基于上述一系列的讨论，人们将会考虑：敌我双方在战争中发起的大小战斗会产生怎样的效果？只有从这一点出发，才能在战局计划之初确定应该采取的措施。

四、若不这样考虑，则会在其他事情上作出错误评断

如果不把战争及其各个战局看作一条衔接紧密的锁链，而是认为占领某一地区本身就有价值，那么我们就很容易把这种占领看作意外所得。然而，如果真的不把这样的占领看成是战争中的一个环节，人们就不会去考虑，这种行动是否会为以后的战局带来不利。这种错误在历史中屡见不鲜。如同商人不能把某次获得的利润单独搁置一样，战争中也不能把某一次的胜利拿出来另作评估；商人必须在全部财富上计算盈亏，战争中也必须依据最终的结局来判定战争中的得失。

如果指挥者能够始终把每场交战视为一系列战斗的组成部分，那么，他就会始终在通往目标的大道上。随着力量的增加，军队的意愿和行动，就会以一种切合实际且不受外界影响的速度始终朝着目标前进。

第二章　战略要素

影响战斗的战略要素可分为精神要素、物质要素、数学要素、地理要素和统计要素。

精神要素包括心理、智力及其效果所引起的一切；物质要素包括军队的规模、编整以及武器的比例等；数学要素包括战线角度、向心力和离心力运动所产生的有价值的几何数值；地理要素包括制高点、山脉、江河、森林、道路等地形的影响；统计要素则包括一切补给手段。区分考察以上要素，能够使概念变得明确，并准确估计各类要素的价值。的确，如果把它们单独提取出来研究，其中的某一方面的重要性就会被自动过滤掉。例如，若论作战基地的价值，与其说是由战线角度这个几何要素决定，不如说是由战线所经的道路和地区的状况所决定。

战略要素在军事行动中大多是错综复杂且紧密联系的，因此，要将这些要素做单独的研究，以此来形成对战略的了解几乎是不可能的，因为这样做只会脱离实际而迷失方向。我们最终得到的理论不应该是从抽象研究中得来，而应该从对战争的总体印象中获得。

□ 欧根亲王

弗朗索瓦·欧根（1663—1736年），神圣罗马帝国元帅、军事委员会主席。这是一位拥有殊死精神和战斗激情的军事天才，年纪轻轻便成为帝国陆军元帅。作为出色的谋略家，他决断力强，善于利用战局，还是个擅长利用地形来精心布置防御的高手。在西班牙王位继承战中，他两度率军与法军交战，并最终将法国逐出意大利。

第三章　精神要素

我们再来回顾一下前文提及的精神要素，它贯穿于整个战争中，是战争最为重要的因素。在战争初期，它与推动和支配物质力量的意志紧密相连。遗憾的是，它们并不会服从智慧加之其上的研究，因为它们无法被分类和计算，只能被看到或感觉到。

军队、统帅和政府的尚武精神，与战区的民心，战争的胜利或失败所带来的精神效果，都是极不相同的，对我们的目标及形势也可能产生完全不同的影响。

虽然难以在书本里尽述，但精神要素同其他要素一样，都属于军事艺术理论的一部分，决不能从中省略。如果有人在制订规则和原则的时候，按照老办法，不把一切精神要素考虑进去，那么这无异是不科学的。还有人，一遇到精神要素就把它看作例外，并赋予这例外一定的科学地位，将之变成规则；这同样是错误的。更有甚者，以超越一切规则的天才的言论作为依据，这就等于承认规则仅为愚人而定，或者说规则本身就是愚蠢的。

军事艺术理论如果提醒人们这些精神要素的存在，并给予其充分的肯定，这种理论就能扩展人们的视野。在理论法庭上，那些妄想只用物质力量为自己辩护的人是站不住脚的。

之所以不将精神力量排除在理论之外，是因为它与其他的规则有关。理论在制定与物质力量有关的规则时，必须考虑到精神力量所占的比重，这样才能避免规则成为绝对的条文，不至于因畏手畏脚而显得过于局限，或因狂妄专断而显得过于宽泛。就算在制定与物质因素有关的规则时，如果不考虑精神力量的作用，很多问题都无法解释，例如胜利的作用。因此本书的大部分论述都涉及物质和精神这两个方面的因素，且重视程度均等。我们可以说，物质方面只是一把刀柄，而精神方面才是真正贵重的利刃。

历史是精神要素的价值和作用的最好证明，是统帅从中得到的最宝贵的精神养料。但是应该注意的是，我们依靠的不是理论阐述、学术研究，而是靠各种感受、印象以及一时的灵感，播下智慧的种子，收获精神的果实。

　　我们或许可以详尽地列举战争中重要的精神现象，并条分缕析地评估它们。但这无疑使我们的论述陷入平庸，甚至在分析过程中只关注一般性存在，使研究精神的作用荡然无存，变成老调重弹。因此，在这里，我们选择采用不全面、非印象主义的叙述方式，对精神因素大体上的重要性点到为止，同时提出本书所有论点的精神实质。

第四章　主要的精神要素

　　主要的精神要素是指统帅的才能、军队的武德和民族精神。要阐明它们的价值并不容易，而要指出哪一种要素的价值更大就更不容易了。我们能做的，就是不轻视其中的任何一种力量。最好的办法是通过结合历来事例充分地明它们的作用。

　　现代欧洲各国军队在技能、训练和作战方法上都处于比较均衡一致的状态。用哲学语言来说，作战方式已经同它的自然法则趋于一致；因此，很难产生类似于腓特烈二世的斜形战队那样独具特色的手段。因此就眼下来说，军队的民族精神和战斗经验的作用更大，这种情况在历经较长的和平时期可能有所改变。

　　军队的民族精神（热情、狂热、信仰和信念）在山地战中表现尤为突出，因为每个士兵都必须独立行动。因此，山地战最适合民众武装。

　　军队熟练的技能和久经锻炼的勇气，尤其在开阔的平原战场上，表现更为显著。

　　至于统帅的才能，则适合复杂的丘陵地形，他在山地很难指挥分散的部队；而在开阔的平原上，要指挥军队是十分简单的，不能充分体现他的才能。综上所述，制订作战计划应该考虑到所有这些特征和关系。

第五章　军队的武德

军队的武德不仅指军人的勇气，还包括军人对战争的热情。勇气无疑是军队武德的重要组成部分，它不同于普通人的勇气。普通人的勇气源自天赋，军人的勇气则可以通过后天的训练习得。本能地追求无约束的生活和自由地彰显自身力量，是一个普通人固有的特质。而军人则必须放弃这种特质来满足更高级别的要求，如服从命令，遵守制度、规则，等等。对战争的热情则可以给武德注入更强大的活力，然而，它并非军队武德不可或缺的。

战争是一项非常独特的事业，它不同于人们的普通生活（无论战争所涉及的范围有多大，即便全民参与，仍然改变不了它的特殊性）。军队的武德在单个军人身上，首先体现在对战争精神本质的理解，从而激发其投身战争事业的热情，并通过训练使自身变得强大，完成由普通人向合格军人的转变。

无论人们多么清楚地在同一个人身上看到，这个人既是普通民众又是训练有素的士兵；无论人们多么强烈地把战争全民化——这与以前的雇佣兵队长时期有极大的区别，但战争这项事业的特殊性永远不会消失。因此，人们只要继续从事战争，就会把自己看成这个团体中的一员，战争的精神通过他们共同的制度、法律以及习惯来确立，事实也确实如此。如果人们坚持从至高的角度来看待战争，就不会低估这种团体精神——这是军队必备的素质。在我们所说的军队武德中，这种团体精神就是连接各种精神力量的纽带。而团体精神同样也是武德的结晶，二者相辅相成。

如果一支军队能在猛烈的战火中保持严整的纪律，能够顽强不屈地抵挡难以想象的恐惧，在胜利时感到自豪，在失败中依然服从首领的命令，不丧失对指挥官的尊敬和信任这支军队就能在艰苦卓绝的环境下增强体力，把困苦看作胜利的手段，而不是一种不幸；这支军队就能将它的一切义务和品德当成自己唯一的信仰和荣誉——这就是一支极富武德的军队。

但也有可能，一支军队像旺代人、瑞士人、美国人以及西班牙人那样对世界造成深远的影响,却未形成武德;甚至可以像欧根亲王和马尔博罗所率领的正规军走向最后的胜利,却未得到武德的助力。因此,我们不能说,武德是军队必备的素质。我们在此强调武德这一概念,是为了使其个性化,使其不至于与其他概念混为一谈,同时避免产生军队的武德就代表着一切的错误观点。然而事实并不是这样。武德是一种人们可以单独考虑的、特殊的道德力量,可以如同估量一件普通工具那样估量它的作用和影响力。

下面我们再来谈一下武德的作用以及获得它的途径。

武德与军队各部分的关系,就像统帅的才能与军队整体的关系。统帅只能指挥军队的整体,不能指挥军队的局部。统帅无法直接指挥的部分,必须依靠武德。因此,选拔统帅应该以才能作为依据,而选拔部队的主要指挥官则应该审慎。然而,在指挥阶层,职位越低,对个人才能的要求也就低,我

□ 彼得大帝

彼得一世(1672—1725年),俄国罗曼诺夫王朝第四代沙皇,俄罗斯帝国皇帝,被普遍认为是俄罗斯最杰出的皇帝。他继位后,便马不停蹄地着手军事改革,先是建立正规的陆、海军,继而发动战争,夺得波罗的海出海口,给沙皇俄国打下坚实的基础。在他的统治下,俄国迅速强大起来。

们必须接受在才能上的递减。而对于缺失的军事才能,则由武德来补充。对于一个武装作战的民族,他们的勇敢、机智、刻苦和热情等天然的品质同样可以发挥作用。从这里我们可以总结以下两点:

(1)只有常备军具有且最需要武德;民众武装的天赋品质可以代替武德,并可以在战争时期快速发展起来。

(2)比起与常备军之间的对战,常备军在与民众武装的对战中更需要武德。因为在此类战斗中,兵力更加分散,各作战单位更需要自行其是。相反,如果部队力量集中使用,统帅的才能则发挥出更大的作用,以此弥补武德的不足。总之,战争越复杂,兵力越分散,对武德的需要就越大。

综上所述,如果军队缺乏武德,就应该尽量简单地组织战斗,或者加倍注意战争组织的其他方面,而不要指望所谓的"正规"军能胜任其职。

因此,军队的武德是战争中最重要的精神要素之一。如果缺少这种要素,就需要其他精神要素来代替,如统帅的卓越才能、民族的热情等,否则战争中所做

的努力就会白费。回顾历史，想想在亚历山大统率之下的马其顿军队、在凯撒统率之下的罗马军团、在亚历山大·法尔内塞统率的西班牙步兵、在古斯塔夫·阿道夫和卡尔十二世统率之下的瑞典军队，以及腓特烈大帝统率的普鲁士军队和拿破仑统率的法国军队，正是凭借这种宝贵的精神成就了伟大的事业。如果有人否定这一观点，那么他就是无视历史事实。

这种精神力量来源于两个方面，而且由二者互相结合产生：一是来源于战争中的历练及胜利的激动，二是军队精疲力尽，并再也没有其他任何比得上的方式能让士兵认识到自己的能力。只有在长期的劳累和困苦的土壤上，以及胜利的阳光下，武德的种子才能生根发芽，茁壮成长。一旦武德的幼苗长成粗壮的大树，就能抵御厄运与失败的风暴，抵挡和平时期的松懈。因此，武德只能在战争的历练下产生，只能在伟大统帅的领导下产生种子。一旦产生，即使在平庸的统帅领导下，或处于和平时期，它也可以保持至少好几代。

一支久经历练的军队所具有的团体精神，是那种单靠条令和操典聚集在一起的常备军所不可比拟的。虽然钢铁般的纪律可以使武德长久，却无法产生武德，因此我们不应该对它的价值作过高的估量。诚然，良好的秩序、能力、意志、自豪感以及饱满的士气，作为和平时代的军队的特征值得看重，但它们并不能单独发挥作用。即使军队具有最饱满的士气，在遭受挫折时也容易变得胆怯和恐惧。这样的军队，只有在优秀统帅的领导下才会有所作为。而在没有经历磨炼，尚不能适应艰苦的战斗环境之前，统率这支军队也必须倍加小心。因此，武德和士气不能混为一谈。

第六章　胆量

在前文中，在武德的能动体系中，胆量的地位不容小觑，它对谨慎所起的作用更是举足轻重。

促使人们在精神上战胜危险的胆量，在战争中也应该看成一种独特的有效要素。事实上，除了在战争中，胆量还会在哪一种人类活动中更有地位呢？

对军人来说，从辎重兵、鼓手到统帅，胆量都是最可贵的品德。

在战争中，胆量的优势地位表现在，当一方的胆量超过对方时，他的胆量就相对于对方的胆怯而发挥了作用，所以胆量是真正的创造性力量。当胆量与胆怯相遇，前者获胜可能性更大，因为胆怯容易使人失去镇静；胆量只有遇到深思熟虑又谨慎的人，才会处于不利地位，因为谨慎本身也是一种胆量。

在军队中，大力培养胆量并不会影响其他力量的发挥，因为士兵在战斗课程和军规的约束下服从更高的意志。在他们身上，胆量就像蓄势待发的弹簧一样。

指挥官的职位越高，就越要深谋远虑地运用胆量，这样胆量才不会成为盲目的冲动。士兵受军规约束，指挥官受深谋远虑的约束，如果他在战斗中过于大胆，就很容易犯错误。本质上，盲目的冲动与胆量是同一种感情力量，但它们不受智力的约束。如果胆量违背了服从的天职，便成了一种危害。

指挥官，因怯懦而坏事的概率比因大胆而坏事的机率大千百次。按理说，在合理目的的督促下，人们更容易有胆量；这样的胆量也很少受到赞誉，但在事实上却正好相反。

当思想和智力占优势时，胆量就会失去威力。指挥官的职位越高，胆量就越小，因为各种客观情况会频繁地从外部对他们施压，他们越没有个人主见，就越感到压力的沉重。法国有句俗语："官在副级大放光芒，官升正级黯然失色。"历史上公认的平庸甚至优柔寡断的统帅，在职位较低时几乎都以大胆和果敢著称。

对于各种大胆的行为，应该有所区分。区分时，必须以采取行动时的紧迫程度为依据。在危急时，指挥官的决定可能为了某个目的而引发一些风险，但他此

□ 卡尔十二世接见马杰帕

卡尔十二世（1682—1718年），即查理十二世，瑞典军队统帅，瓦萨王朝的第十位国王，大北方战争时期杰出的军事家。他个性独特，敢于冒险，对战争的极度狂热胜过胜利本身，且极度自负，完全无视敌我双方的力量悬殊、敌军阵地的强度以及己方部队的疲软与装备的不足等，越危险越激进。他最后死于率军征战俄国的战场上，年仅36岁。

举是为了规避另一些更严重的风险。在这种情况下，人们会赞赏他的决断力。一位骑手为了表现自己的骑术而跃过深沟是胆量，但他为了躲避士兵的追杀而跃过深沟则是果敢。反之，行动的必要性越不明显，对胆量的需求就越低。1756年，腓特烈大帝意识到战争不可避免，发动一场战争迫在眉睫，他的此举也正说明了他的胆量。

虽说战略往往针对最高统帅和高级军官而言，但在制订规划方面，其他各级人员的胆量与其他武德一样，是十分重要的。一支有胆量的军队，比缺乏这种武德的军队成就更多。

指挥官的职位越高，智力、理解力和认知力起的作用就越大，他的胆量就越容易受到限制，这就是为什么胆量在高职位指挥官那里更为难得，更值得赞赏。智力和认知力受胆量的影响越大，它们的作用就越大，眼界越广阔，结论也越正确。与之相反，普通人在远离危险和毫无压力的情况下，通过想象便能得出正确结论。一旦面临危险和责任，他就会丧失决断能力。

因此胆量是成为杰出统帅的首要条件。他的胆量越大，天才的能力就越强，冒险精神就越大，追求的目标也越高。不管是不得不采取的行动，还是为了满足荣誉和好胜心的行动；不管是腓特烈之类人物的行动，还是亚历山大之类人物的行动，从批判的视角来看，他们都是受目的支配，并没有什么差别。如果说亚历山大的行动更加大胆且能迷惑人们的想象力，那么腓特烈的行动则更符合理智，因为它具有必然性。

一支军队的胆量，可能源于民族之固有，也可能由战争中的锻炼累积。在人类社会中，除了战争，再没有什么途径可以培养一个民族的胆量。只有依靠胆量进行的战争，才能改变人性中的懦弱和贪图安逸。一个民族，只有通过战争不断地磨炼民族性格，才能在世界政治舞台上占有重要地位。

第七章　坚忍

读者可能希望听到战略理论的解读，听到一些角和线的分析，结果听到的是耳熟能详的生活凡物，而非科学世界的外来品。

战争中的一切都不会如同预期，其中变数比其他任何地方都多。建筑师可以按照自己的设计图建造；医生在治疗过程中，对一切治疗的手段和作用了如指掌；而在战争中，统帅经常会遇到各种突发状况和偶然事件，唯有战争经验能使他们迅速作出判断，使他们意志变得坚强。因此在实现目标的过程中，除非有强制性的理由要求终止，否则他们会坚定地向着目标前进。战争中的成就只有经过长期的劳累和艰辛才能获得，只有为世人颂扬的坚忍的意志力，才能使他们取得最终的胜利。

第八章　数量上的优势

无论是在战术还是战略上，军队的数量优势都是常见的制胜因素。

战略确定战斗的时间、地点和兵力，不论胜利与否，只要进行战斗并获得了结果，战略都可以利用这种结果来服务于战争目的。战斗结果通常与战斗目的间接相关，很少有直接关系。还有一系列其他目的作为手段从属于战争目的，这些目的多种多样，甚至整个战争的最终目的也在每场战斗中不尽相同。在这里，我们就不一一列举这所有问题了，也暂且不谈战斗的运用。

在战略决定战斗时，即使是那些在战斗之初就发生影响的因素也是不容忽视的。战略在规定时间、地点和兵力上可以有多种方法，也会带来不同的开始和结局。因此，我们只能通过逐步而具体的研究来弄清它们。

如果我们撇开战斗的目的、条件的变化，以及军队的价值来看，那么就只剩下战斗的概念了。在这个抽象的战争里，除了作战双方的数量，便再无其他东西可以区别了。

由此我们也能看出，数量的优势只是制胜因素之一，除此之外还有很多其他因素可以影响战局。

但是这种优势的程度各不相同，如果优势是成倍存在的，那么数量的优势可以压倒其他因素成为决定战局的最重要的因素。但前提条件是，必须在决定性的地点投入尽可能多的军队。

不管投入战斗的军队对此是否能够证明，我们都要竭尽全力研究，这是战略上的首要原则。这个原则具有普遍意义，适用于一切国家和民族。为了更明确地阐述问题，我们首先考察一下欧洲的军事情况。

在武器装备、组织编制和战斗技能上，欧洲各国军队的情况十分相似，但在军队武德和统帅才能方面有所差别。纵观现代欧洲战史，已经很难找到另一场马拉松。

腓特烈大帝曾在洛伊滕会战上，以大约3万人兵力打败了8万人的奥军；在罗

□ 大北方战争

　　17世纪末18世纪初，瑞典称霸波罗的海及其沿岸地区。当时的内陆国家俄国为了收复17世纪被瑞典占领的俄罗斯领土，并打通通往波罗的海的出海口，与瑞典多次发生战争，均未成功。1699年，俄国沙皇彼得一世与丹麦、萨克森、波兰等国建立反对瑞典的北方同盟。1700—1721年，北方同盟与瑞典之间爆发大北方战争，战争以俄国胜利而告终。俄国从此称霸波罗的海，而瑞典却丧失了其在海外的大部分领地，从此退出东欧强国的行列。

斯巴赫会战中，以2.5万人的兵力击败了5万多人的联军，这是与兵力两倍及以上于自己的敌人作战时取得的绝无仅有的胜利。我们不能将卡尔十二世的纳尔瓦战役纳入此类战例中，因为当时的俄国人还不能被看作欧洲人。拿破仑曾在德累斯顿，以12万人的兵力对抗22万人的兵力，取得绝对性胜利。在科林战役中，腓特烈大帝以3万人的兵力对抗5万奥地利军，结果遭遇失败；拿破仑在莱比锡会战中以16万人的兵力与28万多人的兵力进行殊死战，同样遭遇失败，对方的兵力优势不足两倍。

　　由此可见，即使是欧洲最有才华的军事统帅，也很难战胜数量比自己多一倍的敌军。因此不论战斗规模的大小，不论其他方面的条件多么不利，只要兵力上有显著的优势，就占得胜利的先机。当然，对于某些易守难攻的关隘，即使十倍于敌人的兵力也难以攻克，但这样的战斗根本无法谈起。

因此在欧洲战场上，在决定性的战斗地点拥有兵力优势是十分重要的。此时能够集中多少兵力，取决于军队的绝对数量和使用兵力的技能。因此，战争的第一规则为：把尽可能多的军队投入战场。

一直以来，军队的兵力并没有被看作是重要条件，在战史中也只是偶尔提及，未受到关注。滕珀尔霍夫以七年战争史为背景，最早谈到这个问题的规则性地并给出兵力数量，但并不深入。马森巴赫在其评论1793年和1794年普鲁士军队的孚日山战役的系列文章中，大谈山脉、谷地、道路和小径等影响战争因素，却对双方兵力只字未提。某些评论家（这里我们首先想到的是滕珀尔霍夫和蒙塔朗贝尔，前者在其著作第一部分的第113页提到这一观点，后者则在关于1759年俄军作战计划的书信里提到此观点。）生发了一种奇怪的观念，他们认为军队应该有一个最理想的标准数量，即一个最佳规模，超过这个数量不但不能制胜反而是累赘。

通常情况下，绝对兵力的数量由政府规定，这是军事活动中一个十分重要的战略问题。然而大多数情况下，军队统帅必须把绝对兵力的数量看作一个既定数目——必须技巧性地运用可得到的所有兵力，使其在决定性的地点上形成相对优势。

因此，对空间和时间的计算，就成了最重要的因素。这就使得有人认为，空间和时间几乎囊括了使用兵力的所有问题。然而事实上，关于空间和时间的计算是战略上的一种基本的日常需要，而不是最困难和最具决定性意义的要素。

如果我们公正地审视战争史就会发现，在战略上极少出现因计算上的错误而失败的情况。如果我们要用时空概念来解释，一个如腓特烈大帝或拿破仑这样果断而有胆魄的统帅，运用一支军队以急速行军的方式击败几支敌军的战况，我们就不必徒劳地在用词上纠缠不清了。

对于某些胜利的战例，需要我们正确评判对方的将领。无论是腓特烈大帝对道恩，还是拿破仑对施瓦岑贝格，无论是以少量兵力同敌人对峙的冒险精神获胜，还是凭借强行军的毅力和袭击的胆量获胜，此之胜利与计算时间和空间这两个简单要素之间的关联又有什么关系呢？还有就是，那种防御战中经常为伟大统帅所信赖的方法，类似于在罗斯巴赫战役和蒙特米赖战役胜利后，他们乘势取得的洛伊滕和蒙特罗胜利那样的反跳式用兵法，准确地说，也很难见诸历史。

相对的优势，即在决定性的地点上使优势兵力巧妙地集中，就必须选定决定性地点，同时对兵力进行适当的部署，并具备不怕牺牲的决心。腓特烈大帝和拿破仑在这方面都做得十分突出。

因此，数量上的优势应该被看作基本原则，无须竭尽全力去争取。但如果因此而认为数量上的优势是取得胜利的不可或缺的条件，那就完全误解了我们之前的论述。我们只想努力阐明的是：军队数量在战斗中有一定的重要性。因此，只要能最大限度地集中兵力，就是符合这一原理的；至于在兵力不足的情况下是否应该避免战斗，那就只能具体的情况具体分析了。

第九章　出其不意

在上一章的论题——战斗中应该追求士兵数量的相对优势——的基础上，本章将进而探讨另一个论题：出其不意。对于所有战斗来说，一切行动或多或少地以出其不意为基础，否则决定性地点上的优势就难以体现。

出其不意是取得优势的手段，但从它的精神效果来看，则可以看作是一个独立因素。成功的出其不意会使敌人陷于混乱并丧失勇气，从而扩大战果。因此这里我们谈的不是进攻范围内的奇袭，而是巧妙的规划和部署，特别是用调配兵力的方法达到出其不意的效果。

一切行动都无一例外地以出其不意为基础，但由于行动的性质和条件的不同，其程度也有所不同，而且这种不同有可能源于军队、统帅以及政府的特性了。

秘密和迅速是出其不意的两大要素，其以统帅的魄力和军队的严谨精神为前提。虽然在战争中，我们应尽力争取出其不意，但很难有非凡表现。因此，将出其不意视为战争获胜的关键将是个错误。在想象中，出其不意极易取得成功，但在现实中，它却大多会因整个机器的阻滞而难以实现。

在战术上，由于涉及的时间和空间范围较小，出其不意比较容易实现。而战略上，则越是接近战术范围的措施，出敌不意越可能成功；反之，越是接近政治范围的措施，出其不意越难成功。

战争的准备工作通常需要很长一段时间，而把军队集中到主要配置地点的措施（如建造仓库、补给站和大规模行军）难以完全保密。因此，一个国家出其不意地向另一个国家发动战争或将大量兵力指向另一个国家，是极少见的。在以围攻战为主的17与18世纪，人们的意图是要出其不意地包围一个要塞，但这太难成功。

与此相反，短时间的战斗中，运用出其不意就比较容易。例如，比敌人抢先一步行军、先于敌人占领某一阵地等，并非无法达到。因此，小规模的出其不意能够获得意想不到的效果。这种看法可以想象，但尚未被历史证明，也就是说小规模的出其不意难以产生巨大效果。

□ 纳尔瓦战役

　　1700年9月16日，为保障本国自由出入波罗的海，彼得大帝率俄军围攻瑞典控制下的纳尔瓦和伊万哥罗德两座要塞。自9月31日起，俄军炮击要塞，企图逼迫瑞典守军投降，但由于火炮陈旧、弹药不足，未能成功。11月29日，彼得一世前往诺夫哥罗德督促援军和弹药辎重早日送达，并将军队交给外籍将领德·克鲁瓦公爵指挥。11月30日早晨，卡尔十二世亲自率兵驰援被围困的瑞典守军，并炮击俄军阵地，俄军因缺乏统一指挥，无法组织防御而被迫投降。

　　我们必须以历史事实来说话。例如，在1761年的西里西亚战役中，7月22日便是以出其不意而闻名的一天。当日，腓特烈大帝偷偷向劳东将军进军，在行至尼萨附近的诺森时，成功阻止奥军和俄军在上西里西亚会师，并因此而赢得了四周的喘息时间。但是，人们对这次行军的看法充满矛盾，甚至会觉得在一个以机动而闻名的时代，劳东的行动有许多难以解释之处。对于渴望了解真相和获得确证的人们，这自然不能使人信服。

　　要想在作战过程中，使出其不意产生效果，一般认为必须快速作出决定，强力行军。但事实证明，人们并非总能如愿，哪怕是腓特烈大帝、拿破仑这样的天才统帅。例如，1760年7月，腓特烈大帝出其不意地从包岑袭击拉西将军，然后转袭德累斯顿，但他不仅一无所得，还丢失了格拉茨要塞，使自己的处境愈发艰难。1813年，拿破仑也曾两次突然从德累斯顿袭击布吕歇尔（更别提他从上卢萨蒂亚突入波希米亚了），都没有收到预期效果，不仅浪费了时间和兵力，还使德累斯顿陷入危险的境地。

因此，要想在战争中期望通过出其不意取得巨大的效果，仅仅依靠指挥官的干劲、魄力和果断是不够的，还必须具备其他的有利条件。例如，1814年，布吕歇尔军队向马恩河下游移动时，遭到拿破仑军队的袭击，后者凭借两天出其不意的行军，击破了布吕歇尔军队一段三日行军的超长战线，使其遭受损失。腓特烈大帝在1760年的莱格尼察会战中，腓特烈大帝取得了辉煌的胜利。他之所以取胜，是因为他把刚刚占领的一个阵地，于当夜转移了，这完全出乎劳东的意料，使其因此而损失了70门炮和1万人的兵力。虽然腓特烈大帝为避免会战或扰乱敌人计划，经常在战争中采取忽东忽西的运动原则，但他在14日夜间转移阵地，仅仅是因为他不喜欢当日的阵地。由此可见，偶然因素也起着很大作用。

甚至在较高和最高的战略范围内，也提供了一些因出其不意而获得成果的战例。比如：勃兰登堡选帝侯腓特烈·威廉同瑞典作战时期，从弗兰肯到波美拉尼亚以及从马克到普列戈利亚河的两次辉煌的进军，使得另一支军队交出战区并投降就是明证。而别的例子，如1800年拿破仑越过阿尔卑斯山的，奥地利军队在投降后交出了地区；腓特烈大帝入侵西里西亚等，都是出其不意的例子。这些战争无不产生了巨大而深远的影响，但它们在历史上很少被提及的。

出其不意的另一个关键在于，只有能够左右敌方的人才能做到出其不意，只有行动正确的统帅才能施加自身意志。如果为了出其不意而采取错误的措施，不但不能取得良好的效果，反而会招致恶果，甚至启发敌人从中找到对策。如果进攻者和防御者同时采取出其不意的行动，那么谁的措施最恰当，谁就必然占据优势。

出其不意的精神作用在于，往往能使坏事变成好事，并使敌方难以轻易作出决策。由于出其不意会导致部队涣散，因此指挥官的个性在这时候就很容易显露出来。如果他在总的精神方面占有优势，能使对方士气低落、惊慌失措，那么出其不意就能收到更好的效果，甚至在本来可能失败的情况下转败为胜。

第十章 狡黠

狡黠通常以隐秘自己的企图为前提，与直接行动相对。即使狡黠是一种间接的欺骗，但它与普通意义中的欺骗不同，因为它并非公然背信。狡黠要使对方在理智上犯各种错误，从而形成劣势。总之，狡黠就是在行动上耍花招。

尽管自希腊时代以来，战争多有变化，但战略依然显示出它的实质。从字面上看，不得不说"战略"一词应源自"狡黠"。

如果把战术看作武力的实施，把战略看作巧妙地运用战斗的艺术，那么除了

□ **彼得大帝在波尔塔瓦战役**

1709年7月8日，俄国军队与瑞典军队在波尔塔瓦交战，这是大北方战争中最著名的战役。决战前，彼得大帝向士兵们发表了著名的战前动员，极大地鼓舞了军队士气。战争中，彼得大帝又充分利用敌方军队长线作战存在补给不足，军心涣散之劣势，将其引诱至要塞陷阱并一举击溃，取得决定性胜利。俄军的胜利打破了瑞典军不可战胜的神话。

影响人类文明进程的文化与科学巨著

强烈的荣誉心和不易屈服的坚强意志，其他禀赋似乎没有比狡黠更适合于指导和激励战略的了。仔细想来，任何一次出其不意都是以狡黠为支撑的，即便只是程度很小的狡黠。

尽管我们非常需要了解战争中双方指挥官在技巧、机智和狡黠方面的较量，但由于战争的复杂机制，这些素质却很少突显出来。

战略指采取及部署与战斗相关的措施，它不能单纯地在口头和文字上进行活动，而狡黠却可以。

战争中也存在类似虚报计划和命令的现象，即故意向敌人泄露虚假情报等。但这些活动只能起到较小的作用，而且不是指挥官就不能随意配置。

然而，若要通过战斗部署等使敌人上当受骗，则需花费大量的时间和兵力，而且欺骗的规模越大，花费就越多，这样的佯动收到的预期效果相对于投入而言就越小。因此，人们通常不愿意为此付出代价。事实上，长时间把大量兵力用来故弄玄虚是非常危险的，不但起不到预期效果，还影响了兵力的使用。指挥官对此体会深刻，他们通常不喜欢玩这种狡猾的把戏，而且处于现实的严酷，他们不得不直接采取行动。总之，在战略这个棋盘上，根本不具备对计谋和狡黠来说必须的机动性。

因此，虽然在不妨害必要情感力量的情况下，狡黠的害处微乎其微，但统帅准确的眼力比任何狡黠的计谋更为必要。然而，当战略上可支配的兵力越少，就越需要使用狡计。因此，当兵力较弱时，谨慎和智慧都于事无补，狡计便成了最后的手段。人们越是陷于绝望中，就越想孤注一掷，狡黠就助长了他们的胆量。如果不考虑任何的后果，胆量与狡黠互为补充，将希望的微光聚集到这一点上，成为一道迸发火焰的光芒。

第十一章　在空间上集中兵力

最好的战略是保持总兵力的强势和决定性地点上强大的兵力。因此，除了努力扩充兵力以外，战略上最重要而又最简单的准则就是集中兵力。除了为实现迫切的任务必须把兵力调开，任何兵力都不能脱离主力。但同时我们也应看到上述准则的局限性，因为并非在每一场战争中都不可分兵，目的和手段不同，集中兵力产生的效果也可能不同。

有些统帅糊涂地将兵力进行大幅度地分割、拆散，却不确定是出于什么样的理由。如果我们承认集中兵力这个准则，那么，我们就可以完全避免大量分兵的愚蠢行动，除非有确切的理由证明必须拆散、分割兵力。

□ **甘古特会战**

1713年春天，俄国沙皇彼得一世向芬兰境内发动攻势。1714年8月7日，双方海军在芬兰南部的汉科半岛（瑞典语转译为俄语即为"甘古特"）展开一场海战。战争中，俄国的桨战船舰队利用数量上的优势突破了瑞典海军的防线，赢得了俄军桨战船舰队的第一次重要胜利。它成功阻止了瑞典的战舰进入奥兰海以东的水域，具有十分深远的意义。

影响人类文明进程的文化与科学巨著

第十二章　在时间上集中兵力

在实战运用时，时间上集中兵力这一概念很容易引起错觉，让我们再来作一次简短的分析。

战争是彼此对立的力量的碰撞，强的一方不但可以摧毁弱的一方的力量，还可以迫使其进行反方向运动。因此，在战争中，同时使用一项用于既定行动的所有手段是一项基本法则。

如果战争仅仅表现为双方力量持续不断地抵消的过程，那么力量的作用就可相继发挥。战术上便是这样，因为战术主要基于火器，而且还有其他原因。双方的伤亡同参战人数有一定的关系：如果在火力战中以1000人对500人，虽然1000人发射的子弹是500人的两倍多，但1000人被击中的可能性也比500人被击中的可能性大得多。如果假定1000人被击中的可能性比500人大一倍，那么双方的伤亡则相同。举个例子，假如500人一方伤亡人数为200人，那么1000人一方伤亡人数也为200人。而如果用500人战斗的一方另有500人保留在火力范围以外，那么双方就还有800人可以参加战斗。但是，其中一方的800人中有500人是弹药充足、体力充沛的生力军，而另一方的800人却是队形散乱、弹药不足、体力不支的士兵。如果，仅仅由于1000人比500人多一倍，就说其被击中的可能性也大一倍，这种假设当然是不成立的。因此，保留半数兵力的一方也可能在一开始就受到较大的损失，这是不利的。但是，在此后的作战中，如果他只有800名经过战斗且处于松散状态的士兵，对方却有500名生力军，这将非常不利。此外一般情况下，用1000人战斗的一方最初就有把敌人逐出据点、迫使敌人退的有利条件。至于有利条件与不利条件能否相互抵消，则必须要依靠经验来判定。凡是稍有战争经验的人都会认为拥有生力军的一方更有优势。

可见，在战斗中使用过多兵力将导致不利，即使优势兵力在最初可能给己方带来利益，但在军队秩序混乱、队形松散和体力疲惫的时候，优势兵力会成为阻碍因素。因此，若一方军队处于削弱状态，另一方相当数量的生力军的到来便将起决定作用。但当胜利方的松散状态消失，产生了胜利带来的精神优势时，对方再投入生力军就不一定能挽回败局。一支被击败的军队，是不可能依靠强大的预备队快速转败为胜的。

战术和战略在根源上的重要区别在于战果。战术上的成果大部分是在敌方队形松散、体力疲惫的情况下取得的；战略上的成果，即整体战斗的成果或最终战局的胜利（不论大小），则是在将部分战斗成果结合为一个整体时产生的。这时，战争危机已不复存在，军队也恢复到原来的状态，损失即为被消灭的部分。因此，兵力在战术上可以逐次使用，在战略上却只能同时使用。

在战术上，为了取得开始阶段的成果，只能使用必要兵力，其余的兵力则必须配置在火力战和白刃战的杀伤范围以外，用以对付敌方的生力军。但战略上却不能这样：第一，战略上一旦取得了效果，便无须担心敌人反击，因为随着战略成果的出现，危机也不复存在了；第二，并非所有在战略上使用过的兵力都会受到削弱。只有在战术上与敌人冲突的这部分兵力，即参加战斗的那部分兵力，才会被敌方削弱。在兵力占优势的情况下，那些极少参加战斗，甚至没有参加战斗的部队，仅仅因为它们的存在就可以和参战部队一同起决定性作用。正因为有了这些部队，在战术上参加冲突的兵力的损失也会随之减少。所以在战略上使用的兵力越多，损失就越少，对决战也更有保障。

此外，战斗中的人、时间、空间及其作用也必须考虑。战争中，人力的疲乏和物资的缺乏都是损害因素。在战术上，虽然也有人力劳累和物资缺乏的状况，但由于战术行动的时间较短，其影响微乎其微；在战略上，这种影响则可能会起到决定性作用。例如，在一支常胜军队中，疾病减员比战斗减员要多得多。

我们可以设想，战略上一旦处于这种损害范围内，任何军队都会陷入削弱状态，发挥不出生力军的作用。这就是说，在战略上也要像在战术上一样，用尽量少的兵力来争取开始阶段的成果，以便将生力军留到最后使用。

为了对这种思想作出确切评价，我们必须明确以下概念：首先，我们不能把后续增加的兵力与已有的生力军混淆。大多数情况下，当战局临近结束时，交战双方都迫切希望增加兵力来促成战争的胜利。事实上，如果初始就有强大兵力，则没有必要增加兵力。也有人认为，后续参战的部队的士气，比作战已久的部队更高，但经验否定了它。虽然战局的失利能使部队的勇气和精神力量受挫，但战局的胜利也能使其得到增强。如果将二者均衡，得失可以互相抵消，在战争中获

□ 帕塞罗角海战

1718年，西班牙陆军在其舰队的掩护下登陆西西里岛，占领了除墨西拿以外的所有土地。英国、奥地利、荷兰和法国组成四国联盟，共同驱逐西班牙。1718年8月，英国舰队伺机在墨西拿地区的帕塞罗角附近与西班牙舰队交战。战斗中，西班牙舰队意识到英军兵力强大，便向马耳他岛撤退，但遭到英国舰队的不舍追击。至1719年，英国舰队将西班牙战船全部歼灭，并取得了制海权，不久奥地利收复了西西里岛。

得的锻炼就像纯利润一样盈余下来。

那么，劳累及物资短缺使军队受到的损失，是否会像在战斗中一样，也随着兵力的增加而增加？答案当然是否定的。人本身的劳累多是由危险引起的，军队要想处处避免危险而有把握地行动，就必须进行大量战术上和战略上的勤务。而毋庸置疑的是，兵力越弱，勤务就越繁重。因此在战局中，兵力越少的军队，其劳累程度也越大。

物资缺乏主要指给养品缺乏和宿营用品缺乏。集结在同一地点的兵力越多，物资就越缺乏。也就是说，对于获得更大空间和更多给养及宿营条件来说，兵力的优势并不算优势。

1812年，拿破仑进军俄国时，曾把大量军队集中在一条大路上，造成了物资严重匮乏，这主要归咎于他的一项原则——在决定性的地点上集中的兵力越多越好。姑且不论这一原则正确与否，但可以肯定的是，如果他要避免物资缺乏，只需在一条比较宽广的正面战线上进军——俄国广袤的土地不会缺少开阔的空间。因此，找不出任何证据可以证明，同时使用优势很大的兵力，必然给军队带来更多困难。

可能有人认为，使用原本可以留到必要时使用的兵力，会因劳累而使军队减员。不过，在全面考察后产生的问题是：这种减员所带来的不利是否足以抵消兵力优势所带来的利益呢？

为了在部分战斗中取得某个较大的成果，要粗略确定哪些兵力是必要的，哪些兵力是多余的——这并不困难。但如果在战略上这样做几乎不可能，因为战略上的成功难以界定。因此，在战术上被看作可剩余的兵力，在战略上却必须被当作可以用来伺机扩大战果的手段。利益的百分率是随战果的大小而变化的。使用优势兵力而轻易得到的东西，是谨小慎微地使用兵力所难以企及的。

1812年，凭借巨大的兵力优势，拿破仑能够成功占领莫斯科。依靠这一优势，他还完全可以粉碎俄国的军队，说不定还能够在莫斯科缔结一项和约，这是依靠别的手段不容易取得的。我们援引这个例子是为逐次使用兵力提出一个例解。至于这些论述所涉及的预备队的概念，我们将在下一章谈论。

在战术范围内，仅延长使用军队的时间，就会使军队削弱；但在战略范围内并非如此。虽然在战略范围内，时间也对军队起损害作用，但是兵力的规模可以抵消这一损害。因此，战略上不能为了争取对自己有利的时间，就采用逐次使用兵力的方法，而是应该在一次行动和一个时间内集中一切兵力，战争的效果将更好。

然而在战略范围内，也有陆续发挥兵力作用的问题，即如何逐次展开生力军争取最后的胜利。

现在，让我们来考察战略预备队的问题。在兵力占优势的情况下，部队只要出现在战场上，即使没有参加战斗，也能起到决定性的作用，它在很大程度上补偿了时间对军队的损害。

第十三章　战略预备队

预备队有两个使命：一是延长和更新战斗，二是应付意外状况。前一种使命以逐次使用兵力并取得利益为前提，在战略范围内不会出现；后一种使命是将一支部队调到可能被攻占的地点去。如果一支部队留下来仅仅是为了延长战斗，并成为预备队，那它就是战术预备队而不是战略预备队。

当然，战略中也必须为紧急情况预备军队，目的是在战略范围内以防意外。战术范围内的兵力部署需要通过观察敌人动向进行调整和确定，但他们经常隐避起来，所以应该作好应付意外情况的准备，这对了解和加强部署中的薄弱环节也有益处。

战略范围内也会出现这种情况。有些部署只能根据直接观察或获得的不确切的情报来制订，直到战斗产生了实际效果，才能予以确定。因此，根据不确定的程度，保留一定兵力备以后用，正是战略指挥的重要条件。在防御战中，特别是在江河、山地的防御中，后备力量更是必备的。但是，战略活动与战术活动之间的距离越远，这种不确定性就越小；当战略活动接近政治领域时，这种不确定性就不复存在了。

敌人把纵队派往什么地方会战，这只能通过观察去了解；敌人将从什么地方渡河，这可以从他事前暴露的某些准备措施来了解；至于敌人可能从哪个方向侵入的消息，一般会在尚未发枪前就被报纸抢先一步曝光了。所以措施的规模越大，想要出其不意就越难。另外，即便存在战略预备队，如果它的具体打算不明朗，战略预备队的作用就越小。

如前文所述，只有在整体战局中，部分战斗才有价值。即使是整体战斗的结局，也只有相对的意义，这种意义取决于被击败的敌军所占的比例及其重要性。一个军团的失利不仅可以用一个集团军的胜利来弥补，还有可能转败为胜，如1813年的库耳姆会战。同样的，如果被击败的那部分敌军非常重要，胜利（整体战斗的胜利）的重要性就更具有独立的意义，敌人想通过以后的交战来挽回此次损失

□ 俄土战争

17—19世纪，为了争夺高加索、巴尔干、克里米亚、黑海等地区，俄国与奥斯曼土耳其之间进行了一系列战争，即俄土战争。此些战争断断续续持续了241年之久，其中有十次重要的战争，是欧洲历史上最长的战争系列。战争最后，俄国结束了地跨欧亚非三洲的奥斯曼帝国及其藩属克里木汗国长达数个世纪的侵略和扩张，并扩大了自己的疆土，奥斯曼帝国则走向衰落。图为第五次俄土战争场景。

的可能性也甚微。

在战术上逐次使用兵力，总会将决定性行动推延到最后；而在战略上同时使用兵力，则经常会将主力决战安排在某次大规模行动的开始。因此，以上几点说明战略预备队的使命越宽泛，其必要性就越小，用处也越少，随之而来的危险则越大。主力决战开始时，如果仍保留战略预备队是极其荒谬的，因为此时必须把全部兵力投入使用。

因此，在战术上，预备队可以看成是应付意外，甚至是挽救战斗失利的一种手段。而战略上必须弃用这个手段，因为战略上某处的失利，通常只能通过其他处的胜利来挽救，少数情况可以从一地调动兵力到另一地来抵消，但绝不允许为了挽回败局而预先保留兵力。这种战略预备队的概念无疑是荒唐的，因为它对总决战并无助力。若不是其有时会在其他概念的掩饰下表现得颇为合理，我们此番长篇大论就是多余的。有人认为这是战略上出于谨慎的智举，而如此混乱的思维在现实中只能起到副作用。如在1806年，普鲁士曾安排符腾堡欧根亲王指挥的2万人的预备队，却没有及时将这支预备队调往萨勒河，还把2.5万人留在东普鲁士和南普鲁士作为预备队。

第十四章　兵力的合理使用

理性之思路不是沿某些原则和观点发展的直线。在现实世界里，总有回旋的余地。因此指挥官有时必须凭借自己的敏锐的直觉准确而迅速地判断并查明真相。有时必须把规律作为行动的规则，有时则必须把常规作为行动的依据。

其中最重要的一点，就是一旦使用所有的兵力，就要确保没有闲置的军队。如果在没有敌人的地方配置兵力，或者在战斗的时候，进行毫无目的的行军，便是不善于合理使用兵力的表现。从这个角度上来说，有军队而不用比用兵不当更失职。一旦需要行动，首先就要使所有的军队都行动起来，这样至少可以牵制或击败一部分敌人。显然，这个观点同前三章探讨的原则相关联，我们只是从更广泛的角度出发，将其归纳为一个单独的概念。

□ 叶卡捷琳娜大帝戎装图

叶卡捷琳娜二世·阿列克谢耶芙娜（1729—1796年），俄罗斯历史上唯一一位被称为大帝的女沙皇（1762—1796年在位）。她原为德国安哈尔特-查尔布斯特亲王之女，同时也是俄罗斯留里克王朝特维尔大公后裔。1745年，她与彼得三世结婚，后因彼得三世公开拥有情人，威胁到自己的皇后地位而于1762年发动政变，推翻彼得三世并即位。在她统治时期，俄罗斯成为欧洲最强大的国家，叶卡捷琳娜二世本人也成为俄国人心目中仅次于彼得大帝的一代英主。

第十五章　几何要素

几何要素（兵力配置的形式与模式）究竟在多大程度上支配着战争原则呢？在工事防御艺术中，它几乎支配着一切事项；在战术方面，几何学同样作用巨大；在野战工事防御艺术，以及关于堑壕阵地和对阵地进攻的学说中，几何线条与角度主宰一切。

在包围敌人的现代战术中，几何要素具有巨大作用，但它在要塞战中所起的支配作用则弱得多。因为在要塞战中，现代战术中的精神力量、个人特性及偶然性都起着较大的作用。

在战略范围内，几何要素的影响更小。至于这种影响是以什么方式表现出来的，以后我们会逐步予以阐述。在这里，我们需注意几何要素在战术范围和战略范围中是有差别的。

在战术范围中，时间和空间范围减至最低值。一支部队如果侧翼和背后都遭到攻击，很快就会陷入无法战斗的绝境。指挥官要么设法摆脱它，要么压根不让它出现。为此，需要采取行动使敌人对后果产生后顾之忧。因此，兵力配置中的几何因素是产生上述作用的一个重要因素。但在战略范围内，空间很大，时间很长，这一切只会产生微弱的影响。从一个战区转移到另一个战区的战略迂回往往需要很长时间，再加上空间太大，即使采取最好的方案和措施，也难以分毫不差地达到目的。因此，在战略范围中，几何要素的作用要小得多。与此相反，在某一点上取得优势的效果则大很多，在反击

□ 彼得三世

彼得三世·费奥多罗维奇（1728—1762年），俄国沙皇（1761—1762年在位），彼得大帝的外孙。彼得三世原为德意志人，不大会说俄语，因伊丽莎白一世女皇未婚且无嗣而被选为继承人。他在位时期的主要成就：结束了七年战争，宣告解除贵族的服役义务，停止对非国教徒的迫害。但由于他没收了修道院的领地，并强迫俄国军队普鲁士化，甚至使德国势力在俄罗斯宫廷的影响达到顶点，引起俄罗斯各阶层的极度不满，最终被其妻叶卡捷琳娜发动的宫廷政变所废黜，不久死去。

措施扰乱抑或抵消它之前，这优势仍能充分发挥其作用。因此，在战略上，更为重要的是交战的次数和规模，而不是联系这些战斗的主线形状，这是一条毋庸置疑的真理。

  但是，与此相反的观点却成为现代理论家钟情的论题。他们认为，有这种观点作为支撑，就可以使战略具有更大的重要性。他们还把战略看作更高智力的活动，并以为这样就可以使战争更加科学化。我们认为，一个全面的理论的主要功能，就是揭穿上述这种谬论的迷惑作用，也正是由于几何要素为这些谬论提供了出发点，所以我们特别强调这个问题。

第十六章　军事行动中的间歇

如果把战争看成相互摧毁的行为，我们就必定会认为战争双方都处在作战和前进之中。然而，当我们在单独考虑某一时刻时，就会将战争的一方视为在前进而另一方在等待，因为双方的状态不会总保持一样，其相互间的关系也不会保持不变。当真的发生改变时，即在某一既定的时刻，就会对某一方有利而对另一方不利。假设双方统帅都完全了解这一点，当一方决定即刻行动，那么这同时成为另一方等待的依据。所以在同一个时刻，双方不会都感到前进是有利的或感到等待是有利的。双方之所以不可能同时抱有同样的目的，并非出自对极原理，而是双方统帅定下决心的依据，都是未来情况改善还是恶化的可能性。

即使双方的情况完全相同，或者一方统帅对对方情况不够了解，误认为彼此相同，也不可能会出现军事行动的暂停，因为双方的政治目的不同。从政治上看，必然有一方是进攻者，如果双方都防守就无战争可言了。进攻的一方必须采取积极的行动，才能达到积极的目的。因此，即使双方的情况完全相同，积极的目的也会促使进攻方采取军事行动。严格说来，军事行动中的暂停同战争的性质相矛盾，两支军队是敌对的，双方必然在不停地摧毁对方。就像上紧发条的钟表分秒不停地运动一样，军事行动本应该一刻不停地进行。但是，无论战争的性质多么残酷，总会受到人性弱点的限制。人们在追求和制造危险的同时又害怕危险。因此，对于战争中出现的这种矛盾，不必感到惊讶。

战史中经常出现与上述相反的现象。在实际战争中，为了达到目的并不是不停地推进，停顿和无所作为成了军队的常态，而作战反倒成了例外。这几乎令我们怀疑我们的论点是否正确。然而最近的一系列战争却刚好证明了"这一论点"。法国革命战争充分表明了这一看法的现实性和必然性。在这些战争中，特别是在拿破仑的各次战局中，战争的热力几乎升至极点，这是武力的自然规律。因此，战争达到这种程度是可能且必然的。

事实上，如果不是为了推进，在战争中付出如此巨大的努力又作何解释呢？

如果除了使对方付出同样大的牺牲以外，不想得到任何其他东西，那又何必如此的努力呢？

对于一般原理的辩解我们就谈这么多，现在来谈谈它在现实中的变化（指事物性质决定的变化）。引起变化有三个决定因素，它们是内在的牵制力量，可以阻止战争这只钟表走得太快或无休止地走下去。

第一个因素是人性格中的怯懦和犹豫，它们使军事行动经常出现暂停的倾向。这个消极因素是由害怕危险和害怕负责任引起的。因此，在战火的洗礼中，要想持续不断地推进战斗，就必须要有强大的推动力。仅有战争目的是往往不够的，如果没有精神作为主宰，没有巨大责任施加压力，暂停就会变成常态，前进就会成为例外。

第二个因素是人的认识和判断的不完美。在战争中，人们很难时刻都了解自身情况。至于敌人的情况，也只能根据不多的材料加以推测。这就导致以下情况经常发生：等待实际上只对战争一方有利，但双方都认为对自己有利。于是就像前文中讲过的那样，双方都认为等待另一个时刻才是明智之举。

第三个因素是防御的优势。它如同钟表里的制动装置一样，间或中止钟表发条运行。例如，甲方可能觉得自身力量太弱而不能进攻乙方，但不能因此作出结论，认为乙方有足够的力量进攻甲方。如果一方不防御而进攻，那么他不仅会失去防御力量，还会将优势转给对方。用代数形式表示就是，a+b与a-b之差等于2b。因此继而发生一种情况，即双方同时感觉无力进攻，而事实也的确如此。

如此一来，人们就为战争中的谨慎和面对危险而产生的恐惧找到了立足点，并借此来抑制战争固有的狂暴。

但这些因素并不足以解释，在早前战争中为何有长时间的暂停，90%的时间

□ 俄瑞战争

波罗的海作为大西洋深入北欧大陆的内海，自古以来就是通往各国海上贸易的交通要道。16世纪60年代—19世纪初，沙皇俄国与北欧大国瑞典为争夺波罗的海制海权发动多次战争，其中规模较大的有八次。战争过程复杂多变，直到1788年，俄国的彼得大帝即位后，出兵进攻瑞典沿岸地区，瑞典海军惨败，战争才宣告结束。

都是在无所作为中度过的，而其中并无任何至关重要的问题有待解决。正如我们在前文中阐述的那样，这种现象主要是因一方的要求，以及另一方的状况和情绪对战争操作的影响而引起。

而且这些因素可能会产生重大影响，使战争变得不伦不类。这样的战争往往只是一种武装监视，或者只是为了谈判而摆出的威胁态势，或者只是一种缓和行动，更甚是勉强履行同盟义务。

在所有这些场合中，利害冲突微乎其微，敌对情绪几近于无，战争的一方既不想对对方采取过分的行动，也不十分害怕对方，概括地说，就是没有较大的动机驱使他们行动。双方政府下的赌注会很大，而真正的战争所具有的仇恨情绪受到了束缚，于是出现了温和的战争。战争越是不伦不类，战斗的必然性就越小，偶然因素就越多，战争理论的基础就越薄弱。

尽管如此，在这类战争中，才智依然发挥着作用，且表现形式更加多样，活动范围也更广泛。其中，军事行动的大部分时间花费在了真假参半的前哨战、毫无效果的部署，以及被后人描述为"科学的布阵和行军"上——之所以这样描述，是因为他们渺小的动机已被忘记，人们无法根据经验从其中提取任何东西。但是，有的战争理论家却在其中发现了真正的军事艺术，从这些古代战争中的佯攻、闪避和短击中，他们找到了所有理论研究的对象，发现智力物质的重要性。在缺乏强大的力量和战斗激情的情况下，智力的作用便当仁不让；而指引强大的力量去迎接和抗击风暴，不正是智力的一种更高级的形式吗？至于说击剑术式的作战方法，实际上，只有在对方并不强于我方的条件下才能采用。但这种条件可以保持多久？正当我们幻想着这种旧式作战方法稳妥可靠的时候，不正是法国革命令我们震惊，惊破了这种我们自欺欺人的虚假的安全感，将我们从沙隆赶到莫斯科？腓特烈大帝不正是用类似的方法，使安于现状的奥地利人惊醒，震撼了整个奥地利王朝吗？当遭遇野蛮敌人时，那些固步自封的政府所施行的禁锢的军事政策完全无济于事，因为他们的敌人不懂任何法则。于是，任何行动和努力上的懈怠都会使敌人变得更强大。

根据上述原因，可以看出一次战局中的多次军事行动是有问题的。因此，在每一次的流血冲突中，总会有双方都处于守势且互相观望的阶段。一般来说，抱有较高目的的一方会进攻，因为它处于推进的状态，它的观望态度有所不同。

第十七章　现代战争的特点

人们必须考虑现代战争的特点，因为它对一切作战计划，尤其是战略计划，有着很大的影响。

拿破仑的幸运和大胆，使人们所熟知的惯常作战手段变得一文不值。西班牙人通过他们的顽强斗争告诉我们，民众武装和起义会起到巨大的作用。1812年俄国的战局则告诉我们：第一，一个幅员辽阔的国家是不可战胜的；第二，会战的失利、首都的沦陷和某些地区的失守并不一定能降低获胜的可能性；第三，当敌人进攻的力量衰竭时，防御的一方会显示出强大的力量，这时正是转守为攻的好时机。1813年的普鲁士说明，紧急地建立后备民兵可以使兵力增长六倍，而且这些民兵在国外同样可以使用。这些情况均表明，在国家力量、军事力量和作战力量中，民心、民意是个非常重要的因素。无论民众参加战争的初衷是生存受到了威胁，还是荣誉心的驱使，这些要素在未来的战争中都会被政府利用起来。

显而易见，双方以举国之力进行的战争与只依靠常备军进行的战争，其组织原则是不同的。在以前的岁月中，常备军如同海军，他们同在国家及其体制的关系方面同样如此。因此，陆军战术与海军战术几近相同，只是其中的某一些现在已被弃用。

□ 维堡海战

1790年6月29日，俄国与瑞典为了争夺波罗的海制海权，双方舰队在维堡湾拉开战局。战争中，俄国击败瑞典，以海洋强国的身份登上历史舞台。此战加速了《韦雷尔和约》的签订，和约规定俄瑞双方永远保持战前边界。

第十八章　紧张与平静
——战争的力学定律

前面已经讲过，对于过去的大多数战局而言，战争暂停的时间远远超过行动的时间。虽然现代战争具有完全不同的特点，但是积极的军事行动仍被或长或短的暂停中断。我们必须进一步地探讨这两种状态的性质。

如果军事行动发生了暂停，就说明双方都不抱有积极目的，由此出现休息状态，作战双方也因此而出现均势。当然，这里的均势是广义的均势，不仅包括军队的物质力量和精神力量，还包括情势和动机的均势。然而一旦有一方重新抱有积极目的，并为此展开活动，另一方也随之采取了对策，就会出现紧张的状态并持续到决战结束，即直到一方放弃自己的目的或者另一方作出让步。

双方在经过了一系列的战斗之后完成了最后的决战，这时就会出现偏向于某一方向的兵力运动。如果这一运动遇到各种困难，就不得不停下来，进入无所作为的状态；或者出现新的紧张，从而产生新的决战，然后又会出现一个新的，总是方向相反的运动。由此可见，区分均势、紧张和运动理论，有着较大的现实意义，这种意义甚至比最初看起来更为重要。

然而，即使双方在休息和均势的

□ 古斯塔夫三世

古斯塔夫三世（1746—1792年），瑞典国王（1771—1792年在位）。他是卡尔十三世的哥哥、普鲁士国王腓特烈二世的外甥，同时也是俄国女皇叶卡捷琳娜二世的表哥。在他刚登上瑞典王位的时候，该国正处于严重的内部争斗中，不但有农民、贵族、教士和官员的冲突，还有拥法国派和拥俄国派的派别之争。古斯塔夫三世利用派别争斗加强王权，终结了瑞典历史上的"自由时代"，并进行了财政、司法和行政等方面的改革。1792年，他正谋划着组织同盟干涉法国大革命时，却在化装舞会上遭到贵族的刺杀。

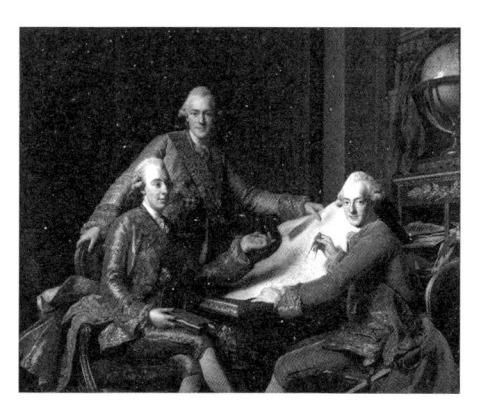

状态下，也会因偶然原因而展开交战，甚至表现为一些大的战斗，比如主力会战。但因这些战斗的性质不同，产生的效果也会不同。

决战如果在紧张状态下呈现，则会有更大的效果：一方面，由于环境产生的压力，人们的意志更容易发挥力量；另一方面，双方对大规模的行动必然已经有了各方面的准备，犹如密封的火药一触即发，其冲击力可想而知。而如果同样规模的战斗是在休息状态中发生，则像散放的火药，只能慢慢燃烧。

此外，紧张的状态也有程度之分，随它的逐渐松弛直至趋于休息状态，这时就很难区分两种状态。

所以，同样的措施在紧张状态中实施，比在松弛状态中实施效果更好；而在最紧张的状态中，其重要性就达到最大。例如，瓦尔密的炮轰比霍克齐会战具有决定性意义。

在敌方因无法防御而放弃的地区驻防，与在敌方因换取有利的决战时机而退出的地区驻防，应采取不同的方式。在抗击敌方的战略进攻时，阵位或者行军上的小小的错误都可能造成极为严重的后果。但是，若在均势状态中，这种负面影响只有在极其突出的情况下才会引发敌人行动。

如之前所说，以往的大多数战争都是在均势状态中进行的，或是在程度较轻、间歇较长、作用较小的紧张中进行的。这种状态下发生的战斗很少产生较重大的战果。一场战争可能只是为了庆祝女皇的诞辰（霍克齐会战）而打响，或是为了争取军人的荣誉（库勒斯道夫战役），或是为了满足统帅的虚荣心（弗莱贝格会战）。

统帅必须清楚地辨别这两种状态，以便针对这两种状态合理地行动。1806年

□ 腓特烈二世

普鲁士国王腓特烈二世（1712—1786年），又称弗里德里希二世，是一位卓越的军事家和政治家。他在位期间（1740—1786年），普两次发动西里西亚战争，发动对法兰西王国、俄国和奥地利帝国等国的七年战争，并参与第一次瓜分波兰，将普鲁士领土从11万平方公里扩张到22万平方公里。在这位"铁血君王"的铁腕统治下，普鲁士日渐强盛，并加剧了军国主义化。图为第一次西里西亚战争中，腓特烈大帝进入布雷斯劳。

战局向我们表明了这样一个事实：这种能力是有所缺失的。依照当时的情况，应把一切都集中于主力决战的高度紧张状态中，统帅应把全部力量都集中于此。然而，统帅虽然提出了一些措施，例如对弗兰肯进行侦察，但只是在均势状态中引起微弱的振动而已。军队把战斗激情放在了这些混乱和浪费精力的措施上——而这却是**挽救大局所需要的**。

为了进一步探讨这一理论，我们已作的区分是必要的。我们不得不指出，在进攻和防御的关系里的一切，以及其各自发展方式的一切，都同部队所意识到的自己身处其中的危机状态无论是在紧张还是运动期间有关。相反，在均势状态中所进行的活动，都只是一种推断，只有真正的战争才是危机，均势状态只是对危机的反映。

第四篇 | 战斗

　　战斗的实质是对双方精神、资源两个层面的损耗进行比较，胜利概率就只能根据双方最终所剩的资源数量来判断。在战斗的过程中，决定成败的主要原因是战斗精神的损伤。大局已定之后，该方面的损伤依然会持续上升，直到行动结束才会终止。因此打击敌方的精神要比破坏敌方资源更有力，战斗的真正目的也是基于这一点。

　　在战争中，军队的组织性被破坏就等于破坏了它的主要支撑力。整支军队受挫，就连危机刺激都无法起作用。因此在作战中获胜的一方对于另一方具有士气上的削弱作用。

第一章 引言

上一篇我们考察了战略要素，本篇我们主要探讨真正的军事活动——战斗。这是一种直接或间接利用物质和精神主导整个局面的活动。因此，战略要素必须被包含在这种活动及其效应之内。

战斗本身属于战术范畴。我们先对其进行总的概览，以方便大家熟悉它的一般面貌。在实际运用中，战斗目的等直接因素决定了战争的形式及性质。但是，相对于战斗的一般性质，其特殊性就显得不那么重要了，因为战斗彼此间的相似性很高。为了避免反复谈及这些共同特征，不如在谈论其特殊性之前统一处理。在下一章中，我们先从战术角度简单阐述一下会战的特点，因为战斗的概念始终是以会战为基础的。

第二章　现代会战的特点

从前文关于战术和战略的概念中，我们得出"战术决定于战略，战略受战术影响"的结论。战争在不同前提条件下表现出不同的战术特点，而战略也随之改变，这是一个固定的思维关系。因此，在我们对现代会战的战略上运用主力会战进行说明之前，先声明一下现代会战的特点。

那么，一场大规模的会战是如何进行的呢？

首先把部队分成人数均等的分队，依次为先行军、主力军、冲锋军、后备军。再根据战斗·格局进行任务分配。先行军负责火力，主力军投入战斗，进行几个小时的交战，冲锋军紧跟其后辅助战斗力，两个分队分别从敌方的正面和两翼展开进攻，同时不间断地加入后备军以保证战斗力的平衡。

打个比方来说，会战就像受潮的火药，慢慢闷燃。直到夜幕降临，交战双方不得不停止战斗，通过估量敌我双方的兵力、当前阵地的安全性及双方的交战状态，继而分析局势利弊，作出决定——立刻撤出战场，或明天接着战斗。如果选择后者，则开始对新一轮战斗进行战略部署。

以上只是现代会战的基本要素，但是适用对象、出发点、所处环境都不会受到限制，更不会改变整个战争的策略。

然而，现代会战不可避免地具备这些特点，因为现代战争通常是由民族利益引起，而突破束缚的要素也有着独立的发展轨迹。

□ 腓特烈二世的龙骑兵团

腓特烈二世执政前，普鲁士军队不但人数少，装备和战术都非常落后。1740年腓特烈大帝即位后，便开始着手强化军队。在他的铁腕统治下，普鲁士建成了约20万人的常备军，装备了新式燧发枪，建立了现代参谋制度的雏形，普鲁士军从王国军转变为国防军，并很快成为欧洲效率最高的军队。图为腓特烈二世时期的龙骑兵团骑兵和军官。

这两点决定了交战双方在军事组织及军事艺术方面的水平不相上下。

关于现代会战的概念,在以后对兵力、地形等战斗条件进行说明时也可用到。不过,它不包含小规模战斗,只针对具有决定意义的大规模战斗。由于小规模战斗的特点变化幅度较小,若对其加以证明,则属于战术范畴了,后续我们有机会再作些补充说明。

第三章　战斗概论（一）

战斗是指在争斗中以歼灭或制服敌人为目的的军事活动，其余的一切活动都是围绕这个目的展开的。而敌人具体是指在实际战斗中与本军敌对的军队。

首先，现代战争不同于传统战争，后者通常过于简单地把国家和军事力量当作一个整体；而现代战争则是由大大小小的、同时发生或相继发生的若干次战斗构成。军事行动之所以被分割成单个行动，是因为构成现代战争的情况十分复杂。

现代战争的最终目的，即政治目的，也总是非常复杂的。因为军事行动同许多条件和企图联系在一起，它不可能通过单个的大规模行动来达成，而是由许多小的战斗达到。这些战斗构成局部和整体的关系，相互紧密相连，相互依托。

战略行动以"战斗"概念为基础，因为战略行动。我们可以把战略范围内的一切军事活动都归结于战斗之上，并且只研究战斗目的。关于战斗的特殊性，我们在谈到相关问题时，将逐一进行阐释。此外，无论战斗规模大小，都有从属于整体的特殊目的。我们将用事实说明，歼灭敌人是达到这一目的的必要手段。不得不承认，从表面看，这个结论正确无疑，其目的是使概念之间有逻辑上的联系，这一点极为重要。说明这一点也是为了避免对结论的理解产生分歧。

何为制服敌人呢？即摧毁敌人军队。无论是全部摧毁还是局部摧毁，只要迫使敌人无法继续作战就算成功。因此，只要抛开每个战斗的特殊目的，就可以把摧毁全部或部分敌人看成是所有战斗的唯一目的。

值得肯定的是，在普遍情况下，尤其是大规模的战斗具有特殊性质，但让它与更大的整体相比较，只不过是战斗的唯一目的的微小变形，或者只是与唯一目的相联结的从属目的。与唯一目的相比，它不甚重要，因为即使从属目的达到，也只不过完成了战斗的次要任务。如果以上推断正确，就可以充分说明，摧毁敌人军队不是目的而是手段；反之，如果我们忽略摧毁敌人军队是特殊目的的蜕变，那么，以上所述必然导致错误的结论。

□ **腓特烈二世考察土豆种植**

18世纪中期，由于受到瘟疫和自然灾害的影响，普鲁士王国农业歉收，遍地都是饿死的人。腓特烈二世听说南美洲有一种叫作土豆的植物产量高，营养丰富又易于种植，便决定在普鲁士推广土豆种植。可当时的农民认为地下的东西不吉利，不敢栽种。腓特烈二世便命士兵在柏林郊区种植了一大片土豆，并嘱咐看守者对偷挖土豆者睁一只眼闭一只眼。就这样，土豆被农民偷回家自己种，人们发现其美味无比，便口口相传，使土豆的种植逐渐得到了普及。在后来的西里西亚战争和七年战争中，正是有了土豆作为食物支撑，普鲁士军队才坚持到了最后的胜利。

需要强调的是，我们在此谈论的是战略，而非战术。因此，我们不再讨论那些无须费力就能摧毁敌军的战术手段——直接摧毁来指战术成功。因此，我们认为：只有重大的战术成功才能形成重大战略成果，也只有避免提出错误的前提，不用一些自认为有效的途径来替代摧毁敌人军队，才不会产生错误的理论体系了。我们还要坚决同这种错误作斗争。如果没有严防的形式主义真理，并及时解读谬论，重视摧毁敌人军队的重要地位，那么关于战斗的研究便很难进行。那么，我们要如何证明摧毁敌人军队必须是最重要的呢？或者，我们要怎么样反驳一种极端理论，即对敌军使用杀伤力最小的手段来致使其遭受重创？或者采用奇妙的攻击来使敌人陷入瘫痪状态，以挫其锐气。的确，在不同地点，运用不同手段进行的不同战斗，可能有不同的价值。对于战略，我们承认，确实存在巧妙部署战斗的艺术。但是，我们必须重申最主要的事情仍是直接摧毁敌人军队。以上我们想要表达的关键就是摧毁敌人军队这一首要问题的重大意义，可以理解为，作战中的战术成果的意义是极其重大的。

在交战中，如果敌方采取分批式进攻而未影响我方的战斗部署，我方就拥有足够的时间策划。但是在我方筹备之际，如果敌方发动短期攻击，我方就会丧失主动权，之前的长远计划也就失去了价值。因此，在权衡是否采取复杂的攻击时，务必将前期潜在危机考虑进去。如果条件允许，方可实行形式多样的攻击。如果撇开概念的迷惑而从现实情况出发，不难发现，如果敌方深谋远虑，行动迅速，是不会给我们时间去准备反击的。这也正是需要我们用综合素质来对付敌方的原因。至此，我们已经明了，在筹备进攻的时间上，要在条件允许之内针对敌人的特点作出甄别，通过研究以得出不同的进攻方法。这需要以睿智的头脑和超凡的勇气作基础，即以智力为主体，以勇敢为客体。如果用常理去思考这两个因素，那么无疑在勇气主导的危险环境中，智慧优于勇气。

我们始终坚持，不论是整体战争，还是独立战斗，摧毁敌军，永远是首要的事情。现在当我们确定了它的重要性，便可回过头来详述战斗。

第四章　战斗概论（二）

在上一章我们确定战争的直接目的是摧毁敌军，在一般情况下都是如此。这是我们通过多方考察验证得出来的结论。在本章中，暂且先不谈战斗的其他目的，只把如何更有效率地摧毁敌人作为本章的唯一研究课题。

如何理解摧毁敌人的部队呢？即敌方军队人力的消耗大于我方的消耗，这意味着我方为得利的一方。既然我们只谈战斗不谈其他，那就一定要排除那些间接摧毁敌人军队的因素，把彼此杀伤和破坏过程中直接的获利当作目的，而这种获利会一直记录于战局账单，并且到头来将是一笔纯利。至于对敌人的其他类型的胜利，要么通过我们在此不讨论的其他目的来获得，要么只收获了一些短暂和相对的利益。在此我们有必要举一个例子来证明。

我们通过精密策划为将敌人置于不利环境，他们多半会稍作挣扎后选择暂时隐蔽，这就是被制伏的直观表现。但是，在压制过程中，如果双方军队损失比例一样，那么这次胜利在战局的核算中就毫无意义可讲了。因此，像这种制伏敌人的方法并不在我们的考察之列。如上文所说，只有相互杀伤和破坏过程中直接取得利益，并且敌人既在战斗过程中产生损失，又在退却过程中遭受损失，才算包含在摧毁敌人这一目的的定义中。

众所周知，在战斗中，胜败双方在财力损失上并不会太明显，失败方最关键的损失应该出现在退战，而获胜方不会产生这样的损失。零散的部队被骑兵冲散，极度疲乏的士兵倒在地上，无法使用的武器装备被丢弃，余下能正常使用的也因为糟糕的路况转移缓慢，最后被胜方缴获。夜晚，零散部队要么迷失方向，要么被敌人俘虏。

战斗产生的损失除了物质损失，还有精神损失。因此，战斗能否继续不仅须要考虑兵力、资源和战斗力，还要考虑部队整体的组织性和作战状态，必要时还应考虑外界因素对精神方面的影响。因为精神力量在战争中具有决定性的作用。

如果要在战斗过程中计算双方在资源和战斗力上的损耗，并不太现实，但是可以从以下两个方面加以参考：其一，作战双方区域的丧失情况；其二，敌方预备部队是否拥有优势。

我军预备队的数量减少明显快过敌军，就说明我方为维持平衡付出了更高的代价，这也证明了敌方士气上的优势。这将对我方将领造成很大困扰，甚至会产生错误的决断。其中不可忽视的一点在于，部队在持久战斗之后，资源匮乏，人员伤亡惨重，可能连勇气也消失殆尽。作为一个整体，除了人数锐减外，连作战状态都不复之前，因此，预备部队的损耗是权衡士气损伤的准确标尺。

□ **莫尔维茨会战后的普鲁士军队**

18世纪中期，神圣罗马帝国处于强大的奥地利的控制之下，但随着普鲁士的崛起并成为德意志邦国的第二大国，普奥之间逐渐形成了争雄之势。1740年，奥地利神圣罗马帝国皇帝查理六世去世，传位给其长女玛丽娅·特蕾莎，遭到早就觊觎帝国领地的法国、普鲁士等国的干涉，由此引发了第一次西里西亚战争。战争最后以普奥签订《布雷斯劳条约》，奥地利割让西里西亚大部给普鲁士结束。图为西里西亚战争中的莫尔维茨会战（1741年4月）中的普鲁士军队，他们在腓特烈二世的率领下一举击败奥地利军，取得决定性胜利。这也是腓特烈二世的第一场战争。

由此可见，战争的实质是以双方精神、资源两个层面的损耗进行比较，胜负只能根据双方最终所剩资源的数量来判断。在战斗过程中，决定成败的主要方面是战斗精神的损伤。大局已定之后，该方面的损伤依然会持续上升，直到作战结束才会终止。因此，打击敌人的精神比破坏敌人的资源更有杀伤力，战斗的真正目的也是基于这一点。战争中，破坏军队的组织性就等于破坏了它的主要支撑力。一旦整个军队受挫，连危机刺激都无法再起作用，所以，作战中获胜的一方对于另一方具有士气上的压制作用。此时，获胜的一方就应抓住机遇，为了对扩大收益，必须打击对方的资源和战斗力。一旦失败方的战斗力和士气慢慢恢复，便有利于其重建整体实力。而胜利者只能保留一小部分在精神方面所取得的优势，有时候很小的一部分也难以保存。尤其在某些情况下，失败者的复仇心理反而令冷战者产生负面的精神作用。

在交战中杀伤或俘虏敌人以及所获取的利益，将会永远记录在史册中。如果说会战中的主要耗损来自人员伤亡，那么战后的损失则包括武器装备损失的和人员被俘虏的情况。在武器装备方面，双方都有所损失，只是数量不同罢了，而在人员被俘方面，往往存在于战败方，至少其损失比战胜方大得多。因此无论怎么样，战俘及缴获的武器装备才是永远的战利品。前文已经谈到，在战争中与战争后的撤退中，受挫的精神力量还能得到恢复，但这只针对整体的一小部分。比如，对于大多数的军队来讲也许有这种可能，但对军队所属的国家和政府来说，可能性就很小，因为国家和政府在思考决策问题时，都是从全局出发，所作的评价也十分客观，他们依据缴获战利品的数量和伤亡人数作比较，就能轻易看出己方的弱势。

总而言之，精神力量的削弱在最后的结果中也不一定能够体现出来，但是我们不能因此而忽略，因为精神力量的削弱可能起主导作用，成为异军突起的关键力量，在敌人不备时给予其重力一击。所以，很多时候削弱敌方精神力量被当作军事行动的重大目标。

随着被击败军队的数量的增多，失利的一方可能会士气大涨。换句话说，军队的秩序在被攻击后是比较容易组织的，当它与更强大的力量组合在一起，就比较容易恢复。尽管失败对精神的作用依然存在，但是它终归在逐渐减缓。除非是想整个军队在某一次会战中彻底落败，那么意义将变得不同，不仅整个军队的其他部分也将溃败下来，更会对其士气产生毁灭性打击。

以少胜多所引发的双重效果，还表现在更全面的优势条件下，但是现实中这种作用力非常隐秘。行动执行之初，敌方的军力和己方的兵力的差距往往不能准确估计，较强的一方要么否认这种差距，要么直接低估另一方，如此能预防由于这一点而产生负面精神作用。这种时候，对自己的部队来说更增加了振奋力量。而真相往往要到大局已定时才被发现，这时候它的作用力已毫无意义。

如果胜利要参考俘虏的人数和缴获的装备量，那么在谋划战略时就应该注意到这点，将它作为摧毁敌人的一种手段。

被迫同敌人进行双面交战，无疑危险度极高，但是相较于此，无路可退更加危险。以上两种状况都将导致军队的行动减缓与抵抗力削弱，从而影响胜负。通常在战败情况下，这两种危险会使军队的损失增加甚至扩大到极限，即全军覆灭。因此，腹背受敌不但增大失败的可能性，而且起着决定性的作用。

在战争中，有一个任务不管付出什么代价都应该竭力完成，同时它也是战斗中最迫切需要完成的任务，即保证自己后备力量的安全和胁迫敌人后备力量的安全。无论任何战斗，就算是再小的部队也要确保有安全的退路的情况下才能发动攻击。

虽然此为一种本能的需求，但是在复杂多变的环境下很难进行下去，更无从谈及胜利。同时，我们还要考虑在艰难环境中的其他重要因素和突发状况。如果我们对此深入探讨就会离题太远，所以，在此只需清楚，这种本能的需求不过是战斗中普遍存在的法则而已。但是由于它所起到的作用非常广泛，常常使人们感受到压力，所以成为了一切战术机动和战略机动必须围绕的中心之一。

□ **普鲁士骷髅骠骑兵**

1741年，腓特烈大帝组建了普鲁士最彪悍的骠骑兵团：第5骷髅骑兵团。他们黑马白衣，骷髅帽徽，被普鲁士人视为中流砥柱。骷髅骠骑兵属于轻骑兵，其特点是速度快，耐力强，包抄迂回追击，毫不逊色于其他骑兵。

接下来让我们探讨一下胜利的总概念，它须要满足三个要素：

（1）敌方的战备资源的损耗更大。

（2）敌方的士气受打击压力更大。

（3）敌方承认以上两点，并放弃自己的意图。

在战争中，对于资源损耗的数目是不会大范围公布的，即使公布也不能保证真实性，不管是双方的人员伤亡还是战利品数额，通常都属于虚假情报。因此，假如所公布的战利品数量不多，那么事实上可能就没有得到战利品。对于精神损失，通常也会以战利品为基准。所以在一般情况下，当其中一方放弃了战争企图，就会以降军旗等方式来宣告对方的胜利，意即敌人的能力强于己方。通常情况下，战败一方所承受的羞辱，与战争中的弱势方所受到的精神作用是完全不同的，它对社会舆论及交战国家和其他盟国政府都会产生不同的作用。

然而，退出战场并不意味着放弃，即使在持久战后退出战场也一样。假如某个先锋部队在奋战后主动退却，也不能认为其放弃了自己的意图。这些都是研究战斗目的时将要涉及的问题。在大多数情况下，是很难区分放弃意图和放弃战场的，但毋庸置疑的是，放弃意图对军队所造成的影响更值得关注。

对于胜利概念的意义，我们不妨回顾索尔会战。在此次会战中，战利品并不重要。腓特烈大帝纵观全局，改变了向西里西亚方向撤退的决定，故意在战场上多停留了五天，并借此宣告胜利。他曾公开表示，利用这种胜利的精神作用，对缔结和约有促动作用。虽然和约是在卢萨蒂亚的卡托里施-黑内尔斯多夫战斗和克塞尔斯多夫会战中经过多番周旋才缔结而成，但不得不承认索尔会战所产生的精神作用。一旦胜利击溃了敌人的士气，战利品数量就会增大到极限，战败方意志因此而瓦解，直至丧失抵抗力。

耶拿会战和滑铁卢会战就是这样的大败，博罗季诺会战则不是。战败也可以划分为惨败和一般性失败，当然，我们不必去为它们划定界限；但是，确定概念才是最主要的，因为它是明确理论观念的核心环节。另外，在表述敌人惨败和一般性失败时，所应用的是专业术语。

第五章　战斗的意义

在上一章中，我们研究了战斗的绝对形态，即把战斗当作整个战争的一个缩影。在本章中，我们将探讨战斗作为一个部分与整体的其他部分之间的关系。我们首先以战斗的直接影响作为切入点。

由于战争本身就是敌对双方进行相互摧毁的行为，因此这样一种设想似乎合情合理：交战双方聚集全部力量，进行一场大规模的交战，并借此解决所有问题。如果我们执着于这种看法，把开始的一些试操性小战斗看作一种必要的损耗也不无道理。然而问题并非如此简单。

显然，备战资源数目是区分兵力的唯一衡量标准，而这些有目的的战斗和这些目的是可以分类研究其差异的。这对我们论述观点也非常有帮助。

众所周知，所有战斗的目的都是以摧毁敌方军队为主，但同时伴随其他目的。因此，我们必须区分以下两种完全不同的状况：一种是以摧毁敌军为主要目的，另一种是以摧毁敌人部队为主要手段。除了摧毁敌人部队外，战斗的任务也有可能是占据某一地区或夺取某一个目标。

两类主要的战争形态——进攻和防御中，前面三项中的第一项相同，其他两项则不同。现在我们以列表形式对进攻和防

□ 索尔战役

1744年8月，腓特烈二世率领8万大军进入波西米亚并占领布拉格，由此发动了第二次西里西亚战争。战争最后于1745年12月25日，普、奥签定《德累斯顿和约》，奥地利承认普鲁士获得整个西里西亚结束。图为第二次西里西亚战争中的一场重要战役——索尔战役。1745年9月30日，普鲁士和奥地利在索尔展开战斗。尽管奥地利军占据了有利地形，但腓特烈二世使用了他的新战术：以加强的右翼首先发起冲击，普军步兵冒着奥军炮火，训练有素地在战场上前进600步，随后以排枪齐射压倒奥军火力，发起冲锋，一举夺下奥地利炮兵阵地。腓特烈首次运用斜线式战术，使此战成为以少胜多战役的又一次完美表现。

御这两种主要作战形式进行说明：

进攻性战斗	防御性战斗
（1）摧毁敌方部队	（1）摧毁敌方部队
（2）占领某个根据地	（2）防御某个根据地
（3）占领目标	（3）防守目标

必须指出，上表并未将所有目的涵盖进去，比如侦察和佯动，它们显然都不合适战斗的目的，因此，我们必须承认有第四种目的的存在。细心观察就能发现，侦察的主要目的是让敌人主动暴露自己，骚扰则是使敌人疲惫，佯动则是为了将敌人从一个地点引到另一个地点，或留在某一地点。这些目的只有借用上述三种目的之一，才能间接达成。如果进行侦察，就一定要假装进攻，或者表现出驱赶对方的状态。这些幌子并不是真正的目的，而我们现在要讨论的正是真正的目的。因此，我们必须在对进攻性战斗的三个目的中添上第四个目的，即误导敌人，采取佯攻。这一目的的性质只能是进攻，这是由事物的性质决定的。

此外，防守目标位置拥有两种方式：一种是绝对的，即绝不允许放弃目标地点；另一种是相对的，即只需在一个时期内防守。后者通常会出现在前锋和后卫站点之间。

目前关于战斗目的有一点是明确的：两者虽对于战斗规划同样有重大的影响，但存在着差异。比如，在消灭敌人守卫军方面，具体实施的方法就很不一样；再比如，倾尽全力保全阵地时所使用的对策，与短期防御差别很大。前者以进攻为主要目的，后者则把撤退放在首位考虑。但是这两种目的对于利益方面的考虑是非常消极的，并且更有可能因为频率过激而导致战势恶化。

第六章　战斗的持续时间

战斗的持续时间可以看作辅助战斗的附属效果。对此，胜负双方的感觉完全不同。对于胜方来说，决定战斗胜负越快越好，这样效果也越大；对于败方来说，战斗时间拖延得越长越好，这样损失就越小。特别是在相对防御战斗中，这一点显得特别重要。因此，我们把战斗的持续时间作为战略要素，要想利用它来实现战斗的目的，就得考虑兵力的数量、兵种的比例和双方所占据地形特点。而想要针对该问题展开讨论就必须结合战斗经验进行分析。

普通师级部队是由不同兵种组成，人数达八千至一万人，在面对具有资源优势的敌军时，即使处于被动地形依然可以暂时稳住局面。但是，如果对手地势条件未处于主动，反而会延长战斗时间。在日常实战中，由三四个师组合而成的团队抗战所花费的时间会超过独立师级部队抗战的一倍时间以上，也就是说，对于这种情况，师级部队完全可以独立作战，如果此时调动其他部队，反而无法发挥其明显作用。

以上为我们从经验中得来的数字。但我们仍有两个重要问题需要阐明：一是决定战斗胜负的时刻，二是结束战斗的时刻。

第七章　决定战斗胜负的关键时刻

战斗的成败不能依靠单一的时机来决定，有许多重要的时刻，都会对战斗成败起到绝对性的推动作用。但在所有战斗中，都存在一个非常关键的时刻，可以被看作决定这次战斗胜负的时刻。在它之后的战斗，只能算是一场新的交战，而非先前交战的继续。对于这一点的认知很重要，因为它对于战斗中的后备军发挥作用有非常重要的引导作用。后备军往往在一场根本不可能挽回的交战中被白白牺牲。另一方面，当战斗仍然存有转机的时候，又经常错过这个关键的时刻。以下我们将举两个鲜明的例子来充分说明这一点。

在1806年的耶拿会战中，霍恩洛厄亲王仅以3.5万人的微弱兵力对抗拿破仑统率的约7万人的大规模部队，最后不幸战败。在这个关键时刻，吕歇尔将军依然企图以1.2万人的兵力恢复会战，结果同样被击败。

同一天的奥厄施泰特会战，大约2.5万名普军士兵与达武率领的2.8万名法军士兵持续长达一天的战役。虽然法军仍以失败告终，但是军队并没有瓦解，整体损失较敌方部队更轻。普军没有把握好时机，卡尔克洛伊特将军率领的1.8万名预备军士兵未被用来扭转战局。

战斗应该是一个整体，由多场相属的交战构成，最后汇集起来，成为总成果，决定着战斗的胜负。该成果与我们在前面篇章所阐述的胜利是完全不同的两种意义。因为往往没有作好那样的准备，或者敌人突然撤退，打破了原有的计划。甚至在敌人顽强奋战之后，决定胜负的时刻也比构成胜利的概念的成果早出现。

那么我们必须解开即使拥有强大生力军也无法改变被动局面的疑惑。

如果撇开无所谓胜负的佯攻我们得出这样的答案：（1）如果交战目的是夺取某个活动的对象，则以失去该对象为决定胜负的关键时刻。（2）如果战斗是以占据目标地为目的，则以错失目标地为胜负时刻，但这只有在目标地难以攻克的情况下才会如此判断；假如该目标地极易克服，那么敌人会轻易地把它重新夺回。

□ **冲锋陷阵的萨克森士兵**

18世纪50年代，法国和奥地利觊觎德意志的纺织工业中心西里西亚，结成同盟，准备收复西里西亚。不久，俄国也加入到法奥联盟中。1756年，腓特烈获悉俄国煽动奥地利对普鲁士开战，决定与其坐等战争爆发，不如先发制人，对奥地利发起进攻。8月27日，他率军不宣而战，大胆入侵萨克森公国（与奥地利联合的德意志小邦），引发了七年战争。经过七年大战，腓特烈二世得以保住了西里西亚，他个人也在史册上留下辉煌一笔。图为七年战争中冲锋陷阵的萨克森士兵。

（3）除了以上两种情况，当交战以摧毁敌军为主要目的；那么，决定胜负的时刻便取决于胜利一方有极强的凝聚力，失败方即使增加援军也无济于事。我们在战略上把这一时刻作为胜负关头的标示，原因正在于此。

在交战中，如果敌方只有一小部分丧失战斗力或处于涣散状态，而我方却大面积地处于涣散状态，那么我方处于劣势；如果敌方虽然丧失了作战能力，但恢复能力却很强，那么依然为我方处于劣势。如果我方实际参加战斗的兵力越少，预备队的兵力越多，那么对方利用生力军抢占胜利先机的机会就越小。任何的军队，只要能合理地运用兵力，并且随时发挥预备军的精神作用，就有把握成功。这一点在法国军队身上体现得淋漓尽致，尤其是在拿破仑的指挥作战之下。

除此以外，获胜一方在战斗中投入的总兵力越少，越有助于恢复作战能力和解除危机。一支骑兵在行动后可迅速恢复到最初的队形，这个恢复时间就是危机的长短。但是整个骑兵团恢复的时间就长多了，步兵则需要更长的时间完成队形的恢复。

对于由不同兵种组合而成的部队，各兵种前进方向各不相同，队形也随着战斗的进行而变得混乱，加之各兵种又不了解彼此的具体位置，局势混乱升级，因此恢复时间会更长。获胜的一方若企图再度聚集战斗中分散于各处的部队分支，将其配置在合适地点以恢复战场秩序，则需要更长的时间。简单说来，军队人数越多，秩序恢复得越慢。

另外，当胜利一方处于关键时刻，恰逢夜幕降临，那么秩序恢复注定延迟，进而会延迟取胜的时间。一个很好的例子是1814年3月，约克在拉昂对马尔蒙发起进攻，遮蔽地和杂乱地形对长期处于危机状态的胜利者起到了掩护作用。所以，黑夜方便胜利者遮蔽于复杂地形之中，对于想恢复战斗的失败者而言则加大了难度。

上文所说的失败者援军，指的是单纯增加兵力的情况。然而，如果援军攻击对方的两翼或者后方，情形将发生意想不到的转变。对于战略范围内的侧翼攻击和后方袭击所呈现的效果，我们将在其他章节进行讨论。我们在此讨论的主要为了恢复而进行的两侧攻击和后方袭击，属于战术范畴。之所以谈论它，是因为我们必须尽快进入战术范畴。眼下，我们有两个问题需要考虑：

（1）胜负决定后的成果的影响，比决定侧翼攻击和背后攻击的影响更大。战争的危急关头，应该考虑的首要问题是如何有利地结束战斗，而不是胜利的大小。于是人们会认为，援军独自攻击的侧翼和后方，不如与主力军会合更为有效。在某些情况下确实如此。但我们也必须承认，在更多的情况下并非如此，因为有下述第（2）点起着重要的作用。

（2）为了恢复战斗而前来的援军，会起到出其不意的精神作用，他们重点攻击敌人的两侧及背后，会增加伤亡比例。因为处在战斗中的敌人，往往兵力松散，难以承受攻击。在战斗初期，敌人的兵力比较集中，对侧翼和后背都增加了防范，所以这种攻击的作用不大；但是如果在战斗快结束时候使用，效果就大不相同了。

所以，我们必须承认，援军攻击敌人两侧或者后方，可以扩大战果，如同杠杆上的作用力，力臂较长一端发挥的作用肯定比较短的一端大。即使一支军队从正面进攻不足以恢复战斗，这种攻击方法也有助于战斗的恢复。这时，精神力量起到了主要作用，它的效果无法估计，所以大胆和冒险便有了发挥空间。

如果确定战斗并未结束，那么，增援力量会与之前的战斗相结合，使之前的失利一笔勾销。然而，如果战斗已经分出胜负，那么情况又变得不同了，这就导致两个完全没有联系的结局。此时，如果援兵的力量有限，无法抵抗敌军进攻，那么重新开始的战斗也难以获得优势。如果这支后援军足够强大，便可以直接开始进行新的战斗而忽略前一次战斗的胜负。在库勒斯道夫战役中，腓特烈大帝在进行首次攻击时占领了俄军左翼阵地，并夺得70门火炮，但会战结束后，两项成果又全部丢失了，此前战斗中的全部获利便一笔勾销。假使他当机立断，把第二轮战斗延迟到次日，那么即使失利了，第一次战斗的收获也可以抵消此次失利。

□ 腓特烈二世和他的军队

在战场上，腓特烈的骑兵能保持整齐的队形长线奔跑，并在冲锋后快速地重新编队。在腓特烈严格的训练下，普鲁士军队成为欧洲效率最高的军队。就腓特烈本人而言，则更偏重于对军官的忠诚服从精神和军人荣誉感的培养，并通过它们和铁的纪律来控制整个军队。图为霍亨弗雷德堡战役后，腓特烈二世和他的军队庆祝胜利。

还有一种状况是，在一场战斗即将输之前，扫除负面障碍，转败为胜，不仅能将之前的失败一笔勾销，还能夺取更大的胜利。换而言之，在战斗最终结束前的一切附属交战都是短暂的裁定，不但会被最终结果抵消，还有向相反方向转化的可能。我方作战的军队被打击得越严重，敌人的兵力就越疲惫，因此敌人的危机状态也更严重，而我方生力军的有利之处就越大。

如果最终结果转化为我方有利，那么，敌人之前夺得的阵地及战利品，就会成为我方的净收益，我们之前的失败便成为通往更大胜利的垫脚石。

如果一方占有决定胜负的有利因素，可以以更大的胜利来打击敌人，那么，最好在此次战斗没有形成定局之前就扭转不利局面，而不是发动第二场战斗。

1760年，劳东将军在利格尼茨进行战斗时，道恩元帅曾想支援他。但是在劳东战败后，尽管道恩有充足的兵力，却放弃了次日进攻腓特烈大帝的企图。这个案例说明，在会战之前投入大量兵力进行前卫战乃为下策，如非必要应尽量规避。

还有一个观点值得审慎对待：一次输掉的战斗，决不能作为决定一场新战斗的依据。然而，这一论断势必遭到一种精神力量的抵触：矛盾的复仇心理。

对于军队来说，没有什么比复仇心更能激发斗志的了，上至统帅，下至士兵，无一缺失这种情感。然而，有一个先决条件，就是被摧毁的兵力只是小范围的，不然的话，复仇心会由于整支军队缺乏信念而消失。因此，为挽回失败的损失，尤其是在其他情况允许的条件下开始第二次战斗，运用以上精神力量是无可厚非的。通常情况下，这样的第二次战斗必定是以攻击为主。

在很多从属性的战斗中，有非常多的类似案例，然而规模较大的会战往往是由许多其他因素决定，而非以微小的精神要素为动机。

在蒙特米赖，布吕歇尔可敬的两个军被打败了。第三日，他带领第三个军踏上了征途，这就是复仇心使然的结果。如果他事先知道可能会与拿破仑本人对决，也许会暂时放弃报仇的决定而另择他日。但他当时执意找马尔蒙复仇，结果因为失算而需要面对巨大损失。

身负相同作战任务的几个部队之间的距离，由战斗的持续时间和胜负的决定时刻所决定。这种战术部署，应该以同一场战斗为前提，也就是说只有它们所占的空间在战略上聚集为同一点时，才能被称为战术部署。这种部署属于同一范畴的有：分成几个部分和几个纵队的行军，分派几个前卫和侧方部队以及指定支援战略点的预备队，各军团从分开的数个宿营地出发并集中，等等。这类行动不断出现，可以说是战略预算中的小额货币，而主力会战和其他重要的行动则如同黄金和银币。

第八章　战斗是否需要经过双方同意

未经双方同意，战斗是不会发生的。决斗就建立在这一思想观念之上。许多历史学家正是基于这一思想，提出了一系列"妙论"，造成许多模糊和错误的观念。

然而，战斗是一种特殊的决斗，其基础不但有对斗争的强烈的向往，还须拥有与战斗密切关联的目标。这些目标要从属于更大的整体，并且即使把整个战争当作是一个斗争的时候，它的政治目标和所具备的条件也仍从属于更大的整体。因此，强烈要求战胜对方的想法是属于从属地位的；它不会单独存在，服从于更高的意志。

古代各民族之间的战斗是在毫无阻碍、视野宽广的战场上进行的，所有的军事艺术都体现在军队的部署和排列组队上，即战斗阵列。当时军队一般在战地附近驻留扎营，其驻地可谓固若金汤。只有当军队从驻扎的地方出来，进入战场（也可说是竞技场）时，才能开始真正的会战。比如，在汉尼拔向费边发起的挑战中可以看出，对费边而言，会战并不在计划之内。所以，这既不能体现汉尼拔的物质优势，也不能体现他的精神优势。但有一点可以肯定，汉尼拔一心想要交战。

常备军出现初期，与会战情况和古代战争及其部队集群在战斗之前一样，必须先组编成战斗队形，才方便号令。这样的军队虽然庞大，但行动笨拙，一旦受到战地环境的困扰就无法发挥实力，因为既不方便进攻也不方便防守抵御。所以，处于防守的一方在某种程度上找到了避免会战的方法。这种情况一直延续到第一次西里西亚战争。直到七年战争时，军队才开始在复杂而艰难的地形中尝试进攻，并逐渐流行。到了现代，对于想利用地形发挥效能的人而言，地形虽然仍是他们的一项筹码，但已经无法束缚战争影响的范围了。

三十年来，地形对战争发展的限制越来越少了，没有什么能够阻止那些想利用战斗一决胜负的人发现敌人并发起攻击。如果他没有这样做，只能说明他并不

□ 科林战役

在1757年6月18日的科林战役中，军事天才腓特烈被奥地利的道恩元帅以巧妙的布阵打败。在遭遇了人生中的第一次大败仗之后，腓特烈如坠深渊，在此后数月里都没有出战。而道恩元帅因为在此战中立了大功，被玛丽娅·特蕾莎女王授予大十字勋章，并被赐予"奥地利的拯救者"称号。

希望交战。

对于当今的防御者来说，是无法拒绝一场战斗的，除非他放弃镇守的阵地及其军事目的来逃避交战。然而这相当于促成了胜利方的大部分胜利成果，或者说暂时得到了。因此，只对于进攻方来说，不可能出现"挑战被拒"的情况，除非是他出于自身惰性的说辞。另一方面，只要防御者没有撤退，就被视为希望交战。在现代战争中那些希望撤退并这么做的统帅，通常不会被迫进入战争。但是，进攻方往往不会满足于对方退却所带来的利益，他们会巧妙设计促使对方接受战斗。他们主要采取两种方法：一是包围，消除对方退却的可能性；二是巧妙地渗透进攻。当然，第二种方法在现代战争中作用不大，因为军队越来越具备灵活性和机动性了，甚至敢于在敌人眼前撤退，只有在地形极其不利的情况下，在敌人面前撤退才会极不容易。

在1796年8月11日的内勒斯海姆战役，卡尔大公在劳埃阿布山对莫罗发起进攻，但是他只想使自己更容易撤退。但是不得不说，我们至今也猜不透这位著名的统帅为什么要采取这一行动。在索尔会战中，腓特烈大帝接受战斗的原因，是他认为在敌人面前退却很不安全，当然，这也不是唯一的理由。

总而言之，除了夜晚的进攻，用包围的方法迫使敌人交战，只针对孤立的军队，例如马克森会战中的芬克军团便是如此。

第九章　主力会战（一）
——决定胜负的时刻

主力会战是交战双方主力部队之间的战斗，是投入所有可得兵力去争夺一场真正胜利的争斗。

虽然主力会战也会掺杂一些其他的次要目的；但是由于它是主力部队之间的斗争，与更大的战争整体相连，因此被认为是战争的重力中心。它的突出特点在于，其独立性区别于其他会战，且只为自己的缘故而存在。这决定了主力会战如何影响胜负以及胜利的效果，同时也决定了理论如何赋予会战的价值。

当我们研究主力会战时，应该清楚一点，不管这场会战涉及了多少种特殊目的，它的性质都不会被改变。当然其前提是，这是一场名副其实的会战。

如果主力会战具有独立性，那么它自身就决定着战斗的胜负；也就是说，只要可能，就必须要争取胜利，除非兵力不够，否则任何特殊的环境都不足以舍弃主力会战。

那么，我们如何判定决定胜负的关键时刻呢？

如现代军事艺术中很长一段时期那样，军队制胜的关键在于队形和编组。那么编制队形一旦遭到破坏，就是决定战斗胜负的时刻。如果像在另一个时期那样，军队和阵地为一体，占据这个阵地就是决定胜负的时刻。主阵地丢失，其他阵地也会陆续失守，会战就无法继续。在这两种情况下，败下阵来的军队就如断了弦的乐器，不能再继续弹奏。

以上两种几何及地形原理，在现代战争中已经不再起主导作用了。在本篇第二章中，我们所论述的现代会战的特点提到，战斗队形是方便使用军队的一种安排，而战斗过程中，谁先消耗完对方的兵力，谁就取得最后的胜利。因此，主力会战的继续取决于双方所剩的预备队兵力的数量对比。只有当预备兵力仍保持着饱满的精神，主力会战才能继续进行下去。

在会战初期，这个发展趋势并不明显，但实际上它已经体现在了会战的部署

□ 罗斯巴赫战役中的塞德利茨将军

科林战役失败后，普鲁士的形势更为严峻，欧洲多个国家都在向它逼近。法、奥同盟为了一次性打败腓特烈，决定发起攻击，这就直接导致了1757年11月5日的罗斯巴赫战役。此战中，尽管普鲁士军在数量上占绝对劣势，但腓特烈采取守势，运用斜形攻击队形的战术，不到一个半小时就击溃了法、奥盟军，以169人战死379人负伤的代价消灭了3000多人的盟军，俘虏5000多人，完美演绎了一场绝佳的作战典范。图为罗斯巴赫战役中总指挥塞德利茨将军率领普鲁士骑兵迎击法、奥军队前锋。

之中。作为统帅，如果对这种趋势视而不见且执意开始会战，那只能表明他在认识能力上的缺失。这种趋势会随着时间的推移，越来越明显，会战过程中的均势也开始变化。这种变化起初并不明显，随着时间的推移才越来越明显。虽然这种趋势可能长时间地保持不变，或者一方失利又重新恢复均势，但是如果有人说，战败是由于某些让人意想不到的力量发挥了作用，那么这只是他掩饰个人失败的借口。我们可以肯定地说，战败的将领在撤退前早已察觉到均势的变化了。

至于上面这个结论，也有例外的存在。将领往往在会战初期就发现了失利的趋势，但其仍寄希望于运气和奇迹，企图通过忍受更大的损失，发挥残余的精神力量去扭转战败的局势。在这里，我们首先来说明一下均势变化的迹象。各部分战斗结果汇聚成整体的战斗结果，这些结果主要通过以下三个方面表现出来：

第一，指挥官内心的精神影响。例如，各个营的战败影响着上级师长的行动和报告，继而向上影响着统帅的决策。这些不利的影响很容易产生，且不可抗拒。

第二，我方部队的损耗比敌方更快。

第三，阵地失守的数量。

实际上从很多方面都有可以作为辨识的根据，例如，己方炮兵的损失、战斗队形、火力线的退却；作战计划遭到破坏，部队被拦截俘虏；己方步兵遭到攻击，敌方步兵营却无法突破；体格健全的士兵陪伴伤员往后方撤退，导致火线上兵力减少；占领某些阵地只是徒然消耗了兵力；退路受到威胁，等等。会战的这种发展方向持续的时间越长，趋势就越明显，战局也就越难扭转，不得不放弃会战的时刻也就越近。

我们曾多次强调，预备队剩余数量的对比决定着最后的胜负。现代会战的特点是，会战过程中的所有损失都能由生力军去弥补，因为现代军队投入战斗的方式和战斗队形的编组方法，可让指挥官几乎随时随地使用预备队。只要军队具备这个条件，指挥官就不可能放弃会战。相反，如果将领看到敌方预备队优势远大于己方，那么一般就可以认为胜负已定。但是我们要强调的一点是，得到这个结论的时刻依然不是决定撤退的时刻，真正下定决心还需要一些其他因素。这些因素主要有两个：撤退的危险和黑夜的降临。随着会战的进行，撤退将面对的威胁也在变大。如果预备队的消耗已经到了无法打开新局面的地步，那么有序地撤退成了唯一的出路；如果固执地继续战斗，只会导致全军覆没。所有战斗，往往都是随着夜晚的降临而终止。而在黑夜撤退比白天更有利，因此撤退往往以黑夜作为天然的掩护。

最后，关于这个论题，还有一个关节点须被提及：将领的勇气与理智往往开始起冲突：一方面因为顽固的抵抗精神、百折不挠的意志和屡战屡胜的骄傲情绪，都使得将领无法轻易作出撤退的决定，他们更希望把名声留在战场上；另一方面因为理智却在呐喊，让他不要铤而走险，应该保留力量，有序地撤退。在战争中，固执和倔强如果超出限度，就只会导致绝望的挣扎和愚蠢的行动。在著名的滑铁卢会战中，拿破仑将最后的兵力作为赌注，押在不可挽回的战局中，最终只能惨败逃离战场，逃离他的国家。

第十章　主力会战（二）
——胜利的影响

由于出发点不同，人们对一些大会战的效果感到诧异，同样也会对其他会战没有产生效果而惊奇。因此，我们有必要谈一谈大会战带来的影响。

第一，胜利对战争工具本身，也就是统帅及其部队的影响。

第二，胜利对参战国的影响。

第三，以上两种影响在未来战争中发挥的重要作用。

在战场上，胜败双方的战俘人数、人力损失以及资源消耗的区别一般不会太大。因此，如果只看到这种不明显的区别，就对其产生的后果完全不能理解。一场大规模战斗的结局，给胜败双方所带来的精神影响，远远大于物质损失，而物质损失同样反作用于精神力量，二者相辅相成。因此，人们应对精神影响加以重视——它对于胜败双方所产生的作用是完全相反的：对胜利者而言，它能增强能力和劲头；对失败者而言，却能摧毁各种力量。然而，作用对象还是以失败者为主，因为它是造成新的损失的直接原因。此外，这种作用同危险、疲惫等战争中所有的困难因素有着相同的性质。对胜利者而言，这一切都能激发斗志。如果说这种作用在大规模的会战中，比在小规模的会战中更强烈，那么，在主力会战中肯定比在从属战争中的影响更强烈。主力会战独立性强，所以应尽最大的努力发挥它的价值以获得更大的胜利。

主力会战的目标是，在要进行主力会战的时间地点打败敌人。它象征战术策略的价值，以及未来长远计划和想象。精神在这种情况下必定会焦虑，不单是统帅，包括他的整个军队都如此。当然，职位高低决定着紧张的程度以及产生的影响。不管在任何时代，事物的本质决定了主力会战并不是盲目的例行公事，而是一种大规模的军事行动。这种行动不管是从本身的性质而言，还是从目标而言，都比一般的战斗更能激发斗志。人们对会战结局的关注度越高，对会战的结局要承受的压力就越大。

胜利的精神影响在现代会战中影响更大，因为现代会战是双方力量的真正对决，物质力量和精神力量的总和起决定性作用。这种总和一般是不容易改变的。因此，一次胜利的意义带来的变化，对未来有着重大的意义。虽然在战争当中，只有小部分人会思考这种变化，但是战争或多或少会让参与者感受到这一点。胜负取决于总的情况，而非个别情况。从来没有亲身经历过大会战失败的人，很难对失败的会战作出鲜明、确定、精准的定义。无论什么时候，小损失的抽象概念比不上一次大会战的真正意义。

□ 洛伊滕会战

1757年12月，西里西亚告急，普鲁士守卫贝费恩公爵连吃败仗，首府布雷斯劳陷落，全境几乎被奥地利军占领。腓特烈率领约3万人的普军火速赶去支援，与道恩元帅和卡尔亲王的奥军主力约8万人在洛伊滕村交战。战斗展开后，普军运用南线主攻、北线侧击的战术，毁灭了奥军阵线，取得压倒性胜利。这场以少胜多的战役是腓特烈大帝最辉煌的战绩之一。

在一次失败的会战中，能够对人的思考产生影响的因素主要来自以下几个方面：

其一，兵力的消耗；

其二，战场的主动权的丧失；

其三，队形的破坏仍处于各种混乱的局面中；

其四，夜间撤退。只要开始撤退，就必须遗弃疲惫不堪和跑散的士兵，而他们往往是战场上冲在前线，坚持得最久的士兵。

与此同时，人们总会在不同程度上认为，自己的努力之所以徒劳无功，是因为上级指挥错误导致的混乱；因而对上级指令失去了信任，失败的感觉也越加明显，同时也证明敌人相对拥有优势。起初，敌人占据的有利因素会被其他因素遮掩，但是只要会战结束，就会显露出来。也许人们一早就看出了端倪，但在缺少证据时，都或多或少存有侥幸心理，进而大胆行动，因此必须面对残酷的结局。最后，当发觉这一切都于事无补，即使军队再优秀。尽管经过战争的磨炼能够减少这些情况，但在最初的失败时刻却不能避免。这种情况也不仅是士兵被俘和火药的丢失导致的。因此，即使均势的变化颇为缓慢也必然产生这些情况，而正是这些情况构成了在所有场合都会产生的胜利影响。

假如军队处在这种削弱状态中，那么即使遇到最小的阻碍也会产生很大的压力。在会战之前，交战双方之间势均力敌，但是当这个形势被打破而企图恢复时，就要借助外力来完成。如果不具备外在条件，那么任何新的努力都只会增加损失，直至新的外在条件出现。

除了对军队的影响以外，失败对政府和人民的影响具体表现为：希望突然落空而滋生的挫败感，自信心彻底被打垮。恐惧情绪迅速扩散，最后使他们陷于瘫痪状态。这种影响虽有差异，但一定会有。对此，人们并不急着作出决断，努力挽回败局，而是因充满恐惧而深感无力，无所作为。战争胜利一部分是由领导者的个性和能力来决定的，而关键在于导致胜利及胜利造成的各种条件。以科林会战为例，假如胜利一方的领导者是腓特烈大帝而不是道恩元帅；或者进行洛伊滕会战的是法国而不是普鲁士，结果会完全不同。关于主力会战本身，我们只想指出：胜利产生的影响会随着局势的变化而变化，并相互形成正比关系。一次会战越是作为主力会战，就越能把所有的军事力量变成作战资源，把国家力量转化为军事力量，从而扩大胜利影响。

事实上，这也是由事物的性质所决定的，所以上述影响无法避免。即使我们发现了能阻止它的办法，仍无法忽略它的存在。就像一枚自东向西发射的炮弹，它产生的运动速度会随着地球的自转而下降，但它仍然是随着地球作自转运动。

整个战争最不可避免的就是人性的弱点，同时也是因它而起。在经历了一次会战的大败之后，虽然我们不能确定在这样的处境下是否可以重新夺回失去的一切，但是仍不愿放弃在希望中探寻机遇。但我们并不能认为，失败的影响会被掩盖甚至消失，那些用于挽回败局的力量和措施——不仅是物质力量，还包括精神力量——还可以运用到其他的目的上。

既然有这种状况出现，那我们就更有理由相信，战败民族及国家的特点会对胜利结果产生影响。

第十一章　主力会战（三）
——会战的使用

不管战争将如何进行，不管战争中的哪些方面至关重要，我们都要承认以下几点：

（1）战争以消灭敌方军队为主要目的，对于积极采取行动的一方，可以初步认定为达成胜利的主动方。

（2）目的性明确的大型会战才能导致大成功。

（3）一场会战的成功，是由无数小型战斗组成的成功汇合而成。

（4）只有在主力会战中，指挥者才亲自指挥，他情愿相信自己，这是由事物的性质决定的。

依据以上四点可以总结得出双重法则，它包含两个方面：一是大会战以消灭敌方军队为主要目的；二是要消灭敌人军队必须利用大会战来实现。总而言之，开启主力会战是以摧毁敌军为重点，其实际作用也毋庸置疑。

所以，主力会战是整场战争或战局的重点，应该当作战争的集中体现，战争的所有资源和优势都会集中于此。战争最初的动机起到很重要的作用，即使双方都不主动行动，主力会战依然是不变的目标。战争事实一旦发生，所造成的流血程度与主力会战的重要性成正比。敌方如果以迫害手段赢得利益，必然会积极回应主力会战。正如我们在下一章即将说明的，如果因为惧怕导致更大的战争损失而躲避主力会战，往往得不偿失。

主力会战是最残酷的解决。正如我们在本篇第十二章将要提及的，尽管主力会战不等同于彼此厮杀，但是它的特征名副其实在于"屠杀"，并以付出鲜血为代价。

当所有行动都聚集在时间和空间的某个点上，人们难免会感到实力无法在狭小的时空里得到有效的发挥。这种感觉多半来自幻觉，但即使幻觉也不容小看。这种幻觉会对人所作的重要决定产生直接影响，尤其作为军队的指挥官，在作出

□ 洛伊滕会战前夜腓特烈二世对军队训话

洛伊滕会战前夜，腓特烈对他的将军们有一段经典的训词："眼看洛林的查理亲王已经成为布雷斯劳的主人，西里西亚的一部分、我的首都以及储存在那里的军事装备都全部失去了……现在战机来临了，如果让奥地利占领了西里西亚，我们便一无所有。现在我要告诉你们，虽然奥军的兵力三倍于我军，但我们的将士应义无反顾，勇往直前。我们必须铤而走险，打败敌人。你们要牢记，你们是普鲁士军人，你们的表现要无愧于自己的称号。如果战斗中有谁犹豫，我就让人撕去他军服上的花饰。好吧，让我们不在胜利中相会，就在失败中永诀！"

重大决定时这种感觉会更加明显。因此，各个时代都会出现一些政府和统帅，想方设法回避战斗，希望不战而胜，或放弃自身的目的。于是历史学家或作家们，便妄想从其他方法中，甚至更高级的艺术，找到会战的替代物。如此一来，在现代，有人依据战争原则，把主力会战当作所有问题的二世导火索，是神圣战争中绝不可能出现的一种松懈的病态。他们认为，只有和平年代的文明战争，才更体现实力和素质。婆罗门教真义似的战争理论，其任务正是传授这种艺术。

在现代历史中，这种谬论已不复存在，但谁也不能保证，它是否会卷土重来。也许不久后有人可以认为，拿破仑的几次会战是粗野甚至愚蠢的，并且摧毁封建旧制无法跟随时代发展，不过是装腔作势的旧式部署和打法。如果理论可以提高人们的警惕，那也算作出了贡献。但愿这次探讨可以帮助祖国的军事领域扩大发展方向，为人们引路，呼吁他们对这些问题引起重视。

战争的概念传达给我们的制胜经验，只有在大规模的会战中才能实现。从古至今，巨大的成就通常来自规模宏大的会战。如果拿破仑害怕流血，那他就不会获得乌尔姆会战的胜利；因此，主要领导者不仅要富有冒险精神，还要懂得利用决定性会战来达到事业目标。如果说流血的杀戮是残忍的，那么这只能让我们更珍视和平，而不应该使我们事事要从道义出发而使战剑生锈。

一次大会战对于胜负的决定性意义，不仅仅取决于它的规模，参与战争的军队的数量和会战所获得的利益也是重要因素，另外，它还取决于战争双方国家及其军事力量的多种情况。胜负的结局也是重要的。虽然胜负可以根据部队资源及士兵斗志推演出来，但并不全面。通常策划周密的主力会战，会根据战场的实际情况来调整整个军事行动的主旨和重点。在拿破仑所指挥的每一次战争中，也许他都想在第一次会战中夺得一切。虽然腓特烈大帝进行的战争规模小很多,危机也不大,但他带领一支少量兵力的军队就打开了新的局面,他也怀抱同样的想法。

我们有必要重申:会战胜负的决定,大多取决于会战本身的规模和参战兵力的数量,至少部分地决定了成功的大小。为什么统帅扩大参战部队数量可以增加会战的胜利概率?其实很简单,扩大主力会战的规模,就会相应增强胜负的可能性。因此,假如参战部队的领导人过于自负,就会在不影响其他方面的情况下,尽可能地把大量兵力投入大会战中。

而关于会战的胜利程度,主要取决于以下四个条件:

(1)地形。

(2)双方兵力的比较。

(3)会战时所采取的战术。

(4)参战各兵种构成的比例。

一场正面而无包围术的会战,不太可能收获较大的成果。同样,在山地或复杂的地形上展开会战,也会削弱各方面的实力。如果胜利者的骑兵与失败者一样多,或者比失败者少,那么它继续追击反而容易让既得的成果失去,从而丧失相当大部分的胜利成果。

还有颇为明显的一点是:在采取侧翼攻击或强迫敌人改变正面进攻的前提下,优势兵力获胜的效应更大。或许洛伊滕会战,会引起人们对该原则的正确性的怀疑。但我们的回答是:每项通则都存在例外。

如果统帅能利用以上四种条件,将使会战具有决定性的意义,当然统帅自身所面临的风险也随之增大。

因此,战争中主力会战的重要性是无可匹敌的。战略上最大的技能体现在:为主力会战提供适当的条件,明确主力会战的时间、地点和使用兵力的前进目标,以及合理利用主力会战的成果。

要想在主力会战中主动而准确地行动,就必须有英雄主义的素质。

辉煌的战例是最好的老师,千万别因理论的偏见而无视了这些活生生的战例。理论应该消除偏见;而理论上的错误,只能用理智消除。

第十二章　利用胜利的战略手段

为赢得胜利做好万全准备是十分困难的，这是战略于背后所作的无声功绩。战略家很少因此而受到赞赏，只有当他利用已得的胜利，才能迎来他的荣耀时刻。关于会战对军事行动的影响，我们以后再进行讨论。但是无论战局的发展如何迅速，它都会有一个初步追击的时间，如果不进行追击，胜利的规模都不会很大。这里我们来简单归纳一下胜负决定后必然出现的这个任务。

从敌方撤离阵地开始，己方对敌人进行的攻击才称为追击，而这之前的所有行动都不能被视为追击，只能算作会战的过程。敌方撤离的那一刻，胜负就已基本确定，但它的效果是很小的。这时候如果不追击敌人，胜利就不能在多方面取得扩大效果，正如我们在前文中提到的，大多数情况下，胜利就体现在追击过程中所获得的那些战利品上。

我们首先来谈谈这种追击。无论是在会战之前还是会战过程中，双方军队的力量都在不断地消耗中，而队形的杂乱和军队的分散也同样使得力量削弱。因此在追击之前，整顿和集中军队力量是很有必要的。如果被击败的是对方的一小部分军队，且它们很容易回归主力而得到较大的支援，那么盲目追击就可能陷入危险。考虑到这些，胜利者往往会慎重考虑。即使抛开危险成分不说，追击中也可能遭遇对自己不利的战斗，已得的利益大打折扣，因此这种追击也会受到各种制约。另外，统帅的意志会受到士兵生存需求的影响。战斗过后带来的劳累使军队渴望休息，要求暂停战斗以防止其他危险。只有少部分人能够明白追击的意义，但是对大部分人来说，那只是装饰胜利的奢侈品。当要求休整的呼声传到统帅的耳中，他的内心活动也会受到影响。

因此，在胜利之后仍要求以饱满的士气进行追击的，通常都出于最高统帅的荣誉心、气魄和冷酷无情。这就是很多统帅在获胜之后很难决心追击的原因。初步追击只能是在当天进行，最晚不超过当天夜里。过了这个时间段，无论情况优劣，都应该放弃追击。初步追击分为以下三种：

第一，由骑兵发动追击。其主要作用是胁迫跟踪敌人，这种情况受地形的影响很大，虽然骑兵同样能够发起进攻，但它通常只能作为一种辅助兵种，对追击对象为崩溃和逃亡的军队有效。

第二，由不同的兵种组成前卫部队发动追击。这种追击能够迫使敌人一直退到下一个阵地。而撤退的敌方一般无法马上利用这个阵地，因此胜利者可以继续追击，但是行程一般不超过一小时，至多二至三个小时，否则前卫部队无法得到充分的支援。

□ 霍克齐战役

1758年10月，只有3万人兵力的腓特烈苦于兵力不足，不愿与奥地利军正面会战，便率普军在萨克森的罗德维兹设置大本营。10月14日凌晨5:00，奥地利道恩元帅率8万大军夜袭罗德维兹。奥军的奇袭令普军措手不及，士兵们来不及穿戴制服便出来应战。腓特烈自知双方兵力悬殊，便指挥普军残部在交替掩护下撤出了战场。此战中，霍克齐高地成为最血腥的激战地，所以此次战役以它来命名。

第三，最有力的追击，是胜利方用所有军队的力量发动追击。即使受到地形的影响，只要进攻方开始不断进攻或者采用侧翼包抄战术，撤退方就会仓皇放弃阵地，同时它的后援也没有勇气顽强抵抗。

在以上三种情况下，即使整个追击过程仍在进行，一旦到了夜间，往往会暂停追击。夜间战斗往往具有偶然性，并且在会战接近尾声时，各环节的互相协作也会严重损伤军队元气。由此，我们不难理解部队为什么会避免夜间持续战斗了。当然，自信也是优秀部队必备的素质，否则夜战中所发生的一切意外状况只能依靠运气。所以，一般天色接近昏暗时，部队都会得到行动取消的命令，黑夜给处于被动的一方短暂休息，调整战术的机会，换而言之，黑暗也可以帮助其摆脱对手的纠缠。但是夜晚一旦过去，失败者的境况便立刻发生改变，部队在恢复元气后即刻调整秩序，补给弹药资源。因此，在胜利者能连夜持续追击的情况下，即使仅用不同兵种组成的前卫部队来执行追击命令，也可能增加胜利的机会，历史上赫赫有名的洛伊滕会战及滑铁卢会战就是最具有代表性的案例。

这种追击活动从根本上说都是战术活动，它所获得的胜利效果不同于其他效果。初步追击敌人到下一个阵地，这是每个胜利者的权利，它不受整体计划的影

□ 奥地利军劫掠普鲁士营地

在霍克齐战役中，受命带领援军投入霍克齐高地的普鲁士凯斯将军及其部队，面对三面奥地利军夹击的绝望战况，顽强奋战了4个多小时，最终弹尽援绝而全军覆没。不过值得庆幸的是，普鲁士军队宝贵的火炮与辎重没有落入奥地利军手中，而腓特烈二世也得以率领残余的普鲁士军队退出了战场。图为奥地利军劫掠普鲁士营地。

响。尽管这些计划可能会减少胜利的成果，但仍然不会阻碍这种初步的追击。

与古代的战争相比，现代战争在追击方面有了比较全面而深刻的认识。在以前的统帅看来，胜利的荣誉为第一要务，因此在决定胜利时很少考虑到摧毁敌人军队的战斗目的。只要敌方放下剑，他们就会接收战果，一旦胜负已分，战斗立即停止，继续流血便被认定为残暴。因此只要力量已经耗尽，军队就不可能再继续战斗了，这样的观点在以前的战争中占主导地位。如果一位统帅只有一支军队，他料想这支军队在不久后会遭遇不能完成的任务，那么他必定十分珍惜这支军队。但是这种观点是错误的，因为在追击时己方的兵力消耗要比对方小得多。这种错误的观点，使得人们没有足够重视摧毁敌人军队这个目的。

在早先的战争中，只有像卡尔十二世、马尔博罗、欧根亲王、腓特烈大帝这样优秀的统帅，才会在胜利之后决定马上追击，而其他统帅大多满足于已经获得的胜利。而现代战争的复杂性和猛烈程度，已经打破因循守旧的限制，如果不进行追击，那只有一种例外，就是存在某些特殊因素。例如，在大格尔申会战和包岑会战中，联军凭借占有优势的骑兵，才避免了彻底失败；在大贝伦会战和登讷维茨会战中，因为瑞典王储不愿意，才放弃了追击；在拉昂会战中，因为年迈的布吕歇尔身体不适，才没有进行追击。

博罗季诺会战也能说明这种特殊情况。根据当时双方军队的战况，我们可以确定，拿破仑军队在渡过尼曼河时共计30万人，但到博罗季诺会战时仅剩12万人。取得这次胜利后，他确信可以占领莫斯科，因为俄国人大不可能在8天之内发动第二次会战。他希望在莫斯科缔结和约。如果能打垮俄军，控制首都，他就更有把握媾和。然而事实表明，他带到莫斯科的军队不足以完成这次任务。但是，倘若在博罗季诺，他为了击溃俄军而使自己的军队大伤元气，那么它将更加不足。拿破仑深知这一点。在我们看来，他的做法完全没有错。因此，这个会战的例子不能算作统帅鉴于总形势而不能在胜利后展开追击的例子。当天下午4时，胜负已定，但俄军仍有大量军队在作战，他们打算在拿破仑重新进攻时顽强抵抗。因此，我们只能把博罗季诺会战看成和包岑会战一样，是未完结的会战。包岑会战的失败者早早撤退，而博罗季诺会战的胜利者因为兵力不足而接受了半个胜利的结果。

总而言之，初步追击是获取胜利的第二个步骤；追击时的激烈程度取决于胜利的大小。

在大多数情况下，它的作用大于前一个步骤；整体战略为了利用战术上取得的完整成果，便要求战术的完全胜利。

但是初步追击仅是发挥胜利的潜在能力的第一步，在极少数情况下，胜利的效果才会只体现在这种初步追击上，而客观因素才是决定胜利的潜在影响。在这里我们不准备谈这些因素，只想简单说明一下追击的普遍实用的一些方面。

就持续追击而言，可以从程度上划分为紧逼追击、单纯的追击以及以拦截敌人的后路为标准的平行追击。

首先，单纯的追击可以使敌人保持撤退，一直退到他认为已经准备好进行另一场战斗为止。因此，这类追击不仅能够发挥会战中取得的优势效果，还能得到败退方不能带走的一切，比如伤病员、掉队的士兵、辎重、车辆等。但是，单纯的追击对于敌方的破坏性，并不如下面两种追击强。如果我们不满足于占据敌人放弃的地区，以及把敌人追到起初的营地，换而言之，就是在每次敌人的后卫部队快占领阵地的时候，用作好前期准备的前卫部队对他进行攻击，迫使对方加速运动，使其分裂。对于士兵而言，再也没有比以下情况更令人烦恼：在经历了强行军后正准备歇息时，遭到突袭，军队的精神力量因此而遭受到严重的挫败。如果失败者被迫在夜晚全面转移，那么紧逼追击就能获得明显成效。

其次，遭遇紧逼追击的时候，许多条件都会影响行军的部署和营地的选择，特别是军队给养及应对地形阻碍等。只有迂腐者才会认为，进攻者通常能够支配退却者，强迫其夜间行军，为自己赢得休息调整的时间。但事实上，这种追击方

□ **库勒斯道夫战役**

1759年8月12日，普鲁士与俄、奥联军在库勒斯道夫交战。战争之初，普鲁士对联军发动炮击，60门重炮分成3个炮兵群，猛烈轰击联军战线，控制俄军约四分之一的阵地，炸毁俄军40门大炮，缴获大小火炮70余门。就当时的战局来看，普鲁士取得如此成绩十分不易，就连赛德利茨等将领都认为只需守成即可，但腓特烈坚持要彻底打垮俄、奥军队，结果反遭对方反攻，输得一败涂地。

法并不常见，因为追击的军队往往发现，相比于保持正常的作息时间，这种做法的难度更大。清晨出发，中午抵达营地，下午筹备粮草，夜间休息，这比根据敌人的动向来安排自己的行动容易得多，后者对军队而言无疑是沉重的负担，甚至在拿破仑1812年对俄国的战局中都很少用它。

最后，是向失败者退却的目的地发动平行追击，这是最有效的一种方法。如果追击者通过别的途径奔往这个目的地，那么，这定会使失败者付出更大的代价以实现快速撤退，最终变成一场混乱的溃逃。而失败者应付追击的方法也有三种：

首先，拦截并反击敌人，利用出乎意料的攻击取得战果。然而，除了勇敢果断的统帅与优秀的军队，这种方法并不常见，因为不易成功。

其次，加快速度撤退。但这正是胜利者所希望的。这种方式导致行军艰苦，大量士兵会跟不上队伍，物资被丢弃或破坏，因此必定造成最大的损失。

最后，躲过追击者容易拦截自己的地方，尽量远离敌方，轻松地行军，避免因慌乱而造成损失。这是最差的一个方法，因为它只会把局面变得更加糟糕。但是，很多情况下，军队由于别无他选或害怕与敌人战斗，只能采用这种方法。1813年，如果拿破仑回避哈瑙会战而在曼海姆或科布伦次渡过莱茵河，那么就不可能在哈瑙会战中把三四万人带过莱茵河了。这也说明退却方非常重视防御优势，谨慎地进行一些小规模战斗，使军队重振士气。然而，一些统帅在面临选择的时候，经常要克服不情愿实施小规模交战的情绪。因为逃避往往是人之本能，更容易实现。但是，如果一味地躲避，正好给追击者有利的休整条件，对己方更加不利。在此我们要强调的是，这里说的是整支军队，不是一支被截断后想要重新与其余部队会合的军队。

这种追击的前提是，胜方的一部分军队紧随在退却方后面，劫掠各种丢弃的物资，给退却者施压。布吕歇尔在从滑铁卢到巴黎追击法军的这一段中，很多方面都堪称典范，唯独这一点没有做好。

当然，追击的过程中，追击方的力量也会不断削弱。如果退却方可能有强大的后援军队，那么这种大肆追击便不是明智之举。只有确保了退却方无强大后援军这一点，追击方才能够大胆地拦截敌人的各个分部，攻占未严密防守的重要阵地，占据大城市。在拿破仑的战争中，耶拿会战、雷根斯堡会战、莱比锡战役和滑铁卢战役都是通过极大的胜利和出色的追击而取得光辉战果的例子。

第十三章　会战失败后的退却

在失败的会战中，精神力量的损失远远大于物质力量的损失。如果不出现新的有利形势，那么在新的会战后，军队将面临全面的溃败甚至覆灭。本质上，退却应该持续到力量均势的恢复，比如依靠支援部队的力量、地形障碍的帮助以及坚固的阵地掩护，或者借助追击方兵力的分散和削弱。失败和损失的大小以及程度决定了均势恢复的时间。胜利方是否具有强大的精神力量，或者有足够的追击能力等方面的因素都影响着追击行动。

充分利用追击方的弱点或错误，控制退却的范围和损失，撤退方在必要时可以边退边打，即当追击方逼近时，可给予大胆而勇敢的反击。伟大的统帅犹如困兽般的反击撤退，可以得到理论的支持。

但是事实上，退却的军队在摆脱危险时往往喜欢讲究无谓的形式，浪费了时间。有经验的优秀将领明白迅速地摆脱危险的重要性。有人认为用几次急行军摆脱敌人颇为可行，但实际上这样只会让退却变成溃逃，仅仅走散的兵力就会比进行后卫战牺牲的还要多，直到最后，勇气也将消失殆尽。因此，退却只能尽量缓慢行军，不受敌人摆布，在合适的时机与敌人进行作战，即使付出代价也势在必行。

总之，由优秀而勇敢的将领率领最出色的军队形成强大的后卫军，利用地形障碍和敌人的轻率冒进而设立埋伏，组织小规模而有效的反击战是贯彻上述原则的主要措施。

然而，由于每场战争的构成条件和因素都不同，因此会战失败后的退却也是不同的。如果倾尽兵力与敌方的优势兵力奋战到底，最后的撤退不可能达到有条不紊。正如耶拿和滑铁卢战役，法军在全力抵御敌方优势兵力后的退却中，呈现出一片混乱的场面。

有人提出一种分兵退却的观点（指劳埃德和毕洛夫提出的观点），主张军队分为几支独立的纵队远离中心方向退却。但值得注意的是，战败的军队本身处于削弱和分裂的状态，这时集中兵力才是当务之急，因为在这个过程中可以恢复秩序、勇气和信心。在后有追兵的情况下，退却方兵分几路企图扰乱敌人两翼的举动是极为不利的。

为了掩护己方侧翼的兵力，迫使退却军队分开兵力，往往是不得已而为之的特殊举措，这种不利的无奈之举也很难在会战结束当天做到。在科林会战后，腓特烈大帝不得已而放弃围攻布拉格，为了掩护萨克森的任务而兵分三路。在布里安会战后，拿破仑命令马尔蒙向奥布河方向退却，转向特鲁瓦。他的这次行动由于盟军的同样分兵而逃过一劫。

□ 战败后的腓特烈二世

库勒斯道夫战役中，战前侦察的不力导致腓特烈在不熟悉地形的情况下，选择了错误的进攻点，并因低估对手而鲁莽地发动进攻，结果造成普军伤亡惨重（共损失1.9万人，其中阵亡0.6万人）。8月14日，腓特烈率领残军回到奥得河西岸，彻底结束了这场冒险的征程。库勒斯道夫战役是腓特烈二世输得最惨的一仗，战后他甚至绝望到自杀的地步。

第十四章　夜间战斗

夜间战斗的特殊性，以及它是如何展开的，都是战术问题。在这里我们只把夜间战斗作为一种特殊的战争形式来进行考察。

几乎所有的夜间进攻都是强有力的奇袭。防御者全无准备，进攻者则做好了各方面的准备，可以说是一场不对称的较量。有人认为，进攻方只需在敌方混乱下获得成果就行。他们甚至认为，进攻者事先侦察到防御者的全部防御布局，于是发动夜袭，而防御者对进攻者的行动全然不知。这就是说，许多的夜袭方案，是由那些既无须领导战斗又无须担当承认的参谋设计出来的。然而，这种夜袭是不大可能的。如果双方的距离，不是近到像霍克齐会战前，奥地利军队同腓特烈大帝那样可以直接看到对方，那么进攻方就只能通过侦察和搜集资料，以及从敌探和俘虏的口供中了解敌人的部署。这些信息还不完全可靠，因为对方的部署也可能发生变动。即使进攻方能够发现敌军的营地，也不一定能够充分了解其部署情况。除此之外，进攻者还要了解防御者的战斗手段。由于现代战争中所采取的手段相较于之前要多得多，因此夜袭带来的困难也大得多。防御者的部署通常是不固定且临时的，他们可以出乎意料地抵御住进攻者的突然袭击。

相对于进攻方，防御方的有利条件在于，他们更熟悉自己的阵内队形，即使在黑夜中也

□ 贝尔蒂埃

路易斯·亚历山大·贝尔蒂埃（1753—1815年），法国军事家，1804年被拿破仑授予法兰西第一帝国元帅军衔，是拿破仑最为器重的军队参谋长。在拿破仑的军事生涯中，每次出战几乎都有贝尔蒂埃跟随在侧。对拿破仑来说，贝尔蒂埃无疑是一位完美的管理者，是拿破仑意愿的执行者，更是一位无须提示就能果断决策的指挥官。他在每一次的战役中始终忠诚地为拿破仑效劳，可惜在滑铁卢战役前死于班贝克。结果证明，他的不在场对于拿破仑来说是毁灭性的灾难。

能分辨方向，了解军队的位置。因此，如果没有特殊原因，夜袭并不经常发起。这些特殊原因通常只关系到军队的某一部分，而非整体。夜袭只有在从属战役中才会进行，在大会战中是很少见的。

但是，除了少数情况外，只有夜袭才能运用非常隐蔽的地形达到出其不意的效果。想要利用敌军在某个附属部分部署的弱点去完成以上目标，就必须利用黑夜，即使真正的战斗是计划在清晨开始，至少也要在晚上把战略事先安排好——利用优势兵力，对敌军的前哨或小部队夜袭，采用侧翼包抄战术，使其遭受重大损失。

□ 托尔高战役胜利后

托尔高战役为七年战争中普鲁士与奥地利之间的一场战役。1760年11月，普奥两军在易北河西岸的战略要地托尔高交战。战前，腓特烈大帝在战略部署上出新招：他命令普鲁士骠骑兵中校齐腾率兵在正面牵制奥军，自己则率主力军经奥军右翼外侧绕至其背面，两队军力对奥军进行两面夹击。战斗中，奥军指挥官道恩元帅身负重伤提前退场，失去统一指挥的奥军无力抗敌，最后不得不撤退。普鲁士取得此役的胜利。图为托尔高战役胜利后腓特烈迎接齐腾。

被攻击的兵力越多，攻击的任务就越困难。由于兵力多的军队抵御手段较多，可抵御的时间就越长。

由此可知，夜袭的对象不可能是整支军队。尤其是在现代战争中，所有部队都对夜袭有所防备。但是夜间围攻或是侧翼攻击敌军的小部分军队还是可行的，整支军队都能对其进行援助，因而行动的危险程度也较低。

在执行过程中的诸多阻碍，也是夜袭只能由小部队进行的原因。隐藏行动是夜袭的根本条件，小股部队更易于满足这种条件。此外，只有当前敌方夜哨不足的情况下才可能对大规模军队展开夜袭。比如，霍克齐会战中腓特烈大帝就是因为没有充足的前哨而遭遇了夜袭，但这种情况属于特殊。

在现代战争中，由于双方始终处于紧张的备战状态中，并且也不像早前的战争那样，双方驻军很近，即使进入相互钳制状态，也能撑一段时间，因此夜袭的情况十分罕见。如果我们要总结展开夜袭的原因，那么有以下五个方面：

第一，敌人的粗心大意。这种状况并不常见，即使出现，敌人精神方面的有利条件也会弥补这种欠缺。

第二，进攻方有精神优势，或者敌人内部出现恐慌失措足造成的失误。

第三，敌人疏于防备，进攻方突出重围集中兵力。

第四，敌我双方兵力差距大，己方优势明显。

第五，敌军就在眼前且没有前卫部队掩护。

另外，大多数的夜间战斗都是以太阳升起而宣布结束的，接近和进攻敌人都必须在夜间进行，只有这样，进攻者才能较好地利用黑夜而迫使敌人进入混乱。

第五篇 | 军队

现代军队主要有步兵、骑兵和炮兵这三个兵种。炮兵只通过火力战发挥威力；骑兵只通过单个战斗发挥作用；步兵则可以通过上述两个途径发挥作用。

在单次战斗中，防御的实质是固守原地，进攻的实质是运动。骑兵只有运动的性能，所以只适用于进攻。步兵主要具备固守性能，但也不是完全不能运动，因此它是唯一具备三种基本战斗性能的兵种。三个兵种联合可以更充分地发挥力量，根据需要来加强步兵所固有的战斗性能。

第一章　引言

我们准备从以下四个方面来研究军队：
（1）军队的兵力和编制。
（2）军队在战斗外的状态。
（3）军队的维持和保养。
（4）军队同国土及地形的一般关系。

以上几个方面是战斗的必要条件，并非战斗本身。它们同战斗紧密相连，相互作用，因此将在关于战斗的运用中被经常提及。然而，我们必须把这几个方面作为单独的特殊实体来加以讨论。

第二章　战区、军团和战局

战区、军团和战局是我们在研究战争时经常用到的概念，它们分别表示战争的空间、数量和时间。问题的性质使我们无法对这几个因素准确定义，但仍有必要对它们的惯常用法予以说明。

一、战区

战区是指整个战争空间的相对完整的一部分空间。战区的划分，可以依据地形上要塞和障碍的分隔，也可以依据两个战争空间的距离。其在空间上一般是独立的，即在与战争其他部分的关系上是相对独立的。虽然它是作为整个战争空间的一部分，但它自身也是一个小而完整的整体。一个战区发生变化，在很大程度上对别的战区没有什么影响，即战区之间通常无直接影响。如果一个部分空间里军队在进攻，而另一部分空间里军队在防御，便可将它们划分为两个战区，但具体的划分还要看问题的实质。在战争中，根据情况变化可以形成新的战区。

二、军团

在战区的空间内，所有的军队就是军团。但军团的涵义不仅于此。军团并不像人们想象的那样，由军队的数量来决定。如果一个战区内有几个军团。另外，每一支在遥远地区单独活动的军队，也可以划分为单独的军团。军团的另一个标志是司令官，通常一个战区内只有一个司令官。当然，同时存在两个司令官的情况也是存在的。如1815年，布吕歇尔和威灵

□ 负伤的腓特烈二世

在托尔高战役中，腓特烈本人被一发步枪子弹击中，从马上摔了下来。所幸子弹穿过他的厚棉衣，却没有伤及身体。在护卫的保护下，腓特烈撤出战场，回到附近的村子里休息过夜。图为负伤后的腓特烈在村子里休养。

顿在同一个战区统率各自的军团。尽管如此，司令官还是具有一定的独立性。

三、战局

人们习惯性地把一年中所有战区内发生的军事活动称为战局。同时还有一种说法，即把一个战区内发生的军事活动称为战局。后者更普遍、更确切，因为以一年为界限来确定战局的概念，显得过于笼统。因为战争不再可能被每年冬季的各漫长时段分成若干个以一年为限的战局了。当重大的军事行动的作用渐渐消逝，一个战区内的事件就自然地集合成几个大的阶段，在把属于某一年战区内的全部军事活动划归于这个年度时，就必须考虑这些自然形成的阶段。例如，1813年初俄、法两军仍在尼曼河畔，因此我们不能说1812年的战局在此地已经结束了；同理，我们也不能把此后法军渡过易北河的退却，归入1813年的战局。总之，战区、军团和战局的概念只能相对化明确，而我们也仅是将它作为一个途径，以使我们的用语更清楚和准确。

第三章 兵力对比

在第三篇第八章中，我们已经说明了兵力优势在战斗中的价值。但是，对于兵力对比这个问题，我们必须作深入的研究。

如果我们用公正的态度来研究现代战史，就不得不承认，兵力优势的决定性作用越来越大。在决定性的战斗中，尽可能多地集中兵力这个原则，无论何时都是通用且极其重要的。

军队的勇气和士气可使军队的物质力量成倍增长，这是一种大的趋势。但在历史上也曾经有过这样的时期：装备和组织的优势，造成巨大的精神优势；或者机动性的优势造成了精神上的优势。有的时候，新的战术造就精神优势；还有时候，军事艺术围绕一切大原则巧妙地利用地形，卓越的统帅还常常能够从对方那里获得很大好处，但是这种做法在现代已经过时，被更简单自然的办法取代。

当今，各国的军事实力已经非常接近。科技水平虽然尚有差距，但是如果一国研制出先进武器，其他国家很快就能模仿。甚至军中的师长和军长在军事活动中的见解和指挥方式都极为相似，这一现实使除了最高统帅的才能以外，只有军队的战争锻炼能造就显著优势。因此，当现实越接近上述各方面基础上的均衡状态，兵力对比的决定性作用就越大。

这些均势造成了现代会战的特点。我们客观地来分析一下博罗季诺会战史。交战的双方分别是精良的法国军队，和在组织装备及训练上都远远落后的俄国军队。双方兵力相当，可以说是一场兵力的较量。最后，天平倾向指挥官毅力较强、军队战争经验丰富的一方。我们之所以以此为例，是因为这次会战中双方兵力不相上下，这在战争中实属难得。

在大多数情况下，兵力多的一方会在双方缓慢而有步骤的较量中对胜利的把握要大得多。事实上，在现代战争史中，很少有一方战胜兵力比自己多一倍的另一方的会战。在早期的战争中，这种情况倒是偶有发生。除了1813年的德累斯顿战役之外，在拿破仑率领的历次胜利会战中，他总是设法集中优势兵力，或者集中的兵力至少不比敌人少太多。在他未能做到的时候，便惨遭失败，比如莱比锡、布里安、拉昂和滑铁卢战役中，他都不得不面对失败。

然而，统帅往往无法改变兵力的绝对数量。我们并不是说在兵力处于显著劣势的时候就不进行战争。要知道，战争并非总是出于双方自愿，尤其是在兵力悬殊的场合下。因此，一旦战争不可避免，任何一方都必须接受现有的兵力对比。而我们要研究的战争理论，就是希望在任何情形下都能起作用的战争理论。

也就是说，我们的战争理论在兵力悬殊的情况下也有很大作用。

□ 无忧宫中的腓特烈二世

腓特烈二世的晚年时光在位于波茨坦的无忧宫中度过，无忧宫是他本人亲自起草设计的小型夏日宫殿。1786年8月17日，74岁的腓特烈二世在无忧宫中他的沙发椅上溘然长逝。他的遗愿是与自己的11只爱犬在花园旁边安眠。但他的侄子，也是他的继任者，却把他葬于了波茨坦格列森教堂的地下墓室中。直到两百多年后的1891年8月17日，德国统一后，人们才将他移葬到他生前为自己建好的墓穴里。

兵力较小的一方，其战争目的应该较小，战争的持续时间上也应该比较短，而在这两方面正好给弱势方提供了逃避的途径。兵力大小的影响，我们只能在以后遇到这类问题时逐步说明。但是在此必须增加一点，以促成我们现今所讨论的问题的完整性。

要想在兵力处于劣势的情况下出奇制胜，就必须在危险的压力下提高魄力，激发英雄气概，以此去弥补兵力上的劣势。如果因此而滋生截然相反的精神作用，那么战争难免不可补救。在前一种情况下，弱势一方可通过无畏的猛攻和谨慎的自制，收到意想不到的效果。这一点，正是腓特烈大帝在几次战争中令人钦佩的地方。

在双方力量悬殊的生死存亡时刻，魄力和英雄气概会加剧做好殊死一搏的准备。就像一个陷入绝境的人，会把全部的、最后的希望寄托在精神力量的优势上，以及大胆的谋划。最后，即使这些努力都失败了，也是光荣的覆灭，也可以获得卷土重来的权利。

第四章　各兵种的比例

在此，我们主要谈论三个兵种：步兵、骑兵和炮兵。我们将从战术范围对其进行分析。

战斗一般由火力战和白刃战（以格斗为主要形式的单位战斗）组成，但二者有本质的不同。白刃战可被用于进攻和防御。炮兵显然只通过火力战发挥威力，骑兵只通过白刃战发挥作用，步兵则可通过上述两个途径发挥作用。

在单个战斗中，防御的实质是固守原地，进攻的实质是运动。骑兵只有运动的性能，所以骑兵只适用于进攻。步兵具备固守性能，但也不是完全不能运动，因此，步兵是唯一具备三种基本战斗性能的兵种。三个兵种联合可以更充分地发挥力量，它使战斗者根据需要来加强任意一个兵种固有的战斗性能，并在步兵那里合为一体。

在现代战争中，火力战起着重大的作用，但是，一场战斗的真正核心是个人对个人的单兵对决。也就是说，根本不可能存在只由炮兵构成的军队参战的战争。一支仅由骑兵组成的军队尚可想象，但其战斗力聊胜于无；而一支仅由步兵组成的军队，不但可以想象，而且它的战斗力会非常强悍。所以，从单独作战能力来看，步兵的能力最大，骑兵次之，炮兵最弱。

然而，当一支军队同时拥有这三个兵种，其攻击力比单纯运动起的作用大得多。

如果一支只有炮兵和步兵的军队，同一支由三个兵种组成的军队作战，前者无疑将处于劣势。但是，前者如果补充相当数量的步兵来弥补骑兵的缺乏，并改变作战方略，是完全可以完成战术任务的。相反，如果让这样一支军队与只有步兵和骑兵组成的军队作战，则可以发挥得更好，而后者如果想要抵抗三个兵种的军队，必定困难重重。

综上所述，我们不难得出结论：

（1）步兵是作战能力最强的兵种。

（2）炮兵毫无单独作战的能力。

（3）三个兵种联合作战时，步兵是最重要的兵种。

（4）军队缺少骑兵时影响最小。

（5）三个兵种联合，能够发挥最大威力。

既然三个兵种联合时实力最大，于是问题来了：是否存在一种绝佳的比例？对此，很难给出答案。

如果能够把建立和维持各个兵种所耗费的成本和每个兵种在战争中所起的作用作比较，便可得出各兵种的最佳比例。然而，这并没有多大意义，就算我们计算出财力物力的消耗，也不可能无情地为人的生命定价。

另外一个事实就是，三个兵种都是以国民经济某一个部分为基础，步兵取决于人口，骑兵取决于养马，炮兵取决于财政。这些外在决定性因素的主要作用，可从各个民族各个时期的历史看出。

但是，我们需要一个可以用来参照的标准，于是不得不用财力消耗这个可以计算的因素来替代比例的第一项。根据一般经验，我们可以算出：一个150名骑兵与相当数量的战马组成的骑兵连、一个800名士兵组成的步兵营和一个配备8门六磅火炮的炮兵连，其装备和维持费用几乎持平。

但是，对于比例的另一项，即各个兵种在战争中所起的作用，更难给出具体的数值，如果这个数值以火力来计算，也许尚可求出。但是，各个兵种都有不同的使命，都有各自的活动范围，更何况它的活动范围不会对作战方法产生太大的不利影响。

虽然人们常认为，可以根据战史的一些资料得出各兵种的比例，但那只是一种空谈，因为它不是以事物的本质和必然性为基础。然而我们可以从宏观上预估，同一兵种比起敌方的更占优势或者占劣势的影响。

炮兵可以增强火力，是最可怕的兵种；如果缺少炮兵会使整支部队战斗力收到明显削弱。另一方面，炮兵会让整个军队变得不灵活且经常需要部队的掩护，于是这部分部队不能用于抵抗敌军的攻击。一旦炮兵装备被敌人夺取，就会造成新的不利，即火炮和弹药车可能会被敌方用来对付我方军队。

骑兵可以提高军队的运动能力。但是骑兵过多或者过少都有弊端，如果骑兵过少，军队主要依靠徒步，运转速度必然会降低；骑兵过多，则会增加给养的困难，军队的力量也会间接地受到削弱。

以上由某个兵种比例不当而产生的特点，对于研究现有军队的运用十分重要。而且需要特别说明的是，由于比例已经事先确定，统帅在这方面的作用并不大。下面我们再来谈一谈，某个兵种比例不当对作战特点将造成的影响：

炮兵过多，作战会更具防御性和被动性。正确的方式是，尽量利用坚固的阵地、大的地形障碍，甚至是山地阵地，来保护炮兵，打击敌人。整个战争的节奏就会比较稳重而缓慢。相反，炮兵不足时，我们就要积极采取运动进攻策略，此时行军就是特殊的武器。这样的战争更加复杂，也更充满变数。鉴于此，大的军事行动将化为许多小的军事行动来进行。

如果骑兵特别多，我们可以把这一优势运用到广阔的平原和大规模的行动上。同敌人保持较远距离，我们就能把握空间优势，从而进行大胆的迂回和冒险的行动。在可行性范围之内，佯攻和奔袭都可以轻易实现。当骑兵严重不足时，军队的机动性遭到损害，但火力也不会增强。这时我们就应小心谨慎地战斗：军队保持接近敌人，以便监视敌人；不采取仓促的行动；集中兵力缓慢前进；宁可防御，选择复杂地形，在不可避免的进攻里，就必须一举直捣敌军的重心。

采取进攻还是防御，进行主力会战还是其他作战手段，取决于其他更重要的条件。尽管主要问题是由其他因素决定的，但是某种兵种过多或过少，仍会有一定的影响。人们在防御或进攻时的精神状态可能会有不同。

另一方面，战争的性质也能影响一支作战部队的兵种组成比例。

首先，依靠后备部队和民兵进行的民众战争，自然只能建立大量的步兵。由于人员较多，装备一般只是一些必需的东西。例如，建立一个有八门炮的炮兵连的费用，可以用来建立两三个步兵营。

其次，当兵力小的一方同兵力大的一方作战时，如果难以依靠增加民族武装和预备军，那么，最好是增加炮兵。在七年战争的最后几年，腓特烈大帝采用的正是这个手段。

最后，依据骑兵的特性，将其用于在辽阔的战区进行远程作战，尤其用于实施重大的决定性打击的战斗中。拿破仑可作为此中范例。

当我们作进一步的研究，会发现进攻者和防御者通常都是在一个战区内行动，大多数情况下，他们可能具有相似的决战意图，比如1812年战局。

人们普遍认为，在中世纪骑兵的比例远远高于步兵，随后逐渐降低。但是，如果仔细研究中世纪军队的资料就会发现，那时骑兵所占的比例并不是很大。应该说，是骑兵的重要性大得多，骑兵被看作最主要兵种；因为骑兵往往是由民族中的精英组成的，具有少而精的特点。相反，步兵却不受重视，在史料中几乎很

□ **拿破仑参观腓特烈二世的陵墓**

腓特烈二世一生建树颇丰，经常被后世拿来与亚历山大大帝、凯撒大帝、汉尼拔等卓越的军事家相提并论。拿破仑曾评价他说："越是在最危急的时候，就越显得他的伟大，这是我们对于他能说的最高的赞誉之词。"图为拿破仑参观腓特烈二世的陵墓。"如果他活着，那我们根本无法进入柏林。"拿破仑如是说。

少提及；这让人们误以为当时步兵很少。当时，在德国、法国和意大利等国发生的一些小规模军事冲突中，确实有一支全由骑兵组成的小部队。但这并不相矛盾，因为它是主要的兵种。但是这样的案例并非决定性的，因为人数众多的大部队才是常态。在当时，步兵和骑兵的比例是：步兵较多时为3∶1，步兵较少时为1∶1。

之后，随着火器的不断改进，骑兵日渐失去往日的重要地位。必须指明的是，这一景象与武器本身及其技能的发展有关，也与对这样装备起来的部队能力的运用有关。在莫尔维茨会战中，普鲁士军队对火器的使用技能堪称完美。而在散兵战中使用火器和在复杂地形上使用步兵确实是后来才发展起来的，这无疑是摧毁力方面的一个巨大进步。

因此，骑兵与步兵的比例变化甚微，但骑兵在军队中的重要性却有了很大的变化。这看似自相矛盾，实则不然。在中世纪，我们可以发现步兵数量巨大，但它与骑兵之间却无必然联系。步兵的数量陡增，是因为骑兵的装备成本太高，所以那些无法被装备为骑兵的人，最后都成了步兵。于是步兵无限增长，骑兵即使内在价值不变，仍不可能无止境地增多。这正是对为什么骑兵的重要性在不断降低，但却始终保持着较高的价值，并在长时期中一直保持着一定力量的解释。

在历史上，骑兵和步兵的比例始终保持在1∶4、1∶5和1∶6，似乎这样的比例正是那个我们曾想方设法却无法求出的数值。但是，我们对这一点深表怀疑，这些比例看起来更像是天然的需要。因为我们相信，在许多重要的战争中，骑兵能维持这么大的数量，显然是因为其他原因。

要说明这个问题，我们可以看看俄国和奥地利，因为它们还保留着鞑靼制度。拿破仑为了实现自己的目的，总是要求最大限度地使用骑兵。他无限征兵以后，通过增加兵种来加强自己的军队。在拿破仑指挥的一些大规模的战争中，他总是比平常更加地重用骑兵。腓特烈大帝曾经竭力以外国的代价来维持庞大的军队，他在征兵时，绝不多收一个国家可承担之外的兵员。我们可见其国土狭小，连普鲁士和威斯特伐利亚的各省皆不属于他的领土，于是就会了解他这样做也情有可原。

骑兵需要的人数较少，很容易征募。而且，腓特烈大帝的作战方法总是以机动性优势为基础的。到战争末期，虽然他的步兵有所减少，但骑兵却越来越多。但即便如此，也没有超过步兵数量的1/4。

在我们所关注的这一时期里，在骑兵极度缺乏的情况下获胜的战例不在少数。最著名的战例是大格尔申会战，拿破仑以9万步兵，5000名骑兵，对抗反法联军的2.5万名骑兵，4万步兵。换言之，拿破仑少2万名骑兵，至多5万名步兵，按理说，他应当多10万名步兵。（在当时，建立骑兵连的费用最昂贵。按普通算法，即1名骑兵等于5名步兵的比例来计算，拿破仑缺少2万名骑兵，就应该多10万名步兵。）既然他最后以绝对的步兵优势取得了会战的胜利。那么，如果当时步兵的对比变成14万对4万，难道他就可能失败吗？

当然，在会战以后，联军的骑兵优势显示出极大的价值——拿破仑在会战后几乎没有缴获任何战利品。所以说，会战胜利并不代表一切。但它仍是最重要的事。

通过以上这些考察，可见在几十年前确立并一直保持的骑兵与步兵的比例，为比较正常的数值，这是由其内在价值决定的。另一方面，我们相信，这两个兵种的比例还将继续变化，而且，骑兵的绝对数量终究会大大减少。

火炮自发明那天起，就随着构造的改进和重量的减轻日益增多。尽管如此，自腓特烈大帝时代以来，炮兵的数量基本上保持在每千人配备两到三门火炮，用于每场战斗的开始。由于在作战过程中，炮兵比火炮的损失快得多，因此一般到战斗结束时，每千人就有三门至五门火炮。至于这种比例是否正常，只能通过经验才能解决。

综上，我们得出结论：

（1）步兵是最主要的兵种，其他两个兵种对其起辅助作用。

（2）指挥作战方面的技能和魄力，能在很大程度上弥补骑兵和炮兵的不足，但前提是拥有步兵优势，步兵越精良越是如此。

（3）炮兵的重要性，和骑兵差不多。炮兵作为最主要的火力，在战斗中与步兵相互协调，相得益彰。

（4）总的来说，炮兵作为摧毁力最强的兵种，而骑兵作为最弱的兵种，应如何安排他们的数量而不会产生不利影响，值得人们思考。

第五章　军队的战斗队形

军队的战斗队形是指，把作为整体的各个部分的兵力的区分、编组以及配置形式。

因此，战斗队形从某种意义上，可以看成由区分和配置构成。区分是按军队平时的固定编制进行，以营、中队、团和炮兵连为单位，根据具体需要，把它们编组成一个整体。配置则是平时用来教导和训练军队的基本战术（具有一旦战争爆发就不会有根本改变的特性），它一般地规定出军队进行战斗部署时的遵循标准。过去的战争中，军队开赴战争都是这种形式，在一些时期，它甚至成为战斗最主要的部分。

17世纪至18世纪，火器的改进使步兵数量大大增多，使步兵在作战时列成细长的阵线部署。战斗队形必定被简化，并因此而需要超强的技能去操作。与此同时，由于骑兵位于军队侧翼，而且射程之外有部署空间，因此以战斗队形布阵的军队成为一个完整而不可分割的整体。这样的军队，如果从中间断裂，则两头都能够移动，只不过丧失了本身的功能。因此，军队受群体的束缚。如果要将某些部分单独配置，就必须每次都重新进行小规模的编组工作。而整个军队在行军时，就像处于无规则的状态。敌人靠近时，必须用高超的技能组织行军，以使两线或两翼之间始终保持适当的距离。通常，这种行军是偷偷进行的，而且只有在敌人也同样受此种约束的情况下，才能不被打击。

因此，到了18世纪中后期，人们想出了新办法，把骑兵配置在军队的后面。这样一来，骑兵就像配置在两翼一样，能够很好地掩护两翼，而且，除了同敌人的骑兵单独进行战斗外，还可以完成其他任务，这是一个很大的进步。军队变成一个由若干个部分组成的整体，可以分割，变得灵活自如。

当然，所有这一切都是从会战的需求出发的。会战就是战争整体，也永远是它的主要要素。但战斗队形更多是属于战术范畴。我们所谈到的这种变化情况，只是为了说明，战术是怎样为战略作准备的。

我们所定义的战斗队形必然要同战略发生某种相互作用。这种相互作用主要表现在战术同战略的衔接点上，即军队从一般的配置转换为战斗的特殊配置的那一刻。

下面，我们从战略观点来研究区分、各兵种的联合和配置这三个论题。

一、区分

如果从战略观点来看，区分就是针对一个军团应该有几个军或几个师而言。那些把军队一分为三，更甚是一分为二的举动，无疑是愚蠢的，在此情况之下，统帅根本起不到作用。

按战术或交战理由来确定一个军团的兵力，则无疑会引起大范围的猜测，从而引起争议。而一个独立的整体，需要分为一定数量的部分，这是既明确又肯定的要求。因为有这个要求，在战略上就应确定大单位的数目及其兵力。

□ **七年战争中的印第安人**

　　七年战争是一次真正的世界战争，许多欧洲国家卷入其中。1756年，七年战争的美洲部分——法国与印第安人的战争爆发。这是一场英国和法国在北美大陆的争霸战（争夺新法兰西，即今加拿大东部的大部分地区），交战双方为法国殖民者及其盟友印第安人与英国殖民者。当时法国人的军事基地分别设在魁北克和蒙特利尔，英国人的军事基地设在纽约的哈德逊河沿岸。1760年，英军攻占蒙特利尔，战争宣告结束。之后英法两国签订《巴黎和约》，法国把整个新法兰西转让给英国。

即便是一个最小的整体，至少也应该具有三个部分，即主力之前的部分、主力部分和殿后部分。如果分成四个部分，则更好。然而，我们认为把它分成八个部分最为恰当，即把整体的一个部分作为前卫，右翼、中央和左翼三个部分作为主力，两个部分作为预备队，右侧部队为一个部分，左侧部队为一个部分。这些数字和形式反映了最常见的战略配置。

作为一个统帅，当他指挥一个军团或者任何一个整体时，如果只需向三四个人下达命令，那么，他就要分别从两个方面付出巨大的代价：

其一，要警惕这种情况：传达命令的层次越多，命令的速度、效力和准确性越容易受到减损。

其二，统帅还要警惕权力的分散：统帅的直属部下的活动范围越大，统帅自己的实际权力和作用就越小。这一点，凡是有战争经验的人都会明白。然而，为了避免造成秩序混乱，军队组成部分的数量不能太大。一个军团区分的部分至八个的话，在管控方面就比较困难了，而十个则为极限。在一个师里，区分的部分为四个或者最多五个比较恰当。一个旅通常有2000到5000人，这个范围限定来自两个原因：

第一，一个旅的规模大小通常是一个指挥官能够直接用口令指挥的部队。

第二，如果一个步兵部队的兵力较大，就必须配备炮兵，这种由各个兵种初步联合的部队，便成为了一个独立的部分。只有这样的联合，才能使军队的一个单位具有独立性。对于那些在战争中常常孤军作战的部队来说，对这种联合是抱有怀想的。

一个20万人的军团分为十个师，每个师分为五个旅，则每个旅为4000人。这样的区分，无疑是比较不协调的。当然，也可以把这支军队分为五个军团，每个军团四个师，每个师有四个旅，则每个旅有2500人。然而，抽象看来第一种区分法似乎更好。第二种区分法比第一种多了一个指挥层，而且把一支军队分为五个分支太少，不够灵活，而且把每个军团分为四个师也是如此。

上述是对区分的抽象的看法。具体区分时，还可以根据其他理由作出不同的决定。但存在着百余种不同的地形特点和特殊情况，因此抽象的规则必须顾及这些情况。

但是根据经验，这些抽象的规则仍是有用的，毕竟因为特殊情况而不能应用的场合比我们想象的要少得多。

下面我们把研究的内容作以下概括，并把重点列举出来。我们所说的整体的各个部分只是指最先或直接区分出来的第一级单位：

（1）一个整体区分的部分太少，整体就变得不灵活。

（2）整体的各个部分过大，统帅的个人权力就会被削弱。

（3）增加任何一个传达命令的新层级，都会使命令的准确性和时效性被削弱。

因此应该尽量减少上下的层级，增加平行的单位数目。科学的观点认为：一个军队统帅能够顺利指挥的单位不超过十个，次一级的指挥官则不超过六个。

二、各兵种的联合

在战略上，战斗队形中各兵种的联合，只对那些经常需要单独配置并被迫独立作战的部分起重要作用。严格意义上来说，战略只要求在军团的范围内，如果没有军团这一级，则在师的范围内进行各个兵种的固定联合，在较小的单位中，可根据需要进行临时的联合。

在一个兵力甚众的军团里，不可能毫无内在的区分，而只以一个整体去作战。在任何一个同等规模的军团里，都需要有各个兵种的联合。不然就得从他处（或远处）匆忙调一部分骑兵来援助步兵，这必然会延误时间，还会造成混乱。除非是毫无作战经验的人，否则绝不可能犯这样的错误。

至于有关三个兵种的具体联合以及相关问题，都是纯战术问题。

三、配置

军队的各个部分在战斗队形中应该按照什么样的空间关系进行配置，也都属于战术问题，只同战斗本身有关。

因此，军队的战斗队形就是对一支准备作战的军队的区分和配置。各部分的配置，应该以派出去的各部分在运用时同时满足当时的战略战术要求为原则。当不再有这些需要时，各部分就应该回归本原。如此，战斗队形就成为有效的方法论的主要基础和最初环节。

第六章　军队的一般配置

在战略上，把军队派到指定地点，在战术上，给各个部分规定好位置和任务，这标志着战斗的成熟。一般情况下，从军队开始集中到战斗成熟，这个时间有点长。同样的，从一次重大的军事行动到另一次重大的军事行动之间的间隔也是如此。

过去，人们似乎根本不把这种间隔时间看作战争的组成部分。

当时，有一种在今天看来或许很荒谬的做法，就是野营的背面通常紧靠河流、沼泽或者深谷。因为那时的野营地，都是背向敌方，面向己方的领地，而人们选择野营位置的时候，主要考虑的是便利与否。驻营部队把营地看作战争之外的状态，即休息之地。而唯一可行的安全设施，就是背面紧靠天然障碍，以便用来作掩护——所谓的防卫。它从不为被迫在营内交战作防备。因为当时的战斗，都是经双方同意后才开始的，有一种相互体谅之意。造成这种情况有两个原因：一方面是因为当时的骑兵很多；另一方面是由于军队的战斗队形比较笨拙，把军队配置在复杂的地形上可以得到保护。但是，设营的军队更愿出去迎击前来进行会战的敌人，因为他们自己也很难在复杂的地形上进行战斗。我们当然知道，卢森堡是以一种不同的精神去指挥弗勒吕斯、斯滕凯尔克和内文登会战的。

然而，这种精神在当时尚未影响到野营。军事艺术变革的规律，总是先从某些有决定意义的行动开始，通过这些行动，再逐渐扩展到其他行动上。露营状态在当时被认为与实际战斗并无太大关联，这无异于当一名哨兵走出自己的营寨去侦察敌人，人们便称"他去打仗了"。

当时，人们对行军的看法和对野营的看法十分相似。在行军时，炮兵会完全同整个军队分开，沿着比较安全和路况良好的道路行进，两翼的骑兵为了轮流享受担任右翼的荣誉，经常互换位置。

在当今，特别是自西里西亚战争之后，军队在战斗外的状态受战斗状态影响，彼此间的关系极为密切，以致在这两种状态中任一种缺席的情况下，并不能算是完整的战争。总之，整体完全地融合在一起，根本无法区分交战的内外。

这种战斗外的状态，在今天的战争中由两方面决定：一方面由军队平时的组织和勤务规则决定，另一方由战时的战术部署和战略部署决定。军队在外可能有的三种状态是：舍营、行军和野营。这三者既是战术，又是战略，且相互交织在一起。

现在，我们从总体来讨论战斗间隔期间的野营、舍营及行军这三种状态。为此，我们首先研究军队的一般配置，因为它属于更有概括性的更高一级的问题。

既然要考虑军队的配置，我们就必须把军队作为一个战斗共同体来考虑。一旦偏离这个形态，必然会有某个特殊的目的。一支军队的概念由此而来，无须考虑其规模的大小。

另外，如果确定没有特殊的目的，则军队的唯一目的就是维持军队和保障安全。在免遭不测的同时，使一支军队能够存在并能够集结起来进行战斗，这是它的两个必要条件。我们不妨把关于军队的存在和安全的问题同这两个条件结合起来，即考虑：

（1）给养方便。
（2）军队舍营方便。
（3）背后安全。
（4）前面有开阔地。
（5）配置在复杂的地形上。
（6）有战略依托点。
（7）可以合理地分割配置。

下面是对上述几个方面的评论：

前两点要求我们寻找耕作区、大城镇和主干道。这两点对一般配置具有一般影响而非特殊。

关于第三点，我们会在"交通线"一章中讨论。在这里，军队配置的地区与附近的主要退路垂直是优先考虑的问题。

关于第四点，在进行会战的战术配置时，需要控制一整个地区，而一个军团作一般配置时则不需要。前卫、先遣部队和侦察部队在开阔地上进行侦察要比在复杂地形上容易得多。

第五点正好同第四点相反。

□ 魁北克战役

1759年6月，英军占领了加拿大首府魁北克城。9月13日，大陆军第1加拿大步兵军团对魁北克城发起围攻，遭到的英军反击，两军展开激战。9月18日，英军大败大陆军。此战是法国印第安人战争的转折点，它宣告了英军在北美战场上的决定性胜利。

战略依托点相较于战术依托点，有两点不同：一是它的范围必须极为广阔，二是它不需要直接同军队联合。这是由战略的性质决定的。战略活动的范围比战术活动的范围更宽广，活动时间也更长。

军队分割配置的依据有两种：一种是根据特殊目的和需要，另一种是根据一般目的和需要。这里我们主要研究根据一般目的和需要进行军队分割的情况。

首先，必须把前卫和其他侦察部队配置在前方。

其次，如果军队规模较大，预备队通常要配置在后方几英里远的地方，这时就需要分割配置。

最后，通常需要分离出单独的军队来掩护侧翼。掩护侧翼需要认清一个误区，即我们不是要抽调军队的某一部分去防御侧翼的空间，使敌人不能接近这个所谓的弱点。在这种情况下，谁又来保护侧翼的侧翼呢？这种观点无疑是错误的。侧翼并非依其本身便为弱点，因为我军有侧翼，敌人若也有侧翼，敌人要威胁我军的侧翼，也免不了使自己的侧翼受到同样的威胁。只有在地形上不再彼此制衡、敌人拥有兵力的优势和敌人有更安全的交通线这几种情况下，侧翼才被看作弱点。然而这些都是特殊情况。我们在此谈论的是一般情况。

但需要说明的是，侧翼并不是无关紧要的部分，而是特别重要的部分。侧翼一旦被敌人迂回袭击，就需要我们花费更多的时间，做更多的准备工作。所以，平时我们应特别注意，以防侧翼遭到意外的攻击，侧翼兵力就必须比单纯侦察敌人时更强大。这样，敌人击退侧翼所需要的时间就越长，投入的兵力就越多，敌人的意图也会暴露得越明显。如此一来，我们的目的就达到了。因此，布置在侧翼的部队可以看成是军队的侧面前锋，其任务是为军队赢得采取对策的时间，阻

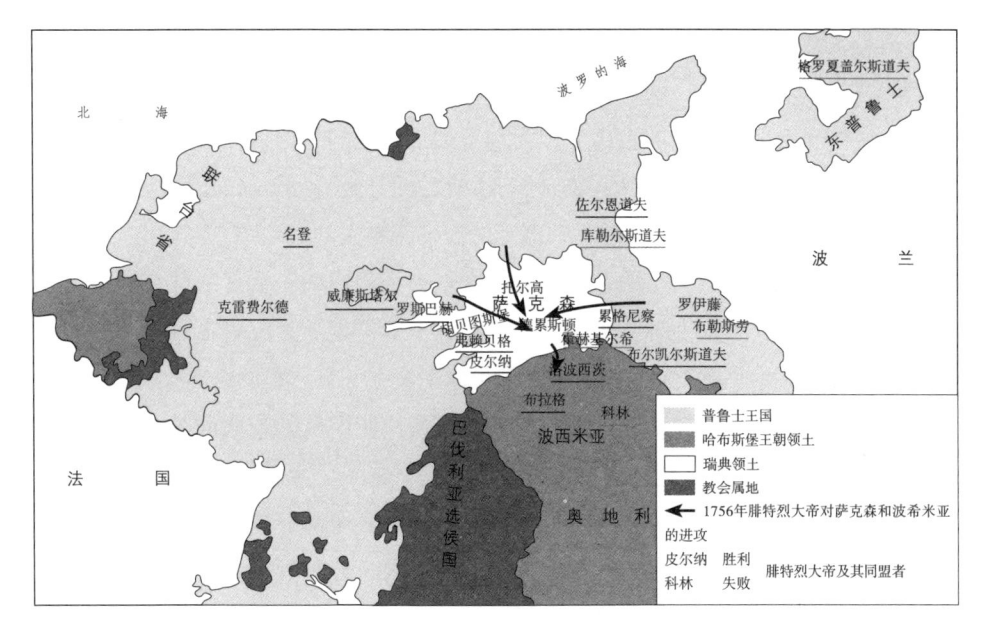

□ **七年战争时期的中欧地图**

对于德意志邦国来说，七年战争使普鲁士崛起，正式成为英、法、奥、俄以外的欧洲列强之一。但这场持久的战争也使其本土成为一片废墟，腓特烈花了大力气才慢慢恢复战后重建工作。而奥地利再一次败给普鲁士，痛失了西里西亚这片富庶之地。俄国则不但在七年战争中巩固了自己在东欧的势力，同时得以向西扩张，并在战争后期赢得了普鲁士的友谊。图为七年战争时期的中欧地图。

碍敌人向侧翼之外的空间前进。

当这些侧方的兵力向主力撤退，而主力却不同时撤退时，这些部队是不能和主力配置在同一条线上的，而是要向前推进一点。

基于采取分割配置的这些内在原因，可以总结出四个或五个单独配置的部分构成的自然的配置方式。

给养和舍营也能促使军队分割配置。因为在考虑军队的配置问题时，这两个条件也必须考虑进去。而且对于这两个条件，在适当的时候可以厚此薄彼，但不能过度。在大多数情况下，当一支军队分为五个单独配置的部分，便将消除舍营和给养的困难，因此不会导致大的改变。

现在，我们要探讨的是，这些单独配置的部分，如果要作为一个整体去战斗，应以怎样的距离间隔宿营。我们不妨回顾在论战斗的持续时间和胜负决定的时刻等章节所讨论的结果，即这个距离在很大程度上取决于绝对实力和相对实力、武器和地形等因素。因此，我们只能得出一个相对的规则，而非绝对的规定。

最容易确定的是前卫的距离。因为前卫撤退时是向主力运动的，所以前卫的派出距离可以达到一个不致被迫独立作战的较大的行程。但是，也不应该把前卫配置得太远，因为撤退的距离越远，遭受的损失就越大。

关于侧翼部队，须指出的是，由八千至一万人组成的一个普通师在胜负决定以前，可以持续战斗数小时。所以，这样的一个师可以随意配置在数小时行程的距离上。同样，由三四个师编成的军团，可以配置在一日行程的距离上。

这样就形成了一种方法论，即由事物性质所决定军队的一般配置，把军队分为四至五个部分并按上述距离进行配置。

我们已经确定：分割配置的前提是彼此分离的各个部分都适于独立作战，而且各个部分都有被迫独立作战的可能，但并不是说，分割配置的真正意图就是为了独立作战。因为军队分割配置大多只是军队暂时的存在条件。与此同时，当敌人靠近，想要通过一场大的战斗决一胜负时，战略配置的阶段即告结束，一切集中到会战中，分割配置的目的就算达到。会战开始后，舍营和给养的问题也随之中止。这时，一切都转向主力会战这个大的整体中来。总之，分割配置的目的是为了共同战斗，这是判断分割配置是否有价值的最好标准。

第七章　前卫和前哨

前卫和前哨是两个既属于战术又属于战略的问题。从战术上看，它们使战斗具有一定的形态并保证实现战术计划；从战略上看，它们往往导致独立的战斗，被以为是整个战略部署锁链上的一个环节。

一支战前准备并不充分的军队，为了预先获知敌人的动向，都需要强有效的前方警戒。但是，在不同的情况下，对前卫和前哨的需要是多种多样的。它们受用兵范围、时间和地点等因素的影响，有时还要受偶然性的影响。所以，战争史上关于前卫和前哨的使用记载呈现出诸多复杂的情况，对此我们无须感到奇怪。

我们可以看到，军队的警戒有多种情况，有时由固定的前卫部队担任，有时由拉长的前哨线担任，有时二者兼用，有时二者皆不用，有时几个纵队共同派出一个前卫，有时又由各纵队派出单独的前卫。在对这个问题的研究获得一个明确的概念之后，我们再归纳可以实际应用的原则。

前卫是指军队在行军中，由一支先导部队组成的前方警戒。如果行军线调转方向，前卫就成了后卫。前哨是指军队在宿营或野营时，前卫采取一线轻兵据守的警戒哨。军队驻军时，前方警戒自然是一长条哨所线；军队运动时，前方警戒则是集中的部队。

前卫和前哨各自的兵力不相同。他们可以是一个多兵种联合的大军团，也可以是一个小的轻骑团，或边缘哨所的侦察队。因此，前卫和前哨的作用可以是单纯的侦察，也可以是实际的抵抗。这种侦察的作用非常重要。在战斗中，军队如果需要越长的时间来作好充分准备，军队就越需要根据敌人的部署和企图来有计划有组织地抵抗。在这种情况下，前卫和前哨的价值更是剧烈增长。

腓特烈大帝随时让他的军队作好战前准备，因此几乎只用口令就可以指挥军队投入会战，并不需要强有力的前哨。在行军时，他用几千人的骑兵（往往是一线侧翼骑兵团的一部分）组成前卫，在行军结束时又把它们并回主力部队。对于他来说，用固定的部队担任前卫的情况极为少见。

腓特烈大帝和道恩作战的时候，几乎是在敌人的眼皮子底下行动。一支兵力不大的军队要想投入全部力量迅速地行动，就必须像腓特烈大帝这样，才能发挥训练优良和指挥果断的特长。

而同样伟大的统帅拿破仑，既不缺乏精锐军队又不缺乏果断精神，却在每次前进时都要派出强大的前卫。有两个原因说明这一点：一是战术有了新的变化。这时，军队已经不是一个简单的整体，必须更多地适应地形和环境的特点。会战由许多部分组成，为此就需要时间和情报，需要复杂的计划和较长的命令。二是现代军队的规模增大。腓特烈大帝只用三四万人进行会战，拿破仑却率领一二十万人投入战斗。

我们相信，腓特烈大帝和拿破仑这样的优秀统帅，如果经常采用某种固定的方法，那它必然有它的道理。一般来说，前卫和前哨的运用在现代已经趋于完善，但奥地利人的做法表明，腓特烈大帝在西里西亚战争中的战法，也不是所有人都采纳的。同样，在最近的几次战争中，也出现了不少不同的做法。

至此我们探讨了前卫和前哨的各种不同兵力的问题。但还须明确的是，当一支军队在一定的宽度的地域上前进或撤退时，并列的各纵队可以有一个共同的前卫和后卫，也可以各有自己的前卫和后卫。为了阐明这个问题，我们用下面的方式来加以考虑。

当一个军团被指定担任前卫，那么其任务只是确保在中央行进的主力的安全。如果主力是沿几条彼此接近的道路行进，那么侧翼的纵队当然就不需要专门的掩护了。

但是，在距主力较远的道路上行进的独立军团，则必须有自己的前卫。因此，有几个独立纵队并列前进，就有几个前卫。如果各纵队的前卫的兵力，比可以作为共同的前卫的兵力小得多，那么它们实际上属于战术部署的范畴，在战略上的前卫则应让位。

总的来说，在中央设置一支比两翼强大得多的前卫，有以下三点理由：

（1）中央部队的兵力通常较大。

（2）中央部分通常比两翼更靠近战场，一切作战计划主要集中在中央。

（3）中央的前卫在很大程度上对两翼的安全起间接的保护作用。它对敌人的威胁作用能够消除侧翼部队对不利情况的顾虑。

所以，如果中央军团的前卫比两翼的前卫强大，那么它在战略关系上就能起前卫的作用。

对上述军团的使用，是基于下面的目标，它们因此也决定前卫的应用：

（1）在需要较长时间部署兵力的情况下，前卫能进行一次强有力的抵抗，迫使前进中的敌人比较谨慎。

（2）当军队的主力庞大而笨拙时，前卫可以隐蔽在距敌人较远的后面，同时派一支运动灵活的军团在敌人附近活动。

（3）如果主力军由于种种原因不得不远离敌人，保持一支靠近敌人的前卫队是有益的。

有人认为，可以派遣一支小的侦察队或巡逻队去充当前卫。

□ 波士顿大屠杀

17世纪末期，波士顿英国殖民当局与平民关系紧张，殖民当局经常遭到平民的辱骂和袭击。1770年3月5日，英国殖民当局在波士顿的国王街使用毛瑟枪屠杀北美殖民地的波士顿平民，造成5人死亡，6人受伤。这一流血事件激起了北美殖民地民众的奋起反抗，事件逐渐恶化，最后导致5年后美国独立战争的爆发。

但我们应考虑的是，侦察队或巡逻队的人数较少，会非常容易地被敌人击退，而且同大军团比较起来，他们的侦察手段是很有限的。综上可见，以上这种想法是很危险的。

（4）追击敌人时，用一支配置大量骑兵的前卫部队可以飞快自如地行进，甚至可以保持前进直至深夜，也可以随时准备在清晨行动。这些都是整个军队做不到的。

（5）最后，在撤退时构成后卫，用以防守险要的地区。由于撤退时迫切地需要集中和联合，所以两翼的任务是在最后仍回到中央。另外，我们还要考虑到，向我军中央推进的一般是敌人的主力军，目的是对我军中央施加压力，那么，中央的后卫无疑是特别重要的。

由此可见，在出现上述任何一种情况下，都很有必要派出一支兵力较大的军团担任前卫。中央的兵力比两翼小的情况除外。

然而，把兵力分为三个相等兵力的纵队的做法，是不值得推荐的，其原因在

□ 波士顿倾茶事件

　　1773年12月16日，由于对英国殖民统治极度不满，乌萨诸塞波士顿居民对英国国会发起政治示威——在当地居民塞缪尔·亚当斯的率领下，60名北美殖民地人民化装成印第安人潜入商船，将船上价值约1.5万英镑的342箱近2万磅茶叶全部倒进海中，这一挑衅行为立即遭到英国政府的镇压。倾茶事件直接导致1775年4月的美国独立战争的爆发，并成为美国革命的关键点之一。

于、这种部署就像把一支军队分为三个部分一样，会使整个军队很不灵活。

　　我们在前文中提过，对军队最自然的部署，就是把兵力集中在中央，外加独立的两翼。在这种情况下，最简单的就是把前卫部队配置在中央部分的前面，因而也在两翼线的前面。而侧方部队对侧翼所担当的任务，实际上同前卫对前沿担当的任务相似，因此，侧方部队经常同前卫位于一线。

　　现在，前卫一般由一个或几个从整体区分出来的第一级单位编成，并用一部分骑兵来加强。因此，如果军队区分为若干个军团，那么前卫就是一个军团，如果区分为若干个师，那么前卫就是一个师或几个师。

　　可以看出，将整个军队区分成较多单位，对于前卫来说是很有利的。前卫派出的距离，完全根据实际情况来决定。有时候，它可以超出主力一日的行程；有时候，它有可能处于主力的正前方，并紧紧挨在一起；但是，在大多数情况下，前卫同主力的距离为5~15英里，事实证明，这是实战中经常要求的距离。

　　下面我们来谈谈前哨的问题。

　　我们之前说过，前卫适用于行进中的军队，前哨适用于驻军的军队，但实际上我们不能对它们进行机械式的区分。

一支前卫部队只有在其大部分被分割成独立的哨所、一个兵力集中的军团，然后其自身留存极少或完全不留；或者一条前哨线取代了一支兵力集中的军团时，才能把担任前卫的部队看作是前哨而不再是前卫。

至于前卫应该完全展开成前哨线，还是保持为集中的军团，主要取决于两个方面的情况：

第一，敌我军队的距离。

第二，地形的特点。

军队宿营的时间越短，就越不需要掩护。宿营的时间越长，对周边环境的侦察和掩护就越需要完善。因此，当军队驻扎停留的时间较长时，前卫通常将逐渐展开成前哨线。

如果敌我军队之间的距离比军队前沿的宽度小得多，那就常常需要配置一些兵力较小的前哨作为警戒。

一般来说，一个兵力集中的军团很少能够完全掩护周围道路，要想用集中而固定的军团掩护周围，就必须同敌人保持相当远的距离。正因为此，冬季舍营大多用前哨线作掩护。

第二是地形的特点。军队完全可以充分利用地形障碍的优势，用少数兵力组成坚强的前哨站。

最后，有必要提出说明的是，冬季宿营，由于气候严寒，应该把前卫部队展开成前哨线，以便于为其找到隐蔽地。

在1794—1795年的冬季战局中，英、荷联军在尼德兰加强前哨线效果显著。当时，防线由多支各兵种组成的各旅设置的独立防哨组成，并由一支预备队作为整个体系的支援。当时身在英、荷联军中的沙恩霍斯特，把这种方法带回东普鲁士，并于1807年在帕斯文卡河畔的普鲁士军队中应用。然而，在现代战争中，很少有人使用这种方法，因为战争中的运动增多了。

但不可否认，在适当的时候，这种方法还是有很大好处的，这一点我们还会在其他地方讲到。

第八章　前卫部队的行动策略

我们在上一章讲了前卫部队和侧翼部队对逼近的敌人所产生的威胁作用，以及对主力军队安全的意义。但有一点不可否认，前卫部队和侧翼部队在同敌军主力发生冲突时，力量是很薄弱的。因此，我们需要专门讨论一下，这两个组织应如何做到，既能完成自己的任务，又不致遭到严重的损失。

前卫部队的任务是侦察敌人和迟滞敌人前进。

如果前卫是一支小部队，那么它可能连侦察的任务都难以保证，因为它的实力太薄弱；另一方面，它所借助的工具——眼睛，根本看不到太远。

但是，侦察的目的应该扩大到，诱使敌人展开他的全部兵力，并暴露他的计划。要做到这一点，就得等敌人作出进攻性部署，然后撤退。除此之外，前卫还有迟滞敌人前进的任务，这就算得上真正的抵抗了。

前卫部队为什么能达成任务，即既等到最后敌人计划暴露的时刻，又能够进行抵抗，且不至于遭到重大损失的危险呢？这是因为，敌人主力一般也派有前卫。即使敌方的前卫一开始就比我方前卫占优势，我方前卫仍能在同敌方前卫交战之初赢得一些时间来侦察敌人的推进情况，而不危及自己的撤退。

前卫即使在适当的位置进行了一些抵抗，也不致带来在其他场合由于兵力悬殊而产生的各种不利结果。在一般情况下，军队在抵抗优势敌人时，主要的危险永远是有可能被敌人迂回和包围攻击。但是前卫部队在适当的位置上抵抗时，这种危险往往很小，因为行进中的敌人常常摸不清我军主力距离前卫有多远，因而会顾虑，派出的纵队是否会遭到来自两面的火力夹击。正是抓住敌军的这种心理，我方前卫总能在真正的危险到来之前撤退。

前卫对正面进行攻击，或对开始迂回的敌人究竟可以抵抗多长时间，这主要取决于地形的特点和援兵与自己的距离。

如果因为指挥不当，或者主力花费较多时间的缘故，使前卫的抵抗时间超过了最大限度，那么前卫必将遭受重大的损失。但是，前卫部队的这种小规模战斗，很难赢得足够的时间。

相反，若要赢得足够的时间，就必须基于下列三种情况：

（1）迫使敌人的前进更加谨慎，因而更加缓慢。

（2）进行一定时间的实际抵抗。

（3）撤退。

撤退的原则是保证安全，在这个前提下尽可能地慢。这时可以充分利用有利的自然地形作为新的阵地，再加上有利条件，迫使敌人重新作出攻击和迂回的准备，从而再次赢得时间。也可以在这个新的阵地上进行一次真正的战斗。由此可见，前卫的抵抗方式，就是在撤退时通过反复多次的战斗来赢得更多的时间。这种抵抗的效果同这支部队的兵力大小和地形的特点，以及它撤退的路程和它可能得到的支援、接应情况有关。

□ 莱克星顿的枪声

随着北美殖民地人民反对英国殖民统治的情绪日趋高涨，人们为争取独立和自由的战火随时将在北美大陆燃烧起来。1775年4月19日，在莱克星顿村，几十名民兵战士与企图进村的英军对峙。不知谁打响了第一枪，双方随即展开战斗。战争中，北美民兵打死打伤了247名英国士兵，取得辉煌战绩。"莱克星顿的枪声"拉开了持续八年之久的美国独立战争（战争以1783年9月3日英美签订《巴黎和约》宣告结束，英国承认美国独立）的序幕，反对英国殖民统治的战火很快燃遍了北美大地。

作为一支小部队，即使和敌人兵力相当，也要尽量保存自己的有生力量，不能像大部队那样进行长时间的抵抗，因为兵力保存越多，活动的持续时间就越长。在山地，行军本身就受到地形的影响，行动非常缓慢。前卫在这种阵地上却能进行长时间的抵抗而且比较安全，同时，山地到处都有这种阵地可以利用。

前卫向前推进得越远，退路就越长，通过抵抗所能赢得的绝对时间就越多。但从其处境来看，它的抵抗能力相对变小，所得到的支援也越少，撤退速度也就越快。前卫可能得到的接应和支援，自然会对它的抵抗时间产生影响；也因为小心谨慎的撤退必然会占去抵抗的时间，从而减少抵抗的时间。

依靠前卫的抵抗来赢得的时间长短不一。如果敌人在下午才同前卫接触，那么前卫通常可以多赢得一个夜间的时间，因为敌人很少在夜间行进。如果敌人出现在上午，前卫赢得的时间就会短一些，而且我方将要遭受的损伤也会更惨重。

在此，我们可以得出这样的结论：在前面的一种场合，敌人要想在击退我军前卫的当天就进攻我军的主力是不容易实现的，在实际经验中也往往如此。即使在后面的一种场合，敌人也必须在上午击退我军前卫，才可能有时间在当天同我军会战。在前一种场合中，由于黑夜对我军有利，因此前卫推进得较远些，赢得的时间也更多些。

前文我们已经讲过了关于一支军队的侧翼部队的任务。他们的行动方式或多或少取决于运用时的具体情况。

侧翼部队不像前卫那样位于主力的正前方，与之相比难以得到主力的接应。要不是敌军两翼端的攻击力量在一般情况下都比较弱，且侧翼部队即使在最不利的情况下也有撤退的空间，那么，侧翼部队本身将会处于较大的危险中。

通常情况下，对于一直撤退的前卫队的接应工作，都是由一支颇具规模的骑兵部队来完成。即一般会把骑兵预备队配置在主力和前卫队之间。

因此，最后的结论是：前卫部队的价值在于它自身的存在，以及战斗的努力，还有它对交战的威胁或实际进行的交战。它的目的从来不是要阻止敌人的行动，而是缓和和迟滞敌人的行动，并提供估计敌人行动的思路。

第九章　野营

　　我们将从战略角度来研究战斗外的三种状态——把它们看作战斗的预先形态意即地点、时间和兵力的决定来研究。而战斗的内部部署和向战斗状态过渡等问题，则属于战术的范畴。

　　我们用野营指除了舍营以外的各种暂时住处，如幕营、厂营或露营。野营在战略上和它相伴的战斗是完全一致的，在战术上则不一定一致。关于军队配置必须谈的问题我们已经谈过了，现在只对野营作些历史的考察。

　　有一个时期，军队的数量再度增加，战争变得更持久，战争的各个部分衔接得更紧密，直到法国大革命为止，军队一直都是用帐篷舍营。这在当时较为普遍。军队在暖和季节离开营房，到冬季回到营房中去。冬季舍营被认作是一种非战斗状态，军队里的一切机制处于暂停中。至于军队在进入真正的冬营前，以及在面积较小的地方进行的短时间舍营，都是过渡状态和特殊状态。

　　一切在法国大革命之后有了变化，大部分军队完全不再使用帐篷了。这主要是因为帐篷在运输中需要庞大的辎重。这在大规模的迅速作战中是一种拖累，将使得兵力受到更大的消耗，乡村也将遭到严重破坏。

　　但是，我们不能忽视粗麻布帐篷的保护作用，军队长时间露营会感到缺少了它的不适。如果一年中大部分时间都不使用帐篷，士兵的身体素质就会下降，倘若因此而生病就会损失更大。

　　对于缺少帐篷而使乡村受到严重的破坏，则无须细说了。

　　上述两种不利影响是取消帐篷造成的。有人认为，战争的活力一定会被长时间和经常性的舍营而削弱，而且由于缺乏舍营装备，有帐篷时本来可以采取的一些配置也只好放弃了。

　　然而，战争却在这个时期发生了极大的变化，从而抵消了这些微小的、次要的影响，也就是说，战争的威力并未削弱。

　　战争具有原始的暴烈性，其威力非同寻常。战争双方无一不是在竭尽全力来

□ 邦克山战役

　　1775年6月16日，由于英国军队计划加强波士顿南的多切斯特制高点的防卫，数千名美国爱国部队战士，越过波士顿以北的查尔斯河，占领了在查尔斯顿半岛的邦克山。第二天，英军渡过查尔斯河，对美国爱国部队发起攻击，遭到爱国部队火力击退。然而就在英军的第三次攻击中，美国爱国部队弹药用尽，只好无奈撤出查尔斯顿半岛。此战是美国独立战争中最初的流血战争。

寻求决战。在这种极端的情况下，根本不会存在军队的运用由于不使用帐篷而发生较大的变化。军队只依照目的和计划来决定是厂营还是露营，无论天候、季节和地形条件如何。

　　如果战争的威力没有这么大，不使用帐篷当然会对作战产生影响。但是，这种影响不足以大到使军队再度在帐篷里舍营。这是因为，战争要素已经大为扩大，即使它在某个时刻、某种特定条件下还经常回到以前的较小范围，但是很快又会以其不可抑制的本性不断地冲出这个范围。因此，军队的一切既有制度和装备都要根据战争的性质来确定。

第十章　行军（一）

行军的概念是指军队从一个配置地点向另一个配置地点的单纯的转移。行军主要有两个方面的要求：第一是军队要舒适，这样可以最有效地使用力量，避免无谓的消耗；第二是运动要准确，军队要准确无误地到达目的地。

如果一个纵队是由10万人的军队编成，那么这个纵队的首尾是不可能在同一天到达目的地的。在这种情况下，必然会使最后的部分劳累过度，整个军队也很快地陷入混乱的状态。

也就是说，编入一个纵队的人数越少，行军就会越容易和有序。这就促使了兵力的区分。但是这种区分不同于为了分割配置而进行的那种区分。比如分开行军，原本是分割配置的需要，以满足配置的要求为主，但它有时则是以满足行军的要求为主。如果一支军队配置的目的不是在休息中等待战斗，而只是为了休息，那么满足行军的要求就是主要的，应选择良好、平坦的道路。如果军队在向战区的中转行进中，就要为各个纵队选择最近的大道，并尽量在这个大道附近寻找舍营和野营的地点。

以上所说的两种行军情况，不管哪种都要遵循现代军事艺术的一般原则：在预测可能发生战斗的任何地点，或在真正作战的整个地区内，编组行军纵队时必须使编成的各个纵队能够进行独立的战斗。要满足这个要求，就得依靠纵队内三个兵种的联合，依靠对整体进行有机的区分，以及适当地分配指挥权。由此，行军是战斗队形的基础，也是它的最大受益者。

在18世纪中叶，尤其是在腓特烈二世所指挥的战争中，运动已成为战斗的一个特殊要素，并且已经开始运用出其不意的手段来取得胜利。当时，还没有出现有机的战斗队形，因此，军队行军时往往要进行十分烦琐的部署。

而现代军事艺术规定，军队可以进行有机的区分，各个部分都可以看作是小的整体，它们在战斗中可以发挥类似于大的整体所发挥的一切作用，唯一的缺点是其活动时间较短。

□ 长岛会战

从1776年开始，北美英军的焦点转移到了战略重镇纽约市，其总司令威廉·何奥一直等待后方援军到来后攻打纽约市。与此同时，美国大陆军在总司令乔治·华盛顿的指挥下开始在曼哈顿岛南部及布鲁克林区布防。8月22日，何奥派军登陆长岛，对布鲁克林发起进攻，双方展开激烈的战斗。面对英军的夹击，大陆军最后只好撤回后方的布鲁克林高地，并将布鲁克林的军队与物资全部撤回到对岸的曼哈顿市。虽然美军在这场败战中遭受了巨大的损失，但此战却是独立战争中意义十分重大的成就之一，华盛顿也从此名声大振。

军队的人数越少，运动就越容易，同时不再需要为了避免行动笨拙而进行兵力区分。一支小兵力的军队可以沿着单独的一条道路行军，在需要同时沿几条路行军的时候，也容易找到互相接近的道路。而兵力越大，在这些方面就正好相反。各部分越小，就越依赖相互的支援；各部分越大，能够独立行军的时间就越长。在此，有必要提及前面的定论，即在路面好的地区，平行道一般离主要道路仅几英里远的地方，很容易找到。因此，在制订行军计划的时候，根本不用考虑速度、准时到达及兵力集中之间的矛盾。在山地，虽然平行的道路很少，而且各条道路间的联系很难找到，但是每个纵队的抵抗能力却很大。

为了明确这个问题，我们举个例子来说明。

根据经验，一个8000人的师，同它的炮兵和其他一些运输工具的行军总长相当于一小时的行程。因此，两个师先后沿着同一条道路前进时，第二个师将比第一个师晚一小时到达指定地点。也就是说，第二个师即便遇到最糟的情形，即第一个师已经到达并投入战斗，那么，它也能及时到达。况且在中欧大部分地区，在离主干道一小时路程的范围内，都能找到其他支道。

另外，我们还可以知道，对于一支由四个步兵师和一个骑兵预备队组成的军队来说，即使行军的道路不好走，它的前卫在八小时内通常也可以行军15英里。如果在一条道路上行进的部队比上述部队还多，那么整个军队就不一定都要求在当天到达，因为在现代，这样大的一支军队绝不可能遭遇敌人后立即进行会战，通常要在第二天才能进行会战。

我们谈论上述情况是为了使这些问题更清楚。况且在现代的战争中，组织行军不再像以前那么困难了。现在，只要充分利用军队的有机区分，就可以自如地行军，至少不再需要制订庞大的计划。现在，要求制订计划的是会战，组织行军几乎只要凭号令就可以了。

行军分为垂直行军和平行行军。平行行军又称侧翼行军，侧翼行军时要改变军队各部分之间的几何位置：并列配置的各部分在行军时应前后排列，或相反排列。虽然行军的方向可以是直角范围内的任何角度，但是仍需要确定行军主要是属于哪一种的。

这样一来，在战术上，我们才有可能如此彻底地改变各个部分之间的几何位置。而且也只有使用所谓纵列部署法时才能做到这一点，大部队是不可能做到的。在战略范围内，也不可能这样做。现代的战斗队形中，通常是第一级单位，即军、师或者是旅之间的改变。

在前文中，我们谈到现代战斗队形时得出的结论对这些也有影响。因为在过去，在战斗前就得把整支军队集中在一起，但是现在已经不需要了。所以人们更加关心的是，使已经聚集在一起的各个部分成为一个统一的整体。原来的几何关系显然没有统一指挥重要。如果两个师在行军中没有经过战斗就到达了指定的阵地，那么它们就可以恢复原先的配置。如果两个并列配置的师沿着两条道路平行行军，那么人们就更加不会想到让每个师的第二线或预备队都沿着后面的道路行进，而只是给每个师各自规定一条道路，并且两个师中的一个将充当另一个师的预备队。加入一支由四个师编成的军队向敌方行进，三个师配置在前面，一个师在后面作为预备队，那么自然会给前面的三个师各自规定一条道路，并让预备队在中间那个师的后面行进。如果找不到三条相邻且便利的路，便可以毫不犹豫地沿着两条道路行进，这并不会带来任何不利。相似地，在侧翼行军时也会出现这样的情况。

还有一个问题，即各个纵队从右边还是从左边开始行军。在平行行军时，这是个很明确的问题。在向左侧运动时，行军的次序实际上应该根据道路同预定的开进线之间的关系来确定。在战术上，很多场合都可以做到这一点，因为战术上的空间比较小，几何关系一目了然。但在战略上是完全不可能的。诚然，以前的军队在行军时保持着一个不可分割的整体，其目的是作为一个单位去战斗，因此

□《华盛顿横渡特拉华河》 德国 埃玛纽埃尔·洛伊茨

1776年圣诞节前夕,在纽约地区连吃几次败战的美国大陆军士气十分低迷。为了振奋士气,大陆军总司令华盛顿将军计划于圣诞节当天率领军队强渡特拉华河,突袭特伦顿。25日深夜,华盛顿率领两千多名士兵,连夜用渡口的几只小船渡至特拉华河的东岸。由于天气太糟糕,直到凌晨3:00,大陆军才完成渡河。图为德国画家埃玛纽埃尔·洛伊茨的油画作品《华盛顿横渡特拉华河》,画中再现了华盛顿率军横渡特拉华河的场景。

整个行军队列纯粹是战术事务。

如果一支按照旧的战斗队形进行配置的军队,要呈四个纵队向敌方行进,那么,两翼第一线和第二线的骑兵应该编为外边的两个纵队,两翼的两线步兵则应该编为中间的两个纵队。

在后一种情况下进行的行军叫作"中央开始"的行军。腓特烈大帝在前往洛伊滕会战的时候,曾经按原来各翼的次序组成四个纵队,从右边开始行军,由于他恰好要攻击奥军的左翼,因而很容易地变换为线式战斗队形,从而大受军史学家赞赏。如果说在当时的情况下,这些形式已经不符合行军的目的了,那么在今天看来则更似儿戏了。

在这种情况下,军队如果时而从右边开始行军,时而从左边开始行军,那就只有一个作用,即开始左右交替地行军,以缓解各部分军队的疲劳。

在这种情况下,从中央开始行军只能偶尔采用,不能成为一种固定方式。从战略上来看,一个纵队从中央开始行军当然不合理,因为这种行军次序的前提是要有两条道路。

事实上,行军次序并非战略问题,而是战术问题。因为它关系到把整体区分为若干个部分,行军结束以后又恢复成一个整体。但是,在现代军事学中,行军的各个部分的完全集中已不再重要,而是被允许在行军时距离更远些。这样,各个部分就能轻易地单独战斗,而且每一个部分这样的战斗都应该被视为整体战斗。因此,对这个问题的上述说明是很有必要的。

另外,我们在本篇第二章中已经指出,在没有任何特殊目的的情况下,三个部分并列的配置是最合理的，所以在行军时采用三个纵队往往最好。

现在，我们还要特别说明的是，纵队的概念不仅是指沿一条道路前进的一个部队。在战略上，纵队也用于不同日期沿同一条道路行军的各个部队的集群。区分纵队的主要目的是缩短行军的时间和便于行军，因为比起一支大兵力，小兵力行军更快更容易。如果部队在不同的日期里沿着同一条道路行军，也是可以达到这个目的的。

第十一章　行军（二）

经验一般用来确定行军的长短和所需的时间。

现代军队普遍认为，常行军时一日行程为15英里，这是早就确定了的；在长途行军的时候，考虑到中途会有必要的休息日来进行休整，平均一日的行程减至10英里。

以上可以看出：一天几乎都用来行军。士兵背着背囊一天行军10~12小时，其劳累程度显然要比一般情况下步行15英里劳累得多，因为一个人在不负重的情况下，沿着普通的道路步行15英里的时间不会超过5小时。

如果是强行军，在非连续行军的状态下，一日行程可以达到25英里，最多可以达到30英里，如果是连续行军，一日行程约20英里。

这里所说的行军，是指集中在一起的几个师，从一个野营地到另一个野营地的行军，因为这是战区内常见的行军形式。如果几个师组成一个纵队行军，那么，位于前面的几个师就应该提前集合和出发，从而确保它们可以提前同样多的时间到达指定的野营地。但是，提前的这段时间决不会长得等同于走完一个师的行军长径所需的时间。

所以，这种行军方法很难减轻士兵的疲劳，相反，人数的增多往往会使行军时间延长太多。军队以小部队为单位，不在一定地点集合就从一个舍营地向另一个舍营地进行长途旅行军时，它的行程可能会增加。事实上，由于必须绕弯路行进至舍营，它的行程的确增加了。

如果军队每天是以师，甚至以军为单位中心集合在一起行军，而且还要进至舍营，那么这种行军必然耗时最久。而且，只有在部队集群较小和处在富饶的地区时才能这样行军；也只有在这种情况下，部队才容易通过较好的给养和舒适的舍营来消除长途行军的劳累。事实上，军队如果进行野营，同样可以获得给养，同时又无须在过度劳累的情况下花14天的时间来行军大约250英里。

在某些情况下人们想要计算出走完一日行程所需要的时间是很难的，更不用说作出一般意义上的规定了。在这种情况下，理论上只能提醒人们注意，不要犯人们常犯的这种错误。因此，为了避免这样的错误，我们必须给予细致的计算，并多留一些时间来应付那些无法预料的情况，同时，我们还必须考虑到天候和部队的状况。

在取消帐篷，采用就地强征粮秣的给养方法以后，军队的辎重明显地减少了。这必然增强军队的机动性，因此一天行军的行程也随之加长。

◻ **突袭特伦顿**

1776年12月26日凌晨，华盛顿率领美国大陆军登陆特拉华河东岸。当时特伦顿的守军为德国黑森雇佣军，这些军人训练有素，战斗力极强，但由于正值圣诞节，他们放松了警惕，在节日的酒后狂欢后呼呼大睡。大陆军趁着防线空虚，于早上8点向黑森雇佣军发起突袭。经过一番激战，毫无战斗准备的黑森军溃不成军。大陆军以两死五逃的小小代价便占领了特伦顿，提升了军队士气。

当然，这也只在一定的条件下才会发生。战区内的行军速度，很少因为辎重减少而加快，因为辎重要么留在后边，要么先行，通常在整个行军过程中，总是同部队保持一定的距离。所以，一般情况下辎重根本不会影响到军队的行军。而且，只要它不对军队产生直接影响，不管它可能受到多么大的损失，人们都不会去考虑它。

从另一个方面来看，给养制度的改变也给现代军队的行军带来了一个阻碍因素。军队常常不得不自己解决一部分给养，这就需要花费更多的时间。

另外，在长途行军的时候，部队不能大量地在同一个地方设营，各师必须分开设营，这样才便于取得给养。

最后，经常有一种情况，即军队的某个部分，尤其是骑兵，必须进行舍营。总的来说，这都是使行军变得明显迟缓的原因。即使如此，减少辎重还是可以明显增加大小部队在战区内的机动性和灵活性。比如，即使骑兵和炮兵的数量不减少，但马匹减少了，从而减少了对草料的需要。另一方面，军队不用经常顾虑拖在后面的长长的辎重队了，因为配置所受的限制已经变小了。

1758年，腓特烈大帝解除了对奥尔米茨的围攻后，率领军队行军。他当时带了4000辆辎重车，为了掩护这些辎重车，他曾经把一半军队分散成独立的营和排。在今天，这样的行军即使碰上最胆怯的敌人，也会遭到失败。在长途行军（例如从塔霍河畔到尼曼河畔的行军）中，军队减少了辎重自然要轻便得多，即使军队还保持一定数量的辎重而每日行程仍保持一般的标准，但在紧急情况下，也能以较小的代价使一日行程超过一般的标准。

总之，减少辎重与其说能够加速行军，不如说能够节省力量。

第十二章　行军（三）

接下来我们要研究行军对军队的损耗。这一点意义很重大，大到可以作为同战斗相提并论的一个独特的因素。

一次适度的行军并不会使军队这个工具受到严重消耗，除非是接连几次这样的行军，如果是连续几次的艰难行军，那么军队所受到的损害会更大。

在战区内，如果缺乏给养和宿营条件，或路况很差，军队就必须经常保持战斗准备的状态。这些都会造成军队力量的过分消耗，带来人员、牲畜、车辆和被服方面的损失。

有一种说法是，长时间的休息对军队的健康并没有好处，这会比适当的活动更容易使人生病。但是同样地，当士兵们挤在狭小的宿营地里，也是会生病的，而一直行军，栖于营外一样容易生病。

我们不妨试想，如果一个士兵在行军中生病，深陷泥沼，任凭雨打风吹，而且可能得不到任何的护理，一连几个小时躺在路边，最后，他可能成为掉队者，在远离部队几十英里的地方支撑着病体前进。在这种情况下，很多轻病被拖成了重病，很多重病成了不治之症。

在烈日和尘土飞扬的道路上，即使是一次适度的行军，也会使士兵感到酷热难耐，于是狂饮生水，继而因为饮水不卫生而患病甚至死亡。军队是一种工具，只要使用就会有损耗，这是由事物的性质所决定的。

我们反对某些自以为是的理论家的空谈。他们总是固执地认为，丰富的资源没有得到充分的利用，只是由于统帅的惰性。事实上，这些理论家只是看到了资源，却看不到开采这些资源需要花费的物力和人力。

当在战区以外做长途行军的时候，即便行军的条件通常是比较好的，每天的损失也比较少，但往往最轻的病号也会长时间地落在后边，因为他们刚刚恢复健康，很难赶上不断前进的部队。

在这种情况下，骑兵中受鞍伤的战马和蹶马会不断增加，辎重也会有一部分

遭到损坏。如果这类行军必须在战区内，即在敌人的眼皮底下进行长途行军，那么，战区行军和长途行军的不利条件就会同时出现。在兵力较大且其他条件不利的情况下，损失就会非常严重。

现在我们举几个例子来说明上述观点。

1812年6月24日，拿破仑渡过尼曼河时，他准备用有30.1万人的中央军团进攻莫斯科。但在8月15日，他在斯摩棱斯克附近派出了1.35万人后，应该剩下28.75万，但很快又损失了10.55万人。至此，只发生过两次有名的战争，即达武与巴格拉季昂以及缪拉与托尔斯泰-奥斯特曼之间的战斗。因此，我们可以估算法军在这两次战斗中遭受的损失至多为1万人，而在52天内连续行军大约350英里的过程中，仅病号和掉队的就损失了9.5万人，约占总兵力的三分之一。

三星期以后，在博罗季诺进行会战时，法军损失已经达到14.4万人（包括战斗伤亡）。又过了八天，到达莫斯科时，法军损失已经达到19.8万人。

我们可以看到，拿破仑渡过尼曼河到莫斯科可以说是连续行军，但是我们不应该忘记，这次行军用了82天，只走了600英里，而且法军在途中还正式休息了两次：在维尔那休息了14天，在维捷布斯克休息了11天。这十多个星期的行军，既不是在最糟的季节，也不是在最坏的道路上行军。它于夏季进行，道路也多是沙路。但是，庞大的部队集中在一条道路上，给养又十分缺乏，敌人虽然在撤退，但并非逃跑，这是造成行军困难的种种原因。

□ 萨拉托加大捷

1776年9月，英国殖民政府派柏高英将军率领雇佣军从加拿大蒙特利尔出发，向南进攻，企图与另外两路英军合力包围新英格兰，切断美国大陆军与新英格兰的联系。在柏高英军队的行进途中，美国民兵一边砍伐树木来阻塞其道路，一边给予英军迎头痛击，并将5000名英军包围在萨拉托加。得不到另外两路英军配合的柏高英几次突围失败，被迫于10月17日向美军投降。这次萨拉托加大捷被称为美国独立战争的转折点，美军自此从战略防御转入战略进攻。

我们必须指出，追击法军的俄军从卡卢加地区出发时为12万人，到达维尔那时便只剩下3万人了。对于俄军在战斗中的伤亡总数，人们一目了然。

让我们看看1813年，布吕歇尔在西里西亚和萨克森中以多次往返行军著称的战例——布留赫尔的约克军最初人数为4万人，到达莱比锡附近时就只剩下1.2万人了。根据史料记载，在戈尔德贝克、勒文贝克一带以及在卡茨巴赫河畔、瓦滕堡和默克尔恩（莱比锡）会战的几场主要战斗中，约克军大约伤亡了1.2万人，因此，非战斗减员在八个星期内达1.6万人，是整个军队的五分之二。

所以，如果人们计划在战争中进行频繁的行军，那就必须作好兵力将大幅度损耗的准备，并根据这一情况制订其他各项计划，其中首先就应该考虑以后的兵员补充问题。

第十三章　舍营

在现代军事艺术中舍营重新变得不可或缺，无论是帐篷，还是阔大的军用车厢，都不能使军队完全放弃它。至于厂营和露营，不管多么精心地搭建和安排，都不能成为部队栖身的通用方式，因为它迟早会由于气候变化，使士兵患病，过早地消耗力量。

1812年远征俄国的战局就是个相反的例子。法军在极端恶劣的气候条件下，整整有六个月的时间几乎完全没有舍营，这是罕见的战局之一。但是这种可以说是狂妄的努力，最后得到了惨败的结局。

有两种情况妨碍军队采用舍营，敌人逼近和行军迅速。

在最近的几次战争中，也就是在最近二十五年我们所知道的一切战局中，战争要素充分发挥了它的全部威力。在那些高度紧张的时期，军队很少顾及这临时性的舍营，即便在已经没有什么危险的乘胜追击中，由于运动的速度较快，军队也不可能进行舍营。

但是，如果战争进程由于某种原因不那么激烈，致使出现了双方势均力敌的局面，那么舍营就成为人们主要关注的问题了。对于舍营的需要对作战本身也有一定的影响。它表现在：一方面，人们力图利用兵力较大的前哨或者配置得较远的更为强大的前卫来赢得更多的时间和保障更大的安全；另一方面，人们会更多地考虑当地供给的情况，而很少从战术上考虑地形的利弊，或者点线的几何模式。

舍营部署的形式大多数属于战术范围，我们只作以下几点说明：

军队的舍营有两种方式：一种作为部队的主要任务，一种作为次要的任务。在战斗期间，军队往往被置于集中舍营的附近，这样利于士兵感到舒适，尤其是对骑兵来说。这种情况下，舍营就是作为次要任务的。军队必须在能够保证及时到达配置地点的范围内进行舍营。相反，如果舍营是为了休息，那么舍营就是主要任务，其他的措施，包括配置地点的选择，都必须完全服从于这个主要任务。

整个舍营区的形状是首要考虑的问题。通常,它应该是一个狭长的椭圆。集中地点在舍营地区的前方,司令部在它的后方。但是,这三块刚好构成一个障碍,有碍整个军队在敌人到来之前安全集中,实际上几乎是矛盾的。

舍营地区越是接近正方形或者圆形,部队就越容易迅速地集中到中心点。集合点越往后面越安全。司令部越向前移,就越能更早准确地了解各方面的情况。然而,以上的第一种安排也不是没有根据,还是值得考虑的。

有人建议,应该扩大舍营地的宽度来掩护乡村,以防敌人去获得给养。但是,这个主张既非完全正确,又不是很重要。它只对两翼部队才是正确的,这两个部分绕营房于集中点聚合。而对于这两个部分之间的中间地带来说,这个主张是不正确的,因为敌军根本不可能冒险侵入这个中间地带。之所以说这个主张不太重要,是因为要防止敌人在军队附近地区征发给养,有比这种把军队分开配置更为简单的方法。

设置集中地点在舍营地前面的目的是掩护舍营地。这是因为:第一,如果集中地点设置在舍营地后面,那么当部队匆忙拿起武器的时候,掉队的士兵、病员、行李、储备品等总会成为一个容易落入敌手的尾巴。第二,如果敌人以骑兵绕过前卫,或者突破了前卫,那么被分遣的各个团和营就有遭到敌人袭击的危险。

至于司令部的位置,当然是越安全越好,这一点人们已达成共识。

根据上述的种种研究,我们认为:舍营地区的形状最好是一个接近正方形的长方形或接近圆形的椭圆形,集中地点设在中央;当兵力较大时,司令部应设在第一线。左右两侧的部队的任务是和主力共同战斗,但是也应该在主力的同一线上有各自的集中点。

由上可知,在决定舍营位置和配置地点方面,很少受几何法则支配。但不可

□ 乔治·华盛顿

乔治·华盛顿(1732—1799年),美国开国总统。在1775—1783年的美国独立战争中,华盛顿担任大陆军总司令,指挥大陆军与英军进行了艰苦卓绝的战斗,为美国的独立作出了巨大贡献。1789年,华盛顿当选美国第一任总统,并于1793年再选连任,对美国的经济发展及民主法治贡献巨大,被人们尊称为"美国国父"或"合众国之父"。

否认，它像其他的一般法则一样，也的确影响了案例的一般进程，因此仍需对它注意。

关于舍营地的有利位置，军队必须选择一个有掩护作用的地段，可以在它后面进行舍营，这时许多小分队可以监视敌人；或者在要塞后面进行舍营，假如敌人不能摸清要塞守备部队的兵力，必然会更加谨慎地行事。

关于筑垒的冬营，我们以后会在专门的一章中予以论述。

行军部队的舍营和驻军部队的舍营是不同的。为了避免多走路，行军部队总是沿着行军的道路进行舍营。只要分布不超过一日行程，就不会对迅速集中产生任何不利。

如果两支前卫之间的距离很近，那么前卫连同前哨的兵力与位置，都将由营区的大小和部队集中兵力的时间决定；另一方面，当前卫和前哨的兵力与位置，由敌方和总形势决定时，舍营地的大小就得由前卫的抵抗能赢得多少时间来决定。

在前卫的抵抗时间中，用于部队集中的时间，必须是扣除传达命令和部队准备出发的时间后剩下的时间。

最后，我们要把我们的观点概括为一个符合一般情况的结论。如果舍营地的半径相当于前卫的派出距离，且集中地点大致位于舍营地的中央，那么前卫通过抵抗敌人而赢得的时间，是为了传达命令和部队准备出发可用的时间，这在大多数情况下是够用的。

因此，在前卫的派出距离为15英里时，舍营可用涵盖大约700平方英里的地区。如果前卫的派出距离不超过5英里，那么在这个范围内，营区就被局限在80平方英里内。如果一支5万人的部队要在这个区域内找到足够的舍营，就必须要求该地居民十分稠密才行。

这就突出了大城镇或者相当规模的城镇的重要性，它通常能集中一两万名军人。

总的来说，我们可以这样认为，如果和敌人的距离不太近，而且又派遣了小有规模的前卫，那么，即使我们面对一支兵力集中的敌人，也依然可以舍营。但同时也要记住：一支仓促集合的军队是不能做其他事情的，因为它没有能力利用当时出现的任何机会，因而作战能力得不到较大发挥。

由此可以得出结论，只有在下述三种情况下军队才可以完全进行舍营：

（1）敌人也在舍营。

（2）根据部队的状况，有必须舍营的需要。

（3）部队当前的任务仅限于防守坚固的阵地，除了将部队及时地集中在阵地，其他都不重要。

关于舍营中军队集中的问题，我们可以参考1815年战局中一个值得注意的例子。齐腾将军率领3万人担任布吕歇尔军团的前卫，配置在沙勒罗瓦附近，离军团预定的集中地点松布雷夫只有10英里。但是主力军最远的临时舍营离松布雷夫40英里，一端越过了西内，另一端直达列日。普鲁士军队将舍营如此安排，对军队的安全无疑是考虑不周的。

□ **攻占巴士底狱**

1789年6月17日，因法国皇室雇佣雇佣兵来推翻国民制宪会议，引发巴黎市民的暴动——攻占象征法国专制王朝的巴士底狱。直到7月14日，人民终于攻占了巴士底狱。接下来各个城市的市民纷纷仿效巴黎人民，武装起来夺取市政的管理权，并建立起国民自卫军。不久，根基在民众的制宪会议掌握了大权。

当普军舍营时，法军已经广为散布在舍营区范围里了，因此普军的错误在于，没有立刻改变原来的配置。但是，普军原本可以在敌军进攻前在松布雷夫集中兵力，这一点值得我们注意。布吕歇尔在14日夜间，即在齐腾将军受到敌人攻击的前十二个小时，就收到敌人前进的情报，便即刻开始集中他的部队。但是当齐腾将军于15日上午9：00同敌人激战时，在西内的蒂尔曼将军才刚刚接到前往那慕尔的命令。蒂尔曼不得不在二十四小时之内集中军队，行军32.5英里到达松布雷夫。如果毕洛夫将军能及时接到命令，也可能在同一个时刻到达。

然而，拿破仑并没有在16日下午14：00以前对利尼发起攻击，因为他困于兵力不足，担心要同时对付威灵顿和布吕歇尔。由此可见，在复杂情况下，即使是最果敢的统帅也要谨慎地摸索，使行动因此而变得迟缓。

第十四章　给养

相较于以前的战争，给养在现代战争中显得极其重要。这主要是因为：第一，现代军队比古代军队规模更大，例如路易十四的军队；第二，现代战争的内部联系更为紧密，军队必须始终处于准备战斗的状态。

经由各国政府的共同努力，现代战争已经变得更有规则、联系更加紧密了。战争是高于一切的任务，因此要求支配一切，甚至在给养方面也有一些必要的制度。

17世纪和18世纪的战争，出现了漫长的间歇期——周期性的冬营。这是因为当时的天气恶劣造成的，而不是部队给养困难。随着夏季的来临，冬营才结束。所以，只要季节允许，军队需要不间断地进行军事行动。

军事行动变得更有规则，且相互间联系密切，主要是在各国以雇佣兵制度替代封建义务兵制度以后开始的。这时，封建义务已经变为赋税，服役几乎完全取消，代之以募兵制，或者只在最下层的民众中沿用。无论如何，这时政府已经把军队变成了一种工具，军队的主要基础是国库或者政府的收入。

如果军队的建立和人员的补充发生了变化，军队的给养也必然发生同样的变化。例如，一些阶层为了免除当兵的义务而缴纳赋税，不再承担军队的给养，因此，政府、国库必须要负担军队的给养。这样一来，军队的给养变得更加困难。这主要有两个原因：一方面，政府必须为此担责；另一方面，军队被要求长时间地留在战场上。这样，不仅形成了一个专门从事战争的阶层，同时形成一套专门的军队给养制度，而且这种制度在尽最大限度地完善。

作为给养的粮食，不但要从远方运来，储存在仓库里，还需要由专门的运输队从仓库运送到部队里，最后由军队的运输队把烤好的面包从面包房运走。我们之所以考察这种制度，不仅因为它可以说明实行这种制度的战争特点，还因为这种制度绝对不会完全被废除，部分还会继续沿用。如此，军事组织便逐渐摆脱对国民和地方的依赖。

这使得战争变得更有规则和组织性，且更切合战争的政治目标。但是另一方面，兵力的运动却受到更大的限制和束缚，士兵的战斗热情被大大削弱，而且受军队补给制的约束，还有运输行程的局限，分配给士兵的给养被降至最低标准，士兵们靠少得可怜的干面包来充饥，营养更是指望不上，他们的忍饥受累无以慰藉。

如果有人认为，军队的伙食质量无关紧要，那么，只能证明他不够冷静客观。能够忍饥挨饿固然是士兵的美德之一，否则军队就谈不上真正的武德。但是这种忍饥挨饿只能是暂时的，是受环境所迫，不能成为惯例，不能是对部队的需要进行抽象苛刻的计算的结果。

人们从来不敢把这种复杂的给养制度应用于马料的供应上，因为马料的需要量很大，运输上的困难更大。因此，人们力图用最直接的方法，即就地抢掠的方法来满足这种需要。但是，这种方法使作战受到另一种大的限制：一方面，军队只能在敌国领土上作战；另一方面，军队不能在一个地方久留。

在法国大革命时期，民众再次登上战争的舞台。这样一来，仅仅靠政府的财力便力不从心了，以这种有限的财力为基础和保障的整个军事制度崩溃了，所以给养制度也随之整体崩溃。

拿破仑战争的所有交战国都处在上述两种极端之间，也就是说，在当时的战争中，人们从所用方法中挑选出来的总是最适用的，之后的情况也大抵如此。

现代军队获取给养时，尽量利用当地所供应的一切，无论它属于谁。取得给养的方法主要有四种：当地居民供养、军队强征、正规征收和仓库供给。这四种方法通常综合使用，有时也以某种方法为主。

第一，居民或者村镇供养。一个村镇至少能提供几天的存粮。即使是居住最稠密的城镇，不需要特别筹备，也能供养大约同居民人数相等的部队吃一两天，如果部队的人数较少，甚至可以供养几天。但是在农村，甚至在一些小城镇中，战争极为需要的给养品的数量也多得多。所以在未经占用的地方，居民供养相当于本地居民人数三至四倍的军队食物是没有问题的，也是毋庸置疑的。

如果某个地区被几个纵队占据，并由该地方政府为这些部队提供给养。那么即使在驻扎了9万人后，又有同等规模的军队在第二天到达，这后来的军队也不会面临给养的困难，两支军队加在一起，已经是一支拥有18万名战斗人员的庞大军队了。

□ **处死路易十六**

1792年8月10日,巴黎人民起义推翻了君主制,吉伦特派取得政权。9月22日,国民公会正式废除了君主制,成立法兰西共和国。丧失权利的路易十六处处受到议会的压制,便暗中勾结普奥联军危害国家安全。1792年11月,路易十六密藏在宫内的勾结外敌、阴谋镇压革命的文件被发现,国民公会经过审判,以叛国罪将其处死。图为处死路易十六的场面。

而对于马匹的草料,则更加容易供给,因为草料既不需要磨碎又不需要焙烤。因此,即使军队在饲养牲畜很少的地方宿营,也不会缺乏草料。此外,在组织行军时,人们应该首先了解地区的性质,不要使骑兵误入工商业城市或地区去舍营。

从上述粗浅的考察中可知:在中等人口密度的地区,即每25平方英里大约有两三千居民的地区,一支拥有15万名战斗人员的军队连续行军时,即使没有仓库及其他给养准备,也是可以维持的。

这就是法国军队在革命战争时期和在拿破仑指挥下的作战依据。他们从阿迪杰河向多瑙河下游和从莱茵河向维斯瓦河行军时,除了居民供养外,没有采用其他任何方法,但从未在给养上遇到什么困难。但是我们必须清楚,把一个纵队的前线从10英里增加到15英里,该宿营地区的面积就可以增加一倍以上。在一般情况下，这种宿营可以保证每个纵队单独战斗。因而可知，在不间断地前进中，在不利的情况下，这种取得给养的方法仍然是切实可行的。

然而，一旦军队发生暂停，而又没有采取其他方法提前作好准备，那就肯定会发生给养的短缺。为此有两种措施，否则，一支兵力甚巨的军队就算在当今也难以存活。第一种措施是给部队配属辎重队，携带三四天必备的给养，即面包或面粉。这样，加上士兵自己携带的三四天口粮，八天用的必备的给养就能得到保障的。

第二种措施是设置适当的军需机关，以便在部队休息时随时都能从远方运来粮食。

居民供养的方法的优点在于：它不需要任何运输的工具，而且只需很短的时间就能做到。当然，前提是部队都住宿在当地居民的家中。

第二，军队强征。一个单独的营必须在一些村庄附近野营时，可以指定这些村庄提供给养品。但是，如果在一个地点设营的部队人数众多，就必须从一些地区进行统一强征，再来分配。

实际上，这种方法根本满足不了大量军队的必需给养。一般情况下，在一个地区强征的粮食，比部队在这个地区舍营时所能得到的粮食要少得多。从另一方面来看，如果大量军队在一个地点密集舍营，那么对于整个军队的需要来说，能够很快征集到给养品的地区就太少了。因为大多数邻近的村庄已有别的部队在宿营，这些部队是不会让村庄把东西交出来的。最后，这种方法还常常造成极大的浪费，因为个别部队得到的东西往往超过了他们的需要。

综上所述，我们可以得出这样的结论：用强征的方法来获得给养，只能是在部队兵力较少的时候，比如一个8000至一万人的师，才能收到成效。但是，即便如此，这也不过是一种不得已的办法。

然而，一切直接在敌前行动的部队（例如前卫和前哨），在向前推进时，通常要采取这种方法。这是因为他们要到达的地点，根本不可能事先准备好给养，而且这个地点通常离军队主力征集的粮食储备点太远。另外，独立行动的机动纵队也只能采用这种方法。

也就是说，在时间和环境允许的情况下，采用这种方法，取得给养的结果会更好。但是，时间往往不允许采取这种方法，而军队用强征的方法却可以直接而快速地取得给养。

第三，正规征收。正规征收必然是筹备给养的最有效和最简单的方法，它也是一切现代战争的基础。

正规征收和军队强征的主要差别在于，它是在地方当局的参与下进行的。

正规征收的一切都取决于时间。如果时间越多，分派就越广泛，军民负担就越轻，征收的效果就越好。在本地区集中军队的时候，采用这种方法是毫无困难的。与此相反，在进入尚未占领的地区时，安排正规征收的时间就比较少。前卫通常只比主力先到一天。它将与地方当局交涉，请求他们在某地准备好多少粮秣。而且也只能在附近的地方，即周围几十英里的范围内筹集和征收粮秣。所以，对人数较多的军队来说，如果自己不携带几天的给养，单靠在匆忙中征收的粮秣是远远不够用的。因此，各个给养部门的任务就是掌管这些粮秣，把它分发给那些毫无储备的部队。但这种困难会逐日减少，因为日常运送补给的距离在一天天扩大，以平方英里计的被索取补给的地区也在扩大。也就是说，第二天比第一天增加了300平方英里，第三天又比第二天增加了500平方英里。

当然，我们在这里谈的只是大致的情况，还可能受到其他的限制，最主要的就是，军队刚离开的地方不可能像其他地区那样提供大量的粮秣。

为了征收到分派的粮秣，或者说至少要保证分派任务中的大部分能够顺利征收到手，必定要依靠配属给地方当局的征粮队行使权力，但更为有效的是，要使全体居民感到压力，使他们害怕负责任、受处罚或被虐待。

在此，我们只注重结果，至于细节，就不去一一探究了。

这个结果，也为革命以来历次战争的实践，即一支军队，即使规模庞大，只要它携带几天的粮食配给，依靠正规征收的方法便可以解决一段时间的给养问题。

除非当地的给养已经枯竭，贫穷或惨遭破坏，否则，这种方法是可以永远使用的。在军队驻扎时间较长的情况下，可以向最高地方当局提出要求，它在安排时以便使负担尽可能地平均些，并可以通过收购来减轻征收粮食的压力。再则，即使是外国的军队，如果它想在较长的时期里能够驻在某地，通常也不会粗暴而毫无顾忌地把全部的给养负担强加在当地居民的身上。下面是两种完全不同的情况：一种是当地仍然作为首要的给养供给者，但同时，该地用从其他地方输入的补给来填充当地的资源；这与18世纪战争中的行事截然不同，后者由军队独自携带所有补给，居民完全不受侵扰。

□ 瓦尔密战役

瓦尔密战役为法国资产阶级革命时期的一次重要战役。1792年9月20日，法兰西革命军队（由未经训练的法国青年志愿兵组成）和普奥联军在法国马恩省的瓦尔密村进行交战。战争持续了十五天，法军的炮兵火力发挥了巨大作用，士兵们以高涨的战斗激情和顽强的意志，击溃了普奥联军的进攻，并将其驱逐出法国。此次胜利成为法国人民争取祖国自由的象征。

它们的区别主要在于：前一种方式利用地方的运输工具和当地的面包房，因而废除了妨碍作战的庞大运输队。现代的军队即使有给养辎重，但和以前相比还是少得多，而且，现代军队的给养辎重大多只是用来运载当日剩余的、供第二天使用的粮食。

从法国大革命战争最初的几次战局以来，正规征收是法国军队取得给养的最基本方法，甚至联军也在不得已的情况下改用了这种方法。而且这种征收法在将来也是难以废除的，因为不管军队行进至何处，在最初三四个星期内，给养通常不会遇到什么困难，到后来便可以依靠仓库供给，因而可以说，在战争中采取这种给养方法可以获得最充分的自由。

但也有一种情况是例外，那就是经敌国撤退。在这种情况下，对给养来说会有许多不利的条件。军队连续行进时，通常不会专门停下来征粮，因此就没有时间征粮。经敌国撤退时，环境大多是很不利的，部队不得不始终保持集中，通常根本不能分开舍营，或几个纵队的明显的延长都是不允许的。军队同当地的关系是敌对的，只进行分派而没有政策支持，肯定是征收不到粮食的。最后，这也特别容易引起当地居民的反抗和恶意。由于这一切，军队通常只能建立交通线或撤退。

第四，仓库供给。只有当这种方法同17世纪后三十年和18世纪实行过的给养制度作比较，才能把它同上述方法进行区分。那么，我们不禁要问，这种制度还会再次出现吗？

如果我们注意到在尼德兰、莱茵河畔，意大利北部、西里西亚以及萨克森等地方的战争，大量的军队在同一地点驻留了七年、十年和十二年，那么，就很难想象还能用什么别的方法筹集给养了。

当然，这里也自然会产生一个问题：是战争决定给养制度，还是给养制度决定战争呢？我们认为，在战争所依靠的其他条件允许的情况下，是给养制度决定战争；当这些条件不允许的时候，战争就会反过来对给养制度产生决定性的影响，也就是战争决定了给养制度。

显然，以就地征粮这种制度为基础的战争，比单纯采用仓库供给制度的战争具有更大的优越性，因此现在没有一个国家敢用后一种战争对抗前一种战争。如果人们再考虑到，仓库供给制度需要巨大的费用，必然会缩小军备的规模，减少军队的人数，那么，除非交战双方通过外交途径达成协议，否则这种给养制度是不会出现的。

因此，在将来，一切战争都可能以一种征收体制开始。至于政府能做多大的努力通过其他途径来补充它，我们尚不可知，这种努力并不一定很大。因为在这样的时刻，首先考虑的总是最迫切的需要，而复杂的给养制度并不属于这种最迫切的需要之列。

但是，如果战争的成功没有像其性质所规定的那样彻底，就其行进来说，没有像其性质所规定的那样广泛，那么采用征收制带来的恶果，就是使军队所在地区的力量枯竭，以致在最后被迫缔结和约，或者必须采取措施来减轻地方的负担，由军队本身建立起独立的给养系统。在大多数的战争中，各国的力量急剧消耗，以致这些国家都不愿花费大量的费用来进行战争，而宁愿媾和。因此，这也是促使现代战争时间缩短的一个原因。

尽管如此，我们也不想完全否认，用旧的给养制度进行战争的可能性，如果条件决定交战的双方根据各种情况应该采取旧制度，而且其他条件也允许采取旧制度，那么这种制度也许会再次出现。但是，这并不表明这种给养方式是合理的，它只是在特殊的环境下的一种不正常的状态。

不管用任何方法，在富饶或人口稠密的地区，总要比在贫瘠或人烟稀少的地区更容易取得给养，这是非常自然的。我们在这里特别提出了人口疏密的问题，因为它同当地现有的存粮有着两方面的关系：第一，在消费多的地方，物资储备也必然多；第二，在人口稠密的地方，生产也比较多。与此同时，这里的陆上交通和水上交通也比较发达和便利，运输工具也比较多，商业交易则比较容易和可靠。

总的来说，在佛兰德斯供养一支军队比在波兰容易得多。

于是，战争的触角就最喜欢伸向交通要道、繁华的城镇、富饶的河谷或者水路通航的海岸。

由此而得出，军队的给养问题对作战的方向和形式、对战区和交通线的选择都有着普遍的影响。战争的方式决定了这种影响的范围和筹备给养的困难或者容易对作战所起的影响。如果战争是按其固有的精神进行的，那么，无论军队的给养多么重要，也只是从属的问题。但是，如果双方形成均势，双方军队多年来只在同一地区进进退退，那么给养往往就成为主要的问题了。这样，在许多战局中无所事事、一无所成、浪费资源等，都被归咎于给养困难。相反，拿破仑却经常说：不要跟我谈给养问题！

当然，这位统帅在俄国战局中的做法清楚地表明，他过分地忽视了给养问题。虽然他的失败不仅仅是由于给养的缺乏，但他的军队在前进时遭到惊人的损耗，在退却时遭到彻底的毁灭，无疑都与他忽视给养有关。

诚然，拿破仑是一个常常敢于走向极端疯狂的赌徒，但不可否认的是，正是他和他以前的一些革命军将领们，在给养问题上破除了顽固的偏见，指出给养问题不应该看作是战争的目的，而只应该看作是一个条件。

在战争中，缺乏给养如劳累和危险一样可怕，一位统帅在这方面对军队的要求是没有明确极限的。一个性格刚强的统帅，可能会比一个柔弱而重感情的统帅提出更高的要求，而且不同的军队由于士兵的意志和忍耐力不同（这取决于战争锻炼、武德，对统帅的信赖和爱戴，或对祖国事业的热忱），能够承受这些要求的程度也不同。但是，我们可以提出作为原则的一点：匮乏和困苦不管多么严重，只能看

□ **热马普战役**

　　1792年11月6日，奥地利军队主力抢先在比利时蒙斯西南的热马普镇占领了筑垒阵地，其余兵力则分散在比利时各地。法军将几乎所有的兵力都集中到热马普，企图以纵队方式突击奥军的右翼和中央未遂。紧接着法军改用炮击突破了奥地利的工事，并一举击溃了奥军防线。奥军仓皇溃逃，法军追至蒙斯。法军很快占领了热马普，并在几日后占领了整个比利时。

作是暂时的现象，它必定会充足起来，甚至总有一天变得富余。没有什么能比想到以下场景更令人感动的了：成千上万的士兵，穿着破烂，背着三四十磅重的包袱，忍受日晒雨淋，拖着疲乏不堪的脚步行军，把自己的健康和生命置之度外，最后仅得一点干面包充饥。即使人们知道，这在战争中司空见惯，但依然让人费解的是，为什么这种情况往往不会引起意志的消沉和力量的衰竭，为什么单凭人们心目中的一种信念，就能够长久地付出不懈的努力？

　　但凡要求部下忍受给养上的极大缺乏的人，无论出于感情或者理智，他都应该随时想到，在有机会的时候，定要给他们以相应的回报。

　　最后，我们再来谈谈给养在进攻和防御中的差别问题。

　　与进攻者不同，防御者可以随时享用事先为军队准备好的给养。所以，防御者尤其是在自己国土上的防御者，通常不会缺乏给养，甚至在敌人的国土上也是这样。相反，进攻者因为远离自己的给养基地，一旦他继续前进，甚至在他止步后的最初几个星期内，他都必须每天筹备必要的给养。在这种情况下，匮乏和艰难在所难免。

在遇到下述两种情况时，这种困难就会变得特别严重。

第一，在胜负未分时的前进路途中。这时，防御者的给养都在自己身边，而进攻者的给养却只能放在自己的后方。他的大量军队必须集中起来，因而不能占领广阔的区域，而且只要决定胜负的会战一开始，他的辎重更可能也跟不上来。如果事先没有作好准备，很可能在决定性会战的前几天就会出现一些部队缺乏给养的情况。在这样的处境里，军队绝不能很好地进行会战。

第二，当进攻者遇到交通线过长的情况，在前进的最后一段路程上缺乏给养，特别是当战争在贫穷、人烟稀少、居民大多对进攻者怀有敌意的国家中进行时更是如此。从维尔纽斯到莫斯科，与从科隆经过列日、鲁汶、布鲁塞尔、蒙斯、瓦朗谢纳、康布雷到巴黎，这两条交通线的差别非常大。在前一条线上，每取得一车粮食都必须使用暴力，而在后一条线上，只需一张商业合同或一张支票，就可以得到可供几百万名士兵食用一天的粮食。

给养方面的困难往往可以使即将到来的伟大胜利转瞬即逝，使军队力量全部耗尽，撤退不可避免。至于马饲料，正如我们所说的那样，在开始的时候很少有这方面的给养缺乏，但是当某地的资源濒于枯竭时，首先缺乏的就是马饲料。这是因为马饲料的需求量很大，难以从远方调运，而且，在缺乏粮秣的情况下，马匹比人更加容易死亡。所以，过多的骑兵和炮兵，可能成为军队真正的负担，成为削弱其力量的重要因素。

第十五章　作战基地

一支军队，无论是深入敌境作战还是镇守本土边关，都必须同它的补给和替换的来源地保持联系。这个地方可以为军队补充建立组织，也可以储备物资，因此被称为军队的作战基地。军队应该与作战基地被视为一个整体，如果把储备物资更加安全地放置在筑有防御工事的地方，那么基地这一概念更加强化。当然，这一概念非以有防御工事为基础，因为很多作战基地是没有防御工事的。

除了本国国土，有时候敌人的土地也可能成为军队的基地，至少可以说成为基地的一部分。因为军队一旦占领了敌方土地，便可以从当地获得很多行军的必需品，当然，前提是这支军队已成为了这个地区新的主人，使民众服从于它——这种服从也是有条件的，通常只有当守备军队对当地居民起到威慑的作用时，居民们才会服从。因此，就需求来说，从敌国土地上获取的必然有限，本国基地的支持才是不可或缺的主要部分。

军队的需求可以分为两种：一种是任何农业区都可以提供的，另一种只能由建立军队的基地提供的。第一种主要是给养品，它们既可以在本国也可以在敌国土地上获取；第二种是军队的各方面的补充，如人员、武器和弹药等，这些通常只能通过本国的基地解决。例外可能存在，但并不常见，也无法作为依托。这两种需求的区别，再一次证明军队与本国的联系是不可或缺的。

不管是在本国还是敌国，给养品一般储备在没有防御工事的地方，一方面是因为没有足够的要塞来储存这些随处被需要又随时在消耗的物品，另一方面是因为给养品就算有什么损失，它的再次补充也并非难事。与此相反，军队用作补充的武器、弹药，则宁可从较远的后方运送过来，也不会轻易地储藏在战区附近没有防御工事的基地中。如果是在敌国境内，则必须存放在要塞里。因此，基地之所以重要，是因为它通常提供军队武器装备的替换，而并非食物的供应。

这两种需求品集中到大仓库前的规模越大，供给来源地越多，这个储存地就越是被当做国家的替代，也越发与基地这个概念重合。但并不是说，储存地就是基地。

如果某些广阔而富饶的地区，能够提供充足的补给，为了更好更快地发挥其作用，军队会建立几个较大的补给点，它们处于军队的掩护之下，相距不远且具有良好的交通条件，又同后方广大地区连在一起，因此，它们能够给军队带来强大的生命力，也为军队的行动提供更大的自由。曾有人想用作战基地的大小来概括军队的这些有利条件，用基地和作战目标的关系，即基地两端与进攻目标构成的角度，来表示军队补给的位置和状况等条件的总和。（指毕洛夫的战争理论，参见第二篇第二章"关于战争的理论"中的"基地"。）显然，这只是一种几何游戏和概念替换而已。我们可以由此总结，军队作战基地的三个重要组成部分分别是：当地的补给物资、各地的仓库以及提供仓库储备的地区。从位置上看，这三个部分是分开的，不能合而为一，更不能随意用一条代表基地宽度的线来表示：从一个要塞到另一个要塞，从一个省城到另一个省城，或是沿着国境线画出来的一条线。而这三个部分也不存在什么固定的关系，因为它们在性质上或多或少地混合在一起。比如，有些原本要从遥远的地方运来的军队补给，在当地就可以获得，而有时候粮食却要从遥远的地方运来；有些要塞可以容纳整个国家军队的屯兵场、港口或者商埠，而有些则是物资匮乏、不能自给的荒城。

我们无须过多地关注基地的作用及其大小，只须了解它对作战的影响。需要强调的一点是，我们不能把基地简化成几个概念来当作规则使用，而应该同时考虑我们前文所提到的各个方面。

如果某一地区已经对一支军队的补充或给养作好了准备，那么这个地区就应该看作是这支军队的基地。基地的变更需要花费很多时间和人力，因此不可能随时变换；即使在本国境内也是如此，因此军队的作战方向多少受到基地的限制。当军队在敌国作战时，如果想要把毗邻的边境全部作为基地，就必须建立相应的基地设施，然而，要在边境各处建立这样的设施是难以实现的。例如，1812年战局的初期，俄军在面对法军的进攻时选择撤退，但是由于国土辽阔，俄军在任何方向都有广阔的活动地区，甚至可以把整个俄国看成是军队的基地——这在后来成了事实，俄军从几个方向成功反击法国军队。但是，这种情况并不是在战局的任何时期都适用，俄军的基地主要还是建在军队往来运输物资的大道上。由于受到这种限制，当俄军在斯摩棱斯克战役中失守，也只能往莫斯科撤退，而不能真的像人们设想的那样，转向卡卢加以引开敌人。因此，要改变退军的方向，只有

□ 土伦之战

1793年，外国干涉军纷纷进驻法国土伦港，企图颠覆雅各宾派的革命政权。为了保护新生政权，以雅各宾派为首的革命政府组建法国革命军来抵抗反法势力，土伦战争由此开始。就在土伦的收复问题依然悬而未决时，被革命党任命为炮兵指挥官的拿破仑出现了。这位年轻的军事天才通过大量的战前侦察，观察敌情和战场的局部地形等，先是伪装阵地，切断守敌与英舰联系，再用大炮攻击敌人阵地，最终取得土伦之战的胜利。

经过长时间的准备才可能实现。

显然，军队的人数越多，对基地的依赖程度就越大，范围也越广，就像一棵树，从它赖以生长的土地吸取养分一样。小树的移植非常容易，随着它越长大，移植就越困难。因此，小部队要获得必需的给养和补充，总是比人数众多的大部队容易得多。我们在谈论基地对作战的影响时，必须考虑军队兵力状况。

从军队当前的需求来看，给养比较重要；而从长远来看，补充比较重要，因为前者可以通过各种方法获得，而后者的来源却是固定的。此即从事物的不同性质出发，进一步阐明了基地对作战的影响。

遑论它的影响有多大，我们应该注意的是，这种影响需要较长时间才能产生决定性作用，而在这段时间究竟会发生什么，没有人能够知道。因此，除了要达成某些不可能的目标，基地的价值在作战行动的抉择上很少会起到决定性的影响。我们必须将基地方面产生的困难同其他各种有效的手段相联系，对作战进行全面的衡量。当决定性的胜利产生作用时，这些困难就会迎刃而解。

第十六章　交通线

军队据点和主要的补给供应地之间的道路，往往具有双重使命：军队补给的交通线和撤军的道路。

上一章我们提到，军队主要的给养来自于当地，但它与基地仍然是一个整体，交通线就是它们之间的纽带。交通线沿线的各种供给品、武器、来往的支队、邮局信差、医院仓库、弹药库和行政机关等，都对军队有着十分重要的意义。

交通线是军队的生命线，不能太长，也不能通行困难或长期中断。路途太长，损耗就会增加，对军队来说是一种力量的削弱。

作为撤退线，它的另一种作用是军队的战略后方。这些道路的价值取决于它们的长度、数量、位置和状况，以及地形的通行难易、当地居民的状况和情绪，最后还取决于有无要塞或地形屏障作掩护。

不过，并非所有从军队据点到补给来源地之间的道路，都是军队真正的交通线。当然，它们作为交通线体系的补充线，总是能发挥作用。只有设置了仓库、医院、兵站和邮局，同时指派了守备军队的道路才是真正的交通线。在这个问题上，在国内和在敌国境内的差别很容易被人们忽视。军队在本国内可以不受这些交通线的限制，必要时甚至可以离开这些道路选用其他道路。在国内，军队有自己的政府机关和民众的支持，即使路况不好，也仍然可以使用。与此相反，在敌国境内，通常只有军队已使用过的道路才能作为交通线，因为许多微小到难以被察觉的因素往往会导致极其不同的效果。在敌国境内，军队只能在沿途设置一些必要的交通线设施，激起当地居民的恐惧，但最终接受这些设施，甚至觉得这些设施能减缓战争的灾难。军队留下小部分兵力，以守备和维护整个交通线。如果把守备军队、战地邮局以及其他机构派到军队没有涉足过的敌国境内，在敌国尚未彻底失败之时，当地居民会奋起反抗，导致交通线设施的维护艰难。因此，如果想要控制新的道路就必须拥有比较强有力的守备军队，以应对当地居民的反抗。总而言之，在敌国境内行进的军队，除了武力，再无任何能使当地居民服从

□ 拿破仑

拿破仑·波拿巴（1769—1821年），即拿破仑一世，19世纪法国伟大的军事家、政治家，法兰西第一帝国的缔造者。于1804年11月6日加冕称帝，变法兰西共和国为法兰西帝国。拿破仑统治时期，对内多次镇压反动势力的叛乱，颁布了《拿破仑法典》，完善了世界法律体系，奠定了西方资本主义国家的社会秩序。对外率领军队五次攻破英国、普鲁士、奥地利、俄国等国组成的反法联盟，取得五十多场大型战役的胜利，沉重打击了欧洲各国的封建制度，捍卫了法国大革命的果实。于1814年被迫退位，随后被流放厄尔巴岛。1815年建立百日王朝，滑铁卢再次兵败后被流放于圣赫勒拿岛直至1821年病逝。图为拿破仑称帝。

的工具。然而，这需要牺牲，所以比较困难。因此在敌国境内更换基地几乎不可能。总而言之，军队的活动受到较大的限制，而且更容易遭到包围。

在交通线的选择和设施建立上，也有很多需要考虑的因素。一般来说，道路越宽阔，连接的城镇越大越发达，掩护它们的要塞越多，就越适合作为交通线。作为水路的河流和作为渡河点的桥梁也是重要的考虑因素。因此，交通线和军队的前进路线的选择，受到地理条件的限制，除此之外，基本上可以自由选择。

我们把双方军队同基地之间的联系，与上述这些条件作个比较，便能判断，交战双方谁有可能首先切断对方的交通线甚或撤退线，用战争术语说就是包围。不同于精神和物质优势，这只能是交通线比较优越的一方才能有效地做到这一点，使对方陷入困境，从而保障自己的安全。

交通线的双重使命也使得包围战术具有双重目的：切断敌军的交通线或撤退线。

从第一个目的来说，需要注意的是，在现在实行的给养制度下，暂时切断敌人的交通线无法产生重大的影响；而且只有在敌人遭受到一系列的损失的情况下，长时间地切断敌人的交通线才能达到目的。在采用复杂给养制度的时代，道路上往往有成千上万辆面粉车往返，所以一次有效的侧翼袭扰活动就能打乱它。但现在，此类战争至多可以截获一个车队，中断一次运输，但不一定能迫使敌人撤退。

侧翼袭扰，在过去更常见于书本之中，因此是难以实现的。只有在交通线很长，同时可能遭到当地民众武装袭击的情况下，敌军的侧翼威胁才显得十分危险。

实际上，我们不应该在切断退路及其相关问题上过分夸大，因为作战经验告诉我们，想要切断一支强大军队的退路比突破这支部队要困难的多。

　　想要维持一条较长的交通线的通畅和安全，可采用的办法非常少。如在军队据点附近即退路上，占领一些要塞或者在适当位置构筑堡垒，优待当地居民，严整军纪，配置优良的警察，不断修整道路等。这几乎是仅有的一些方法，即便如此，它们也不能完全规避风险。

　　此外，如果把给养问题考虑进去，那么，军队在可能的情况下的行军路径非常适合充当交通线。当它经过发达城市或者富庶的耕种区，且道路宽阔，那么无疑是最佳交通线。即使要绕一些弯路也仍然可取，因为在很大的程度上，它们决定着军队的配置问题。

第十七章 地形

地形除了给军队的给养来源造成影响,它同军事行动本身也始终具有密切的关系,无论是对战斗的过程还是战斗的准备和战术的运用,都具有决定性的作用。

地形的作用大多体现在战术范围,但其结果却属于战略范围。如山地战的结果肯定和平原战完全不同。

因为我们尚未完全界定进攻和防御的差别,所以无法表述其突出性质的影响,在此我们只能谈一谈地形的一般特征。地形对军事行动的影响有三个方面:妨碍通行、妨碍观察和对火力的防护。这三种影响使得军事行动变得更加多种多样、错综复杂。

只有当很小的部队在完全开阔的平原上时,地形才会对军事行动毫无实际影响。但是即便如此,无影响的地形概念也只针对某一时期的军事活动,而对于规模较大的部队的长时间活动来说,地形不可能不对其产生影响。

因此,地形的影响几乎是始终存在的,但其大小取决于地区的不同性质。

我们所说的地区,不同于完全没有屏障的开阔地。其主要概念包括三个方面:首先是地貌,即地势有高低,其次是有森林、沼泽和湖泊等天然障碍,最后是耕作造成了地形的变化。地形在这三个方面越复杂,对军事行动的影响就越大。当我们对这三种类型作进一步的分析,就能够把它们定义为:山地、少有耕作的森林和沼泽地,及农业区,这三种地形使作战变得复杂,更加需要技巧。

耕作对作战的影响可大可小。影响最大的如法兰德斯、荷尔斯泰因那种常见的耕作地,那里的土地被许多沟渠、篱笆、栅栏和堤坝截断,到处是分散的人家和小灌木丛。因此,平坦的、耕作均匀的地区最有利于作战。当然,这只是就一般情况而言,因为我们没有从利用地形障碍作防御的角度考虑这个问题。

这三种地形中的任一种,都有三种作用:妨碍通行、遮挡视线和充当掩护。

森林主要是妨碍观察，山地主要是妨碍通行，而复杂的耕作地，这两种影响同时具有。

森林的大部分地区都不便于运动和观察，这一方面使得行动简单了，一方面又给行动造成了困难。在这种地形上，很难充分地集中兵力战斗，但也不必像在山地和极其复杂的地形上那样分散兵力。即使分散，受影响程度也比较小。

山地主要是妨碍通行，要么有的地方不能通行，要么即使可以通行，行动起来也缓慢费力。

所以在山地行军速度会受到影响，时间花费更多。但是它具有一个特点，即在某一地点可以俯瞰另一地点，对此我们将在下一章节"制高"中探讨这个问题。山地的这种特点，导致兵力大幅度地分散。制高点的重要性不仅在于它本身的缘故，还因为它们彼此间的影响。

□ **青年时期的拿破仑**

拿破仑出生于科西嘉岛的阿雅克肖城，少时离开家乡前往法国。成年后进入法国巴黎军官学校，专攻炮兵学，毕业后进入拉斐尔军团，并被授予炮兵少尉军衔。法国大革命中，年轻的拿破仑少校崭露头角，率领军队击败保王党势力和英军，获得土伦之战的胜利，并因此得到雅各宾派的赏识，被破格提升为准将。从此，这位天才军事家登上了历史舞台。

随着地形的各种形态达到极点的时候，统帅的作用将会降低，而往下垂直的各级军官至普通士兵的作用则会加强。随着分兵越甚，兵力就越难控制，因为每个士兵的自主能力变强。当然，当部队分散、作战方式和情况变得复杂，情报的作用也必然增大，同时统帅的才能也将得到比较充分地发挥。但是我们必须重申一点：战争中单个胜利的总和比它们相互联结的形式更为重要。我们假设一支军队分散成一条很长的战线，每个士兵都像在进行一场小型战斗，那么战争将取决于单个胜利的总和而非它们的联合形式。因为联结的效能只能从成功的结果中体现出来。因此，在这种情况下，个人的勇气、技巧能决定一切。只有在双方军队素质相当的情况下，统帅的智慧才起决定性作用。因此，在极其复杂的地形和兵力分散的情况下，士气高昂的民众武装，可以发挥这种优越性。但也仅限于这种地形，因为民众武装通常都不具有大部队集中作战时所具备的特质和武德。

在战斗中，如果军队缺乏这些特质，就会更害怕失败，从而趋向于避开复杂

□ 里沃利战役

　　法国大革命时期，欧洲各国企图对法国进行武装干涉。1793年3月，英、俄、奥地利等国组成第一次反法联盟。1794年6月，准将拿破仑在比利时弗勒吕斯大败联军，迫使除了英国和奥地利外的国家退出反法联盟。1796年3月，拿破仑奉命远征处于奥地利统治下的意大利北部，并于1796年1月在里沃利战役中击溃奥地利军队，赢得决定性胜利，奥地利被迫和谈。同年10月，法奥两国签订了《坎波福尔米奥条约》，标志着法国粉碎了第一次反法同盟。

的地形，但实际上这很难由军队决定。因此，我们经常会看到这样的战例，有些军队不顾地形的性质坚持按照自己的作战方式来战斗。然后在如给养、宿营等方面都遇到诸多不利，从而遭到多面攻击。但是相比较而言，军队无法发挥自己的特质所带来的不利更为严重。

　　集中或分散兵力的行动取决于军队的性质，但即使在关键时刻，军队也不能机械地始终集中或始终分散。在西班牙，就连法国军队也不得不分散兵力；而西班牙的民众起义也曾在必要时刻集中一部分兵力进行大规模的战斗。

　　抛开地形和军队的一般性质，尤其是军队的政治性质不谈，地形同兵种间的比例关系也十分重要。

　　无论在山地、森林还是耕作区，都不适合大规模地使用骑兵。密林区不宜使用炮兵，因为缺少发挥炮兵威力的空间、可通行的道路和马匹的饲料。对于炮兵来说，复杂的耕作区更为适合，尤其以山地最佳。但是，这两种地形都有对火力的防护性能，因而对主要靠火力发挥作用的兵种是不利的。同时，可以随处通行的步兵常常拖着笨重的火炮陷入进退两难的境地。总而言之，这两种地形可以给炮兵的大量使用提供充足的空间，在山区，由于敌人行动缓慢，使得炮火能够发挥它最大的效力。

毋庸置疑，步兵在任何一种地形上都比骑兵和炮兵优越得多，因此，在任何时候，这一兵种的比例都可以远远超出其他兵种。

第十八章　制高

在军事艺术中，"制高"一词具有独特魅力。地形对军队的影响，至少有一半以上是制高这个因素造成的。军事学的常规技巧，如瞰制阵地、锁钥阵地、战略机动等都是以制高为基础的。

战斗也是遵循物理规律来进行的，即任何物质力量的发挥，自上而下始终比自下而上要容易得多。下面我们列出三个较为明显的原因：第一，高地总能成为通行障碍；第二，自上而下的射击要比从下向上射击更容易命中；第三，从高处俯瞰，便于观察。

第一和第三个有利条件体现在战略范围内，行军和观察既属于战略又属于战术。因此，如果部署在高处的军队对低处的军队构成了通行障碍，那么在战略上它就获得了第二和第三个有利方面。

正是由于这些有利条件，处于制高点的军队看到山下的敌人时会产生优越感和安全感，而这种感觉比它实际能起的作用强烈得多，因此，人的想象力是增加制高效果的一个新因素。

当然，就便于运动方面来说，高处的军队并不是绝对有利的，也不是在任何场合都是有利的，只有当敌人想要进攻它的时候才会有利。比如，即使位于高处，但是一个大山谷将双方军队隔开，那么高处的一方也就没有什么优势。如果双方想要在平原进行会战（如霍亨弗里德堡会战那样），那么，则是位于低处的军队较为有利。同样的，观察也可能有很大的局限：下面繁茂的森林以及军队所占领的山脉本身，都很容易妨碍视线。这样的情况虽然很多，但是这些局限并不能抵消制高在军事行动中的优越性。在此，我们来简略地谈谈制高的军队在进攻和防御中是如何具有这种优越性的。

制高在战略上有三个有利之处：强大的战术性力量、通行阻碍和利于观察。其中第三个是进攻者和防御者都可以利用的，而其他两个条件只有驻守在高地的防御者才可以利用。

□ **法国骠骑兵**

　　骠骑兵属于轻骑兵，盛行于16—18世纪的欧洲中部地区，以匈牙利最有名，19世纪中期开始衰落。最早的骠骑兵出现于匈牙利和波兰，其主要武器为马刀，擅长疾速突击敌方防线，并执行侦察和搜索任务。拿破仑战争时期为骠骑兵的鼎盛时期，当时法国和俄罗斯的骠骑兵最为出名。他们作战凶猛，服饰以华丽为主，威风凛凛，视死如归。

　　因此，制高对于防御者来说至关重要，而山地阵位才能带来决定性的利益。关于这一点，我们将在"山地防御"一章中深入探讨。

　　在此我们需要明确的是，我们所谈的不是某一个地区，如一个阵地的制高问题，而是整个战局的制高问题。如果我们把一个广大地区，如一个省视为一个倾斜的平面，那么，能在几个方向上前行，并始终保持在较周围更高的位置上的军队，在战略上就具有优越性，这不仅有利于兵力的部署，也有利于系列战斗的规划。

　　在进攻上，制高同样可以发挥有利的优势，因为战略进攻不像战术进攻那样只是一次单独的行动，而是通过几次独自的行军实现的，并伴随期间或长或短的间歇。在每一次间歇中，进攻者和他的对手一样，处于防御状态。

　　从便于观察的角度出发，无论是防御还是进攻，无论军队大小，拥有制高这一条件都是有利的，军队可能遭受的危险要少一些。这种有利的效果主要体现在各个单独的部队作战上，关于这一点的具体研究，我们将在后文进行探讨。

如果我军在制高方面及地理条件上都具有优势，且敌人意识到他们的行动会由于各种原因，如在大河附近行军将受到限制，那么这种位置上的不利将具有决定性，并使他们想要迅速撤退。没有任何军队能够在没有占领河谷高地的情况下守住那个河谷。

由此可见，制高可能形成实质上的控制，这个观点，具有不可否认的现实意义。但我们要明确一点，瞰制地区、掩护阵地、国土的锁钥这些术语和概念不一定只根据地形的高低来确定，大多只是空谈，而无任何实质。那学院派军人和迂腐战略家最乐于抓住这些理论因素不放，去给平凡的军事行动增添色彩。但是这些无意义的概念游戏以及它们同实际经验的种种矛盾，都不能使作者和读者信服，就像往漏缸里倒水一样，毫无意义。占领这样的地区和阵地只是行动本身，而阵地的实质也不过是一种死的工具，只有当它们通过某种客体去实现一个目的，才算有价值，而这一切都是基于胜利的战斗。无论是纸面上作评论，还是实际的战争中，人们都应该始终牢记这一点。

所以，如果决胜只有胜利的数量和规模，那么，双方军队及其指挥官的素质对比就明显地居于首位，而地形只能起到一个次要的作用。

第六篇 防御

防御,即抵御进攻。

在战术范围,凡是我方让敌人采取主动,等待敌人来我方阵地交战,都是防御战斗。防御具有消极的目的——据守;进攻则具有积极的目的——占领。以占领为目的的作战手段多种多样,以据守为目的的作战手段比较单一,因此防御的作战形式强于进攻的作战形式。而战争的自然进程往往是以防御开始,以进攻结束。

在战略范围,人们无非是想利用防御这种较强的作战形式赢得战斗的胜利,以便在取得优势后转入进攻,即转向战争的积极目的。当防御者取得明显优势后,防御的使命便宣告完成。

第一章 进攻和防御

一、防御的概念

防御的概念就是防守和抵御敌人的进攻,其特性是等待敌人的进攻。这一特性是将战争中的防御和进攻区分开来的唯一检验标准。然而,纯粹的防御是只有一方在战斗,这完全背离战争的概念,因此战争中的防御是相对的,其特性只能被用于基本概念,而不能用于所有成分。

防御作为作战基本类型之一,在实际战争中可分为三种情况:防御战斗、防御会战和防御战局。其在战斗中分别表现为:等待敌人的进攻和冲锋;等待敌人进入我方火力范围;等待敌人进入我方战区。在以上几种情况中,防御的特性与点的防御观念相合,同时也不与战争的概念相违背。有时候,等待敌人的冲锋与进攻对我方反而有利。

在正在进行的战争中,我方必须对敌人予以还击。但防御战中,我方的进攻性行动也应归于防御的范畴,因为进攻行动发生在我方的阵地或战区的范围内。也就是说,一场防御战可以伴随着进攻战。而在防御战斗中最具代表性的阵地战中,我方不仅可以等待敌人冲锋,也可以用进攻的子弹迎击敌人。综上所述,防御这种作战形式是由巧妙而灵活的打击组合而成的坚固壁垒,绝不是单纯地为了防守而不堪一击的盾牌。

二、防御的优点

防御的目的是据守,即占据一定的地理位置等优势来防守敌人的进攻。通常,就同一支军队的防御和进攻,据守更加容易。原因有以下两点:

首先,防御方所能利用的时间远多于进攻方,进攻方由于判断失误、估计错误或恐惧迟疑而浪费的时间,都归于防御方,使其能坐收渔利。

其次,防御方可以抢先占据有利地势。这也是其可以优先享用的利益。

正是因为这一优势,普鲁士才得以在七年战争中免遭覆灭。同时,这一优势在其他含有防御性质的领域，尤其是法律诉讼中也同样有效。拉丁谚语"占有者得利"已明确肯定了这一点。

阐明了以上概念，接下来我们将详细说明防御本身。

在战术范围内，让敌人主动进攻，等待敌人进入我方阵地的战斗都是防御战斗。我方可以利用待敌之利和地形之利打击敌人。从战略上来说于阵地变成了战区甚至变成了整个国家，战斗变成了战局甚至变成了整个战争。但是在这两种情况下，防御始终不变，就像在战术上那样。

我们已经证明，防御比进攻容易。但凡事都具有两面性，在战争态度方面，防御的目的——据守是消极的；相反，进攻的目的——占领却是积极的，它可以起到增加军队的作战手段，鼓舞士气的效果，据守却没有。

因此，对防御更加准确的表达应该是，就作战形式而言，防御比进攻更具优势，这就是我们的讨论所要得出的结论，但它与舆论的导向背道而驰。它隐藏在事物的本性中，已由经验确认。这更加证明了仅从表面看问题的人在概念和逻辑上犯的错误。

防御虽然更具优势，但它带有消极目的，这使它的使用范围限制在因羸弱而迫不得已时。一旦军队力量强大到足以实现进攻，就必须立即放弃防御。而战争的一般进程，即以防御开始，以进攻结束，同样说明这一问题。

在战争初期，防御方能够利用其优势取得胜利，以此带来有利的兵力对比，进而实现进攻。但如果单纯将防御作为最终目的，就与战争的概念完全相背。如果防御仅仅为了抵御敌人进攻，而无反攻意图，是十分荒谬的。

当然，会有相当一部分人为了证实防御方的终极目的只是防御而不反攻，举出许多实战例子。这样的论辩未尝不可，但人们显然忽略了一点，即采取防御战术是大的战争环境的一部分，是战略的一方面。他们用来证明相反情况的这些例子，必须归于一类：在这样的战争中，还没有达到反攻的条件。

在七年战争中，普鲁士国王腓特烈大帝在战争的最后三年，都未曾想过要进攻，他甚至只是将进攻作为一个较好的防御手段。而他作出这样的战略考虑，恰是受当时的政治环境所迫。因此在全面考察这一防御案例时，可以发现腓特烈大帝的整个防御战略的基础仍是反攻。同时也应该正视这一事实：绝佳的反攻时机直到最后也没有到来。缔结和约在所难免证实了这一点。奥地利政府认识到：敌我力量之间的悬殊使缔结和约在所难免。奥地利应该庆幸，俄国、瑞典的军队

□ 远征埃及

为了与英国争夺欧洲霸权,法国督政府派遣时任新英吉利军团司令的拿破仑远征由英国通往印度的必经之地埃及(处于奥斯曼帝国的统治之下),以阻碍英国和东印度之间的贸易。1798年5月19日,拿破仑率领一支由2.5万名步兵、3000名骑兵、3000名炮兵和工兵的远征队从军港土伦港出发,向埃及进发。一路上,拿破仑的远征军得以躲过英国的皇家海军,先后占领了地中海上的马耳他岛和埃及的亚历山大港,于7月登陆埃及。

牵制住了普鲁士的一部分兵力,否则腓特烈大帝定会在波西米亚和摩拉维亚摧毁奥军。

通过以上的讨论,我们明确了防御的概念及其限定。那么,回到我们此前的断言,即防御是一种较强的作战形式。

其实只需仔细比较进攻和防御,上述论点便很清楚。

如果说进攻是一种较强的作战形式,那么防御这种作战方式就根本没有存在的理由,因为它只有消极的目的;或者双方都想进攻,那么防御也是不存在的。相对于防御,进攻所要承受的风险、付出的代价都是较大的,但是这与它获得的利益成正比。战争中,谁认为自己的力量是够强大,完全可以采取进攻这种较弱的作战形式，谁就可以获得较大利益。反之，谁认为自己力量过弱，只能争取较少的目的，谁就可以利用防御这种较强的作战形式来帮助自己取胜。纵观历史，没有一位统帅会让较强的军队固守在一个战区内防御，而让较弱的军队在另一个战区进攻。因此，我们可以充分证明，即使最喜欢进攻的统帅，也仍然会认为防御是较强的作战形式。

第二章 进攻和防御在战术范围的比较

首先，我们必须探讨一下促成战斗胜利的各项因素。

这里，我们不考虑军队的数量优势、士兵的勇敢、训练或其他因素，因为这些并不在我们所关注的那部分军事艺术范围内。而且，这些因素对进攻和防御的作用是一样的。因此，总的来说，有利于胜利的因素只有三个：出其不意、有利的地形和多面攻击。

出其不意的效果在于，我方在某一战区突然以远超出敌人预计的优势兵力取得胜利。此类状况中数量优势远不同于透明化的兵力优势，它是军事艺术中的一种重要手段。有利的地形的作用也很明显。其不仅指制约进攻者前进的障碍，也包括能够隐蔽地配置防御方军队的地形。甚至只要熟悉某一处地形，即便它毫无特色，也能获取因它带来的益处。多面攻击，包括各种迂回策略，其作用在于使敌人遭到火力夹击，从而因恐慌而自乱阵脚。

那么，这些因素又是如何应用在进攻和防御中的呢？

需要注意的是，对进攻者来说，虽然出其不意与多面攻击的一部分对其有利，而其余大部分及有利地形则对防御者有利。

进攻者可对整条防线的任意一点发起攻击，并用全部军队投入其中，才能出其不意；而防御者可凭借自身的力量，在整个战斗中通过不同程度的袭击达到这样的效果。

与防御者相比，进攻者更容易包围敌军并切断其退路，而防御者却只能困于阵地上，成为进攻者攻击的对象。但具体到战斗过程中及军队的各个部分，防御者更容易进行多面攻击。

显然，有利的地形对防御者所用。至于出其不意方面所带来的优势，是因为隐蔽着的防御者很容易侦察到在主要道路上活动的进攻者。自以为较科学的防御方法出现以后，对防御的侦察已经完全过时，他们几乎无法发现防御者的存在。防御者侦察、选择熟悉地形，依此部署军队，并在战前熟悉地形。这样一来，他

□ **金字塔战役**

1798年7月，法国远征军抵达埃及，遭到埃及马穆鲁克军团的英勇抵抗。21日，法军近3万名步兵与马穆鲁克1万多名骑兵、2万多名步兵及3万多名平民在开罗金字塔下展开激战。虽然马穆鲁克军占了数量优势，但因其装备落后，战术陈旧，最终被训练有素的法军一举击溃。战后，拿破仑军队进入开罗城，迅速占领埃及全境。

就比进攻更容易达到出其不意。即便如此，人们按照旧观念，固执地认为，接受会战就等于输了一半。这种观念由七年战争中曾被少数人采用的一种防御方法所引起。当时，人们希望仅依靠地形获胜，由于没有有效配置军队，以致根本无法达到防御效果。这时防御者占领任何一点都能直接影响整体，因此任何一点都不能放弃防守，否则将直接影响防御效果。所以，这绝不是一个好的防御措施，更谈不上出其不意。

而人们轻视防御的原因在于，时代的变迁造成某种防御方法过时。正如上文中谈到的防御方法，确实曾经优于进攻。

现代军事艺术发展过程是进攻者和防御者最初相互胶着的过程。防御者利用待敌之机完成军队的配置和展开。后来，进攻者军队的机动能力使得防御条件失去有利条件。而后，防御者又利用地形掩护，取得决定性优势，直到进攻者敢于利用复杂地形分几路纵队迂回进攻。为应对这一劣势，防御者不得不把正面配置得越来越宽。而这让进攻者把兵力集中在几个点成功突破，取得第三次优势。防御者又不断改变方法，先把军队集结成几个大的集团隐藏配置，等待进攻者暴露其下一步措施才采取行动。

这种防御不排斥在部分地区消极防御，同时又具有极大的优势，吸引统帅们成百次地利用它。须指出的是，这种防御在战争中已经不再占主要地位。

总之，防御者必须随进攻者方法的改变而随之改变。由于一切都以事物内在联系为依据，因此新方法很难出现，防御者也必须有所改变。但有利的地形对军事行动的影响比过去任何时候都大，防御优势逐步凸显，因为在当今战争中地形与地理环境的特性对军事行动的影响远远大过其他任何时期。

第三章　进攻和防御在战略范围的比较

这一章，我们将讨论战略上取得成功的因素是什么。

前文提到，战略范围内不存在胜利概念。战略成功包括作好战术胜利的有效准备（战斗胜利的把握），以及利用战术上已取得的胜利。战略决策能加强会战胜利的成果，战略上的成功胜过对胜利成果的开发利用在战略上起作用的主要因素。取得这种成果的主要条件有：

（1）地利。

（2）出其不意（真正的突袭，或者在某一地点配置大量军队）。

（3）多面攻击。

（以上三个因素与促成战术胜利的三个因素相同）

（4）战区要塞及附属设施所产生的有利作用。

（5）民众的支持。

（6）利用强大的精神力量。

这些因素是如何影响进攻和防御的呢？

战略上和战术上一样，防御者占据有利地形，进攻者拥有突袭。但突袭在战略范围中的运用更加重要。事实证明，突袭在战术范围内很少能促成大的胜利，但在战略范围内却很普遍。突袭运用的前提必须是敌人犯了罕见而重大的决定性错误。因此，其并不能成为进攻者胜利的关键手段。

与战术上相似，防御者通过在自己战区配置兵力来制造出其不意。而这个战区将给进攻者带来有利条件，使其集合全部兵力来打击其部分军队的。

不过，新的防御艺术带来不同的防御原则，因此以上情形不会存在。防御者没有理由轻易分割兵力，即使顾虑被敌人利用，但以防被切断退路，它会选择迎击。防御者也会倾其全部兵力迅速找到敌人。

当遭到给养困难的时候，进攻者不得不分割兵力。而这时防御者有把握以全部军队打击敌人部分的兵力。

□ 马尔蒙元帅

奥古斯特·马尔蒙（1774—1852年），拿破仑帝国元帅。他是一位出色的战术家、组织者和管理者，曾参加土伦战役、远征意大利、远征埃及等著名战役，屡立战功。但在之后的战役中，他背叛了拿破仑。他的背叛从未被法国人忘记，他的"拉古萨"头衔也成为不可靠的象征。

战略范围的不同，使得侧翼攻击和背后攻击的性质大大改变。

（1）战区的距离性使火力夹击失去效用。

（2）战术范围上，迂回给包围战带来极大恐惧。但在战略范围内，由于空间不可能封闭，便不那么害怕被切割了。

（3）战略范围内，战区空间较大，使得内线即较短路线攻击效果增大，利于抵抗多面的攻击。

（4）脆弱的交通线一旦被切断，将带来可怕的后果。

在战略范围内，空间较大，只有掌握主动权的进攻者才能采用包围或多面攻击的手段。对此，由于军队的配置无法适应，防御者只能进行反包围。然而，如果用处不大，即使易于包围，对进攻者也没什么好处。因此，若不是会对交通线有影响，围攻不应被视为胜利。围攻在最初彼此相对时并不起任何作用，只有当进攻者在敌国国土上变成了防御者，它的重要性才逐渐显露。因为此时，进攻者失去坚固的交通线，防御者得到出击机会。但由于"包围"是防御本身内在所固有的原理，故其优越性并不能算作是防御者造就的优越性。

关于战区的有利作用，防御方优势明显。因为远离战区的进攻者就意味着远离其要塞和仓库，兵力自然削弱，而防御者留在自己的战区，随时补给，力量不会削弱。

关于民众的支持，大多数场合，一般能得到民众支持的是防御。但这只针对防御战在自己的国土上展开。这里的"民众支持"不仅指民兵和民众武装，同时也指阻力较小、物资补充较为丰富。

第三个因素和第四个因素的成果在1812年的战局中得到完全的展现。法军大约50万人渡过尼曼河，仅剩12万人参加博罗季诺会战，到达莫斯科的人更少。结果就是，俄国人即使没有继续反攻，也能在很长一段时间内免遭新的侵犯。

□ **阿布基尔海战**

虽然法军在埃及陆上攻无不克,但在海上的战斗却并不顺利。1798年8月1日,在地中海尼罗河口附近的阿布基尔湾海战中,英国舰队在纳尔逊海军少将的率领下摧毁了法国海军,并将拿破仑的军队困在埃及,使其无法从法国本土获得援军和补给。此战中法国伤亡甚众,而英国仅用极小的代价便取得了巨大胜利,其指挥官纳尔逊少将因此被封为尼罗河男爵。

虽然欧洲只有瑞典的情况与之类似,但仍能看出这个因素带来的效果,区别只在于大小。

对战区的有利作用和民众的支持还需要作一些补充。有利于有效防御的这两个因素真正发挥作用只能够在本国境内,否则其作用就会被大大削弱,甚至成为阻碍。一切不能直接导致媾和的进攻,都必须以防御告终。

还要强调一点,进攻中出现的一切防御因素都体现着进攻的性质,并因为它们属于进攻而受到削弱,这是进攻的普遍弱点。因此,制订进攻计划时要首先注意继进攻后接踵而来的防御。这一点将在"怎样计划一场战争"一篇中仔细研究。

统帅可以利用强大的精神力量来增强自己的力量。这种力量在进攻者和防御者的军队中同时存在。但须注意,这种精神力量通常只出现在决定性打击以后,因此并不会影响它的进程。

以上充分论证了我们的论点：防御是一种比进攻更强的作战形式。但这里还遗漏了一个因素——勇气，即士兵意识到自己是进攻方的这种意识上的优越感，尽管它很快会被其他更强烈的感情所湮没。

第四章 进攻的向心性和防御的离心性

进攻的向心性和防御的离心性这两个概念，用于定义在进攻和防御时使用兵力的方式，经常在理论与实践中出现，以致人们认为这是进攻和防御所固有形式。其实不然。为尽早得出明确的概念，我们在此把它们看作是纯粹抽象的东西来加以研究。

我们假定防御者处于静止状态，进攻者是相对运动的，因而得出进攻的普遍优势：只要双方保持这两种状态，进攻者可以随意围攻防御者，并选择是否向心进攻。这种选择权只存在于战术范围内，而在战略范围中，无限延长的防线保证防御者两翼依托点的安全。因此进攻者不可能选择会聚性进攻，从而失去自由选择的机会。当进攻者被迫选择向心性进攻，优势便大。例如，俄国和法国要进攻德国，其军队不可能事先集合，只能选择合围。因此，当进攻者被迫选择这种形式作战时，该形式原本的优势便完全抵消。

接下来，我们将进一步考察这两种形式在战术范围和战略范围的作用。

军队作向心运动时的真正优势，在于对一个点共同发挥作用。而向心运动带来的有利效果，需要从战术和战略两个方面来说明：

（1）当军队达到了既定的会聚程度时，交叉火力的效果将明显增强。

（2）对敌人的同支兵力进行多面攻击。

（3）切断敌人的退路。

由于战略范围涉及的空间更大，更不容易封闭，因此切断退路虽然可行，但明显要困难得多。这一点同样发生在对敌人的同一支兵力进行多面攻击时。被攻击的这部分兵力越小，攻击越有效。战略关注的是军队力量的会聚，同时要求在较宽广的地域上长时间地进行，这与战术的关注点刚好相反。因此，战略上的会聚性进攻远不如战术上的有效。

火力效果根本不属于战略范围的问题。而在战略范围，与之对应的，是基地受到威胁的问题。当敌人在周遭取得胜利，军队必然感到自己的基地受到威胁。

□ 《拿破仑在开罗赦免反叛者》 盖兰 法国

1798年10月20日，拿破仑在全埃及国务会议上强令代表们通过法令，对所有店铺和住房征收新的捐税。10月21日清晨，开罗市民们得知新的法令后义愤填膺，纷纷涌向爱资哈尔清真寺，声讨拿破仑的暴政。当时拿破仑正在视察工事，便赶紧折回调兵遣将，命令士兵在次日拂晓前攻占通往开罗的交通要道，切断开罗与外界的一切联系。下午2:00，拿破仑下令炮轰清真寺，除了少数幸存的反叛者被迫投降，寺院内的其他人被全部埋在废墟下。23日，法军大肆逮捕起义群众，开罗首次起义宣告失败。

由此，向心运动时的优点，在对甲产生效果的同时也对乙产生效果，而且这种效果并不会此消彼长。因此，总的效果将大于对甲、乙效果的总和。

防御战中，离心运动的优点在于：将军队集结在一起，在内线运动。这样一来，对方若没有巨大的优势，便不敢贸然进攻。只要防御者开始运动，离心运动就会比进攻者的向心运动对取得胜利起更大的作用；也就是说，它往往会成为防御方取得胜利的关键。而要取得胜利，在考虑切断敌人退路之前，必须先战胜敌人，即采取先敌行动。

总的来说，向心形式和离心形式的关系与进攻和防御的关系十分相似。向心形式能带来辉煌成果，虽然它具有积极的目的却有较弱的战法；离心形式取得的成果更加可靠，虽然它具有消极的目的却有较强的形式。防御不是纯粹的防守，因此防御也可以使用向心形式，后者不仅仅是进攻方的优势。这一结论能够使人们摆脱这一看法所产生的影响。

上述结论同时适用于战术和战略范围。还有仅关于战略的重要的一点必须要指出。内线的优势随着空间的扩大而增大。此外，先敌行动的优势在战略范围和战术范围间有很大差别。战术范围的空间比较小，会战中的一方很容易发觉敌方的风吹草动；而战略范围的空间相对大得多，会战一方的运动往往可以瞒天过海，甚至几个星期不被敌方发现。这样一来，处于隐蔽地形的一方，往往获得更大的利益。

以上就是对兵力的向心运动和离心运动效果的比较，以及它们同进攻和防御的关系，以后我们还将对这方面的问题作深入探讨。

第五章　战略防御的特点

前文我们探讨了什么是防御。简单说来，防御是一种较强的作战形式，是获取胜利的一种手段，人们通过这种形式取得优势，随后转入进攻，即转向战争的积极目的。

当防御者取得了显著优势后，必然会进行反攻。至于反攻的时间、地点及过程、其他条件则要取决于我们后文将涉及的许多因素。在此，我们要强调的是：应该把转入反攻看作防御发展的必然趋势，它是防御的重要组成部分；无论如何，如果任由通过防御取得的胜利流失而不加以利用，无疑是最大的错误。

从防御转为迅猛的进攻是整个防御行动最精彩的部分。一个永远只想通过进攻来摧毁敌人的统帅，永远无法体会防御的优越性，更不会把猛烈的反攻看作是防御的一部分。

但是，这些手段的丧失和取得取决于战争结束的方式。与其说战争是进攻者带来的，不如说是随防御者一起出现的，因为进攻者的入侵引起了防御，而防御又引发了战争。拿破仑一贯声称："征服者总是爱好和平的。"他们的侵略导致那些被迫进行防御的弱小国家不得不时刻作好准备来防止遭到对方突如其来的进攻——这也正是军事艺术的要求。

□《拿破仑视察雅法鼠疫病院》　安·让-格罗　法国

1799年3月，在开罗的拿破仑军队继续东进以攻击叙利亚，并包围了雅法城。雅法城是当时叙利亚的军事要地，拿破仑军队企图在此消灭敌军主力以完成东征大业。然而在与叙利亚军的激战中，拿破仑军队感染鼠疫，情况十分危急。拿破仑只好下令将重病患者安排进沿途医院进行治疗。这幅画便描绘了当时拿破仑及其部属亲临病院探视病患者的情景。由于受到鼠疫的影响，拿破仑只好放弃继续东进，回师开罗。

当一方率先出现在战场上，通常不是出自进攻或防御的意图，而取决于另外一些与此无关的意图。它们并非动机，却往往是谁先出现在战场上的结果，既然出其不意具有优势，那么谁先作好战斗准备谁就采取攻势，而另一方只能利用防御的优点来弥补准备之不足。

较早作好准备是进攻的优点，但它并不是在每个特殊场合都至关重要。我们假设防御是这样的：作好充足的准备；军队能征善战，统帅果断冷静；不必担心被围攻要塞；坚强的民众对敌人毫不畏惧。面对这样的防御，进攻便不再被人认为是所向披靡的。

第六章　防御的手段

上文中我们已经探讨了，在防御中，除了兵力的数量与质量以外，还有出其不意、有利的地形、多面攻击、战区的有利作用、民众的支持和强大的精神力量等因素，对战术和战略上的成功起决定作用。这一章，我们将深入讨论防御的手段。

第一，后备军。在现代，后备军已超出了它本身的使命，被用来进攻敌国，甚至在某些国家（如普鲁士），被当作常备军的一部分。在此，它不再只是防御的工具。从1813年到1815年的防御战中开始广泛利用后备军的；也只有极少数国家，像普鲁士那样将它看作常备军；通常而言，组织不完善的后备军更加适合于防御而非进攻。后备军所体现的，是全体民众以体力、财力和精神在战争中志愿协助常备军作战的组织。它越脱离这种性质，就越接近于常备军，也就越缺乏真正后备军的优点来源广泛、斗志昂扬，凭借信念而增强力量。一旦失去这些，它就难于成功。

由此可见，后备军更适合参与到防御战中，它的组织实质上契合了防御的概念，而且它挫败进攻的效果只有在防御中才能表现出来。

第二，要塞。要塞的可使用范围对防御者的帮助远远大于进攻者。一个迫使敌人不得不采取围攻而不会失守的要塞，其作用远大于只是暂时打消敌人占领念头却无法制约并消灭敌人的要塞。

第三，民众。在战争中，个人对战争的影响是微不足道的，但全国民众对战争的影响不容忽视。对于防御方来说，如果民众忠于并服从于本国政府，便会愿意牺牲一切；但进攻者只能耗费兵力，通过暴力强制手段才能实现。这里我们以情报为例。这里的情报是指协助防御者更准确了解敌军和友军的细节。防御者与民众之间良好的关系更有利于其获得这种情报。因此，防御者在这些方面占有优势和先机。民众不仅为自己的国家提供情报，还会直接参与到战争中来，甚至发展到以民众战争为主的更高境界。因此，我们不得不指出，一种新的真正的力量已经出现，即我们以下的第四点。

第四，民众武装，或志愿军，作为一种独特的防御手段，发挥重要的作用。

第五，最后的支柱——同盟者。这里的同盟者是指与被侵略国家利益相关的同盟国。当今欧洲的政治格局已经很好地为我们作出说明：国家和民族之间的利益被杂糅在一起，所谓的势均力敌并不存在。每一个利益的交叉点都是稳定结构的一个支点，这些支点互相联系支撑，构成整个欧洲的政治格局，任何变化都必然或多或少地影响这种联系。因此，各国总是倾向于维持这种相互支撑联系的现状，而非使它发生改变。

这就是我们理解的政治均势，且在此意义上的政治均势也出现在文明国家中。至于国家之间的共同利益在多大程度上要求他们维持现状，就不在这个问题的探讨范围之内。但我们可以想象，个别国家间的关系可能发生继续维持现状或打破现状的变化。前一种变化是为了保持政治均势的力量，实现各国的共同利益，因此要求维持现状。后一种变化则是一种实际病例，是个别国家的活动亢进。在一个结构松散的有机体中出现病态不足为奇，而在一个由大小不同的国家缔结而成的极不牢固的整体中出现这种病态，亦是如此。

如果有人反对：历史上曾有国家实现只对自己有利的重大变化，而其他国家并未加以阻挠，更甚有个别国家努力使自己变得强大，从而高居他国之上，几乎成了为绝对统治者。那么，我们的回答可以天体力学证明，即向某一目标的引力并不等于向那个目标的运动，但不能因此否认引力的存在。同样，共同利益要求

□ 雾月政变

正当拿破仑在埃及陷入困境时，沙皇俄国军队趁机煽动英国、奥地利、俄国及奥斯曼帝国等反法国家，结成第二次反法同盟，向法国发起进攻。再加上此时法国国内的政局也变得动荡不安，拿破仑见势立即抛下法国远征军，于1799年10月带着少数随从，悄然离开埃及，披星戴月地赶回巴黎。1799年11月9日，回到巴黎的拿破仑以解除雅各宾派过激主义威胁法兰西第一共和国为由，发动兵变，成立执政府，拿破仑任第一执政，后为终身执政。1804年12月2日，拿破仑在教皇的陪伴下，加冕自己为皇帝。

维持现状的倾向不存在，而是这个倾向在当时的作用还不够强大。

要求保持均势的倾向就是维持现状，当然，我们是以现状中存在均势为前提的。一旦均势的平衡现象被打破，倾向就自然发生变化；不过这种变化只发生在少数国家。由此我们可以断定，大多数国家都十分明确一点，即本国的发展存亡是由各国的共同利益来维持和决定的。

我们的考察基础是哲学的真理——利用事物基本要素之间的相互关系。但是为了能够更加准确地表述，我们还应将一切偶然现象考虑进去。然而，有的人为了构建个别案例史，总是从个别现象出发，精选事件的高潮，或情节跌宕处，并不探讨支配事情的普通因素。如此一来，他们的结论永不会在一个以上的案例中成立，而最终，他们还会将蕴含其中的哲学说成是梦想。

如果没有这种追求平衡和维持现状的普遍倾向，许多文明国家将不会有和平共处的画面。而事实上，多个文明国家共存的欧洲，已经存在了一千多年，这就印证了我们的论点。

□ **《拿破仑翻越阿尔卑斯山脉》**
　德拉罗什　法国

就在拿破仑赶回巴黎发动雾月政变之际，奥地利军进攻意大利，包围了热那亚的法军。拿破仑得到消息后，决定对奥地利军发动奇袭，并且为了争取时间而抄近道越过阿尔卑斯山。1800年5月，拿破仑率领4万名法军士兵登上阿尔卑斯山，只用了5天时间就越过了圣伯纳山隘（图中地点，法意瑞三国交界），据称期间法军消耗了2万多瓶红酒、1.5吨奶酪和800多千克肉。

当均势即将打破，甚至发生严重变化时，其他国家会有不同程度的反应，总是将这种变化阻止或消除在萌芽状态。这一点我们只要浏览历史就会明白，即使罗列再多事实也是多余的。但是有一个实例，总是被那些嘲笑政治均势论点的人用来反驳——这确是个再合适不过的例子，例解一个无辜的国家如何遭到灭亡而没有得到任何外国的援助。这个实例的主角就是波兰——一个拥有800万人口的国家，在没有任何其他欧洲国家帮助的情况下，被另外三个国家瓜分了。这似乎可以充分证明政治均势的不存在：这样一个幅员辽阔的国家，竟然成为俄国、奥地利和普鲁士的掠夺物，却没有影响欧洲其他国家的共同利益，这就足以证明，政治均势对维护各个国家的作用不是绝对存在的。但哲学的真理告诉我们：个别事件不能成为否定一般情况的论据。况且，波兰不能被认为是欧洲国际社会的一个平等的成员，因为它是一个鞑靼国。我们没有歧视波兰人民的意思，也不想为瓜分这个国家辩护，而是为了展示真实的情况。近百年来，波兰基本上没有起什么政治作用，其本身的状况和国家结构决定它无法长期存在。波兰的鞑靼人总是自我感觉良好，安于现状。可以说，令他们在堕落的深渊万劫不复的就是，他们混乱的公共生活和彻底的不负责任。在被瓜分之前，俄国人早已在此胡作非为，如果不被瓜分，那它迟早会成为俄国的一个省份。而如果波兰是一个有自卫能力的国家，也不会被轻易瓜分；与此同时，与波兰有着利益关系的法国、瑞典和土耳其等强国也绝不会坐视不管。可是，一个国家怎能完全依靠别国的力量来维护自己的生存呢？

瓜分波兰的问题在过去的一百多年已被无数次地论述，人们从来只当波兰是外国军队往来的公共通道，而没有把它看作是门禁森严的住宅。我们不禁要问，难道是其他国家对它有什么义务吗？难道要其他国家来维护它的政治尊严么？答案当然是否定的。这时的波兰就像是一片荒无人烟的草原，除了自己，没有谁有能力有义务来防守它，更别说保障这个所谓的国家的领土神圣不可侵犯。以上论据充分证明，如同克里米亚鞑靼国默默无闻地灭亡一样，波兰的悄然灭亡也在意料之中。土耳其希望克里米亚独立的迫切，丝毫不亚于欧洲各国对波兰的希冀；但它们清楚，保护一个全然不抵抗的草原是徒劳的。

我们再回到最初的论题上来。事实证明，通常来说，防御者比进攻者更能得到外国的援助。至于援助的大小，则取决于它的存在对于其他国家的重要性。

上文提到的几种防御手段，都将归防御这个概念，尽管防御者不会在每一次防御中都能使用这些手段。

第七章　防御和进攻的相互作用

我们必须对防御和进攻区分开来加以分析，因为二者是可以区别开来的两个概念。我们首先来谈防御。

防御的规则与进攻相辅相成。但我们必须找到一个起点，使这一系列的概念成立。从哲学的角度研究战争的发生就会发现，战争的概念实际上是和防御一起产生的。因为进攻的绝对目的是占领，而防御的直接目的却是战斗。因为战斗和抵抗是一回事，所以前提必然是对方的进攻，而进攻的目的却不是抵抗防御，也就是说，防御并不是它的前提。由此得出结论：防御者首先使战争要素发生作用，并成为首先为战争制定最初法则的一方。我们这里谈的不是个例而是普遍情况。

如果上述结论正确，那么即使无法了解进攻者的行动，防御者也必须为自己的操作能确定基本准则，其中包括其战斗部署。相反，进攻者

□ 马伦哥战役

1800年6月14日，拿破仑率领军队与梅拉斯元帅指挥的奥地利帝国军在马伦哥村展开交战。拂晓时分，奥军率先对法军发起攻击。经过一番激战，奥军取得优势并攻陷了马伦哥，法军只好向东撤退两英里后，在圣吉里阿诺村进行重整。面对奥军的继续追击，拿破仑重新进行战斗部署，大败奥军，使其损失惨重。通过此战的胜利，拿破仑成功保住了法国的革命政权，并于1801年2月9日与奥地利签订《法奥和约》，和约中法国的要求几乎全部被满足。1802年3月26日，法、英签订《亚眠条约》，第二次反法联盟解体。

如果不了解防御者，他就很难确定自己的战斗部署。因此他能做的，就是带上他的军队，随机应变，将他的军队作为手段去实现占领。而这实际上算不上积极的军事行动。但是，防御者却能够根据自己的作战计划部署集中使用战斗手段，而且率先采取真正符合战争概念的行动。

　　随之而来的问题是：在不存在进攻这个概念以前，防御行动的根据是什么？显然是为了阻止进攻者占领防御者国土的军事推进。虽然这时的军事推进还不是战争，但是军事行动的最初规则却是以此为据。最初的防御手段的产生就是为了阻止推进后，随进攻者将针对这些手段采取对策；防御者则根据进攻者的手段制订新的防御策略。这就是防御和进攻的相互作用。

第八章　抵抗的方式

本卷第一章我们就确定了防御的概念——防守抵御敌人的进攻。其特性是，等待敌人的进攻。对我们来说，防御的这一特性也是首要的优点。

然而，防御中的等待只是相对的。等待的对象涉及空间和时间，包括全部国土、战区或者阵地，以及战争、战局或会战。如果一定要将这些并非固定不变的概念明确出来，我们就会发现：国土防御只是在等待敌人进攻国土，战区防御只是在等待敌人进攻战区，阵地防御只是在等待敌人进攻阵地。防御者在此之后所实施的任何积极的活动，都不会改变防御的概念，因为等待这一防御的主要特性和首要优点都已经出现。在空间范畴区分等待的概念也适用于时间范畴，所以上文的结论同样适用。

于是，防御由等待和行动这两个性质不同的部分组成的。尽管二者是两个不同的部分，但是在同一次防御行动中，绝不能单纯从时间上划分出等待和行动两个阶段。因为战争是由等待和行动两种状态交错构成的，也就是说，等待是一条连绵不断的长线，贯穿于整个防御行动中。

迄今为止，等待虽不受重视，也未作为一个独立概念被提出来，但是在实际战争中，它已经不自觉地成为行动的根据。如果没有等待，那么可以说整个军事行动都不可能存在了，这更加要求我们对之予以重视。在下文论述中，我们还将提到这一点。

那么，等待究竟是如何贯穿在整个防御行动之中的呢？它又产生了哪些不同的防御方式呢？

我们以战区防御来举例说明。因为国土防御涉及复杂的政治关系，我们会放在"怎样计划一场战争"一篇中来探讨。而阵地和会战的防御行动是战术上的问题，只有作为一个整体出现时才能被称为战略活动的起点；也就是说，只有战区防御才能说明问题。我们要确定这样一个概念——防御是一种更有把握战胜敌人的较强作战形式。因为前文已经证明，构成防御的两个组成部分——等待和行

□ 乌尔姆会战

1805年8月9日，奥地利、英国、俄国、瑞典等国家结成第三次反法同盟，向法国宣战。10月7日，法军和奥地利军在德国乌尔姆附近交战。拿破仑采取纵深迂回的机动战术，与奥军各分散军队展开多次战斗，切断奥军与其后方的联系，迫使其转为正面作战，并最终将其击溃。此战中，奥军损失5万多名士兵，丢掉200门火炮和90面军旗，法军伤亡6000名士兵，法军以较小的损失换来了巨大的胜利。

动，共同成为战争的起点。我们之所以反复强调这一观念，首先是为了避免错误发生，其次，这一观念越深入人心，越能使整个防御强而有力。如果把防御的第二个必要组成部分——行动再加以区分——把守卫领土及战区看作是狭义的反攻，把进一步还击看作同防御本身无关，是行不通的。我们一贯主张把报复思想作为防御的基础；因为无论防御者的还击使进攻者遭受多大的损失，仍不能均衡进攻和防御所带来的不同影响。

防御作为一种较强的作战形式，使敌人的失败成为定局。而这个胜利是否超出防御的最初目的，则要视具体情况而定。

防御不可能脱离等待而存在，因此战胜敌人这一目的只有在出现了进攻的条件下才有理由存在。如果进攻没有出现，防御就只能维持其自身，这也是防御在等待状态中最直接的目的。只有它甘于满足这个目的，才能拥有成为较强作战形式的优点。

假设一支军队奉命防守战区，那么防御将会有以下几种方式：

（1）一旦进入战区，就立即进攻。这种方式的代表战例是莫尔维茨会战和霍亨弗里德堡会战。

（2）军队在战区边境占据阵地，等待敌人出现并意欲进攻时随时出击。这种方式的代表战例是恰斯劳会战、索尔会战和罗斯巴赫会战。这是一种消极的态势，需要等待较长的时间。而且，在敌人真的发起进攻的情况下，它与第一种方式相比，可取得的时间并没有增加，但是第一种场合必定发生的会战，在第二种场合就未发生了，甚至可能由此证明敌人并无足够的决心发起进攻。这样一来，等待的利益变得更大。

（3）如第二种方式中的前提，不但可以等待敌人作出进攻的决定，还可等待敌人真正的进攻。其以本泽尔韦茨筑垒阵地为代表。这种方式将会迎来真正的防御会战，但也可以包括进攻行动，由军队的一部分兵力去实施。在这种方式中，防御方同样不用考虑待敌时间的问题，却能够有效打击敌人的决心。因为进攻者在面对防御者坚固的阵地时，有时候甚至会在最后时刻或者在进行第一次尝试后就放弃了进攻的决心。

（4）防御者退至本国腹地进行防御。这种撤退是为了削弱进攻者的兵力。如果防御者在撤退过程中留下一个或几个要塞，使进攻者不得不实施围攻行动，那么防御者的最终目的——进攻者兵力被削弱到自动放弃行动，或者无法应对他最终将要面对的抵抗——就会更早地实现。进攻的兵力越是受到削弱，防御者就越能以巨大的优势兵力进行反攻。

战略进攻中任何前进都会削弱兵力，哪怕在没有要塞的地方。推进本身和必要的兵力分割都是造成这种削弱的原因，我们将在研究进攻时再详细探讨。这里我们只是假定这个结论的正确性，尽管它已经被历次战争充分证明。防御者在第四种方式中将赢得的最大优势是时间。无论是进攻者围攻要塞为防御者赢得了时间，还是敌人的兵力损耗，进攻气势衰弱由他自身在推进过程中分兵造成，从而使防御者赢得大量时间，都会为防御者的反攻提供良好的机遇和主动性。

退入国土腹地的防御方式，因不仅能够为防御者带来最终会战兵力差别所带来的利益，还有不断增长的等待之受益。这时，即使进攻者来被自己的推进削弱到不能对防御者发起进攻的地步，他也可能会丧失进行会战的决心。这是因为，一方面进攻者的军队已经削弱，深入腹地危险就会增加；另一方面，一些优柔寡断的统帅这时往往彻底放弃了进行会战的想法，他们要么借口没有会战的必要，要么真的认为已经没有会战的必要。在这种情况下，对防御者来说，虽然敌方的未能进攻不是自己的御敌造成，但不可否认的是他最大的收获是赢得了很多时间。

上述都是基于时间因素，而有利地势和民众支持这两个因素也存在于这四种行动中。这些因素能够发挥的作用在以上四种防御方式中是渐次增强的，因此，这四种防御方式也代表着防御力量的一次增强。但也不能说所有防御中最消极的防御（等待）是最强的，各个相继的阶段并非意味着抵抗行动的削弱，而只是行动

□ **乌尔姆战役的受降仪式**

乌尔姆战役中，奥地利麦克统帅的军队被拿破仑逼至乌尔姆附近，法军各部控制了乌尔姆以南和以西，同时切断了乌尔姆与南部的交通线，将乌尔姆合围起来。拿破仑由于给养用光，急于结束战斗，便向麦克招降。麦克最后同意了投降，并在受降仪式上交出了佩剑，其率领的3万多守军也依次从拿破仑面前走过，放下自己的武器。

的延迟。防御者可以借助一切坚固而适用的筑垒阵地进行更有力的抵抗，并抓住时机对进攻者予以还击，这是最合理的行为。如果道恩没有利用科林附近的有利阵地，他恐怕无法取得胜利。遗憾的是，他没有在腓特烈大帝不足1.8万人的军队撤离战场时，给予更猛烈的追击；否则，这次会战就极有可能成为战争史上最辉煌的胜利之一。所以，我们断言，防御力量和反击力量是按照这四种防御方式的次序渐次增强的。

利益的获得总是与代价相对，这四种渐次递增的防御利益是用成倍的代价换取的。当我们在自己的战区等待敌人来犯时，就必然要面对其进入时造成的损失，除非我们变成进攻者，才能将损失转嫁给敌人。如果我们率先对敌人发起攻击，那么就会造成敌人的损失；我们越是未能抵挡敌人的进攻，我们的损失就越大。如果我们等待敌人下定进攻的决心，等待敌人决定会战的时机，那么敌人就将长期停驻扎在他已控制的地方，这就大大增加了我们的损失。倘若这时我们向本国腹地退却，这种损失将更大。

这种损失，往往只是间接影响到防御者的军队，而在眼下往往不易被察觉。由此可见，防御者也是以牺牲将来的利益来换得当前防御力量的增强。而这四种防御方式的效果是基于进攻的目的。防御的目的就是使进攻者放弃占领防御者的战区。因此，只要进攻者不发起进攻，或者在防御者向他挑起会战时回避会战，就说明防御起到了显著作用，防御的目的也已达到。尽管这种成果无法增加还击力量，但能使防御者为还击作好准备。这就是防御带来的最大优势——进攻者正在丧失时间，防御者在赢得时间。

然而，不进行决战只代表了前三种防御方式取得的成果，至于第四种防御方式的成果，却不能用这个标准来衡量。

如果敌方围攻了我方的要塞，那么我方也不能放任不管，必须采取积极的行动来决一胜负；而如果敌方仅仅是尾随我方深入腹地，我方同样要用积极的行动来决定胜负。总之，在这两种情况下，我方必须采取主动。

虽然采用第四种防御方式，即等待敌方的力量极度削弱时才行动，能为我方赢得充裕的时间，但从防御转为反攻的前提始终不变。敌方或许在某一阶段占领了他所期待的目标，但这只是暂时的，胜负并没有就此得出，最终决战尚在将来。只要进攻者的力量日益削弱，而防御者的力量日益增强，拖延决战就为防御者的胜利增加了筹码。一旦这个带来转机的拐点到来，便意味着反攻的时机到来。防御者必须迅速采取决战行动，否则等待的利益将丧失殆尽。

这个带来转机的拐点并没有确定的标准可循，因为决定它到来的情况是多种多样的。但有一点可以明确，那就是冬季的来临，是自然为防御者定下的界限。如果进攻者已经作好了在其所占据的地方过冬的准备，而防御者尚无阻止他的可能，那就意味着防御者已经放弃了这个地方。托雷斯韦德拉什的战例告诉我们，这个规律并不具有普遍意义。

那么，是什么构成了决战呢？

我们一直认为决战就是会战，但这并非绝对，因为决战可以是一系列分割兵力的战斗行动。当这些系列战斗能够产生巨大的效果，使敌人不得不撤退时，就导致了双方战局的剧烈变化，从而带来了决战。

决战绝不会有除了以上方式以外的其他方式。即使敌方只是因为补给匮乏而撤退，那也是我方的武力抵抗造成的结果。如果我方的军队不在，敌方一定会自行解决其补给问题。

在边境进行的决战和当敌方进入我方腹地时的决战的因素，不尽相同。唯一相同的是，由于畏惧我方的武力，而且在后一种情况中，敌方在进攻过程中已经疲惫不堪，并且由于兵力分散、饥饿和疾病，兵力更是受到了削弱和消耗。

而在边境进行的决战中，敌我双方几乎仅凭武力对抗来赢得胜利，只有用武力制服或摧毁敌人的武力，才是决战的最终结果。在腹地进行的决战中，被消耗了的敌军已成强弩之末，这使我方的武力被赋予一种完全不同的价值。这时，决定胜负的因素不再仅仅是我方的武力了。敌军的消耗已经为决定胜负作出了准备，当这种消耗已经充分到允许我方仅仅具有进行反攻的可能性——促使敌人撤退，也就可以引起形势发生逆转。这时，真正决定胜负的只能是敌人在推进中的消耗。当然，也不能就此否定防御者的武力，没有哪一种战争场合是不需要武力作用的。但我们现在仅仅是分析问题，因此必须区别这两种因素中哪一种起主要作用。

□ 拿破仑时代的奥地利骑兵

奥地利骑兵由胸甲骑兵、龙骑兵、轻龙骑兵、骠骑兵和枪骑兵组成，被称为拿破仑时代的"联合国部队"。他们拥有优秀的剑士和骑士，训练有素，马术精湛，享誉欧洲。威尔逊爵士在描写奥地利骑兵时指出，奥地利胸甲骑兵和骠骑兵都非常棒。

从这个结论出发，我们可以得出：防御中，从导致进攻者失败的因素中，即无论被防御的武力消灭，还是由于自己的消耗而失败，都能看出防御者所使用的进攻方式。显然，前一种决定胜负的因素出自前三种防御方式，后一种则出自第四种方式。多数情况下，后一种因素只有向本国腹地作深远撤退时才有可能胜利。也正因此，人们才愿意为此付出巨大代价。

综上所述，我们便知道了两种不同的防御原则。战争史中一些战例可以十分清楚地把这两个原则区分开来。1745年，腓特烈大帝在霍亨弗里德堡进攻刚从西里西亚山岭下行进的奥地利军队，但此时奥军的兵力不可能由于分散或劳累而明显削弱。相反，在托雷斯-韦德拉什的驻垒阵地上，威灵顿一直坚守到马塞纳的军队由于饥寒交迫而被迫撤退。在这两个战例中，防御者都没有参加使敌人衰弱的过程。如1812年的俄法战争，在已远远超出其他战争中发生的流血冲突之后，双方仍然没有决出胜负，而最终的覆灭是来自进攻者法国自己的消耗。

浩浩荡荡的法国中央军团，出发时的30万人，到达莫斯科时仅剩下9万人左右，参加战斗的仅1.3万人左右，法军一共损失了19.7万人，而其中在战斗中牺牲的绝不超过三分之一。

几乎所有以拖延制胜的著名战役中，例如有名的"拖延者"费边领导的那些战役，都是依靠等待敌人自身过度消耗而崩溃才最终取胜。总体说来，依靠上述原理获胜的战役不在少数，但没有人得出这样的总结。只有深入探讨事件本身，才能发现这个决定胜负的原因。说到这里，我们已经充分阐明了防御的基本概念、各种防御方式以及其中主要的两种防御原则。另外，还强调了等待是如何贯穿整个防御过程，并同积极行动相密切结合的。

我们已经从总体上分析并研究了防御的问题。对于防御中其他的重要问题，例如要塞、营垒、山地防御、江河防御和侧翼活动等的实质和作用问题。尽管如此，这些问题无不大超出了以上的防御概念的范围，仅构成他们在特殊环境中的运用。上述一系列结论是由防御的概念和防御同进攻的关系中得出的，只有把这些结论同实际联系起来，才能从复杂的实际问题中抽丝剥茧，找出这些简单结论以作为解决问题的依据，以免在讨论问题时求助于那些本身站不住脚的论据。

然而，战斗的组合是多种多样的。有时还没有发生实际性的战斗，就已产生了实质性战斗的效果，以致令人怀疑是否有某种新的因素在起作用。因为在一场浴血奋战的会战中猛烈抵挡进攻的效果，与仅凭筹划战略计谋来令进攻方放弃进攻所产生的效果截然不同，这就使得人们对一种新的未知因素的存在有各种设想。这就好像天文学家认为火星和木星之间空间广，还有其他行星存在一样。

防御者阵地的坚固性，以及处于一条掩护的大河边，都可能使进攻者放弃进攻。但实际上，进攻者之所以放弃，是因为他担心被防御者击败，也就是忌惮防御者的武力。只不过很少有统帅会承认这一点罢了。

尽管人们承认取得胜利的决定因素在于已经完善的战斗部署，他们仍然会认为是战略计谋起到的效果。这一点，我们予以承认并想要为之讨论。我们认为，战略计谋以战斗的战术成果为基础。由此，防御者始终会担心进攻者一定会针对这个基础采取有效的措施，使自己在战术成果方面占优势并彻底粉碎防御者的战略计谋。简单来说，道恩这样的统帅容易被战略计谋所击败，而拿破仑这样的统帅会因对战局的结局充满信心而不顾一切地寻求战斗。因此，如果用七年战争中普鲁士军队，对付道恩的办法来对来付拿破仑是不可能的；因为倘若没有战略上绝对的优势兵力来压倒拿破仑，仅靠玩弄巧妙却不实用的计谋，一切将如同蜘蛛网般被撕破。因为拿破仑非常清楚，一切都取决于战术成果。由此可见，无论问题是否通过会战解决，战术成功永远是决胜的基础。只有不必担心胜负决定的时刻（无论是由于敌人的特点或情况，还是双方军队精神上和物质上的均势，甚至是我军占优势），才有可能从战略计谋本身得到利益。

战争史中，有相当一部分实例都是在没有进行实际决战时，进攻者就放弃了进攻，这其中战略计谋发挥了很大作用。但这又会误导人们认为战略计谋可以单独解决问题。这种看法无疑是错误的。因为战场上许多没有发挥作用的进攻，其原因存在于战争的政治关系中。

产生战争的原因和战争基础之间的关系决定战争的特点，下文研究战争计划时会详细探讨。这种关系的存在使战争中最初的敌对情绪因为种种原因变得微弱，甚至稍加压力就会令软弱无力的进攻马上停止。对于一个已经非常脆弱的、被重重顾虑削弱了的决心，只要做出顽强抵抗的样子就可以了。

因此，我们可以确定，真正使进攻者未经战斗就挫败的原因在于，其自身的意志薄弱和踌躇不前。如果他们有着坚定的决心，无论是坚固的阵地、崎岖的地形还是强大的武装力量都不能阻止他们的进攻。

上述这些客观原因不容否定，但其作用也不能夸大，更不应该把其他事物的作用归于它们的身上。如果缺乏正确而公正的立场，会使批判者的论述成为虚假而带有欺骗性的记载。

现在我们来考察一下未经决战而失败的进攻性战役。

进攻者进入防御者的领土，迫使防御者向腹地撤退，但在仅仅经历了一次决定性会战之后，进攻者就开始犹豫不决，好像他已经完成了占领的目的。然而，这一切都只不过是借口，统帅借以欺骗他的部下、统治者、整个世界，甚至他自己。然而事实是，他发现敌人过于强大。这种情况并不包括进攻者不能利用已取得的胜利乘胜追击，或者在推进至终点时已经没有足够的力量来开始新的推进。我们这里谈论的是进攻者还没有达到预定的占领目标就停顿不前的情况。

在此关头，进攻者将等待一个新的有利时机。但这同样是不切实际的。除非单独行动，不然统帅会以支援不足或协同不力为借口推卸责任。在此情况下，进攻者的力量不断地削弱，防御者则可以坚持到冬季进攻者自动撤回，进攻结束。

□ 特拉法加海战

早在1803年，拿破仑为了避开英国强大的海军，以便自己精锐的陆军部队直接进攻英国本土，便派出法国和西班牙联合舰队与英国海军在海上周旋。1805年10月21日，双方舰队在西班牙的特拉法加角外海面相遇，战争不可避免地爆发了。在持续5个小时的激战中，法西联合舰队因为指挥的失误而一败涂地，海军主帅维尔纳夫被俘。而英军主帅纳尔逊海军上将也在这一战斗中阵亡。此次战争是19世纪规模最大的一次海战。战争之后，法国海军神气不再，拿破仑进攻英国本土的计划落空。

战争史虽有记录，却掩盖了统帅畏惧敌人的事实真相，因此评论家们无法只根据记载而不结合实际探索得出可信的言论。

极少人知道这种欺骗习惯多存于政治关系和政治企图中。但出于种种原因，当事者并不会承认。这种欺骗手法几乎有了固定的模式。而我们必须探明真相。

此时我们提出的简单概念就显现了出来，它适用于整个防御领域；通过掌握它可以弄清事件的真相。

下面，我们来探讨各种防御方式的运用问题。

虽然这些防御方式渐次强而有力，但是是用一个更大的代价换来的。忽略其他条件，统帅完全可以选择适当的防御方式，在抵抗的同时减少损失。但防御时大多受到限制，一些重要条件迫使统帅选择放弃某种方式。选择向腹地撤退的话，需要有辽阔的国土或有同盟国作后盾，如1810年葡萄牙和同盟国英国。要塞的位置可以决定战术的选用，国家地形、居民特性、习俗和信念也有作用。双方的作战计划、军队力量和统帅决定了会战类型，地势和防线也影响着防御方式。以上是为了说明防御方式的选择更多地取决于以上各种条件。在谈论战争和战局计划时，需要对条件和影响作明确的探讨。此外，兵力悬殊时，兵力对比会成为选择防御方式时要考虑的主要因素。

战史显示，人们并没有拘泥于我们的论断，而是通过机智的判断来选择不同的防御方式。同一个统帅，率领同一支军队，在同一个战区，这边挑起霍亨弗里德堡会战，那边又进入本泽尔韦茨扎营。会战时，喜好进攻的统帅在兵力悬殊时也知道要占领防御阵地；在1813年的八九月间，面对兵力对比不利时，拿破仑就像圈里的野猪东撞撞西撞撞，而不是只向某一个敌人开火。在兵力悬殊达到极点时，他在莱比锡附近，在帕特河、白鹊河和普莱瑟河所构成的角落里寻找掩护和等待敌人。

至此，本章清楚地表明，我们只是要探讨已存在的要素之间的内在联系，并找出原因和形成要素。

第九章　防御会战

前一章已表明，防御者在防御的过程中，之所以能打一场战术上的进攻性会战，是依靠敌人进入作战区便立即发起攻击。除此之外，防御者也可以等待敌人出现后再攻击他，这种情况下，会战仍具有战术意义上的进攻性。另外，防御者还可以等到敌人攻击他的阵地，再予以回击。总之，随着还击的积极性和扼守范围的增加，防御的等级和程度是不同的。虽然我们既不能确定防御的等级数，也不能确定何种比例可以取胜；但可以确定的是，如果没有部署攻击的防御会战是难以胜利的。并且只有防御会战中的攻击等同于进攻会战的攻击，才能获得胜利或者是绝对的胜利。从战略范围来看，战场和会战只是一个条件，能起作用的是会战的结果而不是过程。

我们始终认为，如果防御战中的攻击与胜利有所关联，那么从战略角度来看，进攻会战和防御会战差别不大。事实上，那我们自己的信念，虽然从表面上看，刚好与之相反。所以为了澄清我们的观点，我们准备假设一次防御会战。

防御者要先确定地点、勘察地形和构筑工事，开辟并修整交通线，设置火炮，隐蔽场所，等等。如果占据有利地势——阵地的正面有平行的壕沟且无屏障，或有制高点。这些都有利于攻击。如果防御者找到了两翼的依托点，就不用担心多面攻击。防御者可通过埋伏并进行小规模攻击来争取时间。理智的防御者并不认为可以持续不断地进行正面抵御，也不认为侧翼坚不可摧，更不会以小的成功就断定胜败。因此，防御者的阵地是纵深的，从师到营每部分都有预备队，并把三分之一的兵力布置在后方，以作远程协助。这部分兵力能在计划暴露时而处于劣势，通常在战术上发动小规模攻击来御敌。

这种防御会战拥有现代战术水平。进攻者在会战中使用全面包围战术，以加强进攻的成功概率，取得更大成功。而防御者可用局部包围应对，即只包围迂回军队，目的是克制敌人的包围。由此可见，两种包围的军队运动的形式不同：进攻者包围时作会聚点行动；防御者作发散运动。

□ 奥斯特里茨战役

1805年12月2日，法国军队与俄奥联军在奥斯特里茨村交战，各军的指挥官分别为三国的君主——拿破仑一世、亚历山大一世、弗朗茨一世。战争中，法军在拿破仑的带领下一举击败俄奥联军，取得大捷。12月27日，拿破仑与奥地利签订《普雷斯堡和约》，第三次反法同盟瓦解，神圣罗马帝国的历史也正式宣告结束。

一般而言，在进攻者出击的初始阶段，包围使用率高而有效。但使包围起作用的不是它的形式，而是当包围严重阻止敌人撤退时，才算有效。防御者可进行反包围反击，虽不能获胜但可以避免危险局面。如果防御者不能撤退，那么进攻者的成功率会增大。若防御者反包围成功，那么，进攻者的兵力将被分割，并在撤退成功后一定要将兵力再度集结；否则一旦防御者取得决定性胜利并乘胜追击，那么进攻者就会溃败。如果在莱比锡获胜，那么联军会被相对切断，从而难以继续它的战略凝聚。在德累斯顿，拿破仑采用离心形式进攻，使兵力分散的联军处境困难。是卡次巴赫河畔战役的胜利挽救了盟军，防御者依靠进行离心式进攻，打散并击溃兵力而胜利。

无论是进攻者或防御者，都能用同样的向心形式或离心形式的进攻，离心形式对防御者来说更有利于胜利，但是两种手段的价值相同。

被记录的防御会战和进攻会战都很少取得巨大胜利，但也不影响理论的正确性。实际上，当防御者的兵力弱于进攻者时，一般来说，他们没有能力或不自信自己能取得大的胜利，因而满足于消除危险和保卫军队的荣誉。因此，防御会战没有机会取得巨大的胜利。防御者受限于力量薄弱。但防御的动因因此而被人误解，有人认为防御会战的目的只是抵御而不攻击。这是错误的看法，它混淆了形式与实质。我们须证明并反复强调：在战局和单次会战中，只要具备足够的力量和决心，防御进攻不仅可取得胜利，而且在规模和作战效果上可等同于进攻。

第十章　要塞（一）

在古代，要塞（城堡和筑垒城市）被用来保护当地民众。贵族在受到威胁时，利用城堡避难，以赢得时间，等待有利的时机；城镇凭借城墙免遭侵袭。直到大规模的常备军出现，要塞成为连通国土和军队的工具，超出了城垣原有的作用：与战争相连，既能影响国土的占领或保卫，也能影响胜败。要塞的战略意义有一段时期极受重视，甚至决定战争计划的制订。这种战局计划的目的就是夺取要塞，而不是消灭敌人军队。因而后期要塞及其战略意义，即要塞的地点与国土和军队的关系被重视。现在的要塞则是筑建在没有城市和居民的地方。这种使命让人忽视了要塞最初的使命，就此改变了它的建筑特点和地区。

从客观方面来说，没有其他军事设施而仅凭借城墙就能保障城市安全的时代早已过去，也就是说，要塞已失去了本来的作用。要塞最初起作用完全是出于当时战争的局限性，因为过去各民族分为许多小邦国，它们的进攻受时间限制。要么因为诸侯急于回家，要么因为雇佣经费不足，使得进攻持续的时间很短暂。这些原因在常备军出现之后便消失。常备军凭借强大的力量依次粉碎各地抵抗，没有联合体愿意独自与之抗衡，即使出现短暂的独立期，却受到更残酷的惩罚。而一个国家如果分散兵力来保住要塞却阻不住敌人的推进，则更不符合军队的利益。除非防御者有强大的同盟军为其解围，否则，防御者必须要有足够的兵力。结果，要塞数量大大减少。这就改变了人们对要塞的传统看法，而把它视为战略枢纽和间接保卫国土的手段。

这就是要塞的作用的演变过程，在这里我们把过程比较抽象地加以论述出来。

尽管这是事情发展的必然结果，但是人们却"取其糟粕而抛弃精华"。所以，谈论要塞的使命和条件只考虑真正为人们所需要的东西，由简入繁，我们在以后章节探讨由此而得出的其他问题的结论。

由以上的作用演变，能看出消极效果和积极效果。保护城堡或筑垒城市的民众和区域是要塞的消极效果，而对射程以外的地区发挥作用则是积极效果。

也就是说守备军能在火力或实力的范围内，对附近距离的敌人进行出击。守备军实力越大，可抽调的部队就越多；部队规模越大，出击的范围就越广。显而易见，大要塞起的积极效果不仅比小要塞更强，作用范围也更大。这种效果的产生是基于要塞守备部队和与守备部队有联系的其他部队的活动。后者力量较弱，不能单独抗敌，在要塞的掩护下才能立足于相应的地区并控制这个地区。

要塞的守备部队的活动极为有限。即使有强守备的大要塞，能活动的部队和野战部队也比较小，它们的活动行程只有几日。而若是小的要塞，其所能抽调的部队就会更小，仅能在附近的村庄活动。与此相比，守备军之外的野战部队就灵活得多。也就是说，当其他条件有利时，利用这些部队就能加强要塞的积极效果。这也是今后在谈论要塞的积极效果时，需特别注意的地方。

尽管这些部队所起到的积极效果十分重要，但不能就此认为，弱小的守备军就无法完成任务。即使是最弱的守备部队，它所起的积极效果对于要塞任务来说，仍十分重要。即使是要塞活动中最消极的防御行动，也必须依托守备军的积极效果。而不论积极还是消极效果都是要塞的任务，只是不同的要塞侧重不同。这些任务的完成有简单也有复杂。简单的完成方式能直接表现要塞的效果，复杂的完成方式则间接地表现要塞的效果。

接下来，我们先谈论前一种方式。但必须说明的是，一个要塞可以同时担负多个任务或担负它所能完成的全部任务。

要塞作为防御的重要支柱，主要表现在以下几个方面：

（1）要塞是有安全保障的仓库。进攻者在进攻期间，只需要考虑前几天的补给，而防御者通常应早作准备，他必须寻找并确定长期的补给，而不能仅仅依靠地方补给，因为这本是他应该保护的地区。所以，要塞中应设置安全的仓库。进攻者的补给和储备品留在了后方，不用担心它们的安全。防御者则不然。如果各种补给物资没有要塞来存放，对野战行动则有很大的不利影响。甚至可以说，防御军队如果没有要塞，就如同没有穿铠甲，很容易被人击伤。

（2）要塞能保障富饶的大城市的安全。与前一项在本质上相似，富饶的大城市，尤其是商业中心，充当着军队天然的仓库。它的存亡与军队息息相关。因此，用一部分力量来保护这些国家的财产是非常值得的，一方面，城市给军队提供必需的给养；另一方面，大城市在和平谈判时作用显著。

□ **拿破仑视察营地**

图为奥斯特里茨战役的前夜,拿破仑视察舍营地。当他走进自己军队的营地时,士兵们围上来,对着统帅大声欢呼,高喊"拿破仑万岁!大军万岁!帝国万岁!"老兵们也上前恭请统帅无须亲临前线战斗,因为他们要夺取敌人的军旗和火炮来庆祝拿破仑的加冕纪念日。原来第二天就是拿破仑的加冕一周年纪念日。

要塞的重要性尽管至今仍不被人们重视,但它确实是最起作用且最正确的战争武器之一。设想一下,在一个富饶的大城市和人口稠密地点构筑了要塞,并且由当地居民和附近农民来防守。当敌军来犯时,人民便可利用要塞来抵御和反击以阻滞战争的发展,使对方指挥的才能和意志力不能发挥作用。这里之所以提出在全国构筑这样的要塞的设想,是为了使前面谈及的要塞重要作用得到重视,希望人们任何时候都不要忘记要塞的直接保护作用。事实证明,尽管人们有时忽略了要塞的使命,但有些城市的要塞的确构筑得比其他城市坚固,成为军队的真正支柱。

前面两项使命只需发挥要塞的消极效果。

(3)要塞可以成为真正的封锁堡。要塞能封锁附近的道路和河流。找到能迁回要塞并在火力射程外的小路并不容易。进攻者若在前进中被守备军发现，则要在相当远的地方绕道进行。即使没有被发现，复杂地形也会使得行军速度缓慢。如果这是一条通道，这种耽误就相当严重了。利用要塞封锁江河上的航行来抵御进攻者的前行的重要性，更是不言而喻。

（4）要塞作为战术上的依托点。通常情况下，一个中等要塞的火力可维持几小时，出击范围更大，所以要塞是阵地侧翼的最好依托点。虽然十几英里长的湖泊可算得上是极好的依托点，但中等要塞所起的作用更大。而且，阵地侧翼不用临近要塞，因为进攻者不会冒险在阵地侧翼和要塞之间突入，这只会令他自断退路。

（5）要塞可以作为兵站。要塞通常位于防御者的交通线上，所以对来往这条路的军队来说，要塞就是方便的兵站。如果在交通线上受到的威胁仅是敌人的短暂袭击，那么当运送重要物资的队伍发现偷袭部队的行动时，只要进入要塞，就可得到掩护，等危险解除后再行动。对军队而言，途经要塞进行休整，然后加快行军速度可以避免危险。因此，在150英里长的交通线中间建一个要塞有重要的作用。

（6）要塞成为弱小或败退部队的避难所。如果部队能得到中等要塞的火力掩护，就算没有营垒也可以躲避袭击。因此，要塞有时也可成为避难所。如果部队想在此停留，就必须考虑不能继续退却的可能。事实上，不能继续退却并不一定意味着重大的损失，因为继续退却有可能遭至全军覆灭。而一般情况下，那些弱小或败退的部队若能得到要塞的帮助作短暂停留，就不再进行退却。对于在早期到达的伤员和士兵来说，要塞就是避难地和医疗所。

在1806年，当普鲁士军队的退却线被切断时，如果他们能退到马格德堡要塞，那他们就能在那儿得到休息并重新组织。甚至在当时，霍恩洛厄的残余军队在马格德堡集合并重新组织。

对于要塞所发挥的积极作用，只有亲自体验才能真正认识到。要塞可储存弹药、武器、马饲料和粮食，能为伤员提供住宿和医疗，能安抚镇定人心，无异于荒原上的旅店。

（7）要塞是抵挡敌军进攻的真正盾牌。预留在防御者前方的要塞能有效分裂敌人的进攻。为了继续前进，敌人需要围攻要塞，这时候如果守备军英勇无比，敌人就必须使用多一倍的兵力才能抗衡。由于要塞的特殊性，守备军可由没有要塞就无法作战的人员组成，如未经充分训练的后备军、不健全的军人、武装的居民、民兵等。综合来看，在要塞进行的会战中，进攻者受到的攻击是平时的四倍。

让敌军受到巨大的损失是防御者首要但不唯一的利益。从进攻者攻击要塞线的那一刻起，他的一切运动都受到束缚，不仅退路被限制，还须考虑如何掩护围攻。

因此，要塞在这方面对防御者的行动起着巨大的决定作用。它也应该被看作所有作用中最重要的一种。尽管如此，战史上并没有多少这方面的战例，以后再作进一步说明。

我们要特别注意，要塞的重要使命是发挥出击力量。从进攻者的角度出发，如果要塞不能被占领，那放弃也罢。但进攻者却不能放任敌军在自己看不见的地方随意活动，这种危机使他必须围攻。但进攻者不能因此消耗太多时间，所以只好占领要塞。要塞被围攻时主要发挥消极作用。

上述要塞使命都是直接简单地完成，而以下两项使命的完成方式则较为复杂。

（8）要塞能掩护广大的舍营地。一个中等的要塞能掩护附近15~20英里，这是要塞的直接作用。但如何为长达70~100英里舍营线作掩护呢？我们需加以分析。

在此研究以下几种情况：

①要塞能封锁一条主道，掩护宽度达15~20英里。

②要塞不被视作强大的前哨，通过周围的情报网了解当地情况。在一个人口为6000~10000人的城镇要塞，必然比偏僻的村庄——普通前哨的配置地点——能了解更多情报。

③较小的部队能够得到要塞的掩护。要塞虽然不能移动，却可通过这些部队获得敌人情报，或者在敌人背后发起袭击，起到了先遣部队的作用（见第五篇第八章）。

④要塞能充当进攻者背后的威胁。当防御者把军队集中起来配置在要塞后，进攻者一旦迫近配置地点，就面临背后的危险。

准确地说，可以把敌人对舍营线的进攻看作突袭。突袭与对战区的进攻区别是时间，突袭时间要远短于进攻时间。另一方面，进攻者进行进攻时须包围和

□ 普拉岑高地上的法军

在奥斯特里茨战役中，拿破仑主动放弃了重要的军事制高点——普拉岑高地，将法军左翼完全暴露，以诱使俄奥联军实行迂回进攻。联军中计，将刚登上普拉岑高地的俄军撤下，从侧翼迂回拦截拿破仑。拿破仑趁机反攻，一边派少量兵力对抗联军的进攻，一边派两个师迅速占领普拉岑高地。联军在法军的包围和高地炮火的猛攻下，很快溃败逃散，拿破仑取得奥斯特里茨战役的全面胜利。

封锁要塞，以免被前后夹击；而舍营线的突袭就不用这样做，要塞也不会削弱奇袭。我们无法否认，位于要塞两侧30~40英里距离的舍营地无法用要塞直接掩护。

但是，突袭的目的不是袭击，其真正目的在"进攻"篇中再作详细说明。在此，只是简单地提出：使突袭达到目的并取得成功的方法并不是袭击，而是和未准备好的部队作战。无论如何，进攻者追击的最终目的是防御者的舍营地中心，但他可能会被舍营地前方的大要塞所阻滞。

将上述四个方面的效果综合考虑，得出结论：一个大的要塞能直接和间接地保障舍营地的安全。我们所说的一定程度的保障安全是指，要塞产生的间接效果不能完全遏制进攻者前进，但能使其遭受各种阻碍，从而使防御者的危险减小。真正直接的安全保障离不开配置前哨和正确地组织舍营。

因此，大要塞有能力掩护它后面的宽大舍营线是有根据的，尽管有些历史著作中空洞的语言和空想夸大了这种作用。掩护作用出现的前提是条件完备，但它只能减少一些危险，并不是坚不可摧。只要进攻者有决心和勇气，这种掩护就可能成为泡影。因此，在实战中，我们不能笼统地确定要塞的作用，必须细致地考

□ **耶拿会战**

1806年9月，英国、俄国、普鲁士、萨克森等国结成第四次反法联盟。1806年10月8日，普法战争爆发——拿破仑的主力军在德国耶拿附近遭遇普鲁士霍恩洛厄亲王的部队，两军陷入厮杀。激烈的战斗以法军击退普军结束，普鲁士军队在此战中伤亡人数达2.7万人，损失火炮200门；法军伤亡5000人。

虑各种条件。

（9）要塞能成为没有军队防守地区的掩护。在战争中，某地区根本没有军队或大部队驻守且面临敌人的袭击，那么自然就会把中等要塞作为其掩护甚至是保障，要塞就能在未被占领前等待支援。但是，掩护并不是其表面意义的全部，它只是一种间接的掩护。因为要塞仅通过积极效果限制袭击，但无法击退敌人。如果完全依靠要塞的守备军来作掩护，那么几乎没有效果。因为守备军大多由步兵组成，兵力薄弱。但如果有小部队与要塞保持联系，他们既可把要塞作为依靠和后盾，还能在围攻中得到支援，于是要塞的掩护作用就有了实际意义。

（10）要塞能作为民众武装的中心。在民众武装力量中，粮食、武器和弹药没有正规的供应渠道，要依靠民众自己解决。这样的解决办法为要塞带来了抵抗力的源泉，这正表现出了人民战争的性质。如果有一个能储存紧急使用的物资、弹药的大要塞，那么这整体的抵抗将更有力量、保障性相互联系和连续性。

另外，要塞还是伤病人员的避难地、政府机关的所在地、金库、军队集结地，最重要的是它还是抵抗中心，能令敌人处于一种方便人民武装发动袭击的状态。

（11）要塞可以用来防御江河和山地。设置在有利地势的要塞，比如大河沿岸，比其他地方的要塞作用更大。江河流域附近的要塞，既能保障军队安全渡河又能阻止敌人渡河，还能控制航运，收容船只，封锁桥梁和道路，甚至能帮助防守江河。可见其多方面的作用对江河防守非常有利，因此被看作江河防御的重要环节。设置在山地的要塞同样重要。因为地处山地的要塞能控制整个道路网，并依托地形成为道路网的枢纽，进而控制整个地区，所以山地要塞被看作地区防御体系的强大支柱。

第十一章　要塞（二）

上一章探讨了要塞的使命，现在来讨论要塞的位置。这个问题看似复杂，因为其中的决定因素众多，每种因素又因位置的不同而异。只要我们抓住了事情的本质，其余的完全是无谓的顾虑。

显然，如果在可能成为战区的地区内，将主要城镇，即靠近港口、海湾、大江河沿岸和山地中的城镇都构筑要塞，那么一切需要都能全部满足。大城市和主要道路密不可分，两者与大江河和海岸关系密切，所以容易连成整体而不产生矛盾。山地的条件极为特殊，很少有城镇建在山地上，但如果某一山地适合作为防线，则须构筑小堡垒来专门封锁山地的道路和隘口，并且尽可能地减少花费。大要塞应该留给大城镇。

由于我们在前一章把使命视为最重要的，因此既没有考虑边境设置要塞的问题，也没考虑如何合理设置要塞，及其他地理因素，尤其是对于小国来说，只需考虑这些使命就够了。对于大国来说，必须分情况来讨论：有的国家拥有很多大城镇和主道路，有的则几乎没有；有的国家非常富裕，要塞数量已经超出需求；有的非常贫穷，要塞数量极少。因此，如果出现实际数目与需求量不相符的情况，那么选择地点时就应考虑其他因素。

下面简单来讨论几个问题：

（1）连接两国的主道路众多，不能全部设置要塞，该如何选择。

（2）要塞的位置是都在边境附近，还是分布于全国。

（3）要塞的分布是平均分散还是成群设置。

（4）要塞必须具备的地理条件。

就要塞线的几何构成来说，有很多细节问题，比如，这些要塞应该配置几条线，重叠配置和并列配置的作用各是怎样的；是棋盘式配置，还是直线式配置，或配置成弧线分布。这些配置方式都是枝节问题，不必考虑。

关于第一点可以举例子，例如，南德意志对法国，即对上莱茵地区的关系。

□ **拿破仑阅兵**

耶拿会战爆发之初，法军以近5万人的兵力处于劣势，但由于拿破仑军队素来训练有素、骁勇善战，再加上拿破仑周密的战略部署，法军在开战之初便掌握了战略主动，最终大获全胜。图为耶拿会战之前，拿破仑进行阅兵。

如果我们忽略构成南德意志的各邦情况，只把它看作整体，而从战略上决定构筑要塞的地点，那么一定会出现许多难题。从莱茵河通往弗兰肯、巴伐利亚和奥地利的腹地有多条铺设良好的大路，多座大城市，如纽伦堡、维尔茨堡、乌尔姆、奥格斯堡、慕尼黑等多座城邦，如果不打算全部构筑要塞，就必须作出选择。虽然在最大最富有的城镇建筑要塞极为重要，但谁也无法否认，相隔较远的纽伦堡和慕尼黑的战略意义迥然不同。所以我们需要商榷：是否在慕尼黑地区的一个地点构筑要塞，即使地点比较小。

问题其实很简单，请参阅一般防御计划和选择进攻点问题的章节。最后得出结论：处于紧迫进攻危险的地点就是构筑要塞的主要地点。

所以，构筑地点很明确。首先选择在威胁最大的道路上构筑，其次选择在交通便利的地点构筑。这样一来，要塞发挥作用去阻挡敌人，或当敌人试图从侧旁通过时，对其侧翼发起攻击。

如之前的例子，再次假设瑞士和意大利是中立的，维也纳位于德意志的心脏，那么，在慕尼黑或奥格斯堡设置要塞显然作用更大。放宽范围选择要塞的位置就更明显，慕尼黑或奥格斯堡对从瑞士经过蒂罗尔来的和从意大利来的道路能起一定作用，而维尔茨堡和纽伦堡对之却不起作用。

关于问题（2）：设置的位置是仅在边境附近还是分布于全国。需要指出的是，对小国家来说，所谓的边境可能就是全部国土。大国家才有考虑这个问题的必要。

多数人的第一反应是：要塞应设置在边境附近，因为要塞是为了保卫国家，守住边境就相当于保卫了国家。这一观点表面看没有问题，但是它有其局限性。

主要表现在：

首先，对于依靠外来援助的防御来说，赢得时间尤为重要。这种防御的特点是，不采取有力的还击而是缓慢抵抗，在拖延中赢得更多时间而不是削弱敌人。可以假设，在此情况下，敌人攻占相隔很远的要塞，比攻占密集的要塞时间花费的长得多。对于想通过拉长敌人战线和使其难以应对重重困难而摧毁敌人的国家来说，仅在边境修筑要塞是荒谬的。

最后如果我们考虑到下述情况，便将知道在腹地建筑要塞是非常有必要的：在首都建要塞是首要的；地区的首府和商业中心也需要构筑要塞；江河、山脉和地形障碍都利于设置新防线；地势险要的城市也需构筑要塞；某些军事设施因其重要性需要要塞掩护。因此把要塞设置在腹地比在边境附近有利。

□ 霍恩洛厄亲王的军队

在普法耶拿-奥尔施泰特战争中，霍恩洛厄亲王和卢切尔中将率领普军主力与拿破仑军队在前方作战，符腾堡欧根亲王则率2万人的预备队留在马克。拿破仑军队取得战争的初期胜利后，立刻转入高度的机动追歼战役，给普鲁士以沉重的打击，使其完全失去战斗力。尔后，贝尔纳多特带法军马不停蹄地率兵赶往北线与符腾堡的军队交战，并最终将之击溃。11月8日，普鲁士军在吕贝克市投降。

在那些要塞数量多的国家，如果把要塞都设置在边境附近，而腹地却没有要塞，也是错误的，法国就犯了这方面的错误。有的国家在边境地区完全没有大城市，在后方才有（比如南德意志，施瓦本几乎没有大城市，而巴伐利亚却有很多），那么是否只在边境附近设置要塞就值得怀疑。不过不要企图可以根据一般的论据来解决，必须具体问题具体分析。

关于要塞的分布是平均还是成群设置需要过深入分析考察来避免问题是有意义的。几个要塞共同拥有短程中心，这样的要塞群更有防御力量。因此，更应构建要塞群。

设置要塞还涉及其他地理因素。首先，在海湾、江河流域的两岸和山地设置要塞能很好地发挥要塞的作用；除此之外，其他因素也需要考虑。

当一个要塞不能设置在江河岸上或其附近，那么可以把它设置在距离江河50~60英里的地方，否则要塞的作用会被限制。

山地因为不限制军队的行动，所以不会出现以上情况。但山地也不是任何地方都能设置要塞的。如果把要塞设置在背敌一面，则可以切断敌人的交通，并线阻止围攻。如果在向敌一面就很难解围。1758年的奥尔米茨就是这方面的例子。

　　森林和沼泽地、江河的情况相似，不再赘述。可以考虑在位于复杂地形上的城市设置要塞，这种要塞只要少量的费用和精力就可以了，因为要塞的使命不需要考虑是否容易被封锁。

　　构筑要塞的简单理论建立在重大而长远的事情和条件基础上，所以不需要和其他理论相比较。这些理论对于为了使用成百上千年而构筑的要塞来说，无疑是错误的。腓特烈大帝建在西里西亚境内苏台德山的一个山脊上的锡尔伯贝格要塞，在情况发生改变之后，就失去了它的全部意义和作用。而弗罗茨瓦夫要塞如果是一个坚固的要塞，那么无论是对抗法国军队，还是俄国军队、波兰军队和奥地利军队，它都能保持原本的意义。

　　以上考察没有针对性，适用于所有要塞。

第十二章　防御阵地

防御阵地就是交战一方依托地形优势接受会战的阵地，无所谓行动是消极还是积极的。

往前追溯，人们认为，这种阵地就是防御一方在被迫应战时占领的阵地，中世纪的会战似乎就是这样，除此再没有别的类型。但我们眼下谈的不是这一类阵地，真正意义上的防御阵地不同于这类阵地。

在普通阵地上，由时间要素起支配作用，因为相向运动的军队在什么地点相遇并不是主要的；在真正的防御阵地上，则是地点起支配作用，这就是防御阵地于普通阵地的区别所在。地点的意义有两方面：其一，能使军队对整个防御过程起作用；其二，地形可以帮助和加强兵力。前者属于战略意义，后者属于战术意义。

防御阵地这一术语源自战术意义。从战略意义上看，军队即使不使用地形进行防御，而换作进攻方式，也能起到防御作用。

防御阵地在战略上的作用在研究战区防御时进行说明。我们先弄清阵地的迂回和侧旁通过这两个概念。

阵地的迂回是指军队绕过阵地的正面，从侧翼或背后攻击，或切断撤退线和交通线。

侧翼和背后攻击属于战术行动。在现代战争中，军队机动性很大，几乎所有的战斗计划都以迂回和包围为目的，因此每个阵地都必须有所准备。一个难攻的阵地，不仅有坚固的正面，同时还要利于在侧翼和背后进行战斗。只有这样，阵地才不会失去作用，继续保证其优势。

如果为了切断撤退线和交通线而进行迂回，则属于战略问题。但其中的关键在于，阵地能坚持多久，以及能否保障交通线和撤退线的安全。阵地的位置决定这两点能否实现，意即它们主要取决于双方交通线同阵地构成的角度。对防御者而言，好的阵地就应该在这方面保障其军队占有优势，并且不会轻易失去作用。

□ 缪拉元帅

缪拉作为法兰西的第一元帅，是拿破仑手下出色的前卫指挥官。1799年阿布基尔战争时期，拿破仑曾把前卫军指挥权交给缪拉。在此战中，他生擒奥斯曼帝国驻埃及总督穆斯塔法，得到拿破仑的表彰，被擢升为少将。在1806年的耶拿战役中，他率领的前卫纵队俘敌16000人。他还参加了1812年拿破仑远征俄国的战争，并指挥一个骑兵军在前卫作战。据说缪拉还是个美男子，他身材挺拔，器宇轩昂，从这幅《阿布基尔之战中的缪拉》中就能看出一二。

然而，如果进攻方漠视在防御阵地等待的军队，而率其主力部队从另一条道路上迂回前进，去追求其他目的，那么这个防御阵地就变得毫无用处，而被防御者立刻放弃。

没有一个阵地是不可能迂回的——这种情况几乎不存在。斯海尔德河地峡的例子极为少见，可以不予考虑。因此，如果进攻者不能从侧旁通过，一定是由于不利的缘故。无论是否不利都等同于阵地未被利用的战术效果，它将同阵地一起，共同达成防御的目的。

由此可见，防御阵地有两种战略作用：

（1）阻滞敌方从侧旁通过。

（2）在交通线的战斗中确保防御方的有利地位。

另外两种战略作用也应添上：

（3）交通线同防御阵地正面构成的地理角度有利于防御战争。

（4）一般来说，防御者的阵地应占据有利地形的优势。

交通线与阵地正面的角度构成非常重要，它关系到进攻者能否从侧旁顺利通过，以及能否切断补给供应，影响到会战进程。斜向的撤退线能使进攻者进行战术迂回，阻滞防御者的自由活动。这是防御一方在战略上选择阵地不当的结果。如果道路在阵地附近改变了方向，则斜向配置根本就不能避免，如1812年的博罗季诺会战。进攻者在不改变原交通线与前进的正面态势下处于可以迂回的方向上。

若进攻者有多条退路，而防御者只有一条，那么进攻者就十分有利。即便防御者使用巧妙的战术，也很难消除不利影响。

对于作用（4），地形给防御者带来的不利，会使所有的战术手段失去效果。在此情况下，应该注意的是：

（1）防御者必须在侦察方面取得有利条件，并与有利地形特别是有利于阻止敌人接近的地形障碍，以及与有效且能迅速攻击敌人的有利条件相结合，才能发挥它的优势。

占据制高点的地形并不是必然有利的：所有山地的阵地或大多数山地的阵地（稍后再深入讨论），侧方依托山地、距离山地不远的阵地，虽能增加敌人侧旁通过的困难却便于他们进行迂回。总之，凡不符合地形要求的一切地点都是不利的。只有当山地在阵地正背后时才能带来利益，这种情况甚至能看作对防御阵地最有利的情况之一。

（2）地形与军队的特点相适应。拥有大多数骑兵的部队应在开阔的地方设置阵地；拥有大量战争经验又熟悉地形的步兵部队（只有很少的骑兵和炮兵），最好选择复杂而易守难攻的地形。

关于防御阵地的地形可能对军队发生的作用，我们无须再赘述。在此只把结果当成一个整体考虑，唯有如此，才有战略意义。

对军队而言之，为了等待敌人进攻的任何阵地，都应该具备地形之利，因为它可以使军队的战斗力成倍地增加。当自然之利不足时，就要求助于筑工事。筑工事能使阵地的某部分，甚至整个阵地坚不可摧。同时，防御措施的性质也发生了变化。这时期望的不再是如何有利地进行会战和取得胜利的成果，而是不战而胜。防御军队固守阵地等于拒绝会战，敌方只好被迫使用其他方法。

因此，这两种情况必须被区别开来。我们将在下一章以加固阵地为题来探讨第二种情况。

我们说的防御阵地，指的是经过加强的有利于防御者的战场。防御阵地要演变为战场，加强的程度不宜过大。防御阵地应该加固到什么程度呢？视敌方情况而定，与敌人进攻的决心成正比。如果对手是拿破仑这类人物，那么相较于道恩或者施瓦岑贝格等，就必须守在更加坚固的防御工事后面。

如果一个阵地的组成部分坚不可摧，比如正面，那么它就该被看作是构成阵地全部力量的一个单独因素。防御者可以将此处节省的兵力配置在其他位置。但是必须正视一个事实：敌人在规避这些单独的坚不可摧的地点时，会改变攻击方式。至于他的整个新的攻击方式对防御者而言是否有利，还有待观察。

如果防御者以大河为阵地正面，那么大河就是正面的加强力量，敌人只能选择较远的地方渡河，改变自己的正面以便进攻，那么江河就成为防御者在右翼或左翼的依托点。这时，防御者应该考虑此种情况下的利弊。

□ **埃劳战役**

1807年2月，拿破仑军队与第四次反法同盟在普鲁士埃劳展开战斗。作战双方都表现出异乎寻常的神勇，法军还上演了有史以来最为壮观的一次骑兵方阵大冲锋，却被本尼格森率领的俄军正面击退。当晚战斗结束，双方胜负难分，但都伤亡惨重，此役成为拿破仑军队流血最多的战役之一。

防御阵地的优势越隐蔽，战斗中出其不意攻击的机会就越多，阵地也越理想。正如我们总是设法隐藏真正实力，如何利用地形优势也应该隐藏。当然，这只能做到一部分，而且需要巧妙的技能。

如果防御阵地位于大要塞的附近，不论大要塞位于哪个方向，都能使军队占优势。除此，还可以用人工加强阵地的方法，比如用野战工事来弥补不足，目的是预先决定战斗的大致计划。倘若我们把这些手段同善于选择地形障碍（增加敌人的行动难度，但又不是使之完全不能动）相结合，然后利用环境优势（包括熟悉的战场，更能隐蔽的措施及过程中出其不意的手段），就能使防御阵地起决定性的作用，从而使敌人不明所以地遭遇失败。这就是真正意义上的防御阵地，也是其最大优点之一。

除特殊情况外，中等耕作程度的起伏地也可提供大量的这类阵地。

第十三章　筑垒防线、筑垒阵地和营垒

如果一个有天然条件的阵地，在经过强化后变得坚不可摧，那么这种阵地就应该有别于有利的战场。本章将探讨这种阵地的特点，并因其性质称之为筑防阵地。

除非是要塞附近的营垒，否则仅凭自然状况和人工技能不可能构筑这样的阵地。人们根据其特性称之为营垒或筑垒阵地。实际上，任何凭借地理优势进行人工加强的阵地都能看作筑垒阵地，只是在性质上完全不同。

筑防阵地的功能在于，使守备军队坚不可摧，它将起到直接保护该地本身，或保护驻留在该地的军队的作用。前者在战争中起防线的作用，特别是在边境上。后者相当于四面都形成正面的营垒或构筑在附近的营垒。

如果一个阵地正面筑有工事并设有阻碍，它将是坚不可摧的，敌人将不得不改变进攻方向进行迂回攻击。为了增加敌人这种迂回的难度，必须找到掩护侧翼的依托点，例如阿尔萨斯防线上的莱茵河和孚日山。防线迎敌的正面越宽，就越容易防守。因为敌人必须考虑迂回的风险，对之而言，偏离越多风险越大。因此，当阵地具备坚固的正面和良好的依托点时，就能直接保护大面积区域免受敌人入侵。最初的防御设施就是这样设想的。例如阿尔萨斯防线右翼依托莱茵河，左翼依托孚日山；而长达75英里的法兰德斯防线右翼依托些耳德河和图尔奈要塞，左翼依托大海。

若没有宽大而坚固的正面和良好的依托点进行防守，便要借助良好的筑垒工事来进行全方位的防御，以应对敌人的迂回。从战略上讲，阵地只是一个点，真正能起作用的是军队。真正要掩护的不是地区而是军队，这样四面都是正面，都有营垒，敌人无法迂回，因为这些营垒的侧翼和背后都坚不可摧。但敌人有可能从营垒的侧旁通过，这比从筑垒防线侧旁通过更容易，因为营垒的正面没有那么宽。

要塞附近的营垒属于第二种情况，其使命是掩护营垒内的军队。它们的战略意义在于运用这些受保护的军队。以上是三种不同的防御手段的概况，为了方便探讨它们的价值和区别，我们将它们分别称为筑垒防线、筑防阵地和要塞附近的营垒。

一、筑垒防线

从实战角度来说，筑垒防线是一种不利的单线作战方式，其本身毫无价值甚至是有害的。因为它只有在强大火力的掩护下才起作用，但这种火力防线的宽度比国土的宽度小得多。这种防线通常很短，只能掩护较少国土，这就意味着军队增加也不能防守所有的地区。于是人们有了新的想法，即不必去占领筑垒防线上所有的点，而是保持对它们的监视，像防守中等江河一样利用预备队去防御。然而，这不符合防线性质。如果能凭借天然的屏障作防御，那么将不需要筑垒工事，而且它更有可能带来危险，因为这种防御方法不是扼守地区，而筑垒工事却是为了这个目的。如果把筑垒工事看作主要屏障，那不防守的筑垒工事的作用就微乎其微。

试想，倘若没有杀伤性火力，当大规模的军队发起攻击时，仅凭12或15英尺深的壕沟和10到12英尺高的垒墙能起什么作用？因此得出结论：如果防线很短，却有较多的军队来防守，则会遭到迂回；如果防线足够长，却没有相应的兵力防守，就很容易被正面攻破。

这类防线使军队失去机动性，不易对付强兵。尽管如此，它们在现代战争中却存在了很长时间，这是因为战争要素受到削弱，使表面上的困难被当作了真正的阻碍。就大多数战况而言，这些防线充当补充性的防御却无法对付侵袭。在此情况下，这种防线并非完全不起作用，它也可以有某方面的价值；但必须记住的是：用来防御的军队，原本可以在别的点上发挥更大的作用，实现更大的价值。在现代战争中，这种防线已很少见，至于是否会再出现，就值得怀疑了。

二、筑防阵地

防御军队在受托防守的地区维持多久，该地区的防守就存在多久（在本篇的第二十七章中将加以论述），一直到军队放弃并离开该地区时，防御才随之终止。

如果国家遭到极具优势的敌人攻击，那么一支部队要想保持抵御敌人的绝对优势，就得置于一个坚不可摧的阵地。如同前文谈论过的，阵地必须有全方位的防御。如果采用通常宽度的战术配置，兵力不强时防守的区域也很小。地区在整

□ **俄罗斯滑膛枪步兵**

在埃劳战役中，拿破仑领教了俄罗斯步兵那令人疯狂的钢铁般的意志。当缪拉率领1万名胸甲骑兵击溃俄军并准备欢庆时，俄罗斯步兵竟再次组织起战斗队列，将冲入阵中的胸甲骑兵包围起来。拿破仑的近卫掷弹骑兵重新冲击俄军并打开缺口，然而令人意想不到的一幕出现了——俄军又一次集结。 最后拿破仑的轻骑兵出马支援冲锋，才征服了这支顽强的队伍。

个战斗过程没有优势，即使利用筑垒工事恐怕也难以抵御。所以要使用四面皆为正面的营垒，并要求每一面的宽度都很大且固若金汤；而常规的筑城术，很难做到同时满足这两种要求。

由此可见，建造营垒的一个基本要求就是，利用地形障碍使敌人难以靠近。营垒的地点须具备有利的地形障碍才能顺利运用。没有任何地形可以仅凭构筑工事就能达到防御目的。所有讨论基于以上战术结果，旨在说明筑防阵地可作为一种战术手段。我们可以借用皮尔纳、本泽尔韦茨、科沃布热格、托雷斯-韦德拉什和德里萨这些营垒作为例子来说明。接下来我们谈谈它在战略上的特点和效果。

这种阵地的首要条件是，在依赖营垒期间，配置军队的给养必须得到保障。在以下几种情况下方可做到。比如在科沃布热格和托雷斯-韦德拉什，其阵地后方连通港口；比如本泽尔韦茨和皮尔纳与附近要塞密切相连；比如德里萨在营垒内部或近处储备大批存粮。但是只有第一种情形能充分保障给养；后两种营垒只能保障部分给养，而且还具有风险。由此，保障给养这一条件排除了许多险要地点——本可以作为筑防阵地。为了更加清楚这种阵地的作用以及它将带来的利弊，我们有必要从进攻者的角度，研究一下这样的阵地会使进攻者作出怎么样的应对。

（1）进攻者可以从筑防阵地的侧旁迂回通过，然后继续推进，但是仍旧保留一定数量的军队监视该阵地。这种情况的关键在于：防守筑防阵地的究竟是主力部队还是辅助部队。

当防御者的主力部队驻守在筑防阵地时，进攻者除了攻击防御者的主力外，还可有其他进攻目标，如攻占要塞、首都等，这时他从筑防阵地侧旁迂回才会有利。当然，只有当进攻者有坚固的基地和优良的交通线，不担心侧翼受威胁时，才会从侧旁通过并寻找其他目标。

一个由防御者的主力驻守的筑防阵地，必须在以下两种情形下发挥作用：第一，防御者有把握对进攻者的战略侧翼产生决定性影响；第二，没有防御者担心的会被攻击者夺去的目标存在。如果满足不了这两点，那么防御者想通过主力占领或假装占领来观察攻击者是否被威胁是很冒险的。一旦失败，防御者就失去了对阵地的控制，将追悔莫及。

在防御者用次要部队驻守的阵地，进攻者除了它还可能有其他目标，这个目标可是防御者的主力。在此，筑防阵地的意义仅限于威胁敌人的战略侧翼，并将局限于这一条件。

（2）如果进攻者不敢从阵地侧旁通过，就只有选择围困来迫使守备军投降，但后者必须有两个先决条件：第一，防御阵地没有自由的后方；第二，进攻者兵力强到足以围困该阵地。如果符合这两个条件，防御者就算能抵挡住进攻，也势必会元气大伤。

综上，防御者的主力配置在筑防阵地须具备的条件如下：

其一，具有安全自由的大后方，如托雷斯-韦德拉什营垒。

其二，敌人兵力未能强到足以围困。若敌人在兵力对比上没有优势却仍进行围困，那就是防御者的机会。

其三，有援军解围。如1756年萨克森的军队，皮尔纳的指望成真。1757年，布拉格会战后的情况基本如此：当时的布拉格被当作营垒，如果查理亲王事先不知道摩拉维亚军团会前来解围，便绝不会将军队困守在营垒中。

只要以上条件存在时，主兵力占领筑防阵地会是合理的战术。但必须承认，后两个条件将使防御者难逃风险。

但如果防御者设置的守备军为必要时可牺牲的辅助部队，以上条件便不须考虑了。防御者此时应考虑的是能否用牺牲避免灾祸。情况虽少，但需要考虑。1756年皮尔纳营垒有过类似情况。该营垒成功阻止了腓特烈大帝对波西米亚的进攻。要知道，当时的奥地利军队毫无准备，波西米亚命悬一线。如果它真的失守，损失的兵力说不定超过在皮尔纳营垒投降的1.7万人，

□ **弗里德兰战役**

1807年6月，拿破仑带领法军同由俄罗斯帝国的本尼格森伯爵率领的俄军在普鲁士弗里德兰镇展开战斗。战斗中，法军大败俄军，迫使其沿着维纳河与尼曼河四散溃逃。第四次反法同盟由此瓦解，拿破仑成为了欧洲中西部的实际统治者。图为弗里德兰战役中，拿破仑向乌迪诺将军下战术指令。

（3）形势不可能让进攻者做到（1）和（2）两项，因此，进攻者直到防御者的阵地前才停下，像猫狗发现了鸸鹋，但他最多只能通过派出部队扩大占领的范围，满足于微小的利益，至于最终占领还需精密计划。这是阵地充分发挥的作用。

三、要塞附近的营垒

要塞附近的营垒的使命并不是掩护地区，而是为了掩护要塞军队免遭攻击。所以营防也属于筑垒阵地，同其他筑防阵地的区别在于，它和要塞是一个整体，具备强大的力量。

这种营垒还具有以下特点：

（1）肩负遏制敌人围攻的使命。如果要塞在不能封锁的港口，那么军队需付出巨大的代价。在其他情况下，要塞会有一个风险，即因为饥饿而陷落，不值得牺牲大量兵力。

（2）要塞附近的营垒可供不适合开阔地的作战小部队使用。四五千人的小部队在开阔地上，即使守着最坚固的营垒也可能被消灭。而在城垣的掩护下，它却有可能成为不可战胜的力量。

（3）这种营垒可用来集中和整顿需要掩护的军队，如新兵、后备军、民兵等。

如果要塞附近的营垒不派兵驻守，则将对要塞造成不同程度的损害，这是个严重的缺陷。如果它没有这个缺陷，那就真值得推荐。然而，同时有足够的守备部队和部分驻守兵力，对于营垒来说是很难做到的。

由此得出结论：只有海岸要塞附近才适合构筑营垒，至于其他场合则是害多利少。

简而言之，把所有的结论归纳起来，就会发现：

（1）防御者国土越小，回旋空间就越小，就越需要坚固阵地。

（2）越有把握能依靠外力得到帮助或援救（来自其他部队，或恶劣的气候，或民众的暴动，甚至给养不足等），筑防阵地的危险就越小。

（3）敌人进攻越犹豫，加固阵地的作用就越大。

第十四章　侧面阵地

把侧面阵地单独为一列章，只是便于以辞典方式提供对它的查询。不可否认，它在军事思想中不失为一个重要的论题，但事实上，它并不是独立的。

侧面阵地指敌人可能从侧旁通过仍要将其固守的阵地。它的作用是当敌人从侧旁通过时威胁敌人的战略侧翼。所有的筑防阵地同时也是侧面阵地，因为它坚不可摧，敌人只能侧旁通过，而且它唯一的价值是威胁敌人的战略侧翼。至于筑防阵地真正正面面对哪面已经无关紧要，无论像科沃布热格般同敌人的战略侧翼平行，还是像在本泽尔韦茨和德里萨般同敌人的战略侧翼呈垂直状，筑防阵地的四面都必须迎接敌人的攻击。

有时候，防御方想要防守一个并非坚不可摧的阵地，哪怕敌方要从侧旁绕过它。这种情况，一般发生在这样一种条件下：阵地的位置相对于地方的撤退线和交通线方面有优势，以致我方可以有效地攻击敌方的战略侧翼，而且不必担心进攻者能够切断我方的退路。但是，如果这个条件不成立，再加上阵地本身并非坚不可摧，那我方就将面临毫无退路的风险。

如1806年的战例：在萨勒河右岸的普鲁士军队原本可以面向萨勒河构筑防御阵地的正面。当拿破仑经过霍夫向北前进时，该阵地就可成为真正的侧面阵地，而普鲁士军队只需静观事态发展即可。

如果当时双方的物质和精神力量相差不大，法军指挥能力又不强，那普鲁士的军队就能凭阵地发挥出威力。即便是拿破仑也不得不承认，不可能从侧旁通过它。如果双方的物质和精神力量差距不大，拿破仑甚至不能完全切断该阵地的退路，就像他不能从侧旁通过一样，因为普鲁士军队左翼失败时带来的危险远小于法军左翼失败时的危险。然而，即使有这种差别存在，如果普鲁士军队的统帅果断谨慎次日凌晨以8万人对抗拿破仑的6万人（在耶拿和多恩堡附近渡过萨勒河），便有希望取得胜利，不论瑞克公爵是否在13日采取相应的部署。即使普鲁士的兵力优势和敌军的地形劣势仍不足以断言胜利，但可以一试。如果他无法利用有利局

□ 弗里德兰战役中的内伊元帅

　　米歇尔·内伊（1769—1815年），法兰西帝国元帅，曾参加乌尔姆战役、奥斯特里茨战役、耶拿战役、弗里德兰战役、远征俄罗斯、远征西班牙等著名战役，因战功赫赫而被后世尊称为法兰西帝国的"军中三杰"之一。1815年6月18日，法军遭遇滑铁卢战役的失败，内伊元帅的戎马生涯戛然而止。同年12月，他在卢森堡戈登附近被枪杀。

面来夺取胜利，最初就不该考虑在此决战，而应该继续撤退以加强自己并削弱敌人。

　　可见，萨勒河畔的普军阵地并非坚不可摧，但相对于霍夫来的那条路，这里可被看作侧面阵地，尽管它不完全具备侧面阵地的特点。

　　有人关于侧面阵地的概念很狭隘，认为如果无法在进攻者侧旁通过时固守阵地，防御者就想从侧翼对进攻者展开攻击，并仅凭这一次攻击就认为这些阵地是侧面阵地。其认识的错误在于，这种攻击同阵地本身无关，因为采取攻击的不是以侧面阵地的特性，即可以威胁进攻者的战略侧翼为依据的。

　　上文关于侧面阵地的特性已经探讨过了，下面谈侧面阵地作为防御手段的特点。关于真正的筑防阵地就不再赘述了，因为我们已经阐述得足够清楚。

　　不够坚固的侧面阵地是一种有效但危险的防御手段。如果侧面阵地能牵制进攻者，那么防御者只需消耗少量兵力。但如果牵制失败，就会失去退路，只能通过迂回行动迅速撤退或背水一战。然而，如果对付强敌就不能去冒此险，如1806年的战例所显示的那样。相反，面对谨慎的敌人时，在一场武装监察的战争中，它才是正确的选择。这方面的例子很多，如费迪南德公爵利用威悉河左岸阵地防御，同时见于施莫特赛芬和兰茨胡特的著名阵地。反例就是1760年富凯军在兰茨胡特的惨败。

第十五章　山地防御（一）

山地地形对作战的影响也很大。山地能减缓军事行动，所以对防御有利。但是我们的研究不局限于山地范围，由于得出的一些结论与普通结论有所区别，因而需要深入分析。

我们先讨论山地防御的战术方面，后面再深入至战略考察。

一支配置在放哨中的纵队在山路上行进时会遭遇各种困难；但它的正面可以以陡峭的山坡作掩护，以山谷为依托能获得强大的力量。这也是普遍认为山地防御有巨大的效果和力量的原因。但由于武器和战术特点的限制，它并不利于主力部队去利用这一效能和优点。

一支纵队奋力登山，炮兵和辎重兵负荷沉重；每有损耗就会引发连锁效应，士兵们苦不堪言，怨声载道。此时一支几百人的敌军出现都会导致全线崩溃。这正是历史学家们所表述的"一夫当关，万夫莫开"的真实写照。但是熟悉战争的人都知道，山地行军与山地进攻几乎毫无关联，所以仅从山地行军的困难就推出山地进攻的困难更大，无疑是错误的。

因为缺少经验，这种错误结论的得出甚至影响曾经的军事艺术。在历史的某个阶段，山地作战对于有无经验的人来说都是比较罕见的。三十年战争之前，战斗队形纵深大、骑兵多、火器不完备，所以很少利用险要地形。正规的山地防御很难形成。直到战斗队形散开、步兵及火器成为军队主导元素时，人们才想到利用山地。到18世纪中期，山地防御才被普遍运用。

还有一种看似能加强山地防御强大的理由，即一个小型的防哨配置在崎岖的山地，就可获得强大的抵抗能力。甚至有人认为只要把这种防哨兵力放大就能使一个营起到一个团的作用，一座山起到一条山脉的作用。

可以肯定，在山地，纵队占据有利地形，就可以获得额外的力量。如果一支小部队在平原上碰上几个骑兵连则注定失败，能逃脱就算幸运了。但如果同样一支部队在山地上，却能对抗一大支军队，使对方不得不严阵以待。至于一支小部队如何凭地形优势阻敌、寻找侧翼依托点及占领新地就是战术上的问题了，通过经验可以得到解决。

因此，当若干个强力的防哨并列配置时，就会形成坚不可摧的正面。在此情形之下，只要保障自己不被敌人迂回即可。解决这个问题的关键就是要向左右延伸正面直到获得依托点或正面宽度能保障自己不被包围。山地较多的国家愿意采用这样的配置，因为可以这样配置的山地数量众多，而且一个比一个符合。以致不确定该将防线延伸至何处。于是只好在一定宽度的正面用小部队防守所有山口。这些独立的防哨之间地形崎岖，难以通行，因此显得坚不可摧。此外，还须利用少量步兵营、炮兵连和骑兵连应付阵地的意外情况。

历史确实如此，而且，人们至今仍未摆脱这种错误。

中世纪以来，随着军队人数的增加，以及战术的同步发展，使人们用上述方法来利用山地。

□ **法军胸甲骑兵**

胸甲骑兵最早出现于15世纪后期的欧洲，主要活跃在16世纪中期至20世纪初的欧洲战场。17—18世纪的欧洲大陆各国都有胸甲骑兵的建制，唯有英国是在滑铁卢战役之后才引入胸甲骑兵的。胸甲骑兵的明显特征是装备有胸甲，然后是马刀和火器，其中胸甲能对步枪枪弹有一定防护效果，有效提高骑兵的生存能力。

山地防御的最大特性是它的消极性，军队之所以选择山地防御，是因为尚未达到机动状态。军队的人数逐渐增多，配置也在加强，形成了正面宽、纵深小的横队，因此很难被迂回。这种横队的特点在于编组和配置十分复杂，使得运动难以进行。配置横队如同安装复杂的机器，用时过长，无疑是浪费时间，容易错失良机。现在的会战计划内容很多，而之前的会战计划几乎只包括这一件事。配置一旦形成，由于特点的限制，防御者就很难以根据新情况对部队进行调整和改变。换而言之，这是给进攻者提供机会，因为他们配置队形要晚于防御方，而防御者对此毫无对策。面对进攻者的优势，防御者除了寻求掩护外就没办法抵抗这一优势了。

在山地寻求掩护无疑是最有效的。所以防御者想使军队与险要的山地相结合。此时，借助于山地之后，消极防御的力量就增强了。但是这种做法限制了防御者的行动自由。就算不采用这种做法，防御者也并不大利用这种自由。

当敌对双方进行较量时，较弱一方（侧面）总是最容易受到进攻。如果防御者阵地坚不可摧，进攻者就会大胆迂回，因为不必顾虑自己的侧翼。为了避免敌人迂回，防御者在部署军队时将向两翼延伸，这就使得自己的正面被削弱。此时进攻者会改变手段——集中兵力攻击一点，以突破防线。现代战争中的山地防御战多数就是这样的。

进攻的优势完全得益于它日益提高的机动性。防御者也只能求助于机动性，但是山地环境阻碍了机动性，并导致山地防御屡遭大败。正如在法国大革命期间，各国军队在尝试这种防御时多次遭受失败。

为了客观地区分山地防御的效果，我们必要以单个情形作为依据一一去论述。

首先要了解的问题是，防御者利用山地进行的抵抗是相对的还是绝对的。这种抵抗是只持续一段时间还是直到分出胜负？对于前一种情况，山地抵御是比较适宜的，它能极大地增强防御者的力量；但在绝对防御时，山地就不太适宜了。

任何人行进在山地都难以进行，且耗时较多；如果在山地会战，则人员的损失会更多。而衡量抵抗强度的标准是时间的消耗和人员的损失。防御者所拥有的优势在于，只有进攻者在行进。一旦防御者也被迫行进，就会失去优势。对于能决定胜负的抵抗来说，相对抵抗的被动性更强，它允许被动性持续至战斗结束，根据事物的性质，这种情况在绝对抵抗中是不会发生的，哪怕它在战术上是合理的。因此，山地这一能使行进变得困难并削弱所有积极行进的因素，完全符合相对抵抗的要求。

一个小型防哨可凭地形的优势获得强大力量，虽然无须进一步证明，但必须清楚，该防哨的小部队是相对小还是绝对小。

如果把一支定量部队的一部分分割开来单独配置，它就容易被敌人的优势兵力打败；相对优势兵力而言，这部分兵力的确比较小。这部分兵力防御的目的，不是绝对抵抗而是相对抵抗。同己方的全部兵力和敌方的全部兵力相比，单独配置的这部分兵力越小，它就越是相对抵抗。

在进行绝对抵抗来追求胜利时，一支绝对的小部队进行山地防御将优越于大部队，其取得的利益也将更多。

我们因此得出结论，小部队在山地具有强大的力量。在相对抵抗起决定作用的任一场合，小部队都可凭借地形优势得到决定性胜利。那么，大部队在山地进行绝对抵抗时，如何才能带来同样的决定性利益呢？我们不妨讨论一下。

我们须要明确的一点是，由若干个防哨组成的防线的力量之和，是否能比单个防哨的力量之和更大呢？当然不。这一错误结论可能基于以下两种错误之一。

首先，无法进入与不能通行经常混淆。不能以纵队或骑兵行军的地方，步兵和炮兵仍可推进。行军标准不能衡量战斗中的行进，人们总是幻想防哨与防哨之间有可靠交通，所以防哨的侧翼是十分危险的。

其次，人们以为防哨的侧翼也像它的正面一样坚固，因为深谷、悬崖等险要地形给防哨提供了可靠的支撑点。为什么呢？因为这并不能阻止敌人的迂回，而是使敌人在迂回中消耗更多的时间和损失更多的兵力。由于防哨的正面坚不可摧，敌人只好无视地形的障碍而进行迂回，哪怕这会使时间和兵力损耗过大。如果运用防哨仅为了等待援军，或短暂抵抗，或以此抗衡，那么防哨的侧翼依托就起到了作用。此时我们就能断言，防哨的正面和侧翼都很坚固。但如果若干个防哨组成了正面宽大的山地防线，那就不成立了。敌人完全能凭借优势兵力进攻防御者的某个点，而防御者的援军完全起不到作用，而且必须作绝对抵抗。此时，防哨的侧翼依托也已失去效用。

当进攻者集中火力打击一个弱点，虽会遭到奋力抵抗，但防御者的兵力对比整个防线完全处于劣势。当进攻者击破这一抵抗就相当于突破了整个防线。

综上所述，在山地比在平原地更容易发生相对抵抗，但这种力量与交兵力量不成正比。

现在来谈谈一般性大规模战斗的目的，即积极获取胜利，这也是山地防御的目的。如果整个军队的主力都在进行山地防御，那战争就成为山地防御会战了。用全部兵力去进行一次会战来消灭敌人军队形态，而赢得胜利才是战斗的目的。山地防御为赢得胜利服务，不再是目的，而是手段。如果是这样，那么山地与赢得胜利这一目的是什么关系呢？

防御会战的特征为：在前阵地上消极还击，在后阵地进行积极还击，山地便是积极还击的致命因素。其原因有两点：

第一，山地不利于部队从后方推进，从而不利于突袭。

第二，视野受限，难以观察敌军动向。

□ 半岛战争

19世纪初期，法国在欧洲大陆的政治发展到鼎盛时期，以致被西班牙、葡萄牙、英国等。他们视作威胁，欲除之而后快，联合起来反法，史称半岛战争。战争从1808年法国军队占领西班牙开始，至1814年第六次反法同盟击败拿破仑的军队结束，战争结果使法军全部退出西班牙；英军攻入法国本土。

防御者积极还击时，进攻者的优势与之相同，从而限制了防御者的部分效用发挥。

第三，同后方的联系可能被切断。尽管山地有利于防御者在正面受到攻击时可以成功撤退，进攻者在迂回时消耗大量时间，但一切都建立在相对抵抗上，一旦进入决定性会战，当防御者坚持抵抗到底的时候，他就不会再有这些优势了。当敌人尚未阻断退路时，防御者尚有抵抗的时间，一旦这些地点被占领，就没有办法补救了。无论怎么反击，都不可能将敌人赶出去，即使投入全部兵力，也不可能突破敌人的封锁。如果有人认为，进攻者在山地的优势也一定对突围者有利，那就说明他没有理解二者的差别。封锁道路的进攻者只须短暂抵抗就行，而突围者却丧失了战斗手段，陷于混乱中，甚至出现缺乏弹药等困境。总之，此时的防御者根本不可能胜利，而且防御者对失败后果的恐惧贯穿整个过程，影响士气。此外，防御者的侧翼变得很敏感，进攻者从后方山坡上去的每一支小部队都能成为制胜的因素。

在山地防御中，如果防御者把军队集中配置在宽阔的台地上，以上这些不利将在很大程度上消失。可以想象，正面很坚固，两翼很难接近，阵地的内部和后方都很自由，此谓世上最坚不可摧的阵地。但那只是假设。因为，虽然多数斜地的山脊比山坡容易通过，但理想的台地是不存在的。

对于小部队来说，山地防御阵地所需的空间较小，所需退路也很少，不利条件相对减少。独峰不能算作山地，也不具有山地的那些不利条件。但部队越小，其配置就越局限于单个山脊，而越不会被迫陷于密林深处的山谷。

第十六章　山地防御（二）

本章将把上一章的战术结论应用于战略上，作以下几个研究方面：
（1）山地作为战场时。
（2）占领山地对其他地区的影响。
（3）山地作为战略屏障的效果。
（4）它引起的给养问题。

一、山地战场

这是最重要的一点，必须分为两种情况：
（1）山地战作为主力会战。
（2）山地战作为从属性战斗。

上一章的结论指出，山地的地形对防御者不利，对进攻者有利。这与一般人的见解相反，因为人们经常把概念混淆，无法区分一个事件的多个方面。在他们看来，因为小部队在山地中有更强的抵抗力，因此所有的山地防御都如此。一旦情况并非如他们想的那样，他们就会感到惊讶，且总把失败归咎于单线式防御的缺点，而忽视事物内在性质的作用。我们不怕提出与众人不一样的看法，而且我们很高兴，有一位著作家与我们的观点相同，他就是卡尔大公，在他论述1796年和1797年战局的著作中曾有提及。

如果有一支兵力较弱的防御者，为了显示爱国热情和勇敢沉着，而在人们的殷切瞩目下集结了所有军队，且他们配置在条件极差的山地中，使得他们的自身行动都受限，那就很可悲了。这时聪明的做法，就是利用地形障碍进行回旋，然而这无疑使防御者采取本应避免的单线式防御。因此，在进行决定性会战时，山地不是避难所，建设明智的统帅尽可能地避开山地防御。这种情况下的会战必定与平原会战不同：山地防御阵地的正面更宽，是平原阵地的一至二倍，军队的抵抗非常被动；但仍不能把此中防御转变为单纯的山地防御。这种会战的主要特点

□《1808年5月3日夜枪杀起义者》 戈雅　西班牙

据说这幅弗朗西斯科·戈雅的画作，描绘的是真实的历史事件。1808年3月，拿破仑的雇佣军入侵西班牙，进驻首都马德里，马德里近郊的农民爆发反占领自发起义，却遭到拿破仑军队的血腥镇压。从5月3日晚至第二天凌晨，法军逮捕并屠杀了上千名起义者。当时，戈雅通过望远镜，正好可以从画室窗口望到处决起义者的地点，于是有了这幅见证历史之作。

是，为保持决战形式，应把军队集中配置在山地，然后在统帅的指挥下进行战斗并保持预备队。但是这很难实现。多数情况是，把山地会战防御转变为单纯的山地防御这无疑十分危险。因此，奉劝人们，不要令防御会战中的防御转为单纯的山地防御。

关于涉及主力的会战就谈这些。

当山地为从属性决战地点或次要战斗地点时，就比较有优势，因为此类战斗中不会出现绝对抵抗。这类山地战的目的在于：

（1）单纯为了赢得时间。人们为了搜集情报而设置警戒的时候，常有这个目的；在等待援军的场合也就如此。

（2）为了抵御敌人的佯动或小规模行动。如果一个地区有山地掩护，同时有驻军防守，那么不管防御多么薄弱，都必须足以抵挡敌人的袭击。如果没有山地，如此薄弱的防线是毫无用处的。

（3）为了进行佯动。在对于山地的作用有正确的看法之前，敌人总是因畏惧而不敢在山地作战。此时防御者甚至可以用主力进行山地防御，但只能运用在小型战斗中；而且前提条件是，一方既不打算在山地阵地上接受主力会战，也不会被迫进行这样一场会战。

（4）适合小部队配置。不参加主力会战的部队适合配置在山地阵地中，便于掩护。而且这样不易遭遇突袭，避免被迫展开决定性战斗。

（5）山地适合民众武装。民众武装在山地比较活跃，但需要正规军的支援。相反，如果它的附近有大部队，就反而对它不利。

二、占领山地对其他地区的影响

兵力弱小的部队在便于通行的地方也许无法立足，但它在山地却比较安全；

此外，敌人在山地行军时的行动缓慢。出于以上两个原因，山地为谁占有极为重要。在平原，地区的占有者可以天天不同，谁用强大的兵力推进，谁就可以将占领者赶出该地区；而与平原不同，在山地中驻扎的敌军即使兵力弱小，也可以进行出色的抵抗。由此可见，山地既不是主要军事行动地区，也没有便利的占领条件，即使通过一般的军事行动来占领了山地，也不能把对山地的夺取和占领看作军队推进的必然结果。

所以，山地的独立性较大。对山地的占有比较绝对，很少会有变化，这是针对占有者而言的。反之，山地对非占有者不利。如果山地不仅为敌人所占有，且在敌国，这种情况将更加明显。当一队一队的游击队遭到追击时，可以随时进入山地躲避追击，在另一个地方出现；即使大的纵队也能在山地中隐匿。如果我方不想把自己的行动落入藏匿在山地的敌人的掌控，那么，为了避免不利的战斗，我方就要同山地保持距离。

山地对其附近的低洼地区有一种持续的影响力，这种影响力是在一次会战中起到即刻的影响（如1796年莱茵河畔的马尔施会战），还是经过一段时间之后才对交通线起作用，就要视情况而定了。至于这种影响是否起决定性作用，或是被抵消，取决于双方兵力的对比情况。

1805年和1809年，拿破仑并未考虑周全就向维也纳前进；但在1796年，莫罗由于未能占据山区，而且还要投入大量兵力去监视，因此不得不离开了施瓦本。在一场势均力敌的拉锯战中，应尽快摆脱山地的不利影响；同时还要设法占领并守住保障我方进攻的主要路线而必须占据的山地，这将成为主要战场。但我们也不能高估了山地的影响，不能随时随地把山地看作解决问题的关键，更不能把占据山地看作主要问题。当一切以胜利为目的时，胜利变为首要的事情。一旦取得胜利，胜利者便可以根据自己的需要来安排所有计划。

三、山地作为战略屏障的效果

在此，必须区分两种因素：

第一，同决定性会战有关，人们可以将山脉作江河一般对通路起屏障作用。这种屏障可以分隔敌人的军队，让他们仅限于某些道路。然后屏障就给我方带来了胜利的机会，即集中配置在山地后面的军队分别袭击敌方军队的各个部分。因此，进攻者面临致命的风险，不能在山地以一个纵队前行（含处于只有一条退路的

□ 瓦格拉姆战役

1808年5月10日，拿破仑一世任命其兄约瑟夫为西班牙国王。1809年1月，英国和奥地利结成第五次反法联盟。7月3日，拿破仑率17万名法军士兵夜渡多瑙河，对奥地利军发起进攻。战争中，由于奥地利卡尔大公在作战略部署时，犯了因平分兵力而造成预备队缺失的错误，奥军无力歼灭法军，只好撤围，并在不久后向法兰西求和，使拿破仑成为此役的绝对胜利者。随着10月14日法奥《维也纳和约》的签订，第五次反法联盟宣告瓦解。

情况下）进行决定性会战。因此，山地防御的前提是敌军分开突进。

面对不同的山地和山地通路，山地防御的手段应随机应变。上文所述是手段之一，而且必须注意不利之处：首先，敌人在被打击时将迅速找到掩护之处；其次，敌人将占领更高的地形。

这方面的战例也许可以算上1796年的阿耳文齐会战吧。然而1800年，拿破仑翻越阿尔卑斯山的行动说明，对方应该能够在他之前采用这种手段来对付他的。

第二，山地作为屏障对交通线产生的作用在二者交会的地方。山地不仅对设置在通路上的堡垒和民众武装发挥作用，而且在恶劣气候的条件下，崎岖的山路能使敌军绝望，敌人在筋疲力尽后不得不选择不战而退。此时如果还有游击队对敌人进行频繁的袭扰或展开攻击，使敌人不得不调遣大量部队来应对，那么，敌人就可能陷入最不利的境况。

四、给养

当进攻者留在山地或把山地留在背后，就会遭遇给养不足。这反而有利于防御者。

对山地防御的讨论，换个角度可视为对整个山地战略的考察。我们不能因固定的自然条件和战场的选择由诸多因素共同决定，就认为这些考察是错误的。然而，当山地被应用于大规模的会战时，它的范围并非十分有限。在决定性会战前仔细部署，调整行程，增加额外行军来进至正面或背后，就会顺利地集中兵力到平原作战，而附近的山岭便会变得无害。

下面将各点归纳为一个明确的概念：

通常：从战术或战略范围来看，山地都不利于防御。这里的防御对国土得失有决定性意义。因为防御者不能观察敌情，又不能自由移动，还处于被动，必须在通路上派兵驻守，所以山地防御就变成了单线式防御。防御者应尽量避免把主力部队部署在山地上，而应该在山地的一侧，或山前山后。

此外，对于完成次要目的或任务的部队而言，山地是强有力的因素。山地对于不参与决战的部队来说是避难地。而为了次要目的而驻守山地的部队则能从中获利。这就印证了不应把主力部署在山地的结论。

然而这些结论很难改变直观印象带给人们的错误观念。不仅是没有战争经验的人，而且那些受错误观念训练的人，都会感觉到，山地密度大、黏性强的特性是不利于进攻者运动的，因此很难不认为我们的看法是谬论。但是18世纪的战争取代了这种印象。例如奥地利抵御作战时，在意大利方向上并不比在莱茵河方向上更容易；然而，即使是拥有果断的统帅指挥和勇猛士兵的法国军队，在山地战斗中，其经过千锤百炼的判断力仍会出错。

因此，似乎平原比山地更能给一个国家提供保护；似乎西班牙没有比利牛斯山会更强，伦巴第没有阿尔卑斯山会更难攻，而北德意志平原国家比山地匈牙利更难征服。然而，事实证明这些都是不可能的，接下来我们将进入总结。

我们不去断言西班牙若无比利牛斯山将会更坚固。但我们确定，一支西班牙军队如果进行决定性会战，应把兵力集中在埃布罗河后，而不是分散到比利牛斯山，但比利牛斯山也并没有失去对作战的影响。如果意大利军队把兵力分散在阿尔卑斯山，那么很可能遭到惨败，甚至无法决战；但如果意大利能将部队集结在都灵平原，获胜概率就会更大。但人们仍不相信这些事实：优秀的统帅有能力通过像阿尔卑斯山脉这些屏障，并把它留在身后。

另外，在平原进行主力会战，并不妨碍次要部队在山地进行防御战。在比利牛斯山这样的山地，进行防御是可行的。尽管山地有弊端，但并不代表征服平原比征服山地容易，除非一次战斗就能取得胜利。如果征服者在取得胜利后立刻进入防御的话，山地对他同样不利。如果战争继续下去，而防御者的援军赶到，再加上民众奋起反抗，山地的抵抗力量就能得到增强。

如果进攻者发现山地防御较弱，就会选择一条山路行进。但这并不容易实现，因为给养和交通问题，以及无法确定敌人的火力配置和是否接受主力会战将使上述可能的优势全部抵消。

第十七章　山地防御（三）

上文探讨了山地战斗的性质和战略上的应用，并多次提到真正的山地防御，下面我们就来论述山地防御的形态和部署。

山脉呈带状延伸于地球的表面，分隔水流形成整个水系的分水岭。且山脉各部分的分布形式具有分流水系的特点，各山脊和峡谷从主要山脉分出，又形成众多分水岭。所以山地防御的最初概念，是借助山地优势构成障碍。地质学上尚未对山脉的产生及形成规律下定论，但水流流向确切表明了山脉的体系和走向。因此山地防御的规划以水流的流向作为导向。水流既可以作为了解地面起伏情况的天然水准仪，又可形成峡谷，成为通往山顶的安全捷径。此外，水流的冲刷将崎岖不平的山坡磨损成有规则的曲面。

由此，当防御者的阵地正面与山脉平行时，山脉就能成为进入时的一大障碍，仅有峡谷可供进入。这时，防御者应将防御阵地设在最高的山脊上，即台地边缘附近，防线横向切断峡谷。如果防御阵地的正面与山脉垂直，防御阵地就应设在主支脉上，阵地的正面必须和大峡谷平行，并一直延伸到主要分水岭，此即防线的终点。

上述是按地质结构规划的山地防御的配置方式，这种方式为军事理论研究所推崇，它将水流法则与战法糅在一起。但它包含了错误假定和不确切的概念，以致在实战中无法作为理论根据。

因为实际上的山地形态与想象的山地形态有很大差别：第一，山脉的主山脊不适宜扎营，因而上面不可能配置大部队；而次要山脊更不宜扎营，同样无法配置兵力。第二，并不是所有山脊上都有台地，大多数山脊十分狭窄，不宜扎营，就连一道连续不断的、两侧大体上呈斜面或至少呈阶梯状的斜坡的山脊都较为少见。第三，主山脊多蜿蜒曲折，大支脉呈曲线延伸，山峰高耸入云；山麓同山峰连接，形成巨大峡谷。另外，带状山脉的观念完全被抛弃，在几条山脉会合，或向外伸展的地方，取而代之以辐射状分布的水流和山脉。

通过对这些山地的研究可知，按地质结构在山地上配置军队只是空想，因为它不能为一项总规划的基础提供依据。但我们仍应注意山地的具体应用中的另一个要点。

从山地战的战术方面考虑，有两个主题凸显出来：陡坡防御和谷地防御。谷地防御一般能发挥较大的抵抗效果，但在防御的同时不能在主山脊上设防。因为对于这种防御来说，占领谷地本身更加重要。由于谷地接近平原处较低，因此对它的占领更为必要。即使防御者在山脊上没有设防，谷地防御仍是一种重要的防御手段；也就是说，山脉越高，越难行进，谷地防御的意义就越重大。

所以，不要幻想有一条齐整的、符合一个基本地质特性的防线。山岭应被当作只是高低不平、布满障碍的表面。对于表面的各个部分，应该加以利用。地形的地质线有利于人们了解山地概貌，但无益于防御措施。

□ 卡尔大公

卡尔大公（1771—1847年），奥地利帝国皇子，元帅。他作为统帅活跃在18世纪末19世纪初的欧洲战场，其卓越的军事才能被威灵顿将军和拿破仑所称道。卡尔大公刚出道便立下功勋——在莱茵河战场击败当时赫赫有名的法兰西共和国名将莫罗将军。在阿斯本埃斯林战役中，他打败了拿破仑——是唯一一个在会战中凭一己之力击败拿破仑的人。在1809年对法战争时期，他因故辞去军职，但他训练的部队最终在莱比锡会战中击败了拿破仑。

无论是在奥地利王位继承战争还是七年战争或革命战争中，都不见遍布整个山脉并依照山脉的走势和形状来组织防御的情况。军队总是配置在斜坡上，而不见于主要山脊中。至于势高山地，如阿尔卑斯山，军队常常沿谷地集中配置；低势山地，如苏台德山情况特别，防线则位于对着防御者的斜坡半腰，也就是面对主山脊。1762年，腓特烈大帝为了掩护对希维德尼察的围攻，就是这样设置的。

在谷地设置阵地和防哨很常见：七年战争中，著名的施莫特赛芬阵地和兰茨胡特阵地就是这样，福拉尔贝格境内的费尔德基希阵地也是如此。1799年和1800年，法军和奥军的主要防哨，不仅能横向封锁谷地，同时还能轻易驻守狭长谷地。但各山脊却无人占领，只安排了少数配置。

如同阿尔卑斯山一样的山脊，由于不利通行，不宜扎营，所以几乎不用大部队来防守。如果一定要为控制高山地区而派军队驻扎，那么军队只能配置在谷地。这样看起来很荒谬，因为谷地一般处于山脊的俯瞰之下，并不安全。但实际上，山脊上通行道路极少，且只有步兵通行，所有车道分布于谷地。即使敌人用步兵登上山脊，并占有个别地点，但由于双方军队距离太远，超过有效火力范围，于是变得毫无意义，因此谷地阵地不如表面上那么危险。然而不得不承认，谷地防御面临着另一种危险，即有可能被切断退路。尽管敌人只有几个点派了少数步兵从山脊下到谷地，而且因为山路崎岖，只能缓慢行进，于是不能进行突袭。但是，如果这些道路无人防守，它就可以调集优势兵力到谷地，粉碎防御者的防线，而这时的防御者除了一道不太深的溪流的石质河床以外，再也没有任何其他掩护了。此时，防御者无法撤出，在没有找到出口之前，他们只能分批撤退。这正是奥地利军队在瑞士几乎每次都有三分之一或二分之一的兵力被俘的原因。

接下来我们谈谈防御时兵力分割的程度。这样的防御配置一般设置在整个防线的中央，并以主力为中心占领阵地。次要部队从阵地向左右延伸出去，占领其他山口。整个防御配置由位于一条线上的多个防哨组成。防线所能延伸的长度也就两三日行程，即30~40英里较为适中，当然还有长至100~150英里的例子。

在彼此相距几小时路程的各防哨间，可以轻易发现一些次要通道，还有可供两三个营用的有利阵地。同时，兵力还可进一步分割，甚至细化到单个步兵连或骑兵连，这种情况在过去也比较常见。的确，兵力的分割没有普遍通行的限度。另外，对于防哨驻守的兵力，以及军队的兵力，也没有什么可谈的，总之按照整个军队兵力的大小来设定即可。下面提出几项原则作为依据：

（1）山脉高、通行难，兵力分割程度大。当无法保障机动部队安全通过时，就需要直接掩护。如，阿尔卑斯山与孚日山或里森山相比，防御兵力分割程度较大，近似于单线式防御。

（2）山地防御的兵力根据主次程度，分割为以下几类：主防哨在一线设置步兵，二线设置几连骑兵；中央主力在二线配置少量步兵。

（3）很少情况下会留有战略预备队，以便在受到进攻时予以增援。因为阵地正面延伸较长时，人们会觉得各处兵力都很薄弱。因此，那些前来增援遭到攻击的防哨的士兵，大多是由阵线上没有被攻击的防哨中抽调出来的。

（4）防哨是为了扼守地区防御。当兵力分割小而各防哨兵力强时，某个防哨一旦被占就没有夺回的可能。

在此，我们只能提出山地防御理论，至于怎么去实施就需要统帅的才智了。一个统帅，如果他采用山地阵地却遭遇失败，就理应受到军法审判。

第十八章　江河防御（一）

从防御角度看，如山地一样，江河也是战略屏障之一。但江河在相对防御和绝对防御上与山地有所不同。

江河和山地都能使相对抵抗力量增强，但是江河的作用更为极端，要么坚如磐石，要么完全无效：如果江河很大，且其他条件都对防御者有利，那么进攻者渡河进攻则不太可能。但是，敌人只要突破江河防御的某一点，那防御者的整个防线将被瓦解；除非江河本身位于山地，否则防御者无法持久抵抗敌人。

从战斗的角度来看，对于那些决定性会战的部署，在某些时候，江河比山地更为有利。不过，这种江河优势往往使统帅判断失误，从而使军队陷于危险境地。这个问题将在深入考察江河防御时再作介绍。

在战争史上，江河防御成功的例子非常少。这就说明，江河防御的地形优势并不如想象的那样大，这指的是在绝对防御体系中成为强有力的屏障。当然，江河对战斗和国土防御的有利作用是不可忽视的。

若想全面系统地了解江河防御，须重视以下几个着眼点：

首先，将设防的江河所产生的战略效果和没有设防的江河的影响区分开来。

其次，防御本身可分为三种不同的类型：

（1）用主力对敌人进行绝对抵抗。

（2）单纯的佯装抵抗。

（3）使用小部分兵力（如前哨、掩护部队等）进行相对抵抗。

最后，防御的形式也可以分为三种：

（1）阻止敌人渡河的直接防御。

（2）只把江河和河谷作为会战手段的间接防御。

（3）由对岸固守的坚不可摧的阵地构成绝对的直接防御。

其中，各种江河防御与直接防御，是最重要的抵抗关系。只有在水量充沛的江河中，才能采取这一措施。

在理论上，该防御是空间、时间和兵力的结合，所以比较复杂。不过，根据敌人架桥的时间，可以确定江河防御的各部队的间隔距离。然后根据防线长度，便可得知所需部队的数目和各支部队的平均兵力。再将平均兵力与敌人架桥期间所能利用的通过其他方法渡河的兵力比较，可了解己方能否有效抵抗。只有当防御者在敌人桥梁架成以前，以优势兵力（两倍左右）来对抗，敌人的强渡才不会实现。

假设敌人架桥的时间为24小时，在此期间通过其他方法渡河的军队不超过2万人，若防御者12小时内可任意调动2万人，则敌人无法强渡。在12小时内，除了通传命令的时间，任何军队都可以行军12英里，那么防御120英里的河段就需要6万人。只要防御者拥有这么多兵力，就足以允许向任何地点调派2万人。

强渡还需要考虑以下三个因素：江河的宽度、渡河所需的器材和防御者的兵力。前两个因素不仅决定了架桥的时间，还决定了在架桥期间通过其他方法渡河的军队数量；而敌方军队的总兵力可以被忽略。

以上是直接防御的基本理论，即在敌人并非佯动的情况下，如何阻止敌人完成架桥和渡河的江河防御。

下面是直接防御的详细情况和必要措施。

首先，如果只看江河和军队的关系，直接防御的各部队应紧靠江河集中配置，否则会增加行军路程。江河能凭借充沛的水量来保障部队不受敌军威胁，所以没有必要将大部队放在预备队之后。其次，沿河的道路更易于通行。最后，沿河的配置比防哨线更能监视江河，且江河附近的指挥官更易于对敌人进攻作出回应。每个配置部队必须保持集中，才能使防御产生最大效果。利用防哨阻止敌人渡河，看似精明，实际上除了极少数情况之外，这种部署非常不利，因为敌人仅在对岸就能凭借火力优势击退这个防哨，它完全可能是在浪费兵力。所以，除非兵力强大到把河流当作要塞护城河来防守，否则河岸防御必然达不到目的。以上就是沿河设置部队的一般原则。当然，江河的特点、渡河器材的清除及沿岸要塞的作用也不可忽视。

把江河作为防线，其每一端必须有依托点，例如海洋或者中立领土，能使敌人无法从防线两端以外的地方渡河。现实中，防御者通常不会把大量军队配置在较短的河段（仅比普通地区一个阵地的正面稍大一些的河段）上。江河的任何直接防御，其正面永远是单线式防御，这时候，集中配置按照常理采用的那些对付敌人

□ 拉纳元帅

在法兰西第一帝国的所有元帅中，拉纳是最著名的一位。他既是拿破仑麾下优秀的前卫指挥官和战地指挥官，也是拿破仑最亲密的朋友，拿破仑称，"拉纳是我认识的最勇敢的人，也是我最信赖的人"。拉纳曾参加拿破仑的意大利远征军、西班牙远征军、法奥战争、法普战争等，几乎参加了拿破仑指挥的所有战役。在每一次的出征中，拉纳的部队永远行进在大兵团的最前方，在与敌人的先头部队的交战中，他的表现永远很出色。不幸的是，在第三次法奥战争中，拉纳不幸中弹，截肢后受感染身亡，时年四十岁。

迂回的方法，则完全行不通。因此，无论江河的直接防御拥有多么好的条件，只要敌人有迂回的可能，就是一种危险的措施。

关于渡河路线的问题。并不是江河的所有地点都适宜渡河。但我们只能作笼统的说明，而不能对它分门别类，因为即便是极为微小的差异，也会超出书本的论述范畴。在现实中，只要从近处观察一下江河，并从当地居民处了解水流情况，就会得到相关指南，而非局限于书本。

一般来说，沿岸的大城镇、通往江河的道路、江河的支流，尤其是江河中的洲岛等，都有利于渡河。相反，在书本中备受推崇的河岸制高点、渡河点附近的弯曲河道等，却极少产生作用，因为这些地点只有在河岸的绝对防御中才会发挥作用，而绝对的河岸防御在大型江河中很少或不可能发生。

江河上任何有利于渡河的地点，都会影响军队的配置，并在一定程度上改变一般的几何法则。如果过分忽略这种法则，而仅仅依靠一定的地点给渡河带来的困难也是极不明智的。因为那些因天然条件不利于渡河而被忽略的地点，往往成为敌人选择的渡河地点。

在防御中，要派最强的兵力防守江河中的小岛，因为敌人若对洲岛进攻，就会真实地暴露他的渡河点。配置在河岸的防御者就可以根据需要，迅速地向上游或下游行进。而防御中最重要的准备工作，就是在没有与江河平行的现成道路的情况下，整修紧靠河岸的平行小路，或修筑一段短距离的新路。

接下来要探讨的是如何清除渡河所用的器材。这在江河的主要流域上并非易事，而且非常浪费时间。在支流上，尤其是敌岸支流，更是因为经常被敌人控制而几乎难以清除。因此，最重要的事就是利用要塞封锁这些支流的河口。

由于装备及兵力问题，在大江渡河中，进攻者所携带的渡河器材（架桥用的桥脚舟）几乎不够用。因此他们会从江河主流、支流和沿岸城市中，搜寻适于造船的材料。敌人受这方面条件的限制，往往不能渡河。

最后，江河两岸或者敌岸的要塞，不仅能防止敌人从要塞附近渡河，还能通过封锁各支流或储存在那里的渡河器材来阻碍敌人渡河。

以上的江河直接防御理论的前提是水量充足，因为水量充足的江河构成的断绝地形是直接防御的必要条件。而陡峭的深谷或者沼泽较多的河岸，尽管在地形上能增加渡河困难和防御效果，但因其没有断绝的地形条件而无法代替水量充足的江河。

当然，江河的直接防御只是在战局中起辅助作用，而不能主导决定性胜利。一方面，它本身的意图是阻止敌人渡河，即通过歼灭头一批渡河的敌军来打击其进攻；另一方面，江河的地理特点不利于防御者以一场有力的反击去取得决定性胜利。

在江河的直接防御中，防御者最有利的条件就是赢得充足的时间，因为进攻者筹集渡河器材、搭建渡河设施需要花费大量的时间。若进攻者屡次渡河失败，那防御者就能赢得更多时间。若敌人因无法渡河进而改变了目标，那防御者得到的利益就更多了。如果敌人未在江河防线进攻，而江河却迫使其停止运动，那么江河就成了防御者保卫国土的永久性屏障。

因此，当一条水流充沛的江河横亘在敌我之间时，在其他条件都非常有利的情况下，直接防御就是我军最好的防御手段。而上述前提很容易被莱茵河和多瑙河这样的江河满足。防御者如果可以在120英里长的地段上使用6万人，对有显著优势兵力的敌人进行有效的防御，那它的确是一项值得重视的成就。

那么，我们对拥有显著优势兵力的敌人应该如何防御呢？当进行江河防御的兵力小于或者等于企图渡河的兵力时，胜负只取决于渡河器材而不是渡河兵力。但有一点必须牢记，一切江河防御都没有绝对的依托点，都可能遭到敌人的迂回。敌人的兵力优势越大，迂回在他那里就越容易产生。

即使敌人突破了江河的直接防御，也不会导致防御者彻底失败。因为防御者投入战斗的军队只是一部分，而敌人也只能通过一道桥梁缓慢渡河，并不能立刻扩大胜利战果。出于这些原因，我们不能低估了这种防御手段。

在江河防御中，统帅对形势判断正确与否，直接关系到江河防御的成败。为了避免判断失误，统帅必须防范错误地理解和运用江河防御这一措施的风险。因

□ **法军枪骑兵**

枪骑兵最早出现于波兰，流行于18世纪末19世纪初期。拿破仑在1807年波兰战役期间才注意到这一兵种，并被它顽强的战斗力所吸引，遂招募4个中队到自己麾下。1809年改编为近卫第一枪骑兵团；1810年组建近卫第二枪骑兵团；1811年，因枪骑兵表现出色，又进一步将6个团的龙骑兵转型为枪骑兵。枪骑兵的配备为一支2.7米的长矛和一把马刀。

此，我们不必在意人们的叫嚷，因为他们只是含含糊糊地把希望寄托在进攻和前进上，把骠骑兵挥舞马刀向前奔腾当作战争的全部景象。

即使统帅能够始终保持这种观点和感觉，并以此影响军队士气，也不足以解决问题（1759年，独裁指挥官韦德尔在苏莱胡夫会战就是个例子）。更有甚者是它们很少能够持久，当面对重大而复杂的情况时，这些观念和感觉就会在统帅身上瞬间消失。

由此可见，当驻守河岸的防御者只把阻止敌人渡河作为目的时，如果其兵力充足且各方面都有利，那么江河的直接防御会产生良好的效果。但是，如果兵力不足或实力较弱，结果就会刚好相反。虽然在一定长度的河段上，6万人的防御军能阻止10万人的敌军渡河；但在同样长的河段上，1万人有时甚至无法阻止5000人渡河。因为在这两种场合中，敌军所拥有的渡河器材数量相同。

我们尚未提及佯渡，因为它在江河的直接防御中很少起到较大的作用。一方面，在江河的直接防御中，各部队相对分散；另一方面，即使具备渡河的前提条件，开展佯渡也非常困难。如果进攻者所拥有的渡河器材少到不足以保障渡河需要，也就无法将部分器材用于佯渡。而且，佯渡会使进攻者在真正渡河点的兵力减少，从而让防御者重新赢得时间。

从地理角度和实际情况来看，上文论及江河的直接防御，仅适用于欧洲主要江河的中下游。

第二种江河防御则适用于中等江河和深谷中的小江河。与江河的直接防御不同，这种防御要求防御者在离江河较远的地方驻守一个阵地。其好处在于：当敌军同时在若干个地点渡河时，防御者能够以各自分开的部队为单位，对分散的敌军进行攻击；当敌人集中在某一点渡河时，防御者也可以在临近江河的地方把他们抓住，因为一般这样的地点都被限于一座桥梁或一条道路。这样一来，背靠江河或夹在深谷且只有一条退路的进攻者，便将面临极为不利的会战，而防御者在中等江河和深谷进行的防御，就在于利用这些对进攻者不利的情况来达到自己的目的。

江河的直接防御最有力的配置是把军队分成几支小部队，且紧靠江河配置。当然，前提是敌人不可能突然大批渡河，否则防御者就面临被分割或击破的风险。如果防御者进行江河防御的条件不利，或兵力不足；如果敌人拥有足够的渡河器材，或江河中存在很多天然小岛、浅滩，这种防御方法就行不通。这时候，防御者就得离开江河一段距离，并保持各部队之间的联系，在敌人渡河时迅速集中，控制渡口以阻止敌人占领该地区。在这种情况下，防御者的最佳配置是在河岸设置前哨，在河岸后配置大部队，利用前哨对江河进行监视，利用大部队对敌人进行还击。

在中等江河或深谷中的小河防御时，起重要作用的不仅是水量，还包括河谷的整体状况。陡峭的谷地比宽大的江河更具优势。大规模的部队通过陡峭的深谷需要相当长的时间，防御者可以利用这段时间占领周围高地，确保占据有利地形。如果进攻者的先遣部队领先太多，便将面临被防御者的优势兵力摧毁的危险；如果进攻者停留在渡河点附近，便将以背对河流缺乏退路的不利态势迎战。因此，进攻者通常只会在兵力具有很大优势或统帅有必胜的信念时，才会进入深谷，渡到江河对岸与防御者展开较量。

与直接防御不同，这种防御的防线不像大型江河那么长，这是因为防御者可以迅速集中兵力作战。即使进攻者迂回渡河，退路受到的限制却不能立即消失，即便通过迂回取得了较大的活动余地，仍然不如防御者有利。

我们所谈论的河谷是平原中小河流的深谷，并不是真正的山谷，否则所论述的就是山地防御了。

把防御军队配置在中等江河或者较深的河谷后面，是最好的防御战略，但这也有弱点，即军队的防线易拉得过长。此时，防御者军队如果过于分散，定会忽略必须封锁的真正渡河点，那么这种防御根本无效。即使军队并没有因无效防御被消灭，但接下来的退却、战斗失败或者各种混乱及损失，都会给它带来沉重的打击。

在中等河流或谷地进行防御会战时，防御者的行动必须非常激烈，因为他并不能马上确定进攻者是佯渡还是真正的渡河。且防御者的有利态势来自敌军的不利处境，若敌人的部分军队从其他渡河点来围攻防御者，防御者就无法还击，就会失去对自己的有利态势。所以，防御者必须在敌人尚未威胁到后方的时候，尽一切可能地迅速击垮正面的敌军。

和大型江河的直接防御不同，中等江河和深谷的防御不能只是为了抵抗一支兵力优势过大的敌军。在这种防御中，防御者须要对付敌军的最大部分兵力，即便它占据最有利的条件，仍不能忽略兵力的差距。这适用于中等江河和深谷防御中，河谷边缘附近强有力的抵抗会造成阵地分散的不利情况，因此对于规模较大的军队来说，不能采用这种方法。因为这种为了守住次要防线而进行的对抗，必须借助山脊甚或河岸进行直接防御。尽管不能期待它具有山地的有利条件，但这里能够赢得的抵抗时间比在一般地形上要长一些。其次，在河道蜿蜒曲折的地方，防御者进行这种防御是非常危险的，而深谷中的河流往往就是这样的（最著名的莫过于德国境内的摩泽尔河的河道），在这种情况下，防守河道的部队在退却时难逃被消灭的危险。

显而易见，大部队在中等江河采用的防御手段，用在大型江河上也同样有利。例如阿斯波恩会战中，防御者使用此手段曾取得了彻底的胜利。

如果一支军队紧靠其正面的江河或深谷，目的是设置一道阻止敌人的战术障碍，也就是战术上加强其正面，那么它并不能取得实际效果：如果山谷很深且谷壁陡峭，阵地正面自然很难攻破；但是敌人从阵地侧旁通过则相对容易，而这显然对防御者非常不利。然而，当地形阻碍进攻者的交通线，以致其一旦离开自己的道路就会遭到袭击时，防御者这样配置军队则是有利的。

在防御者采用第二种防御手段时，进攻者的佯渡会使其陷入更加危险的境地。防御者无法在第一时间弄清进攻者的意图，于是不得不把全部军队集结在真正的渡河点上。但是，防御者拥有的有利条件一直存在，不会受到时间紧迫的牵制。另外，进攻者在这种情况下佯渡的效果远远没有对单线式防御进行的佯攻效果好，因为单线式的防御必须保持所有地点不被攻破，因此预备队的使用是极为复杂的，在单线式防御中须要辨明哪个地点可能被敌人率先占领；而在后一种防御中，只要弄清敌人的主力在哪里就可以了。

如果防御者在撤退的仓促和混乱中实施上述两种防御部署，毫无准备，没有准确了解地形，也没有清除渡河器材等，那么他们不会拥有任何优势。如果为了取得这些有利条件而把兵力分散在宽大的阵地上，则是最愚蠢不过了。

在战争中，就像意图不明确和意志不坚定的情况下所做出的一切行动都将归于失败一样，如果防御者仅仅是因为没有勇气同敌人进行正面会战而选择江河防御，那么这样的江河防御不会取得想要的胜利。防御者如果不善于利用防御的特点，不善于利用迅速的行军、熟悉的地形和灵活的机动来为军队取得利益，那他根本不可能从一条江河或一个深谷获得拯救。

第三种防御是指在敌岸占领坚固的阵地。这种防御之所以能产生作用，是因为敌人因交通线被河流切断而被限制在桥上。不言而喻，这种防御只能对水量充足的大江河加以应用。但是，这种防御要求阵地必须坚不可破，否则防御者就会失去优势。如果阵地坚固到敌人望而生畏的程度，敌人会被束缚在防御者所在的河岸上。如果敌人要渡河，他便将暴露自己的交通线，即便他同时也将威胁防御者的交通线。此种情况下，问题的关键在于，谁的交通线就数量、阵地及其他方面来说更安全。此外，它取决于谁将失去更多，这意味着谁将被打败；它还取决于谁的军队中保持着更多的制胜力量和可作为最终的制胜手段。而江河的作用也就是增加交通线的危险，因为双方的交通线都被限制在桥梁上。不过相对而言，防御者的渡河点和仓库处于要塞的掩护下，比进攻者更安全。所以在这种情况下，防御者可以采取这种措施进行防御，如果在其他不适合进行江河的直接防御的情况下，也可以用这种防御来代替直接防御。这样，即使江河没有军队守护，军队也没有得到江河的掩护，但军队和江河的结合却能有效地保卫国土。

不可否认，这种不进行决战的防御只适于阻碍较小的冲击力量。如果防御者面对的是一位犹豫不决的敌军统帅，那么即便他带领的是优势兵力；或者双方势均力敌，只为争夺微小的利益，防御者都可以采用这种防御手段。然而，如果防御者面对的是冒险型指挥官率领的优势兵力，采取这种防御就很有可能导致灭亡。

这种防御手段看起来颇为大胆，却在实际战例中并不多见。然而，当其作为前两种防御的辅助手段时，即通过它控制桥梁和桥头堡以便防御者的军队能够随时以渡河威胁敌人时，总能收到预期的效果。

防御者可以使用其他很多手段来构筑与野营地不同的阵地，以此掩盖自己不想进行抵抗的企图。但这要求防御者的措施必须复杂，使敌人感受到这种防御比其他场合更大更持久，在大江河上的假防御才能起到欺骗作用。对于进攻者来

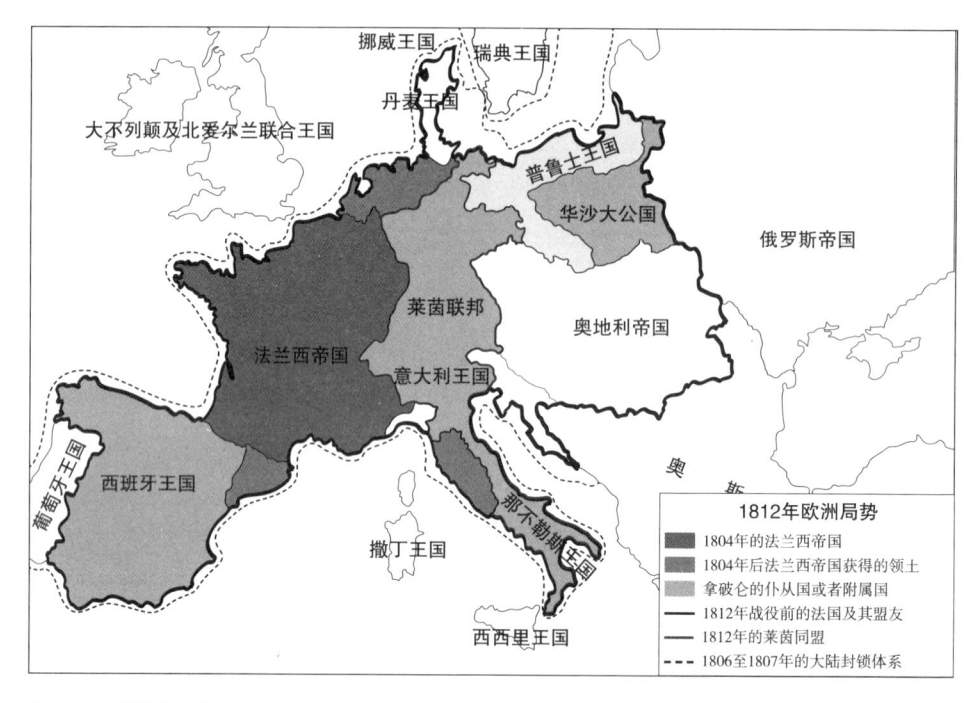

□ **1812年的欧洲局势**

　　1812年，拿破仑一世在欧洲大陆获得了完全性胜利，法兰西帝国几乎占领了整个意大利、德意志地区，以及尼德兰部分地区和西班牙北部。拿破仑为了满足自己称霸欧洲的野心，企图联合其他欧洲大国，共同对付其死敌英国。然而，俄罗斯帝国在参加法国的大陆封锁一段时间后，出于自身利益的考虑便退出了与法国的联盟。拿破仑被激怒，遂萌发了通过战争迫使俄国投降的念头。图为1812年的欧洲局势。

说，在敌人眼前渡河风险过大，他们一般会进行周密的考虑甚至推迟渡河。

　　在进行假防御时，主力部队就要如同真防御一样配置在河边。但是假防御的部队只要稍微抵抗，就会因防线过长和部队分散而遭受重大损失。所以假防御的目的应该是使主力部队在距防御阵地几日行程的后方集结。

　　以1813年战局的最后阶段来举例。当时拿破仑已经率领近5万人的军队退到了莱茵河，而联军本能地在曼海姆到奈梅根轻易渡河。在这种情况下，拿破仑唯一的机会是在法国的默兹河沿岸附近进行抵抗。但是无论他退到默兹河还是渡过莱茵河扎营，都会被联军紧追不舍，因为联军也会派军队渡河。所以法军有必要在莱茵河进行认真的防御。如果联军真的渡河，那么法军的防御就可以看作假防御。而这种假防御不会令法军冒任何危险，甚至还有机会将兵力集中在摩泽尔河上游。至于联军，则被其假防御迷惑而停止前进，并将渡河推迟了六个星期。正是这宝贵的六个星期，为拿破仑带来转机。试想，如果拿破仑没有在莱茵河上进行假防御，联军就会趁莱比锡的胜利直驱巴黎，后果可想而知。

采取第二种江河防御时，也可以进行假装防御，但是效果不那么好。因为在此种情况下，尝试性地渡河很容易成功，所以极易被识破。

前两种江河防御适合用在为了某种次要目的而设置的前哨线或单线式防守上，同时也适用于为了进行监视而配置的次要部队上。当然，比起没有江河的地方，在有江河的地区采用这两种防御更能发挥作用。且这种防御的抵抗不仅能为防御者赢得更多时间，还能使敌人因顾虑而中止行动。

第十九章　江河防御（二）

上一章探讨了江河设防对国土防御的作用，那么，不设防的江河又能起到什么作用呢？

任何一条江河，包括其主流的河谷及其支流，可以形成一个有利于防御的地形障碍。那它究竟会对国土防御产生怎样的影响呢？我们从以下几个主要方面进行讨论。

首先，要确定江河走向同国界之前的几何位置，即一条江河同总的战略正面是平行、斜交还是垂直的。如果是平行的，就要看这条江河是位于防御者的背后还是进攻者的背后，并要清楚双方的军队与江河之间的距离，这是至关重要的。

如果一条大河有足够多的安全渡河点，并位于防御的军队背后不远的地方，那么防御者就有着地理优势。尽管他的行动会受到渡河点的限制，但其交通线的安全能获得保障。然而，军队距离江河越远，那么所能获得的益处就越少，直至完全消失。当然，这种假设的前提是在本国内进行防御，如果在敌国，防御者则要考虑敌军会出现在江河的另一岸。

当进攻者不得不把一条河留在自己背后，那么该河流必然会妨碍其前进，因为他的交通线被限制在几个渡河点上。1760年，亨利亲王之所以能够在弗罗茨瓦夫附近的奥得河右岸迎击俄军，就是因他背后有距离一日行程的奥得河作为依托。与此相反，切尔尼晓夫指挥下的俄军在渡过奥得河以后，由于他只控制了一座桥梁而使自己陷入失去退路的危险中。

如果江河穿过战区的正面，与其成直角相交，那么防御者将占有优势。第一，在江河的依托下，防御者利用支流的河谷来加强正面，以占领一个有利的阵地。第二，面对与战场成直角相交的江河，进攻者只能放弃其中一岸或者分割自己的兵力，这对防御者极为有利。七年战争中，奥得河畔和易北河畔对腓特烈大帝防守他的战区，即西里西亚、萨克森和马克非常有利。这两条河同敌人的正面大多是斜交或垂直的，所以极大地妨碍了奥军和俄军的占领。

□ **拿破仑远征俄罗斯**

1812年6月24日，拿破仑一世以俄国破坏"大陆封锁"为由，率领法军入侵俄国。战争初期，法军占优势，俄国被击退。9月，法国军队进入俄罗斯，面对俄国多种多样的战术，法军逐渐疲于应付。10月寒冬，法军紧急撤退，却遭到俄军的跟踪追击。11月，法军在西渡别津纳河时遭到重创，几乎全军覆没。这一次，拿破仑的神勇及威名，败给了给养匮乏和恶劣气候，而更重要的一点在于，他小觑了俄军的斗志和士气。

　　一般来说，只有在江河同战场正面成直角且可以作为运输线时，才对进攻者有利。但是，有些江河并不能通航，有些江河不是四季都通航，有些江河逆流航行缓慢，有些大型江河的运输很是曲折等，使得水运对军队的给养作用并不是很大。因此，江河对战事进程的影响是微小的。

第二十章　沼泽地防御和泛洪地防御

一、沼泽地防御

像北德意志的布尔汤格沼原地那样成片的沼泽地极为少见，但洼地和有着湿软河岸的小河却很常见，而且它们往往会形成相当大的防御区，也的确经常被用作这一目的。

沼泽地防御大体与江河防御相似，但有几个特点需要注意：

第一，通过沼泽地比通过江河要困难得多，因为步兵只能走堤道，而修筑一条堤道比架设一座桥梁慢得多。即使采用铺设木板来通过沼泽地，也比渡河时先遣船只耗费的时间多。如果沼泽地中间还有一条只能经由桥梁才能通过的河流，那么防御的准备任务就更加难以完成。

第二，沼泽地上的通路不能像桥梁一样被彻底破坏。即使敌人架设在沼泽地中间小河上的桥梁被摧毁，整个通路也不会受到很大的影响。因此，如果利用沼泽地的优势，防御者就必须用大量兵力占领堤道并认真防守。

也就是说，沼泽地的防御比江河防御更被动，它首先要求兵力必须大于在江河的直接防御，而且不能像后者那样占领较长的防线，尤其是在耕作发达的欧洲，因为这里可供通行的道路数不胜数。

因此，在战争中，沼泽地防御远远不如江河防御有利。但是沼泽地和洼地也有相对优势，即它们通常都比欧洲最宽的江河还宽，这就使得防守通路的防哨永远不会面临被对岸的火力制服的危险，而驻守部队的火力效果往往被狭长的堤道提高了。进攻者要通过这一狭长的隘路，将花费大量的时间。在没有太多渡河点的情况下，洼地和沼泽地可以视为世界上最坚固的防线之一。

江河防御中的间接防御——借助一个天然屏障的优势来发动一场大会战——同样适用于沼泽地防御。但如果在沼泽地采取第三种江河防御的方式，就会因通过沼泽地所需时间的增多而陷入风险。因为只要有一个可以通行的地点，敌人就可以突破整个防线，从而给防御者带来重大损失。

二、泛洪地防御

无论从防御手段上，还是作为一种自然现象来看，泛洪地与大的沼泽地非常相似。当然，泛洪地确实很少见，荷兰应该是唯一一个因具有泛洪要素而值得我们注意的国家。它不但与德、法两国地理关系密切，且在1672年和1787年发生过两次重要的战局，所以我们不得不对其泛洪地进行研究。

相对于普通沼泽地和通行困难的洼地，荷兰的泛洪地有以下特点：

（1）泛洪地的土地本身是干燥的草地或耕地。

（2）泛洪地上纵横交错着很多深浅不一、宽窄不同的平行灌溉渠和排水沟。

（3）泛洪地上遍布着灌溉、排水和航行用的大运河。它们奔流在堤岸之间，只能架设桥梁才可通行。

（4）整个泛洪地的地面低于海平面和运河水面。

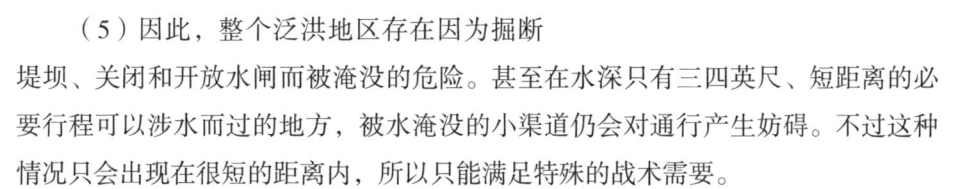

□ 亚历山大一世

1812年，法兰西第一帝国皇帝拿破仑率领以法军为主的西欧各国联军60万人远征俄国。俄国沙皇亚历山大一世宣称，将发动一场卫国战争来保卫祖国。通过战争，亚历山大一世最终击败了不可一世的拿破仑而称霸欧洲，被奉为欧洲的救世主。

（5）因此，整个泛洪地区存在因为掘断堤坝、关闭和开放水闸而被淹没的危险。甚至在水深只有三四英尺、短距离的必要行程可以涉水而过的地方，被水淹没的小渠道仍会对通行产生妨碍。不过这种情况只会出现在很短的距离内，所以只能满足特殊的战术需要。

据此，我们得出以下结论：

（1）进攻者所能利用的道路是有限且危险狭长的隘路。

（2）在泛洪地堤坝上的防御设施可以加固到坚不可摧的地方。

（3）防御者对各个地点只能采取被动防御。

（4）泛洪地的防御并非利用简单的屏障，而是通过不断设置新的防御阵地来掩护自己，并阻止敌人接近。

（5）泛洪地防御只能应用于耕作发达、人口稠密的国家，因此它的渡河点和防哨点必定比其他战略布局宽大，而防线则不应过于狭长。

荷兰的主要防线从须德海滨的纳尔登起，经过费希特河后面至瓦尔河畔的比斯博施地区止，长约40英里。在1672年和1787年的两次战争中，荷兰曾经部署了3万人左右的兵力来死守这条防线。1672年，这条防线抵挡了孔代和卢森堡所指挥的优势兵力。但在1787年，这条防线却丝毫没有起到防御作用，甚至在须德海同哈勒姆海之间的短防线上所进行的抵抗，也在短短一天内就被击溃，而且当时这条防线所迎接的普鲁士兵力并没有绝对优势。

这两次防御的结局不同，可归因于最高指挥官的差别。1672年，荷兰遭到路易十四的突然袭击时，它的大多数要塞设施尚不完善，守备部队都是雇佣兵，要塞的指挥官不是背信弃义的外国人就是庸碌无能的本国人，可以说毫无战斗力。因此，15万名法军士兵轻而易举地得到了荷兰军队从勃兰登堡手里占领的莱茵河沿岸要塞，以及除了格罗宁根以外的荷兰泛洪地防线以东的所有要塞，而荷兰人几乎未有抵抗。1672年8月，随着德·维特兄弟被杀，奥伦治公爵上台执政，荷兰在防御措施方面有了统一的指挥和调配，并将上述防线构筑成一条完整的防线。因此，连法军统帅孔代和卢森堡（蒂朗和路易十四率军队离开后将他们留在荷兰）都不敢对这条防线上的防哨采取任何行动。

1787年的情况则完全不同。应对法国人的不是七省联合，真正反对进攻者抵抗的只有荷兰一个省。这次防御只是局限在泛洪地的防线上，进攻者只有区区2.5万人，由受到诸多束缚的统帅指挥。人民到处处于分裂状态，甚至在荷兰，也是共和主义者占多数，并且全都充满战斗的激情。在这种情况下，1787年的抵抗效果理当与1672年的抵抗效果一样。然而，其间却有一个极大的差别：1672年，指挥战斗的是能力与智慧并重的奥伦治公爵；而1787年荷兰的指挥官是一个所谓的防务委员会，他们互不信任，行动不能一致，整个委员会的工作软弱无力。

我们用1787年战局来说明这种防御方法，并想显示领导方面的统一和连贯可以造成多么大的差异。虽然这种防线的组织和抵抗方法是战术问题，但防线本身与战略密切相关。尽管在这条防线上各个防哨的防御是被动的，但敌人如果像1787年战局中那样未占据显著优势时，从防线的某一点进行还击还是有可能的。不过，这种还击只能在泛洪地的堤道上进行，以至于它不可能产生很大的运动自由和攻击力。但是相对于熟悉国土情况并占有坚固阵地的防御者而言，防御者可以对敌人的各个进攻纵队予以侧翼攻击，或者切断他们的退路。在这种情况下，只要荷兰军队实施一次这样的佯动，例如从乌得勒支出发，那么小心谨慎的不伦瑞克公爵就未必敢再接近阿姆斯特丹了。

第二十一章　森林地防御

在谈论森林地（平原上的森林）防御的时候，首先必须把难以通过的原始森林同人造林区分开，因为前者茂密葱茏，难以通行，而人造林非常稀疏，且有无数条道路纵横其间。

选择防线时，应该尽可能避免人造林，或将其保持在防线后面。因为防御者需要比进攻者更开阔的视野，如果他把防线建在森林地后面，那无疑就是蒙上自己的双眼。若在林中设防，那防御就变得毫无意义了。所以，防御者只能在森林前面设防，并借助森林来隐蔽自己的后方。

如山地一样，难以通行的森林会通过间接防御来为战斗创造有利条件。在森

□ 米尔战役中激战的波兰枪骑兵与哥萨克骑兵

拿破仑远征俄国时，其军队中有1500名波兰枪骑兵，他们在斯摩棱斯克和波罗蒂诺会战中表现突出。图为1812年6月28日的米尔战役。拿破仑军队渡过涅曼河后，在白俄罗斯的米尔遭遇普拉托夫率领的哥萨克骑兵，波兰枪骑兵与哥萨克骑兵展开激战。俄军取得了此役的胜利，这是俄军在俄法战争中的第一场胜仗。

林的掩护下，防御者的军队可以在保持集中配置而不被发现的情况下袭击敌人。从防御效果来看，森林地防御更接近山地，通行困难但利于撤退。

然而，在森林地展开直接防御仍然是一种冒险行为，因为不管它的通行有多困难，都不会完全阻挡小部队从若干个地点同时通过，而这些小部队会使整个防线迅速被破坏。

在一场民众武装中，各类大森林的影响是极为重要的。如果防御者在制订战略计划时，能够迫使敌人的交通线通过大森林，就等于给防御机器添上了强有力的杠杆。

第二十二章　单线式防御

单线式防御，指用一系列相互联系的防哨来直接掩护某一地区的防御部署。

一条防线，如果要直接掩护广大地区，就要求它必须很长，但这只能产生很小的抵抗能力。即使将最大的兵力配置在这条防线上，面对敌人同等的兵力，防线的抵抗力也不会改变。所以，单线式防御只能抵御力量较弱的进攻。

单线式防御的代表就是中国的万里长城，这是中国为了抵御鞑靼人的侵袭而修筑的一道屏障。尽管这样的防御并不能完全抵御每一次侵袭，但它至少增加了侵袭的困难，从而减少了侵袭的次数。这对于战争中的国家十分必要。

欧洲各国之间的防线，与这种单线式防御极为相似，如莱茵河畔和尼德兰境内法军的防线。设置这些防线的目的在于，抵御那些为了征收军税或掠夺物资来给养的进攻。他们意在对付小的进攻，所以只集中了小兵力在手中。如果敌人的主力对他们展开进攻，他们就不得不迅速组织主力投入战斗。在今天看来，单线式防御的危险性很大，因为防御者不会将更多的兵力投入到防范敌人的临时侵袭上。因此，当战争越激烈，使用这一手段就越危险。

最后，真正的单线式防御还包括具有一定抵抗能力的掩护军队舍营用的前哨线防御。前哨线主要用于抵抗威胁个别舍营地安全的小规模袭扰。倘若地形有利，前哨线的抵御就能发挥足够的威力，但它不能赢得真正抵抗的时间。但不可否认，敌军的集结和前进只能通过前哨的抵御才能被发现。因此，用来抵御力量较弱的进攻的单线式防御，并不与它的使命相矛盾。

然而，如果把保卫国土的主力军队分散成长列的防哨，去对付敌军的主力，那么这种单线式配置该是何等荒谬，令人不得不探究其原因和适用情况，并以此作为解释。

无论是为了消极防御而设置，还是为了集结兵力进行会战而设置，任何山地阵地都必须有比平原阵地更宽大的正面，以此来提高抵抗能力，并保障防御者有广阔的撤退空间。然而，在战争中，若无会战迫在眉睫，防御者就得同敌人长时

□ 克利亚斯季齐战役

1812年7月19日，尼古拉·夏尔·乌迪诺元帅率领法军与彼得·维特根施泰因率领的俄军在克利亚斯季齐交战。经过顽强的战斗，俄军成功遏止了法军继续向彼得堡方向的进攻。但双方的损失都十分惨重，胜负难决。

间地对峙，这时防御者不仅可以占据其必需的地区，还能在保障军队安全的前提下尽可能扩大占领区域。而开阔地防御就不需要通过扩大阵地来实现这个目的。

利用山地保护某个地区，就必须完全依靠这个地区的防御。由于受山地的地形限制，当敌人先于防御者占领受威胁的地点，那么即使防御者具有兵力优势，也很难把敌人赶走。在这种防御下，防御者分散兵力的目的，从掩护和保住某个地区，逐渐变成确保军队自身的安全。每个独立防哨的指挥官都希望延伸自己的防哨区域，以至于军队在不知不觉中把兵力分散了，形成了近乎单线式防御的情况。

因此，防御者采用军队主力进行的单线式防御，并非出自防御者的深思熟虑，而是面对敌人采取的决定性行动，为了保护国土而不得不追求另一个与之前完全不同的目的的状态，但它总是错误的。这种错误实际上是统帅对敌我形势的错误估计，而并非防御方法本身的缺陷。

七年战争中，由亨利亲王指挥的几次战局中，他采取了一些极端的、具有单线式防御特点的防哨配置。人们可以这么认为：他非常清楚敌我双方的情况，他知道敌人不会采取任何决定性行动，他利用这种单线式防御的目的就在于尽可能地占领正面宽大的地区。如果亨利亲王某一次遭受了失败，人们也会认为这只是不合时宜罢了，而不是防御方式本身的缺陷。

不可否认，统帅有时会忽略单线式防御本身的意义，甚至相信它真的能够抵御敌人的进攻，这些并非属误用一种手段，而是完全没有把握它的本性。不可否认，1793年和1794年，普奥两军在孚日山的防御正是如此。

第二十三章　国土的锁钥

之所以讨论国土锁钥，是因为它同山地防御、江河防御关系密切，也与坚固阵地和筑防阵地等概念相关联。

国土锁钥可以指最开阔的地区，也可以指最难以攻破的地区；可以指一个不占领它就无法侵入敌国的地区，也可以指能决定全部国土得失的地区。

俄国人如果要进入克里米亚半岛，就必须首先突破设置在皮里柯普的防线，才能够安全地占据克里米亚半岛。如果占领了朗格尔地区，就能够得到占领或者控制整个法国的机会，这显然是另一重要的事情了。

通过占领关键的锁钥地点就一定能够占领整个地区吗？普通的常识还不足以支持人们对这种观念的理解。我们可以这样理解锁钥地点——一个国家汇集交通道路和丰富物资的地点。统帅们将其称为锁钥，是因为占领它就能满足军队和战略的诸多需求，进而得到利益。

为了明确国土锁钥这一概念，人们把所有不明确的含义明确起来，并从所有与这个概念有关的内容中抓住了高地这一点。

人们通过山脊到达最高点，然后开始下坡，这时候人们因俯瞰到整个地区而认为自己占据优势。虽然大多数情况下，山岭的最高点被认为是具有决定性意义的地点，但这并不是全部情况。劳埃德的错误理论认为，锁钥地点就是通向某个地区的几条道路的汇合点所在的高地，这个地点进而成为控制这个地区的地点。于是很容易将它与山地防御混淆，并很快离开了山地道路的最高点这个概念，进而把整个山脉的最高点，即分水岭看作地区的锁钥了。

在18世纪下半叶，地球表面是由冲刷过程形成的这一观点开始流行起来，上述军事理论就得到了自然科学的支持。这一理论对德国产生了不利影响。首先是在1793年和1794年普鲁士军队在孚日山的两次重要战局中，指挥官们都受了格拉韦特和马森巴赫的理论影响，导致战争学究气很浓厚；其次是1814年的战局中，一支20万人的军队在通过瑞士开往朗格尔时就曾盲目地遵循这种理论。

□ 瓦卢蒂纳-鲁宾之战

1812年8月7日，在斯摩棱斯克以东的瓦卢蒂纳-鲁宾，4万名俄军士兵在巴克莱·德·托利的指挥下顽强抵抗内伊的3万名法军士兵。最后法军击退俄军，占领了瓦卢蒂纳-鲁宾，俄军成功撤退，而法军错失了重创俄军的机会。

在18世纪末和19世纪初，高地对战争的影响不断被夸大，甚至变得荒诞无稽。一个分水岭即使是莱茵河和多瑙河以及德国六大河流共同的发源地，也至多在它上面设置一个三角标记，除此之外，这样的高地并没有很大的军事价值。至于在高地上设置烟火信号、骑哨，配置军队等，都不很合适。

因此，要在水源的最高发源地或共同发源地中，寻找一个锁钥阵地纯粹是纸上谈兵。现实中的山脊和山谷往往是纵横交错、山峰环绕，并且低处积水的，所以根本不像地形学所期望的那样便于从上而下地通行。千百年来的战史也证明，防御者构筑的防线往往不会利用毫无军事价值的重要地点。

因此，真正的锁钥阵地很少见。一般来说，最适合打开国家门户的钥匙就是对方军队。地形比军队更重要的时候须具备下述两种有利条件：第一，配置在此地的军队能借助有利地势进行强有力的抵抗；第二，这种阵地可以有效地威胁敌人的交通线。

第二十四章　侧翼活动

无须特别强调，战略侧翼就是一个作战区的侧面。它与会战中的侧翼攻击，即战术上的侧翼活动并无关系。

实际上，侧翼活动以及侧面阵地在战争中很少起作用，因为敌我双方都会在事前努力遏制这种威胁。然而，这种手段一旦应用就会产生巨大的效果。虽然战略范围的侧翼活动也适用于进攻，但它更接近防御，因而理当作为一种防御手段。

在敌人背后和侧翼活动的兵力，都不可能同时对敌人的正面发生作用。因此，那种认为扑向敌人后背颇有成就的看法，本身就是错误的。因为这种行动本身毫无价值，只有和其他有利条件结合在一起时，它才有意义。现在我们将探讨这些条件。

战略翼侧活动分为两种：仅对交通线进行的威胁和对退却线及交通线同时进行的威胁。威胁敌人交通线包括袭击敌人的运输队、小股的后续部队以及小型存储仓库等，目的在于袭击敌人用以维持战斗力和生活的必需品，以迫使敌人撤退。

威胁敌人的退却线的目的是切断敌人的退路，因此只有当敌人下定决心撤退时，这种威胁才能见成效。倘若这种威胁行动使敌人感到危险，那么也会促使他撤退。所以这种威胁手段不能仅仅依靠迂回或几何形式的兵力配置就能产生效果。

首先，对交通线进行威胁需要具备两个条件。第一，不需要调用很大的兵力来威胁敌人的交通线，且能够保证抽调出这些兵力以后，不会对防御者正面产生很大的影响；第二，敌人已经面临进攻路程的终点，没有可供利用的新的胜利，或者没有对防御者撤退的军队进行追击的能力。由于第二个条件比较少见，因此我们先来研究一下与第一个条件相关的条件。

相关条件：敌人的交通线较长，守备力量不足；敌人的交通线暴露在我军的威胁之下。后一种情况又可分两种：第一，敌人的交通线方向与其军队正面不垂直；第二，敌人的交通线从防御者领土经过。若敌人交通线同时具备上述两种情况，他的暴露程度就更大。

或许有人认为，如果军队掩护的是约200英里长的交通线，那军队的配置如何与交通线相交就不再重要了，因为军队只是一个点而已。其实不然，当进攻者的交通线同军队的配置呈直角相交时，防御者即使有兵力优势，也难以切断敌方交通线。但有人又会认为，进攻者要绝对地掩护某一地区是很困难的，他们一定还会认为，抵御优势敌军可能派出的部队来掩护自己的背面很困难。其实，这种情况根本不会发生，即掩护部队一无所知，而别动队却清楚一切情况。况且，战争中的情报并不可靠，敌我双方都要在暗中不断摸索，进攻者不会冒着被毁灭的危险绕过敌军侧翼，到其背后去偷袭。当敌军同他们的交通线呈直角相交时，防御者对敌人的迂回部队最终也会遭到摧毁。这样不仅损失巨大兵力，也将使军队失去作战的勇气和战斗力。所以，配置正面和交通线垂直的军队时，只要利用对方的上述困难，就能掩护距己方较近的交通线。

如果军队的配置是与交通线斜交的，那么距离军队最近的交通线便不再安全，对方的一次小型进攻就足以击中其要害。

那么，为什么交通线没有与军队的配置正面直角相交呢？然而，敌军的正面同样也由我方的正面决定。于是这里出现了一种相互作用。下面让我们来探讨这种作用的缘由。

假设进攻者的交通线为AB，防御者的交通线为CD，两条线构成一个钝角。防御者在两线交点E处配置军队，那么从B点出发的进攻者单凭几何关系就能迫使防御者面向进攻者的正面，并将防御者的交通线暴露出来。然而，若防御者在D点配置军队，情况则不同。此时进攻者会受到各种地理条件限制，无法自由变换战线位置而被迫采取面向防御者的正面。由此可见，防御者要在相互作用中占领先机，只需在两线交点配置军队即可。综上所述，这些几何要素对防御者的配置起着决定性作用。

交通线带来的第二种不利情况是，交通线从敌国的领土经过。若敌国民众武装起来，其交通线便位于战场上，这种威胁无疑是致命的。该国既没有健全的军事组织，民众也缺乏尚武精神，但仅民族精神这一点，就能对交通线产生极大的不利。本国军队极易得到当局和民众的支持，并获取情报，这些有利条件对别动

□ 内瓦·洛夫斯基的壮举

1812年8月14日，内瓦·洛夫斯基率领俄军第27步兵师在斯摩棱斯克东南约30英里处执行哨戒任务时，遭遇了拿破仑的主力军。俄军在敌众我寡的情况下，一边应战一边撤退到斯摩棱斯克。拿破仑下令休整一天，因此法军没有继续追击，错失了攻占斯摩棱斯克的机会。

队的小型活动有很大意义，甚至可以使它们不费吹灰之力就获得利益。

在具备其他有利条件时，即使进攻者的交通线垂直于军队配置正面，仍有可能受到防御者的别动队的威胁。且别动队往往躲在其国土的腹地无须主力的掩护。所以，防御一方的小股部队可轻松切断进攻军队，有如下几种情况。

（1）交通线的距离很长。

（2）交通线与军队正面斜交。

（3）交通线从敌国领土经过。

（4）要想使切断敌人交通线产生效果，还必须保证交通线被切断的时间足够长。关于这点，论述可以参阅第五篇第十五章的内容。

除了上述四个条件，下列条件同样不可忽视：道路状况，交通线所在地的地形，可以作为掩护的江河、山脉和沼泽地，季节和气候，辎重队和轻装部队的数量等。只有将这些条件综合考虑，才能有效威胁敌人的交通线，从而更清楚地了解敌我交通线的优劣情况。

□ **斯摩棱斯克战役**

1812年8月，拿破仑到达俄罗斯后，面对俄军的不积极抵抗及撤退政策，他决定进攻俄军防守薄弱的斯摩棱斯克，以切断俄国军队退往莫斯科的交通线。1812年8月17日，拿破仑率约17万法军在斯摩棱斯克城下与俄军展开攻防战。面对法军的强烈攻势，俄军只好往莫斯科撤退，并烧毁弹药和补给品。之后法军在往莫斯科追击俄军的途中，于博罗季诺与俄国交战。

现在谈谈侧翼活动所需的第二个主要条件，即敌人已经面临进攻路程终点的情况。如果敌军并不是因为我军的抵抗而停止进攻，那么我军只需派部队大胆进攻即可。这时候，如果敌军想发动进攻来以示报复，我军也只需轻松避开他就行了。1812年，莫斯科附近的俄军主力就曾遇到过此种情况。还有在西里西亚战争初期，腓特烈大帝在波希米亚和摩拉维亚的边境也遇到过类似情况。

在这种情况下，不必要求交通线对我方有利，就可以在侧翼投入更多兵力。而敌人不仅无法从我军的撤退中得到好处，还要努力掩护自身军队的撤退。此时，占领侧面阵地即使暴露了交通线，也不会有很大的危险，甚至还能迫使敌人的配置与其交通线斜交。在其他有利条件的配合下，再加上统帅的指挥技巧和军队迅速行军，侧翼活动就能取得好的效果。

这里可算得上是实施战略机动的最好场所。七年战争期间的西里西亚和萨克森，在1760年和1762年的战局中，这种战略机动频繁出现在战争原始威力极弱时，这里并非是因为敌军面临进攻路程的终点，而是因为统帅缺乏勇气和果敢。

因此，侧翼活动在以下情况中最为有效：

（1）防御中。

（2）战局临近结束时。

（3）向本国腹地撤退。

（4）同国内民众武装相结合时。

至于交通线威胁的实施，我们只需作简单的讨论。

这些活动必须由精干的别动队展开，别动队可分成若干个小队大胆行动，对敌人的守备部队、辎重队和小部队展开袭击，鼓舞并协同民众武装展开活动。这种小队的优势在于，只要队数多，不必每队的兵力多，只需编组能保证集中大规模战斗，且不会因各队指挥官的自负和专断而妨碍集中即可。

下面谈一谈对撤退线的威胁作用。

上文曾提到，任何在敌人背后和侧翼活动的兵力不可能同时对敌人正面发生作用。因此，扑向敌人后背和侧翼展开的活动即使提升了效果，也要承受很大的风险。无论是集中兵力威胁敌人侧翼，还是分割兵力包围敌人，效果的提升都以牺牲安全为前提。

如果防御者切断敌人交通线不是伴动而是进攻，那么这时只能进行决定性会战了。而会战却是危险与成果同在，需要统帅有确切而有利的根据时才能实施。

无论是整个军队还是分割兵力，无论从后背进攻、侧面阵地进攻还是正面的迂回运动，都能产生以下两种效果：真正切断敌人退路，俘虏或击溃敌人；或使敌军受到危险压迫而撤退。然而对于防御者来说，其面临的危险则不同。如果防御者用全部兵力进行迂回运动，敌我双方的撤退线则成为关键。如果防御者在国内进行，其所受的限制就小于进攻者，因此更利于战略迂回。当出现以下情况时，这种效果更加明显：一是更宽阔的地区；二是不依赖外援的独立国家；三是战局临近结束时进攻者力量衰竭。

分割兵力对敌人迂回和切断退路的迂回同样存在危险，因为敌军集中的兵力很容易突破我军的包围。因此，敌军处于无法挽救的不利地位的原因有以下三个：

（1）无法将本已分散的兵力集中。

（2）我军在精神和物质上具有巨大优势。

（3）敌人位于进攻路程的终点，已经丧失了进攻力量。

1757年，腓特烈大帝采取向心方式入侵波希米亚，他并没有在西里西亚或萨克森集结兵力，也没有把正面进攻和背面进攻结合起来，因为如果这样做，他最终将失去出其不意得来的一切利益。

1813年，联军在对战局进行部署时，极大的兵力优势使其考虑用主力袭击拿破仑的右翼——易北河畔的拿破仑军队。联军在德累斯顿附近遭受了挫折，这得归因于战略和战术上的一些具体部署的不当。毕竟他们原本可以用22万人的兵力对抗拿破仑的13万人的兵力。诚然，拿破仑以独特的防御方式把兵力平均分配在一条防线上，除非他放弃西里西亚，否则很难在易北河畔集中一支与联军主力决战的军队。何况联军还可以让弗勒德军队推进到美茵河畔，试探可否切断拿破仑通向美因茨的道路。

在总部署的前一年，俄军下定决心把摩尔达维亚军开往沃里尼亚和立陶宛，以便向法军主力的背后推进，因为可以肯定，莫斯科将是法军进攻的终点。

富尔将军最初的防御计划就包括了这样的兵力部署。按照计划，巴克莱军队驻守在德里萨营垒，巴格拉季昂军队推进到法军主力背后。但同样的手段在不同时期产生的效果也就不同。战局初期，法军兵力是俄军的三倍；战局后期，俄军远远强于法军。因此，同样是对敌军退却线的威胁，在战局前期和战局后期使用，其效果可能截然相反。

对敌人撤退线的威胁，就是对敌人背后展开正式进攻，这将在"进攻"一篇中进行讲解。

实际战争中，人们通过对退却线的威胁迫使敌人退却，基本都是佯动而并非实际行动。但并不是每次佯动都以实际行动为基础，否则佯动就与实际行动差别不大了。这一点将在后面章节进行讨论。

第二十五章　向本国腹地撤退

　　主动向本国腹地的撤退被认为是一种特殊的抵抗方式，消耗敌人使其走向失败。之所以采用这种方式，或是因为不想进行主力会战，或是想消耗敌人力量之后再会战。只要敌人不停前进，兵力必定被削弱。战史已证明，长距离的战争都是如此。

　　如果是防御者在实力雄厚的情况下主动撤退，使攻击者进攻的每一步都付出血的代价，那么进攻者受到的削弱将会更大。

　　如果防御者因失败而撤退，他受到的损失就会远远超过主动撤退；即使它能够日复一日地进行抵抗，它的损失依然严重。哪怕是世界上最优秀的军队，战败后被迫退却也依然会承受损失，还有可能演变成敌人在后面猛烈追击，防御者则拼命溃逃。

　　适当抵抗是指撤退者在每次抵抗中适时放弃自己的领地而有计划地后撤，至少保证敌方损失的兵力与自己的相当。退却中，防御者的兵力不可避免地被俘，但进攻者也会因地形等不利因素损失兵力；同时，两方都必须暂时丢下他们的伤员。

　　因此，敌我双方接触的过程中损失都相同。但如果防御者为失败方，情况就不同了。这时撤退者因战争失败、军队混乱、勇气受挫而消极抵抗，甚至不抵抗。至于进攻者，则因防御者主动撤退而使他步伐坚定、勇往直前，甚至迅速取得胜利。这时，精神作用占主导地位，精神力量的强大将不再受物质的束缚。

　　双方在不同情况下到达进攻者的目的地时，其对比情况也不同。

　　进攻者会受到其他因素影响而削弱兵力，相反，撤退者大多能够得到增援。在给养方面，进攻者往往难以维持，撤退者却绰绰有余。

　　撤退者可以随时补充物资，但进攻者却必须从自己的后方运输过来，这是非常困难的，因此进攻者无法摆脱物资匮乏的影响。撤退者优先利用所到之地的物资，并将其消耗殆尽，等进攻者到达时早已一无所有。进攻者从进攻这天起就必

□ 离开家园的俄国百姓

斯摩棱斯克战役异常激烈，拿破仑的法军虽然攻到了城墙下，却因遭受敌方猛烈的炮火轰击而无法登城。最后俄军选择撤退，并放火烧了斯摩棱斯克城。图为此战中被迫离开家园的俄国民众。

须为物资奔波，因为指望得到敌方的物资是不可能的，就算有，也是敌人的疏忽大意造成的。

当然，在兵力相差无几的情况下，这种方法给撤退者带来的胜利比在边境作战胜利的可能性远远要大，成果也更大。而对于进攻者而言，这两个不同地区的失败后果也是不同的，即使他取得胜利，也会由于自己无法补充兵力和物资而不得不撤退。由此可见，决定性会战的地点是在进攻路程的起点还是终点，对于进攻者而言有着天壤之别。

这种防御的优点被另外两个缺点抵消：第一，随着敌人的入侵，给撤退者的国土带来的损失；第二，撤退给部队在精神上带来的不利影响。防御的主要目的是签订有利和约，因此，防御者不惜牺牲眼前利益。所以防御者损失国土不能作为决定性意义，也不能无限撤退。

撤退或多或少给军队带来一定的损失，但我们也要看到它对军队力量的增强。所以我们无法准确衡量它的利弊，因为它们的性质不同。但可以得出结论：如果必须放弃富饶地区，损失就会大些，若此地原来就有战略部署，则损失最大。

至于第二个缺点，往往得不到统帅重视，他们总是坚定地贯彻自己的计划。但这种影响也不能被忽略，它是一种直抵人心的力量，甚至能够削弱民众及军队的一切激情。由于向本国腹地撤退的破坏力较大，所以这种方法很难得到民众理解。实际上，民众和军队连撤退的原因都弄不清，至于是因为利益还是惧怕敌人就更分不清了。如果放弃的地区受到严重损伤，人们就会对指挥官失去信任，同时也对自己失去信心。撤退中的交战越多，就越会增长军队的忧虑情绪。所以人们不应该忽略这些后果，而应敢于公开应战，这才是高尚、有气节的民族。

以上就是这种防御的优缺点，接下来我们讨论展开这种防御需要的条件。

其根本在于国土辽阔，至少撤退线较长。因为短时间行军并不能削弱敌人的力量。1812年，拿破仑的中央军团在维捷布斯克尚有25万人，到了斯摩棱斯克只剩下18万左右，直至博罗季诺则只有12万人，与俄军主力相当。尽管如此，直到莫斯科附近，俄军才开始占绝对优势，并得以打败法军。

但欧洲其他国家不可能拥有这么辽阔的国土，也没有这么长的退却线。不过另一方面，像法国这样规模巨大的军队也很少见，它的兵力是俄军的两倍之多，同时法军拥有决定性的精神优势。凡此种种，才致此次战局退却了500英里才达到目的。其他情况下，也许经过250英里或150英里就可以达到。

有利于防御的条件有三条：

（1）农作物较少的地区。

（2）忠诚且尚武的民众武装。

（3）恶劣的气候。

这三种情况对进攻者是很不利的。它们不仅增加了物资运输的困难，增加了维持军队的费用，还容易引起各种疾病，削弱进攻方军队的力量。但是对于防御者来说，这一切便于展开侧翼活动。

我们还得考虑军队的绝对人数对这种防御产生的影响。一般来说，军队越小衰竭就越早。所以小部队战区的进攻路程和大部队是不一样的。在理论上，军队的绝对数量和它所占领范围的大小成比例关系。固然不能用数字表示这种关系，而且其他条件可能会引起它的变化，但我们只要说明事物本质中有这种比例关系就足够了。例如率领50万人可以向莫斯科进军；但是，即使兵力对比和其他情况都对自己有利，无论如何也不可能率领5万人向莫斯科进军。

假设军队的绝对数量和地区的面积比例在上述两种场合一样，那么敌军人数越多，我方撤退的负面作用就越强。这一点体现在以下几个方面：

（1）兵力越大，补给和宿营就越困难。遵循此原则，那么军队就不能完全在此地获得充足的给养，而且从后方运输来的物资可能会遭到损失，而且露营地也会随之增大。

（2）兵力越大，前进就越缓慢，所需总时间也越长，前进中每天损失的总数也就越大。

（3）兵力越大，每个人在战略和战术上的日常勤务中消耗的体力就越大。军队越大，每天的琐事就会越多，再加上突袭等突发事件，累积下来，操劳和受累的程度与日俱增。

当然，敌我双方谁都不能忍受这些劳累，但是进攻者需要忍受的劳累要大得多，这是因为：

（1）根据之前的假定，进攻者在兵力上占据优势，因此就要接受人数较多带来的不便。

（2）进攻者被迫受防御者的支配和引领，这是防御者用不断放弃土地的代价换取来的。

防御者可以预先制订好作战计划，但进攻者不能，他只能根据防御者的配置来制订计划，而这种配置只能通过侦察才可知道，而侦察耽误的时间中发生的变化是无人能知的。有必要提醒一点，这里说的防御者是没有遭受过失败的。不过，即使防御者有这样支配敌人的权利，但它与争取某些次要利益的场合还是有差别的，而且时间越长，这种差别就越大。

（3）退却者一方面尽一切努力改善自己的退路条件，努力占据好的露营地和水源；另一方面，他还要竭力破坏进攻者前进的道路和桥梁。

此外，民众武装也是有利于这种防御的特殊条件。我们会在后面一章里进行专门介绍。

接下来，我们将探讨如何实施这种防御手段。

首先是如何选择撤退方向。撤退应该选择向本国腹地退却，并尽可能地退往可以包围敌军两侧的地点，一方面可以使敌人处于被包围的危险下，另一方面也保证防御者不会受到被迫离开的危险。如果防御者选择的退却线在国境附近，那么这种危险就有可能成为现实。

这个条件是由这种退却措施的目的所要求的。至于向腹地内的哪个地点退却更好，就需要根据退却者的目的和意图来决定。

例如，俄军在1812年的退却是预先计划好的，因此他们完全可以从斯摩棱斯克向卡卢加退却。这样一来，莫斯科就有可能免遭战争蹂躏，但俄军在退出莫斯科后才选择这条路线。这时法军在博罗季诺附近约有13万人，如果俄军在通往卡卢加的中途进行会战，那么应该不会遇到优势极大的法军。因为法军这时无法从这支军队中抽出大量兵力派往莫斯科，而这样少的兵力也不可能被派到莫斯科。

拿破仑的军队经过斯摩棱斯克的会战后剩下约16万人。如果拿破仑抽出4万人到莫斯科，仅留12万人对付俄军主力，那么战后可能只剩9万人，即比到达博罗季诺时少4万人，这样俄军就有多了3万人的优势。在这种情况下，如果把博罗季诺会战作为衡量标准，俄军胜出的可能性会更大。但是俄军的撤退是未经深思熟虑的，他们总是觉得自己兵力不足，难以进行会战，因此越退越远。且俄军所有的给养都在莫斯科到斯摩棱斯克的路上，谁也不会放弃这条道路。此外，在俄国人看来，就算在斯摩棱斯克和卡卢加之间取得胜利，也难以弥补莫斯科被占领的损失。

1813年，如果拿破仑将兵力偏向侧方，只在巴黎留几千人的兵力和国民自卫军，那么巴黎可能不会被侵袭。若联军知道拿破仑率领10万人在欧塞尔，他们绝不敢向巴黎派遣5万人的军队。如果拿破仑和联军互换位置，拿破仑也绝对不会放弃通往自己首都的道路，他一定会毫不犹豫地冲向自己的首都。可见，尽管情况相同，但由于精神状态不同，结果也就不同。

补充一点：在向侧方进行折中退却时，首都或其他须被保护的地点，一定要保持抵抗的能力。

然而，这种退却方式还有一个特点，即突然改变方向。俄军在到达莫斯科之前一直保持一个方向撤退，之后他们背离了这个即将引领他们到达弗拉基米尔去的方向，选择往梁赞方向继续撤退，随后又转向卡卢加。如果俄军这时必须继续退却的话，可被引向基辅方向，也就是到达敌国边境。而对法军来说，即使拥有优势，也不可能再绕弯追击俄军。因此，他们必须放弃莫斯科甚至是斯摩棱斯克，也就是把之前占领的一些地区让出来。

按此情况发展，俄军会陷入不利状态，因为这条路线与本国的主要部分离

□ 拿破仑远征军

拿破仑军队在行军时有一点与众不同的地方——实行就地取材。即每次战事时，法军各连队都会派出十来个人，执行搜寻粮秣的工作。他们找到食物后，便各自回到自己的连队，按规定发放物资。久而久之，法国士兵都成了寻找隐藏粮仓的专家。这样一来，法国军队在每次行军时所需要的运货马车的数量，只相当于别国军队的1/8左右。而且还有个好处就是，当军队征战时，往往能够摆脱传统的补给系统，因而具备不受约束的机动性——这个因素在拿破仑战争的胜利中起着重要作用——远征俄国除外。

得太远。这与开始他们陷入的不利状态是相同的。当然，这种不利不一定出现，也许法军不绕道莫斯科就可到达基辅。

在国土辽阔的条件下，突然改变方向是极其有利的：

（1）如果我方改变方向，敌人也得改变，这对敌人来说更加困难，因为他必须寻找新的交通线路。

（2）这样的绕道和变道，使得双方又接近了国境，进攻者必须放弃先前占领的国土。俄国幅员辽阔，两支军队完全可以进行这样的角逐。

根据具体情况，如果其他有利条件存在，在小区域内变换方向是可能的。

如果选择诱敌深入，就一定要沿着确定好的方向撤退，否则敌人便不会派主力进行追击。即使敌人的主力向这个方向前进，防御者也无法真正控制敌人。由此问题出现了：防御者是应该离心侧向退却，还是集中兵力在这个方向退却呢？

对此，我们不得不说，离心退却并不可取：

（1）离心退却使防御者兵力分散，有利于进攻者发起攻击。

（2）防御者采取离心退却，会使敌人占有内线之利，使其兵力比防御者更集中，进而更具有优势。因此，采取离心退却这种方法，可能导致防御者本身被敌人各个击破。退却战术应该保证自己的主力能够逐渐取得进行决战的优势，但退却离心战术做不到这一点。

（3）一般说来，兵力较弱的一方不宜对敌人采取向心行动。

（4）离心退却消除了敌人的弱点。而远距离进攻的弱点主要在于，交通线太长，战略侧翼暴露。进攻者不得不分出兵力支援侧翼。正面战场和侧面战场都变成了主战场。与此同时，进攻者还要保护交通线。

由此可见，离心退却是不可取的。但是如果有其他计划，则另当别论。

当只有采取离心退却才能保障某些地区的安全，即不被敌人占领，那么防御者便可选择它。

防御者可根据进攻者集中兵力的地点和前进方向来判断他企图占据的地区。在能够预知敌人行动的情况下，把兵力配置在不会被敌人占领的地区，是浪费兵力的行为。但如果把兵力配置在敌人可能进攻的地点，也不一定能够阻止敌人进攻。这在很大程度上有赖于熟练的判断能力。

1812年，俄军退却时曾在沃里尼亚留下了3万人的部队，以防止奥军进攻。但该地区面积广大、地形复杂，进攻军队并不占有优势。所以俄军期待自己能够在边境地区战胜敌人，还有一个原因就是，当时根本无法将这些部队及时集中到主力那边去。所以俄国才将这支军队留在沃里尼亚地区独立作战。相反，如果富尔将军将8万军队向德里萨退却，仅把巴格拉季昂的4万人军队留在法军的右翼，以期待从背后攻击法军，那巴格拉季昂不可能固守在立陶宛南部。也就是说，这支军队可能更接近法军，而且还有被法军主力消灭的危险。

从防御者的角度来看，自然应该尽量少地放弃领土，但这只是次要目的。进攻者由于受到防御者的限制，他的战区越小，他进攻的难度就越大。但这样做必须有个先决条件，即从一开始就必须有成功的把握，并且不能使主力因此而受到削弱。防御者无论如何必须在有利的时机和地点进行决战，他的主力是迫使敌军退却的主要原因，也是削弱敌军物质和精神力量的重要因素。

因此，在向本国腹地退却的过程中，应缓慢退却，同时通过不断的抵抗来迫使敌人始终处于备战状态，使其力量在忙于采取战术和战略上的预防措施中被大大削弱。

当双方保持在这种状态下的时候，防御者要想引领进攻者到达最终目的，就必须用尽一切手段占领与这条前进路斜交的阵地，并威胁敌人的背后。

在1812年的俄国战局中，这些效果被充分地显示了出来。虽然这次撤退并非自愿，但我们可以从这个角度来考察它。如果俄军知道，这种撤退将取得怎样的结果而且如果要求他们在完全相同的条件下再进行这样的撤退的话，那么他们在1812年无意做过的事，必定会有计划地去进行。但如果认为只有在俄国才会发生这种事，则是错误的。

□ **博罗季诺会战**

博罗季诺会战是拿破仑远征俄国的一次重要战役。当时俄国库图佐夫元帅将阵地选在筑有完备工事的博罗季诺村，迫使法军在对其不利的地形上与俄方交战。1812年9月7日，双方展开战斗。库图佐夫的作战企图是在防御中消耗法军，拿破仑则计划以一次总决战粉碎俄军。战争异常激烈，双方伤亡惨重，甚至创造了战争史上有记载的单日死伤人数最多的记录（6.6万多人）。最后俄军撤退，双方并未决出胜负，但为俄军消耗法军和转入反攻创造了条件。

无论何时，只要进攻者还没有因自身难以维持而失败，只要他是被迫退却，这种抵抗方式的目的就算达到了。此外，在多数情况下，这种抵抗方式只发挥了一部分作用，换而言之，即使不是全部结果，至少也是一部分结果应归于我们在这里所确定的原则。

一直到进攻路程的终点都没有发生决定性的会战，形势就会发生巨变。通过这种方式带来的决定胜负的兵力对比，值得统帅们借鉴。并且这个胜利可以迫使敌人不断撤退，使其损失不断增大。

第二十六章　民众武装

19世纪的欧洲出现了民众武装，对此，反对者和支持者甚众。反对者认为，这是一种无政府的状态，虽然它能给敌人带来危险，但同时也会破坏自己国家的社会秩序；有些则认为发动民众武装将得不偿失。第一种看法与我们毫无关系，因为在本章中，我们把民众武装看作一种战争手段，是一支对付敌人的有生力量。

针对后一观点，我们认为，民众武装也是战争的要素之一。实际上它突破了人为限制，使整个战争得到了扩大和加强。若从军队制度来考虑：民众武装增加了军队的使用数量，在征集制度和普遍兵役制度上，发展了民兵制度。

前文中所探讨的防御手段，都是打破了传统限制而出现的结果。采取这些手段后防御者的力量不断强大，使得敌人也不得不采取这些手段。那么，民众武装也是一样。善于运用民众武装的国家，与其他国家相比更有优势。现在的问题是，新要素的出现对国家是否有益。有人认为民众武装所消耗的资源，用在其他战斗手段上效果可能会更大。但是稍微了解的人都会知道，这些力量大多是不能自由支配的。而其中的主要部分，即精神力量，只有在民众武装中才能得到发挥。

此时，问题的关键不是国家通过民众武装要付出什么代价，而是会产生什么影响。它必须具备什么条件，如何使用这种手段。

这个手段本身就不适合集中对敌人进行打击，而是分散性地和敌军接触。换句话说，当敌军越分散，民众武装的力量就越大。民众武装秘密破坏敌军的根基，对敌军的瓦解是需要时间的。双方敌对期间，民众武装就会上升至这种紧张状态。如果民众武装活动停止，紧张状态就会随之消失。如果民众武装过于活跃，则会使敌军迅速迂回，迫使其撤出该国。要想单纯依靠民众武装制造这种危机，就必须具备这样的先决条件：国土的辽阔、双方兵力差距较大（这种条件实际上并不存在）。因此，人们必须把民众武装和正规军配合起来作战，并制订一个可

□ **博罗季诺战役的正面战场**

博罗季诺战役开战后,达武向拿破仑请令率军从侧翼进攻俄军的左翼和后方,遭到拿破仑的拒绝。拿破仑通过侦察发现,俄军的防御十分坚固,要从两翼包抄非常困难,只能进行大规模的正面进攻,在狭窄地段上突破俄军防线,进到俄军后方,将俄军逼至莫斯科河一举歼灭,从而打开通向莫斯科的大门。

以使二者协调的总的计划。民众武装只有在下面的条件下才能产生效果:

(1)战争在本国腹地内进行。

(2)战争的最终结果不是由一次失败决定的。

(3)战区包括相当大的一部分国土。

(4)民众性格有利于采取这种手段。

(5)国土具有山脉、森林、沼泽、耕地等复杂地形,通行困难。

人口多少、民众的贫富在民众武装中并不起决定性作用,但是不得不承认,吃苦耐劳的民众在战场上往往表现得更勇敢、更坚强。

如德国的很多地区,民众居住分散,具有进行民众战争的优势,能够更好地为人们提供隐蔽处所。这里的道路四通八达,但路况很差。所以军队在这些地区经常遇到小规模的反抗,却又捉摸不到。对于反抗的附近村民,敌人可能会去占领、抢掠这些村庄,但这在此地却是不可行的。

民众武装不能用来对抗主力或者较大部队，也不能用来粉碎敌军的核心。民众武装必须赶在进攻者的前面保护本地区不被敌人控制，并跟紧敌人，带动整个沿途民众奋起反抗——进攻敌方的基地交通线，摧毁敌方的补给线。当然，民众武装也不是万能的抵抗手段，不是正规军队无法对付的存在。但是我们不得不承认，民众武装的力量不可轻视，他们无须巧妙的计划，也无须像军队一样容易集结，而是可以瞬间向四面八方分散。由此可见，任何小部队在极其危险复杂的地区都会面临巨大危险，这危险不是来自敌人，而是来自被操控的武装民众。他们随时可能进行游击战争，破坏道路和封锁隘路，这一点是正规军队无法比拟的。对此，敌人除了派更多的兵力保护运输队，驻守桥梁关口以外，别无他法。尽管民众武装规模有限，但如果被敌人的部队激怒，其力量将是无穷的。某些时候，民众武装力量依靠数量的优势打败这些小部队，从而增加了勇气和斗志，更加积极地战斗，甚至决定了战争的结局。

民众武装必须像云雾一样，不能凝结成一个反抗的核心，否则敌人将很容易击碎这个核心。这就打击了民众的士气，大家都认为继续奋斗徒劳无益，从而失去了斗志。但另一方面，这种云雾有时也不得不凝结成厚厚的云层，发挥强大的力量。这些地点，主要是在敌人战区的两侧。在此，民众武装必须采取合理战术，配合正规军队，方可采取军事行动。从战区两侧起，越往敌人正后方，民众力量应该越分散，否则会受到强烈打击。这些较为集中的民众武装会使敌人产生恐惧和忧虑。倘若没有他们，武装活动就失去了力量，无法对敌人构成威胁。

由于自身综合素质的不合格，以及武器装备的不健全，民众武装力量发挥的最大化往往需要一些正规军队的引导和援助。正规军数量越多，效果越理想。

然而，"泛滥成灾"的含义在这里也有体现。原因有两个：其一，如果仅仅是为了支撑民众力量的信心而使一条战斗能力极强的正规军队四分五裂，便会因小失大；其二，如果正规军过度涉入，以其声名可能会招来更多的敌人，这将挫败民众力量的进取心，增加当地人民的补给负担。

民众武装与战术防御完全不可同日而语。民众武装机智应敌的重要手段是：很少或根本不把这种战略防御手段用于战术防御。其特点有两个：一是爆发力强，但不持久；二是武装力量不足，经不起常规战斗的波折。而防御战斗的要求刚好与此相反：持久、有计划、充满冒险。所以，为了使民众武装起到作用，最好的区域部署特征是选择远离危险，同时又能及时撤退，避免重大打击，并且，必须将其置于决定性会战的前端的自然辅助位置，或一旦失败后的最后补救阶段。下面，我们将重点讨论关于会战失败后如何征集民兵的问题。

一次会战的失败并不能决定一个国家的存亡，因为局势的发展是呈波浪式的，可以伺机而为。即使再弱小的国家也不应该放弃这种努力，而且当民众发现自己处于危机中时，会本能地燃起救国救民的爱国精神。所以，任何一个国家都不应该把自己国家的发展寄望于一次会战的结果。

当然，这并不是说一个国家在面临险境时不可采取迂回策略，相反，当这个国家在接受外援后可再度夺回主动权时，这样的手段是非常可取的。所以不能单纯为了国家和平而放弃抵抗，而必须学会并灵活运用向本国腹地退却这一防御手段来发挥民众武装熟悉山区边崖的作用。

另外，在敌人企图进行迂回，以大量军队守备建立交通线时，防御者必须尽快通过"快狠准"的方式攻击薄弱的进攻者，以占取先机。

第二十七章　战区防御（一）

我们将在最后关于战争计划的篇章中来探讨如何在防御中运用这些手段。因为所有进攻和防御的方案制订都是基于战争计划，并将用于计划中最主要的战区。在战争中，我们必须以局部认识整体，独立看待每个问题，否则就会被各种相互作用搞混。因此，下面将专门考察战区防御，解决前文论述的问题。

我们认为，防御是一种较强的作战形式，它的最终目的是以缔结和约的形式保卫本国，摧毁敌国。

一个国家的构成要素是多方面的，但是军队和国土永远是最重要的。所以在战争中，敌国一般是指敌方的军队和敌方的国土。军队和国土相辅相成，二者既互相成全也互相影响。军队保卫国土，国土供养军队。当军队遭到重创则可能导致国土的流失，但国土的流失并不能直接导致军队的削弱。所以，对于防御者，维持军队往往是占领他国领土的前提，是首要目的。

如果从集结兵力、全力战斗的角度来说，消灭敌军、夺取敌国领土和保卫本国领土是同一回事。那么问题在于，是什么导致防御者首先避免这种简单的作战方式而选择分割兵力呢？那就是，当防御者集结兵力取得的胜利不足以影响敌国的某一部分国土时，他就会分割兵力来占领这部分国土。

一般来说，对兵力的集中只有在国土形状像圆形的小国才有可能实现。因为通常情况下，一国与敌国的领土有大片的接壤，再加上敌国同盟国的包围，该国必须分割兵力，形成几个作战区。而集中的兵力越多，战区胜利的可能性就越大，其形成的影响也越大。以重心的意义类比，军队中兵力集中的地方即重心的运动方向，对其他各点的运动和防守起着决定性的作用。只有对重心的攻击达到一定程度，其他领地便不攻自破。

集结兵力的军队在其各部分之间存在的联系最为紧密，统一也最容易达到。而分散兵力的军队各部分间的联系大多比较松散，甚至是并不存在的，他们之间可能会因为共同的政治目的而存在一定程度的统一，然而这种统一是不充分和不

彻底的。一方面，我方应该最大限度地集中兵力，以增强我方的力量；另一方面，又必须防止过度的兵力集中，因为它不但会造成兵力的浪费，还会使另外一些地点的兵力不足。

因此，确定敌国重心、判断它的影响范围，是战略判断的一项重要内容。对于防御者而言，如何集中兵力以及集中的程度是战争最重要的问题。我们并不能为各个统帅、各个时期的战争方面提供什么模板，只能从以往的战争经验中得出一些看法。作为统帅，必须纵观全局，明晰每走一步将对全局造成的影响。

□ 在博罗季诺高地上

对于俄军来说，博罗季诺的地理环境十分有利：其右翼紧临莫斯科河；左翼与茂密的乌季察森林相连；中央依托库尔干纳亚高地；后方有隐秘的森林和灌木林，便于配置军队；阵地还构筑有完备的工事。即使如此，拿破仑仍然信心勃勃地期待着打一场决定性会战，将俄军一举歼灭。图为拿破仑坐在博罗季诺高地上。

我们将在最后一篇中讨论敌军的重心在战争中的作用。从上文的论述中我们知道，分割兵力是由两组对立的利益决定的：一是占有国土，这就要求防御者必须分割兵力；二是打击敌军重心，这又要求集中兵力。

由此有了战区的划分，即各支军队的行动区域。防御者可根据实际情况在这里配置军队，而该区域的每一次胜负，都将对临近的战区及整体产生影响。

因此我们认为，战区防御是指，无论一个战区的范围是大是小，都可以同配置在这个区域的军队形成一个重心，而最终决定胜负的战役就在这个重心进行。

第二十八章　战区防御（二）

决战和等待是组成战区防御的两个要素。本章我们将重点讨论这两个要素的结合问题。

首先要明确，尽管等待状态并不是全面防御，但它是防御目标实现过程中的一个必经阶段。一支军队只要尚未撤离它所防御的战区，那么由进攻所引起的双方军队的紧张状态就得持续，即意味着这个地区的防御仍在继续。所以，对一个地区进行防御和在这个地区防御是一回事。

只有决战才会使双方兵力的重心及其所在战区起到作用。当任意一方萌发不决战的想法时，战争就此变成了一种单纯的监视状态：防御者开始掩护一切地区，而进攻者开始大面积占领他国，扩大自己的战果。

事实上，大多数战争都带有相互监视的特点。因此我们将首先考察具有决战意图的战争情况。对于出现这种状态之前的情况，我们将在其他章节分析。

在第一种情况下，无论防御者是等待会战还是主动挑战，其性质都是防御者坚守战区，迎接随时可能发生的决战。这时的胜负取决于可能发生的战斗所形成的态势带来的结果。

会战是决定胜负的手段之一，也是最大限度集中兵力的最充分的理由。当进行主力会战，即重心对重心的打击时，防御者在重心上集中的兵力越多，取得的效果就会越大。然而，这并不是说这样就具备了全部的基本条件，它还需要一个全面可行的兵力部署。从实际情况出发，如何找到敌军重心是防御中最重要的问题之一。

一般来说，防御者可以通过侦察等手段掌握敌人的行踪，从而确定自己的有效作战位置。这样看起来，防御者似乎在作战前要做许多准备工作，比如设置要塞和大型军械库、确定人员数量等；但在作战后，防御者就比进攻者享有更多有利的特殊条件。而进攻者想要入侵别国，就必须提前进行大规模的准备工作，如筹集给养、储备武器等。这些时间足够防御者采取对策，甚至会有时间盈余。

大多数情况如此，但也有特殊情况，比如防御需要准备的构筑阵地等，就需要花费大量时间来准备，从而无法准确预测敌人的路线。即便做好了准确的预测，也做好了防御的准备，但只要敌人稍微调整一下原来的方向，就会使防御者之前的准备功亏一篑。所以，防御者显然不能在阵地上等待敌人。

因此，在探讨防御者在这种情况下的应对方法之前，我们先论述一下这种情况的性质及可能性。

如果防御者决定自己的进攻方向是根据最有利于进攻的目标和地点，那么他必然是有利的。然而，进攻者也有可能从防御者阵地侧旁通过，使防御者所做的防御设施失效。如果出现这种情况，防御者可以采取以下手段：

（1）在战略部署之初就将兵力分为两股，一股用于准确地攻击敌人，一股用于增援应变。

（2）集中所有兵力占领一个阵地，当有敌人从侧方通过时，迅速从侧方拦阻。但是在实战中，这种方法作用不大。

（3）集中兵力从敌人的侧面展开攻击。

（4）对敌人的交通网展开破坏。

（5）与敌人采取同样的方法，从侧翼迂回，进攻敌人的战区。

最后一个手段看似最有效，但它与选择防御本身的理由实际上是相矛盾的。我们只能把它看作是一些具体情况产生出具体问题时，所发生的一种不正常的现象。

而实施第四点的前提是，我方的交通网比敌人的优越。这对防御者来说并不难，因为这也是一个有利于防御阵地所必须具备的基本条件之一。尽管这种手段可能会起作用，但它不足以导致决战。再者，一般来说，形成威胁交通网所导致的效果所用的时间，远比进攻者发起攻击的时间长，所以在对付力求决战的敌人和亟须决战的防御者时，这种手段并不可取。

相对来说，其余三种防御手段都是以重心打击重心，更适合完成任务。其中第三种手段远比其他两种手段优越。

第一种手段中，把兵力分为两股部署，有可能会被迫卷入一次前哨战。如果敌方强大，即使在最有利的情况下，它也只能演变为一次大规模的抵抗战，并不能成为会战。假使防御者因正确判断而避开了这条路，单股兵力的打击力量将是远远不足的。而且最先应敌的那股兵力的实际情况并不能确定，若损失惨重，他们退向赶来的应援部队时，会给应援部队以战败的假象，从而挫败士气。

第二种手段对时机的要求比较高，极易使防御者陷入顾此失彼、进退两难的境地。同时，对于一次会战的成功，统帅的心理素质和作战指导起着决定性的作用；如果是在仓促应敌中，这一点很难做到。此外，有利的防御阵地有很多必备要求，这一点在临时追击敌人时通常很难满足。

第三种手段则能迫使进攻者变换正面来进行战斗。在这种情况下，进攻者首先会暴露自己的交通线，而防御者就其总的情况来看，却由于其配置所具备的特点，处于有利地位。最重要的是，任何一个想从防御侧方通过的进攻者，在面对两种完全对立的选择时，都会很难作出符合各种情况的判断，致使自己在战略上处于一种最不利的境地。如果防御者也有发起进攻会战的有利时机，毫无疑问，就是这个时刻。这时的防御者不仅能够掌握有利时机，把握主动出击的机会，还具备熟悉地形和选择地形的有利条件，并且能提前准备，占有决定性的优势。

综上所述，如果防御者能够集中兵力守在选择得当的阵地上，防御者仍然有从侧方袭击进攻者以求决战的优越手段，这就可以等待敌人了。

但是这样的情况很少见，一方面是因为防御者缺乏坚守阵地的勇气，可能会分割兵力或者坚持转移阵地到进攻者的前方；另一方面是由于进攻者缺乏从防御者侧方通过的魄力，因此大多会裹足不前。

如果这时防御者被迫进行进攻会战，他就会失去之前等待、坚守的阵地以及做好的准备工作这些有利条件，攻击进攻者可能使他们陷入不利处境，而这正是

□ **库图佐夫在波罗底诺**

米哈伊尔·库图佐夫（1745—1813年），俄罗斯帝国元帅、大军事家。由于在战争中瞎了一只眼睛，被人们称作"独眼将军"。他曾因为在1805年的奥斯特里茨战役中与拿破仑作战失败而被沙皇免职。1812年拿破仑发动对俄战争时被重新起用，任俄军总司令，指挥博罗季诺战役和塔鲁丁诺战役。1813年，他率领俄罗斯军队参加第六次反法联盟对拿破仑的战争，不久病死。

进攻者的意图。会战中，进攻者的损失及处境也或多或少地能为防御者带来一定的补偿。

当敌军从防御者的侧方通过时，防御者只有立即决定全力袭击敌人，才有可能避开陷入两种窘迫的境地：分割兵力和仓促地向侧方移动阻击敌人。这时若遇到的是力求胜利、坚决果断的对手，那么防御者将被即刻粉碎。此时，准备充分、沉着、稳重、统一和简洁便成了防御者的行动特点和有利优势。

下面以一个与此观念有关的重大历史事件为例。1806年10月，普鲁士军队驻扎在图林根等待拿破仑率领的法军，配置在法军可能用于进军的两条大道（经埃尔福特、莱比锡至柏林，经过霍夫、莱比锡至柏林）之间。普军原本打算直接穿过图林根山，行进到弗兰肯地区，但在放弃这个想法后，由于不清楚法军的确切行踪，便只好选择了这个中间位置。然而，这样的配置必然会导致普军向侧方推进时仓促的行动。

普军确实如此配置。他们认为法军一定会经过埃尔福特，因为通向埃尔福特的道路是不受阻的。他们没有考虑到法军在通向霍夫的道路上前进的可能性，因为这条道路距离当时普军所在的位置还有两三天的行程，并且中间隔着一段幽深的萨勒河河谷。然而，不伦瑞克公爵丝毫没有这样的考虑，因此没有作任何准备。不过霍恩洛厄侯爵却始终是这样考虑的，甚至还力图说服公爵接受自己的看法。至于萨勒河，则是一个在最后时刻仍然阻拦敌人的障碍，如果它一旦被拿破仑占领，普军要转入进攻就会面对这个巨大的障碍。

因此，不伦瑞克公爵决定在河这边静观其变。这种等待使得普军面临下列三种情况：

（1）如果法军渡过萨勒河，向普军挑战，普军可以发起进攻。

（2）如果法军不进攻普军阵地而选择继续前进，普军可以转而威胁法军的后方交通线。

（3）普军在有利的情况下，可以迅速通过敌军侧方，比敌人先赶到莱比锡。

如果面临的是第一种情况，普军便可以把巨大的萨勒河河谷作为依靠，在战略和战术上占有优势。由于法军的阵地位于普军和中立的波希米亚之间一个非常狭窄的区域，而普军的阵地却极为广阔，因此在第二种情况下，这种优势也是存在的。第三种情况下，由于有萨勒河的掩护，普军不会处于不利的地位。

在前两种情况下，萨勒河左岸的阵地被认为是真正具有极大优越性的侧方阵

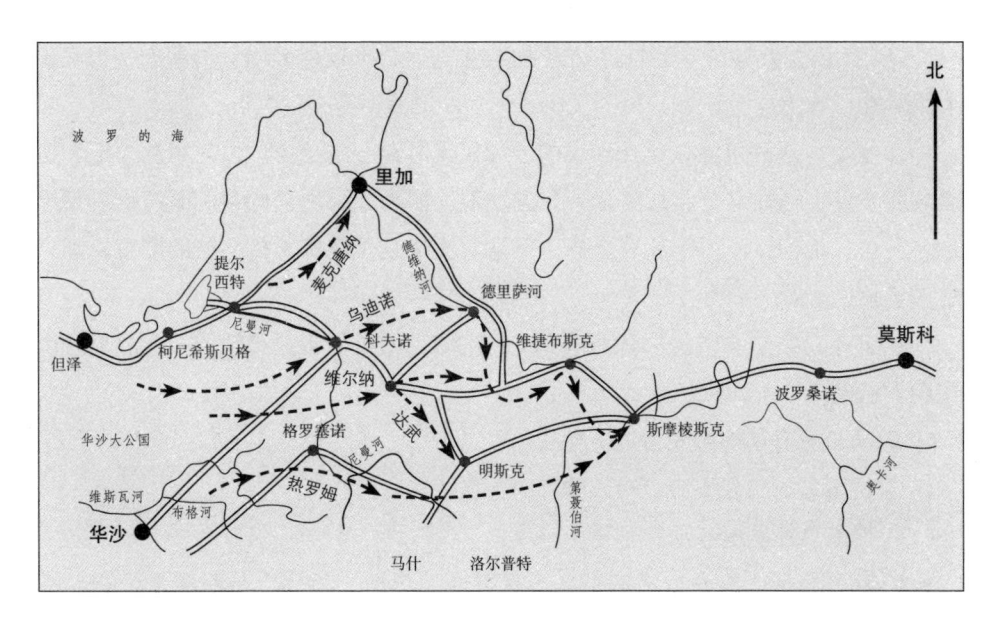

□ **博罗季诺会战示意图（部分）**

如图所示，博罗季诺会战中，法军的作战计划为：达武率第1军进攻巴格拉季昂棱堡，麦克唐纳元帅率第10军向北守卫波罗的海沿岸。图为此战中，法军通往俄国西部的路线图。

地。尽管如此，一直自信心不足的军队想以此来抵抗优势较大的敌人，依然非常冒险。

不伦瑞克公爵在经过长时间的考虑之后，于10月13日确定采用上述最后一种措施。可惜为时已晚，拿破仑已经开始渡过萨勒河了，耶拿和奥尔斯塔特会战已经势在必行。不伦瑞克公爵因自己的优柔寡断而陷入两难之中：离开自己的阵地，向侧方运动去阻拦敌军为时已晚，发起有利的会战又太早。尽管如此，普军占据的阵地依然具有很大的优势，不伦瑞克公爵仍然能够在奥尔斯塔特附近打击敌军右翼，既使霍恩洛厄侯爵遭受一次较大的牺牲也能脱离险境。然而，他们不可能在耶拿获得完全的胜利。

综上所述，我们已经清楚地说明，在采取决定性行动时，防御与进攻的关系，以及与防御计划各个内在问题的性质和关系。至于具体的部署，此处不再赘述。我们在"抵抗的方式"一章里提到了一种有效的防御方式，在这里将指出与此有关的一般情况。

（1）防御者对敌人发起进攻会战的依据。

① 确定进攻者是以极其分散的兵力在前进，即使这时自身兵力薄弱，也有获胜的可能。

事实上，这种可能性是比较小的。如果没有充分的证据，仅凭猜测而把一切希望寄于此，往往会使自己陷入不利的境地。因为如果后面的情况跟防御者预想的不一样，他们就不得不放弃会战，而这时无论是否作好防御会战的准备，都只能被迫撤退，后果不明。

1759年，多纳率领的军队对俄军进行的防御便类似于这种情况，会战最后以失败而结束。

② 防御者有足够的兵力进行会战。

③ 进攻者的犹豫不决，对防御者的进攻特别有利。

④ 防御者军队的素质特别适于进攻。

腓特烈大帝认为，自己的军队不仅灵活、勇敢、可靠、绝对服从、行动准确、充满自豪感，而且熟练掌握了斜行攻击的方式，他自认为掌握在手中的是一支更适于进攻的军队。大多数情况下，利用自己军队的这些特点甚至比利用堡垒和地形障碍更有价值。然而，在战争中，任何一支军队都会感到进攻比防御更轻快，更有力量。所以，我们必须牢记，兵种的比例也会成为发起进攻会战的另一个非常合理和极其重要的根据。

我们还要列举出以下几种根据：

⑤ 防御者完全找不到良好的阵地。

⑥ 防御者亟须决战。

⑦ 上述原因几个或者全部共同发生作用。

（2）防御者在一个地区内等待敌人，以便在此向敌人发起进攻（例如1759年的明登之战），最可靠的根据是：

① 双方兵力的对比不利于防御者，防御者可以不必寻找坚固的阵地。

② 防御者驻扎在特别适于等待敌人的地形。究竟什么地形适合展开这样的手段属于战术范畴，这里我们只想强调，这种地形的特点是便于我方通行而不利于敌方通行。

（3）防御者选择占领一个阵地，继续等待敌人的进攻的情况：

① 防御者兵力很少，只能利用地形障碍和堡垒进行掩护。

② 有利的地形提供了良好的防御阵地。

这两种抵抗方式适合防御者本身并不想寻求决战，只满足于消极成果，并且确定敌人将迟滞不前、犹豫不决，以致最终会放弃计划的情况。

（4）只有坚固的营垒才能达到目的的情况：

① 营垒设置在位置极为优越的战略地点。

这种营垒中的守备部队是不可战胜的，敌人会被迫选择其他的进攻手段。但在这种情况下，出其不意所带来的效果将比一个良好阵地所能提供的一切有利地形更有价值。优秀的指挥家更善于用这种方式发挥精神作用。需要注意的是，这一切理论都要求具备客观的前提，不能一味地空谈这种攻击的优越性。

② 防御者能够得到外援的帮助。

萨克森军队在皮尔纳营垒时就曾经这样做过。尽管他的做法最终导致的不利结局招致人们的批评和冷嘲热讽，但不应该否认，1.7万人的萨克森军队根本没有其他的方法能够抵抗4万人多普鲁士军队。由此可见，如果萨克森军队没有进入皮尔纳营垒反而向波希米亚退去，那么腓特烈大帝就会借由此次战役把奥军和萨克森军一同赶过布拉格，并占领它。所有那些不承认这个有利之处，而仅仅看到最后萨克森军队全军被俘这个事实的人，都不会理解上述决定的思维，而如果不这样决定，就不会得到任何可靠的结果。

但这两种情况都是很少见的，利用营垒这种需要周密考虑的措施只有在少数情况下才能够成功。如果寄希望于利用这种营垒来使敌人望而生畏，无疑会使自己陷入到没有退路的情况中。如果腓特烈大帝在本泽尔韦茨通过这种手段实现了自己的目的，那么他对敌情的正确判断才是应该为人们所钦佩的。倘若情况危急，腓特烈大帝当然可以率领剩余部队夺路而出，而且作为国王的他也无须负任何责任。

（5）如果国境附近有要塞，那么防御者应该在要塞前面还是后面进行决战呢？如果选择在要塞后面进行决战，有以下三个依据：

① 当敌人占有优势时，防御者必须先削弱敌人的力量再同他决战。

② 当防御者必须放弃一部分国土时，面积不易过大。

③ 防御者选择的要塞具有防御能力。

要塞的作用，是在敌人前进时削弱敌人准备与防御者进行决战的那部分兵力。我们认为，当边境附近有一个或者几个要塞的时候，防御者通常会把这些要塞留在自己的前面，选择在要塞后面进行决战。但我们必须承认，在要塞后面

□ 攻克棱堡

博罗季诺战役主要是围绕巴格拉季昂棱堡和拉耶夫斯基棱堡而展开的阵地攻防战。巴格拉季昂棱堡是正面战场，法军花了近一整天的时间，发动了八次进攻才把它拿下，双方伤亡十分惨重。拉耶夫斯基棱堡是侧翼战场，双方在此展开几千骑兵的大混战，法军更是集结了能够动用的所有骑兵才把它攻克下来。这是法国骑兵乃至世界骑兵史的巅峰时刻，更是一场空前绝后的壮举，因为此后再无骑兵部队能够占领防御工事的战例了。

进行会战与在要塞前面相比，即使其他情况都相同，前一种情况所丧失的土地依然会更多。因为在要塞前面进行会战，防御者可以选择良好的阵地；而在要塞后面进行的会战，也就是大多数情况下被敌人围攻的会战，却必然会导致一场进攻战。

我们还应看到，敌人在后一种情况下展开决战时，兵力已经削弱了四分之一或三分之一，倘若他遇到了多个要塞，那么兵力甚至会被削弱大半。在这种情况下，我们得到的利益比失去的要多得多。

当决战不可避免时，拥有强大抵抗力的邻近要塞必然会促使我们从一开始就撤到要塞后面，以借助要塞的优势展开决战。倘若这时防御者选择在距离要塞不远的地方占据阵地，以致进攻者无法顺利围困甚至封锁要塞，他们就一定会被迫来攻击阵地。由此可见，在一个重要的要塞后方选择一个具备优势的阵地，是一种最简单、最有效的应对危险情况的防御措施。

如果要塞距离边境很远，则又是另一个问题了。防御者如果采取同上面一样的措施，就会让出很大一部分战区。在这种情况下，我们的阵地必须在这些地点后面很近的地方，防御者通常会采用向本国腹地退却的方法。

另一个条件是要塞须具备抵抗能力。防御者的阵地必须距离大城市很近，因为它们并不能经受住大量军队的猛烈攻击，以便随时能够得到守备部队的支援。

（6）防御者向本国腹地退却，而被认为是合理的措施的情况：

① 敌对双方在物质和精神力量方面的对比，使防御者不能在边境或边境附近进行有效的抵抗。

② 防御者希望赢得时间。

③ 国土的情况有利于防御者向腹地退却，关于这一点在本篇第二十五章已经详细论述了。

关于在不可避免决战的情况下的战区防御，我们已经进行了详细论述，但是，真正的战争远远不是我们在书本上所谈论的这样简单。如果需要有效地应用于实战当中，就必须注意本篇第三十章。同时应该想到，在大多数情况下，统帅是处于进行决战和不决战这两种倾向之间的，他们会根据具体的实际情况，选择其一。

第二十九章　战区防御（三）
——逐次抵抗

在第三篇中，我们已经指出，在战略上必须要同时使用现有的一切力量逐次抵抗同战争的性质是相矛盾的。

对于战区和战区内的要塞、地形障碍，甚至战区的面积这些可以被看作是固定的战斗力量的因素来说，只能被逐次地加以利用，或者从最开始就退得很远，把那些可以发挥作用的部分完全放在防御者的面前。这样，战区就可以发挥它所有的作用来削弱敌人。无论进攻者选择在决战前还是在决战后前进，这些活动都能够对他产生影响，只是在决战前的影响将会更大一些。很明显，倘若防御者在最开始的时候推迟决战，就可以令全部的战斗力量同时发挥作用。

然而从另一个角度来看，防御者推迟决战也并不会使进攻者胜利的影响扩大。我们将在研究进攻时再对此作进一步的考察，但是在这里必须指出，胜利的影响能够延续到进攻者的优势消失时为止。这是因为，一方面占领战区本身对兵力的需求，另一方面在战斗中必然产生伤亡。战争中任何阶段、任何战区所发生的战斗，兵力的削弱都不会有很大差距。1812年，拿破仑在维尔诺对俄军的胜利，相较在博罗季诺取得的胜利，其影响的大小实际上是没有差别的。当然，这是因为我们假设这两次胜利的大小是相同的。即使是拿破仑在莫斯科取得胜利，影响范围也不会因为领土或者其他原因而更大，因为莫斯科是拿破仑胜利影响的终点。但是，进攻者由于其他原因而在边境附近赢得的决定性会战的胜利，其影响范围可能会比较大，这也是任何时候都不能否认的。所以，胜利影响的范围并不能影响防御者作出何时进行决战的决策。

在"抵抗的方式"这一章里所谈到的推迟决战，可以被认为是最大限度地推迟决战，我们称这种特殊的抵御方式为向本国腹地的退却。采用这种方法的主要意图是，在这一进一退的过程中消耗进攻者的力量，而不是通过会战消灭他。显而易见，如果没有这种主要意图，我们就不会把在战区削弱敌军的方式看作是一

□ **战场上的俄军**

在博罗季诺会战中，俄军虽然士气饱满，却在马战、步战和炮战中连连输给拿破仑军队。眼看博罗季诺战场就要陷落，失败已成定局，俄军意识到目前最重要的是抓紧时间重新部署兵力，于是立即撤退。而法军的内伊元帅和缪拉元帅想要趁机一举攻破俄军的防线，拿破仑却不愿动用自己的预备队。法军错失良机，给俄军制造了反攻的机会。

种特殊的抵抗方式，而是仅仅作为固定的战斗力量在不同的情况和条件下，需要同其他手段的混合使用。倘若统帅认为这时并不需要利用这些固定的战斗力量，那么他可以选择在以后运用这些力量。这些力量就像是新的增援力量一样，防御者可凭借这些力量在一次决战后再逐次地使用它。

如果防御者在边境附近的会战没有取得胜利，还可以在最近的要塞后面与敌人展开第二次会战。如果此时敌人已经匮乏，那么只需利用较大的地形障碍就可以阻止其前进。因此，对战区的利用也应像对其他的手段一样，要合理使用少量而必须足够的力量。

在这里，我们有必要强调一下，我们所研究的是防御者能够从第二次抵抗中获得多少效果，可以事先对它作出多高估计的问题；而非在会战失败后，人们可能或企图采取何种抵抗措施。在这里，防御者只需考虑敌人的特点和他所处的情况。一个容易受限制又战斗力弱的敌人，如果在某一次会战中取胜，就可能会满足于眼前利益，当面对防御者发起的新挑战时，他会畏缩不前。这时，若防御者利用战区的各种抵抗手段开展新的决战，哪怕这种新决战再弱，也可能会扭转局势。

但是，大家应该有所察觉，我们已经开始涉及不求决战的战局了，它在很大程度上属于逐次使用力量的领域。下一章中，我们将会对此进行详细论述。

第三十章　战区防御（四）
——不求决战的战区防御

一场战斗中，如果双方都不是进攻者，便意味着双方都没有积极的战争意图。那么，这样的一场战斗能否发生，将以什么样的方式发生呢？在此，我们不需要关注这一矛盾。因为对每一个战区来说，我们只有简单地假设双方都采取防御的原因，是出自它同整体的关系。

这种没有必然的决战焦点的战争，存在于很多的历史战局中。实际上，在这些战局中是有进攻者的，只是进攻者并没有明显而积极的作战意图。这时，进攻者要么尚无确定的目标值得追求而只想满足于眼前的利益，要么就是眼前的情况并不符合追求目标的条件，所以必须要等待有利的时机。

当进攻者只想得到胜利成果而不愿努力时，这样的进攻与防御没有多大差别，因为防御将领也想坐享其成。尽管这样，关于这个问题我们还是会在第七篇中进行考察，这里只想提醒读者：在进攻者和防御者都不求决战的战局中，决战不再是所有的战略行动所要归向的终点。

从战史中可以看出，这种战局颇为常见。因此，我们必须在对战区防御进行研究时把它考虑进去。而我们在这里主要是想指出这种战局的最显著的特点。实际的战争，大部分处于两极之间，至于接近于哪一极，则要根据具体情况来判断。在本篇的第三章里，我们已经说过，等待是防御相对于进攻而言的最大优点之一。

但是，要让所有行动都符合实际情况，几乎是做不到的。不利的结局以及一些偶然事件，都会影响本来应该发生实际上却并未发生的战争。防御者可以坐得其利，占领地区在作战上特有的重要意义与以上这个经验结合起来，就能够确定"占有者得利"这条原则；即使是在和平时期的诉讼中，这条原则也被认为是神圣的原则，也正是这个原则代替了决战。它恰恰为不行动提供了根据和理由。不寻求和不期待决战，就没有理由放弃任何国土；因为只有在决战中得到利益，防御者才可以适量放弃一部分国土。所以，防御者总是想要保卫所有的国土，至少尽可能多地保住国土，但进攻者却力求在不进行决战的情况下占领一切。在这里，我们只对前者展开论述。

如果一个地区没有军队进行掩护，那么就有被进攻者占领的可能，这时等待的利益就会转为进攻者所有。因此，防御者总是力图直接掩护所有地区，并侥幸等待敌人来进攻他的掩护部队。

在深入探讨防御的特点之前，我们必须把"进攻"篇中探讨的进攻者在不求决战时所追求的目的列举出来：

（1）占领对方大面积的国土。

（2）夺取对方一个重要的补给站。

（3）占领防御者不加掩护的要塞。尽管围攻要塞要付出很大的代价，但这不会带来其他灾难。

（4）在一场一般重要的战争中获胜。因为不需要冒很大的风险，所以也不会得到很大的利益。因此，这种战斗仅仅是为了战斗而战斗，或者是为了获取战利品、赢得军人的荣誉而进行的战斗，它不能决定整个战略的发展方向。

防御者可以针对进攻者的这四个目的采取下列手段：

（1）在要塞前面配置军队。

（2）通过扩大防御正面来掩护国土。

（3）如果防御的正面宽度不足以掩护国土，便作侧翼行军，对敌人展开拦阻。

（4）避免进行任何不利的交战。

显然，使用前三种手段是为了让敌人采取主动，自己可获等待之利。决战的可能性越小，这种意图就越强。它由事物的本质决定，所以不能完全否定。尽管这种活动多见于战局的一些不起决定作用的小规模行动中，但这仅仅是从军事行动的表面来看的，这种意图永远都是此类战局的主导原则。不论是汉尼拔还是费边，不论是腓特烈大帝还是道恩，只要他们的目的不是寻求决战或者等待决战，那么就一定会遵循这个原则。第四种手段则是为前三种手段服务的，是不可或缺的前提条件。

接下来，我们将对这几种手段作较详细的研究。

在第一种手段中，在要塞前面配置军队，似乎与设置要塞的目的相矛盾。

但是，这个手段却在实际战争中屡次被运用。战争中最普通的事情往往是最难理解的。

进行军队配置的原因在于，如果敌人不能打败我方配置在要塞前面的军队，就无法进攻要塞。这就意味着一场会战即将决出胜负。如果敌人不寻求决战，他就不会发起会战，这样，防御者就可以不战而保卫自己的要塞。如果与预期相反，敌人真的发起进攻，那么防御者还可以迅速退到要塞的后面。正是有后面这一优势，在要塞前配置军队才没有什么危险。在没有牺牲的情况下维持现状不变的巨大可能性，为防御者又设置了一重保障。

如果我方采取的是相反的手段，即把军队配置在要塞后面，进攻者围攻要塞的可能性就会增大，而防御者为了要塞不被攻占，就必须赶去解围，这时他就由等待变为主动迎战。前文我们已经强调过，围攻要塞并不一定会遭受损失，所以那些通常不敢发起会战的统帅，这时也会毫不犹豫地选择围攻。因为即使最终会面对最不利的情况，他也有放弃行动避免损失的退路。不仅如此，大多数要塞只要被围攻就有被攻破的可能，所以，这一点防御者绝不能忽略。

通过对这两种情况的对比，自然会得出防御者在有利的条件下最好不要进行会战的结论。所以在要塞前面配置军队这种做法就显得十分自然，完全可以理解了。腓特烈大帝也遵循了这个原则——用格沃古夫要塞抵抗俄国军队，用希维德尼察、尼萨和德累斯顿等要塞抵抗奥地利军队。相反，在弗罗茨瓦夫，贝沃恩公爵采用这种方法却遭遇了失败。因为只有腓特烈大帝不在弗罗茨瓦夫时，奥军才是占有优势的，当腓特烈大帝迫近弗罗茨瓦夫，奥军便将失去这一优势。这就表明，在弗罗茨瓦夫进行决战不是不可能的。因此，普鲁士选择在弗罗茨瓦夫配置军队是不合适的。如果贝沃恩公爵不是害怕奥军炮击弗罗茨瓦夫这个战略物资的储备要地，他一定会在弗罗茨瓦夫后面配置军队。对于贝沃恩公爵试图在弗罗茨瓦夫前面配置军队的做法，人们是不应该有所责备的。因为在当时，卡尔·冯·洛林公爵很可能只满足于占领希维德尼察这一个目的，如果普鲁士军队对他发起进攻，他就很有可能停止前进。所以，对于贝沃恩公爵来说，最好的办法就是不进行真正的会战；当奥地利军队开始进攻时，就迅速把军队撤到弗罗茨瓦夫后面。这不仅能在等待中获利，还能避免大的危险。

就此，我们为防御者把军队配置在要塞前面的做法找到了一个有力的理由，同时说明了它的正确性。尽管如此，支持这个做法的还有一个次要理由——军队

□ **俄国伊兹麦洛沃军团**
　　图为博罗季诺战役中的伊兹麦洛沃军团。伊兹麦洛沃军团是俄军中历史最悠久的军团之一，这支精锐部队隶属于近卫步兵第1师。

利用最近的要塞作为储备品的仓库。一般来说，统帅不愿意从较远的地方运送补给品，或者不把必需品放置在没有防御工事的地方。因此，这样把军队配置在要塞前面就是完全必要的。但是这个理由并不足以解释所有情况，也不能起到决定性作用。

不进行会战就夺取一个或几个要塞，是不求大规模会战的进攻者的一个很自然的目的，防御者则要力图阻止敌人实现这一目的。无数次的战争也为我们印证了这个结论：在有许多要塞的战区内，几乎所有的运动都是围绕要塞进行的。从路易十四到萨克森元帅，几乎所有的尼德兰战局无一不存在这种特点。

关于掩护要塞的问题暂且探讨至此。

至于第二种手段，即扩大军队配置正面以掩护国土，只有在有利地形存在的条件下才可以设想。这种手段所设立的各个防哨，只有依靠坚固的阵地才具有抵抗能力。但是在这种情况下，任何一个单独的防哨与整体比较起来都是薄弱的，更易受到敌人优势兵力的攻击。防御者利用这个手段扩大军队的配置正面，只能是相对地延长抵抗时间，并不能赢得真正的胜利。延长抵抗时间的胜利实际上对整个防御并不会产生进一步的影响，也不会毁坏基础、击垮墙壁。即使在最不利的情况下，即整个防御体系因为丢失某一个防哨而遭到破坏，防御者仍然有时间重新集结自己的军队，用全部兵力向进攻者展开决战。但是进攻者这时是不求决战的。所以，通常在防御者集结了兵力以后，进攻者也就停止前进，双方会战到此结束。而防御者的损失无非是一些国土、人员和火炮，进攻者也满足于这样的成果。

如果进攻者确实如防御者估计的那样，胆怯而谨慎，只在防御者防哨的前面驻扎而不敢进攻防御者的防哨，那么防御者即使有损失，也不妨采取这种防御方法。但是这个前提必须是假定的进攻者是一个不敢冒险追求较大成果的敌人；因为对这样的敌人来说，只需要一个中等的但较为坚强的防哨就足以使他停止前进。

由此可见，从整个战局的角度来看，防御者在宽大的正面上使用多个并列的防哨对敌人进行强有力的相对抵抗，是可以取得令人满意的结果的。这种手段大多出现在战局的后半期，因为只有这时候防御者才会对进攻者长久以来的意图和情况有了真正的了解。

在这种扩大正面配置以掩护要塞的防御中，所有大而有利的地形障碍，例如河流、山脉、森林和沼泽等，都具有重要的意义。地形要素作为重要的战略要素，在战史中有很多论述。所以人们总是希望，能够以历史上的个例为根据，系统地看待地形，从而获得适用于解决一般情况的办法。然而，所有战争中关于地形的各种情况都不尽相同，涉及的也仅仅是战争所特有的某一个方面，所以必须区别对待。

我们必须警惕司令部的活动，尤其是军事地形方面最具才能的主要成员，警惕他们对统帅予以支配，因而产生片面的影响，使统帅忽视其他情况，仅依靠已成为第二天性的习惯作决断。

1793年和1794年，普鲁士军队司令部的灵魂、著名的山脉和隘路专家格拉韦特上校，就曾使两个在性格上完全不同的统帅（不伦瑞克公爵和默伦多夫将军）分别采取了完全相同的作战方法。

显然，如果沿着一条险要地带建立防线，并用于直接掩护战区的整个正面，那么必然会导致单线式防御。对于进攻者来说，由于受到环境及其自身部署的限制，只能按照既定的方向行动，如果远离这个方向，那么即使面对最消极的防御者，也会给自己带来很大的不利。因此，防御者的优势在于，他们只需要在主要道路和进入点上设置防哨，并对这些防哨进行妥善配置，使它们或者在侧面有依托，或者构成侧面防御，或者有后方预备队和邻近防哨的支援，就完全能实现掩护。

在大战区内可以设置一些小地区，用以掩护某些距离太远但又或多或少受到威胁的特殊的防御中心。在七年战争中，奥地利军队就常常在下西里西亚山区把主力配置成四五个防哨，而上西里西亚的一些小规模军队也采取了同样的防御配系。需注意的是，在使用这种防御配系时，防御者如果不直接掩护目标，就需要借助于运动和积极的防御，甚至进攻。除了某些预备队以外，其他防哨都要配置兵力以备支援其他防哨：要么真正地从后方赶去加强和恢复消极的抵抗，要么攻击敌人的侧翼，或者威胁敌人的退路。如果进攻者并没有真正攻击防哨侧面，而是企图占领一个阵地用以威胁防哨的交通线，那么防御者的预备队就可以进攻这部分敌军，或者报复性地威胁敌人的交通线。

显而易见，虽然这种防御的主要基础是消极的，但它必须具备一些积极的手段，以免对各种复杂的情况毫无准备。大多数人认为，运用积极手段甚至运用进攻手段的防御是较好的防御。然而，这在很大程度上取决于地形的性质、军队的素质以及统帅的才能；此外，人们可能对机动性和其他积极的辅助手段期望过多，同时轻视险要的地形障碍的防御能力。

以上是关于扩大防御正面的问题，现在我们来讨论第三种辅助手段——迅速地侧翼行军，抢先拦阻敌人。

这是国土防御中必将使用的一种手段。主要原因有以下三个方面：第一，即使防御者使自己的阵地正面不断加宽，也无法保卫本国所有受到威胁的区域；第二，在大多数情况下，防御者的主力必须时刻准备着去支援可能遭到敌人主力攻击的防哨，否则这些防哨将被一举攻破；第三，那些不愿意采取消极方式进行抵御的统帅，更愿意采取经过深思熟虑和充分准备的机动来达到掩护国土的目的。没有军队驻守的地方越多，越需要高超的机动技巧及时赶到这些地点。

防御者要想采取这种手段，就必须搜寻这样的阵地：当他的军队（即使只是一部分）占领了它之后，就要使其坚固得使敌人打消任何进攻的念头。而如何迅速赶到这样的阵地则是统帅所面临的主要问题。因此，这便成了这种战争一贯被称为阵地战争的原因。

在一场不追求大规模决战的战争中，扩大配置正面、相对抵抗以及向侧翼行军，抢先拦阻敌人，都不会导致太大的危险。在最后时刻才从侧翼仓促地赶到敌

□ **哥萨克骑兵进攻法军**

哥萨克骑兵是俄罗斯的特殊兵种，以英勇善战闻名。他们擅长追击、警戒和伏击，在战况不佳时能迅速撤退，脱离战场。拿破仑曾说："如果我拥有哥萨克骑兵，我会用他们来席卷整个世界。"但哥萨克纪律性差，也不愿下马作战，因此限制了他们在战场上的发挥。图为博罗季诺会战中，哥萨克骑兵进攻拿破仑军队。

人的前面占领阵地，对抗一个不仅能够和愿意追求大的目标，而且不惜为此付出巨大力量的敌人，那么防御者就彻底让自己陷入了失败的境地。当然，如果敌人只希望以微小的代价换取微小的利益，那么防御者的这种抵抗手段就有可能获得胜利。

通常情况下，这种手段在战局的后半段才开始使用，这是战局变化的自然结果。

因此，最后会出现这样的情况：一方的军队力图到达某一地点，而另一方则力图阻止他达到，所以双方不得不总是在对方的眼前运动，并且必须更加谨慎和精确。过去，军队主力还没有被区分为师，是一个不可分割的整体，这就要求一线上的某些旅必须经常先赶到前面，夺取重要地点，执行独立的任务，随时准备战斗。但是这种手段不仅现在是也将永远是反常现象。因为现在主力的各个部分已经分成了许多独立单位，只要受到攻击，这种独立的单位就敢向整个敌军发起战斗，或者临近的其他单位也赶来增援，将战斗进行到底。过去必须通过机械的行军队形才能达到的目的，现在只需提前派出几个师，并加快其他部队的行军速度就可以达到了。

利用上述各种手段，防御者不仅可以阻止进攻者夺取要塞、占领广大地区，还能够夺取仓库。如果进攻者被迫迎战，且没有很大的获胜的可能性，甚至还有危险性，那么他就不得不使用与他的处境不相符的力量，从而导致过大的兵力耗费。

如果防御者通过利用自己的军事技巧和战略工事设施实现上述目的，并使进攻者无法实现任何微小的目的，那么，进攻者就会转而单纯地为满足军人的荣誉而行动。进攻者的最后希望就是获得意义不太大的战斗的胜利，并取得战利品。这样说并非自相矛盾，因为我们依然遵循的前提是：防御者的深谋远虑使进攻者无法利用一次胜利实现任何目的。进攻者实现任何目的都必须具备两个条件：第一，战斗中的有利形势；第二，战斗所获得的胜利确实能够实现上述目的中的一个。

第一个条件可以单独存在。如果进攻者只想获得战场上的荣誉，他就有可能全力攻击防御者的独立部队和防哨站。

我们不妨从道恩的位置上，采取他的思维方式来考虑问题，就会明白为什么谨小慎微的他却敢于袭击霍克齐，那是因为他只为求得当天的战利品。至于普鲁士国王被迫放弃德累斯顿和尼萨，对他而言确实是个意外收获。

这两种胜利之间的差别并非微不足道，这种差别正是战争的一个基本准则。从战略的角度来看，战斗的意义就是战斗的灵魂。我们反复强调：在战略上，所有的运动都出自双方的最终意图。这就是为什么战略上的两个会战之间的差别可以如此之大，以致于它们不再被认为是同一个手段。

即使进攻者取得这样的胜利，对于防御者来说也无伤大雅，但是防御者依旧不愿把这种利益拱手让给别人，况且谁也不知道还有别的什么东西附加其上。因此，防御者必须时刻关注所有大部队和防哨的状况。统帅的不当决策也会使这些部队卷入不可避免的灾祸中。相信谁也不会忘记兰茨胡特的福开军和马克森的芬克军的例子吧！

在这两次行动中，腓特烈大帝都过于相信自己的惯性思维。在兰茨胡特阵地，他不可能相信自己的军队能以一敌三，或者芬克能够抵抗敌军的四面夹击。他确实认为兰茨胡特阵地的威力仍然有震慑力；认为道恩在侧翼受到佯攻时一定会放弃萨克森的不利阵地，去交换一个在波希米亚的有利阵地。可惜他的两次判断都错了。

不可否认，这种错误甚至会发生在不太骄傲、不太固执和不太大胆的统帅身上。统帅不可能让下一级的指挥官任意处理所有问题，他必须给他们下达某些指示或者指定范围，以限制他们的行动。但是如果统帅没有深入军队，他也无法很好地指挥军队；如果他习惯于相信和期望部下提出好的主意，同样不能很好地指挥军队。

所以，统帅必须密切关注每一支部队和每一个防哨的情况，使它们不致陷入灾祸中。

这四种手段的运用实质上都是为了维持现状。它们越有效，越成功，战斗就会在同一地点保持静态得越久，而给养问题的重要性也就越明显。

所以战争一开始，仓库的供给就要代替强征，固定的运输队就要代替之前临时征用的农用车辆。总之，这样才会接近于正规的仓库供给。这些问题我们在"给养"一章中已经探讨过了。

尽管给养对战争有影响，甚至有时会比较大，但是就其任务和性质而言，它只是局限在小范围内，并不能改变整个战争的性质。相比之下，威胁对方交通线的行动则具有更重要的意义，这是因为：首先，在这种战争中通常缺乏较大的、较坚决的手段，统帅不得已才采取这种较弱的手段；其次，在这种战争中，必有让这种手段生效的必要时间。所以，双方都必须尽可能地保障自己的交通线。敌人进攻的目的虽然不是切断防御者的交通线，但是这种方法无疑能够迫使防御者退却并放弃其他目标。

战区本身的掩护措施也会对交通线起保护作用，也就是说，这些措施能够部分地保障交通线。还有一个更加重要的问题必须考虑：交通线的安全与兵力的部署。

保障交通线的一个特殊手段是用部队护送运输队。阵地的正面宽度始终无法保障所有交通线的安全，所以在统帅不愿扩大正面配置的情况下，就特别需要组织这种护送。滕珀尔霍夫在他的著作《七年战争》中，就多次描述了腓特烈大帝派出单独的步兵团或骑兵团，甚至整支旅护送运输面包和面粉的车队，而奥军却从来没有过这样的记载。

上面四种手段并不包含进攻要素，它们只是不求决战的防御的基础。接下来

□ 休息

博罗季诺战役中，双方伤亡极其惨重，尤其是高级将领的死伤人数更是惊人。此次会战中，俄法军队共投入近30万兵力，至战争结束，约有30%的参战人员受伤。根据西尔·罗伯特·威尔逊将军提供的数据，俄军伤亡3.6万人，法军伤亡3.5万人。图为战争间隙，法军在博罗季诺田野里休息。

的几种具有进攻性质的手段，可以与上述手段并用。这些手段是：

（1）对敌人的交通线（包括补给站）进行威胁。

（2）在敌占区展开牵制性攻击和游击活动。

（3）威胁或攻击敌人的独立部队和防哨，在有利的情况下，甚至可以攻击敌人的主力。

第一种手段在这类战争中始终有效，但它的作用表现不太明显。如果防御者能够令自己的每个阵地都使敌人对交通线产生顾虑，那么它就发挥出了绝大部分的效果。前文说过，给养问题是对于双方都具有特殊意义的重要问题。战略上的大部分措施，包括阵地对敌人的交通线的威胁及对敌人交通线的进攻，都以是否会遭到敌人的攻击为依据的。但是要想具体实施，交通线的状况、地形的性质或军队的特点等方面也必须具备适合采取这一行动的具体条件。

在敌区展开的报复性和掠夺性的游击活动，实际上就是真正的进攻手段。但是游击活动却结合了真正的牵制性攻击的目的，即削弱敌军的兵力。因此，它也被认为是一种真正的防御手段。但是，牵制性攻击也可用于进攻，因为它本身就是一种进攻手段，下一篇我们将详细讨论这个问题。在这里，我们仅仅是为了把防御者在战区内可能运用的一切小规模的进攻手段都列举出来。需要强调的是，牵制性攻击之所以被认为是进攻，是因为它的规模和作用可以大到足以使整个战争具有进攻的态势。在1759年战局开始前，腓特烈大帝对波兰、波希米亚、弗兰肯等地的行动便是如此。尽管这一战局只是纯粹出于防御，但是袭击敌区赋予了它进攻的性质，并且由于进攻的精神影响而具有特殊的价值。

当进攻者由于轻率行事而在某些地点暴露出自己的弱点时，防御者就可以针对性地使用补充手段。这种行动通常来说只能在这种条件下实施。不过,只有当防御者具有显著的兵力优势或者卓越的方法和才能,能集中兵力,并能加强部队的活动和运动以补充其他方面的不足时,才能在这种行动中取得一定的成果。

对于前一种情况,我们可以以七年战争中的道恩为例,后一种则可以腓特烈大帝为例。事实清楚地向我们证明,道恩几乎都是在腓特烈大帝过分大胆和轻视他的时候发动进攻的。而腓特烈大帝几乎在不断地进行运动,力图用自己的主力消灭道恩的每一支独立部队。但是腓特烈大帝成功的时候很少,或者说成果不大,因为道恩既拥有优势兵力又十分小心谨慎。然而,这并不是说腓特烈大帝的努力是毫无作用的。实际上,这种努力本身就包含着一种颇有效果的防御——敌人为了避免进行不利的战斗而一直被迫处于小心和紧张的状态,以至于自己原本用来进攻的那部分力量也被抵消了。我们可以回想一下1760年的西里西亚战局,道恩和俄国军队就是抱着会遭到普鲁士国王击败的担心才不敢前进一步的。到此,我们已经谈到了关于不寻求决战的战区防御的主导思想、最主要的手段和整个行动的根据等一切问题,使读者了解了整个战略活动的全貌,至于它们的具体措施,如何选择阵地、如何行军等,前文已经有了比较详细的研究。

如果这时我们再从总体上回顾这个问题,就必然发现,当进攻态度不明确,双方不求决战,而相互阻止和抑制的内在牵制力量又太多时,进攻和防御之间的本质差别会逐渐消失。不可否认,任何一个战局的开始,一方都会在一定程度上采取进攻的形式;但是他很可能而且往往很快就会转变,把一切力量投入到敌人的国土上保卫自己的国家。这种双方对峙的局面,实际上就变成了相互监视。双

□ 菲利村会议

1812年9月13日下午,在菲利的一所农舍里,俄军在此召开军事委员会。参会人员有库图佐夫、巴克莱、贝尼格森、拉耶夫斯基等十几位军事将领。议题围绕着是坚持战斗还是放弃莫斯科来讨论。库图佐夫(左方坐者)认为俄军已消耗太大无力再战,与其让军队在不利的阵地上冒险,不如将莫斯科留给敌人以保存兵力。

方都在考虑如何使自己在保本的基础上获得更多利益。有时候，原来的防御一方反而比他的敌人更咄咄逼人，腓特烈大帝就是这样的例子。

当进攻者越是不断放弃主动进攻的地位时，防御者就越不需要展开真正的防御，进攻和防御之间就越容易出现均势。在这种情况下，双方都力图进行真正的战略机动。由于各种情况或政治意图而不允许进行大规模决战的战局，显然都或多或少具有这种性质。

我们把这种机动称为双方力量的平稳的较量。这种均势存在于所有不具有较大目的，即没有整体的运动的地方。无论双方兵力如何悬殊，都应该认为双方处于均势。整体的这种均势中也会产生一些较小型行动和目的，这时它们不再受到大规模决战和大的危险的束缚。双方统帅之间展开了运用技巧的斗争，以期在这样的小规模行动中赢得微小利益。而充满偶然性的战争如同一场赌博。这里产生了另外两个问题：相对于集中的大规模行动来说，这种小型机动中，偶然性究竟在多大程度上决定胜负？智力的作用是否较大？后一个问题当然是肯定的，当整体分割的部分越多，对各次行动的具体时间、地点以及其他方面的时间和空间的考虑就会越多，智力的支配作用也就越大。

在这种情况下，智力所起的作用只会使偶然性活动的领域缩小了一部分，因此，前一个问题不一定是肯定的。也就是说，智力并不是统帅唯一的精神活动，也不是作决定的唯一因素。在进行大规模的决战时，勇气、坚强、果断、沉着等性格方面的综合素质比较重要；而在双方力量平稳的较量中，这些性格因素所起的作用却比较小，智谋的特殊重要性不仅缩小了偶然性的活动范围，也在一定程度上也削弱了上述这些因素的作用。从另一个角度看，在进行大规模的决战中，这些性格因素却能够在偶然性所支配的大部分领域发生作用，并在某种程度上填补了智谋可能存在的不足。所以，在这几种力量的冲突和相互作用下，决不能武断地认为，偶然性在大规模决战中，比在双方力量平稳的较量中所起的作用更大。

使人们感到这种战略机动的重要性的，正是战略机动的这个方面。他们把这种技巧与统帅的智力和决策能力混为一谈，这是非常错误的。因为与其说是统帅的智力在起支配作用，不如说是统帅的其他精神活动在起支配作用。

这种支配力量不仅源于巨大的感受，更源于未经深思熟虑的灵感，因为军事艺术既不是单纯的智力活动，也不是智力活动占支配地位的活动。另外，人们误认为战局中任何一次没有结果的活动都是与某一方或者双方统帅的这种高超的技巧有关。事实上，造成这种结果，是由于战争多种力量的冲突达到了平衡。

以前的大多数文明国家进行的战争，所追求的目的都是相互监视，而不是摧毁敌人，以致大部分战局都带有必然的战略机动的特点。倘若这些战局没有著名的统帅指挥，根本就不会引起人们的注意。而如果一方甚至双方都是著名的伟大统帅，例如蒂朗和蒙特库科利，那么人们就会认为这场战争的整个机动艺术是最杰出的典范。于是，人们将这种游戏看作军事艺术的完美作品，并将它确定为军事艺术研究的主要根据和杰出范本。

在法国革命战争以前，这种观念相当流行。但是，法国革命战争向人们展现了一个完全不同的新天地。这个新天地最初或许显得有些粗糙，但它后来在拿破仑指挥的战争中形成了一套宏大的体系，取得了令人惊叹的成果。面对这些新的发现和伟大的思想，人们发现它的确来自社会状况的改变。然而，任何一种思想发生大变革时，都会产生不同的派别，在军事艺术中也是一样，旧观点的护卫者并不少见。新现象被他们视为粗野的暴力行为，他们甚至悲叹这是军事艺术的没落，认为只有平稳的战争才是今后军事艺术发展的方向。但是很显然，这是缺乏逻辑性的，只能把它看作是概念上的极端混乱。另一方面，认为旧的方法不会再现也是不明智的。因为军事艺术领域内的新现象很少是出于思想观念的新发明，其大部分都是由于新的社会状况和社会关系的改变所引起的。当社会状况再发生新的变化时，这些之前的战斗方式无疑又会重新出现。关于这个问题的讨论，我们无须再深入。在此，我们只想指出双方力量的平稳的较量在整个战争中的地位；指出它的意义以及它同其他事物的内在联系；指出它不过是双方在种种条件受到限制时的产物，是缓和了战争要素的产物。不可否认，一方较高明的统帅在兵力上和敌人抗衡时，可以凭借其手段得到某些利益；而在兵力较弱时，他则可以运用杰出的才能与对方保持均势。但是，要想在此寻求一位统帅获得荣誉和变得伟大的原因，将与事物的本质相矛盾。相反，这种战局倒是经常表明，双方统帅都没有伟大的军事才能，或表明，这样一位统帅由于条件限制而不敢发动大规模的决战。所以，这种战局永远不会为军人赢得最高的荣誉。

以上是关于战略机动的一般特性。接下来，我们将谈论战略机动对作战的特殊影响。它常常使军队离开主要的道路和城镇。然而，当军队到达一个战局中它本不应该到达的地方时，战争过程中的细节方面会经历更多波折，比在大规模的

□ 远征计划落空

库图佐夫决定放弃莫斯科，拿破仑以为胜利近在咫尺。他遥望着不远处的莫斯科，等待莫斯科的贵族代表团给自己献上莫斯科城门的钥匙。然而，俄军带走了所有的粮食，并将监狱的囚犯全部释放，最后一批撤离的士兵放火烧了莫斯科城。

决战中要多得多。关于这一点，可以回顾一下七年战争中的最后五次战局。尽管战争的总形势没有变化，但是每一次战局的进程都各不相同。虽然联军的进攻意图比过去要强烈得多，但是同一个措施却从来没有重复使用过。

在本章中，我们指出了军事行动中几种手段，及其内在联系、条件和特点。现在，我们进而讨论另一个主要的问题：我们能否从这些不同的手段中提炼出概括整体的原则、规则和方法？我们的回答是：历史从未向我们呈现出任何反复重现的形态，对于一个性质如此多变的论题，我们几乎无法制订任何理论法则，除非是基于经验之上的总结。追求大规模决战的战争不仅简单，且不受内在矛盾的约束，较为客观，并且能够服从于内在必然性法则，因此能够理性地制订规则和法则。但是这一点对于不求决战的战争来说就不那么容易了。甚至大规模作战理论中的两个基本原则——毕洛夫的"基地宽度"和约米尼的"内线配置"，在不寻求决战的防御上也未被证明是有用的。然而，作为单纯的正规原则，它们应该是最有用的——时间越长，空间越大，这种形式就越有用，并将成为影响结果的一种优势因素。

但是事物的个别方面绝不会带来决定性的利益，这种手段加上当时条件的特点，必然能够打破一般原则。道恩元帅和腓特烈大帝在其个人决策方面的差别在于，道恩善于作宽正面的配置和慎重地选择阵地，腓特烈大帝则善于集中主力，紧临敌人，见机行事。这不仅取决于军队的素质，也源于他们个人所具备的条件，因为一个国王比一个要对上级负责的统帅的决策权更大。我们必须强调：批判者没有资格为不同的风格和方法分出高低，也无须考虑它们是否存在从属关系。它们并列存在，其使用价值只能通过每一个场合的具体环境来判断。

当然，在这里我们不详细列举由于军队、国家和各种情况的特点而可能产生的不同风格和方法。但是我们必须承认，在本章中我们无法提出一般的原则、规则和方法，历史并未给它们提供依据，而且对于不同的战争，我们几乎都会碰到一些特殊现象。但是，从这一方面研究历史也是有益的。真理存在于所有情况之中，通常只有通过熟练的判断和长期的经验中得来的敏锐感觉才能加以辨别，但是这也为我们进行判断提供了锻炼的机会。我们只想提出一个概括整体的原则，或者不如说，我们要再次重复和明确一切问题的基本前提，并赋予它真正的原则的形式。

需要注意的是，我们在这里所列举出的一切手段只有相对的价值，即双方都只能在某个范围应用它们。如果超出这个范围，适用的就是另一个不同的法则，它能够对战争起支配作用，那将是一个完全不同的现象世界。

为了使观念更加明确，必须把完全对立的方式作为对象进行考察，而大多数战争是处于中间状态的，所以就必须看战争与哪种方式更为接近。

由此可见，首要的问题在于，统帅必须预先断定，他的敌人是否想用更大更坚决的措施战胜他。也就是说，统帅必须首先正确地预估情况，才能根据这个预估采取行动。

我们也将引用一些由于对情况估计不足而导致错误行动的战例，在这些例子中，一方的统帅并没有估计到敌人会坚决采取行动，因而他也没有事先采取相应的措施。我们可以看看1757年战局。奥地利军没有料到腓特烈大帝会如此坚决地发动进攻，以至于这边卡尔·亚历山大被逼得就要率领军队投降，那边皮科洛米尼的一个军团却还停留在西里西亚边境。

1805年，乌尔姆作为徒具科学形式、力量却极为薄弱的战略纽带的最后一端来说，虽然可以阻挡道恩或拉西那样的统帅，却不能阻挡拿破仑这个"革命皇帝"。

甚至在最浩大的1812年战局中，也出现过由于错误地判断敌情而采取不正确的行动的情况。在维尔诺的大本营里，一批有名望的人物坚持要在边境附近举行会战，目的仅仅是使敌人为进攻俄国而付出代价。而且他们清楚地知道，这次会战失败的可能性极大。因此，他们最主要的错误就在于，对这一会战的价值估计不当——仅仅把它当作一次普通的败仗。

就算是拿破仑，也有过错误估计情况的时候。1813年停战以后，拿破仑认为，派几个军团就可以完全阻止布吕歇尔和瑞典王储所率领的联军的小部队。但是他没有充分估计到，刻骨的仇恨和逼近的危险在布吕歇尔和毕洛夫身上所起的作用。拿破仑对于布吕歇尔的敢作敢为精神一直都是估计不足的，后者从他手中夺得了莱比锡之战的胜利。在拉昂，拿破仑没有被布吕歇尔彻底击溃，这与他自己的估计错误无关。然而在滑铁卢，拿破仑终因自己的估计不足而难逃惩罚。

第七篇 | 进攻

战略进攻的目标，往往是从占领全部国土开始，直到占领一个微小之地为止。在现代战争中，进攻活动，即进攻的企图和手段，都会不自觉地以防御为终点，就像防御计划总是以进攻为终点一样。

有的战略进攻能直接导致媾和，但这只是少数情况；在大多数情况下，战略进攻只能进行到它的力量尚且能够进行防御以等待媾和的到来为止。一旦超过这个时刻，战局就会发生改变，进攻一方便会遭遇强有力的反击，这种反击的力量将比进攻时大得多。我们称这个时刻为进攻的顶点。从此刻起，进攻的优势会逐渐变弱，直至消失。

第一章 从进攻与防御的关系看进攻

如果两个概念之间存在着一种逻辑上的对立关系即相互补充的话,那么,我们就可以从一个概念中得出另一个概念。尽管由于我们智力有限,不能一眼分辨出两种概念,也不能仅仅因为它们的对立关系就从一个概念得出另一个完整的概念。但有一点值得肯定,那就是一个概念将足够地彰显另一个。

于是,我们断定,在本书"防御篇"的前几章里,已充分讨论了与进攻有关的各个方面。然而并非如此,没有任何体系能被探究完全。关于进攻的另一些问题并没有涉及。因此,当这种对立的概念并没有出现在"防御篇"的前几章时,我们自然就不能在那些章节的内容中读到关于进攻所要论述的内容。当我们已经在一个足够远的位置观察某事物时,我们就可以尝试变换一下位置,站到一个较近的距离考察同一个事物。这样我们才可以产生更全面的认识。当我们研究进攻的时候,我们总会与研究防御时所遇到的问题不期而遇。但我们不会绕开或推翻阐述防御时提出的一切积极观点。防御有其长处,也有它的弱点;虽然它的长处并非没有办法克服,但我们必须为此付出极大的代价,这一点是毫无疑问的。

另外,在本篇中,我们也不会把对付每一种防御的手段都列举出来,并且我们须为了理解它而讨论这两者——另一个概念会随之而来。在本篇中,我们会着重探讨那些为进攻所特有的,并非防御直接引起的各种情况,因此,很多内容是"防御篇"中没有提到过的。

□ **拿破仑在克里姆林宫外观察大火**
1812年9月,当拿破仑的军队攻进莫斯科,并闯入克里姆林宫的时候,一场大火轰然而起,拿破仑及其部属赶紧从特罗伊茨克门逃走。图为拿破仑在克里姆林宫外观察大火。

第二章 战略进攻的特点

前文中我们提到,战争过程中的防御行为(包括战略防御行为),是一种相对的等待和抵抗,因为它包含一些进攻的因素。同理,进攻也不是单一的,它本身与防御有着密不可分的关系,它们一直是互相包含的。

进攻和防御的区别在于:防御中不可缺少还击,它是防御的一个必要的构成部分;而进攻与此不同。

攻击或者进攻本身是一个完整的概念,只是基于时间和空间的支配性考虑,它才不得不引入防御这一概念,并把它作为一种无奈之举来使用。

其原因在于:首先,在整个战争过程中,进攻中间肯定会有停顿的时间,而这种停止进攻的平静时期,自然就会出现防御的行为;其次,进攻的军队在行进的过程中必须加以防护才能完成。

因此,战争中的进攻行动,是一种进攻和防御交替进行的行为;但是不能把防御看作一种有效因素,因为它只是一种无奈的选择,是一种对前进造成妨碍的阻力,是进攻的原罪。

为什么防御会成为一种阻力呢?原因在于,防御造成的一些损失——即使是时间上的,也必然会客观地削弱进攻的效果。

但是,在所有进攻中都包含了的这个防御因素,会不会影响进攻的情况呢?既然我们承认进攻是较弱的作战形式,防御是较强的作战形式,似乎就可以得到:防御对进攻不会产生负面影响;因为当兵力完全可以采用较弱的作战形式的时候,我们固执地采取较强的作战形式就是一种浪费。

一般来说,这种结论是正确的,我们将在后面的章节中详细探讨。但是,战略防御的优越性之一就是进攻本身必须掺杂防御行为;防御给进攻带来的是防御中的有害因素;这些防御因素对进攻的削弱便不难理解。正是因为进攻中存在着无力防御的时刻,防御中的进攻才能发挥积极的作用。

在结束了一天的战斗之后,军队会进入休整时期。而这时,防御者和进攻者

□ 塔鲁丁诺战役

　　1812年10月6日，俄军从莫斯科撤退之后，驻扎在塔鲁丁诺村附近。缪拉率两万多法军负责监视俄军，却遭到本尼格森伯爵率军突然袭击，双方在塔鲁丁诺村展开战斗。由于俄军援军的滞后，法军突围逃走，但损失了4000多名骑兵、13门火炮和大量辎重。

会处于两种不同的处境。如果军队需要更长时间的休整，比如等待给养或是增援的时候，防御者就会守卫在自己的战略要地和仓库附近，而进攻者却只能扮演栖息在树枝上的鸟儿的角色——任何进攻都是以防御为结束的。

　　至于最后的防御是什么样的，则要看具体的情况了。

　　从以上的考察中可以得出结论：每次进攻时，都必须考虑在进攻中所包含的防御行为，这样我们才能看清进攻中的缺点，并对此作出相应的反应。

　　与防御相比，进攻的方式较少。当然，进攻本身也包含着如威力、速度和规模等方面的差别，这种差别只是量的不同，而非质的不同。我们在给概念和事物分类的时候，向来是以大多数的实际情况为根据。所以，进攻也不会存在着太多的等级。

　　最后，进攻可以采取的手段一般只限于军队，如果有的要塞处于敌人战区附近，并且能对进攻产生明显的作用，自然也应该算作一种作战力量。更重要的是，在进攻的时候，己方要塞所起的作用不如在防御时所起的作用那样大，因为在防御时，要塞往往会成为一种重要的手段。

至于民众武装，它只有在当地的居民对进攻者抱有积极的态度，而对本国的军队抱有消极的态度时才能有助于进攻。因此，防御方可以采取的方式有要塞、民众武装和同盟者等方式；反之，这些手段就用不上了。

第三章 战略进攻的目标

□ 雪中的白刃战

库图佐夫除了指挥部队与法军对抗，还组织后备军补充军队，开展游击运动，用正规部队加强游击队。因此，拿破仑军队除了对抗正规军外，还要应对游击队时不时的小规模战争，士兵们经常疲于应付，士气衰退。图为雪天的森林里，俄方游击队四处出击。

分以上大小不同的战略目标。

无论进攻还是防御，摧毁敌人始终是战争的目标，消灭敌人的军队则是一种手段。防御导致进攻，进攻转而占领敌人国土。因此，进攻的目标是占领敌人国土，但它不必占领全部国土，可以只占领部分、一个省、一个地区或一个要塞，等等。这每一个目标都在双方媾和时带有政治价值。因此，战略进攻的目标，可以大到全部国土，小到一个偏僻的小山村。这样一来，战略进攻似乎是一个有一定界限的行为。但是结合实际来看，就会发现事实并非如此。

事实上，进攻活动，即进攻的企图和手段，都会不自觉地以防御为终点，就像防御计划总是以进攻为终点一样。关于要占领的地方，任何统帅都不能作出精确的预测和规定，因为这必须视事态发展的局面而定。所以，一到实际情况中就会出现许多不同的结果。如果人们想要正确运用进攻的一些观点，就必须区

第四章　进攻力量的削弱

这里所讲的进攻力量的削弱是指战略上的。指挥者对这个问题的认识有多深刻，直接影响到每个场合能否作出正确的决定。

绝对力量被削弱的原因有以下几点：

（1）进攻的目标是占领敌人的国土。

（2）在进攻的同时，为了保障自己交通线的安全以及维持自己的生存，军队需要占领其身后的地区。

（3）战斗过程中的伤亡损失。

（4）因远离补充来源地而缺乏给养。

（5）围攻或包围敌人要塞。

（6）士兵的懈怠心理引发的努力程度的下降。

（7）同盟国的叛变。

与这些削弱进攻力量的因素相对的是，一些可以加强进攻力量的因素。显然，要想得出最后的结论，我们就得把这两种不同的原因对比一下。我们不能以双方的全部兵力为衡量标准，而应该考虑双方在决定性的地点上相对峙的军队。例如法军在奥地利和普鲁士的情况，法军在俄国的情况，联军在法国的情况，法军在西班牙的情况。

第五章 进攻的顶点

　　进攻的胜利是因为有优势力量可用，这种优势包含了物质力量和精神力量。在前一章里，我们阐明了攻击力是如何衰减的。虽然优势有可能不断增加，但是在一般情况下，它是在逐渐削弱。如果进攻者能把自己的优势削弱程度控制在一定程度之内，即他在媾和之前还能保持相对优势，那么他的目的就比较容易实现。

　　虽然有的战略进攻能直接导致媾和，但这种情况极为罕见；大多数战略进攻会直到它最后的剩余力量只够维持一种防御以等待媾和。超过这个点，情况便会反过来，反作用将大大超过攻击力。进攻的顶点就是指的这个点。如果我们记住，在比较双方力量时要考虑的因素有很多，那么我们就会很容易理解在很多场合要确定交战双方究竟谁占有优势是多么困难。有时候，这完全是个想象题。在这种情况下，我们就需要依靠十分有限的想象力了。

　　因此，问题的关键在于，凭借迅速而准确的判断来发现这个顶点。在此我们遇到了一个明显的矛盾。既然防御比进攻更强，那么人们就会认为，依靠进攻的方式是不可能超过顶点的。因为，当一方的力量完全可以用较弱的形式作战时，它若采用较强的作战形式则是绰绰有余的。

□ 饱受严寒之苦的法军

恶劣的寒冬天气，加上俄国军民的坚壁清野，使拿破仑折戟沉沙。面对补给的缺乏，难以承受的严寒之苦，以及军队士气的日益低落，拿破仑只好向沙皇请求和谈，但遭到了沙皇的拒绝。

第六章　消灭敌人的军队

消灭敌人的军队是达到目的的手段。要实现这一目的需要付出什么代价呢？关于这个问题有以下几种看法：

（1）消灭的军队是指阻碍实现进攻目标的那部分军队。

（2）尽可能多地消灭敌人的军队。

（3）消灭敌人的军队的前提是保存自己的力量。

（4）根据第三点，我们还能得到另一种看法，即进攻者只有在有利的时机才会尝试消灭敌人的军队，同时还可以应用于实现目的。

破坏敌人作战力量的唯一手段就是战斗，它的实现方式分为直接和间接两种。

因此，虽然会战是主要的手段，但它并不是唯一的手段。对敌人国土和要塞的占领，能导致对敌人作战力量的更大的破坏。因此，它也可以说是一种间接地破坏敌人作战力量的手段。

对于一个敌人未设防地区的占领，可以在实现某种预定的目标的同时，产生对敌人的作战力量的一种破坏的间接效果。在通常的情况下，这些手段的价值总是被高估，事实上它们很少具有会战那样的价值。而且，在运用这些手段时，还会有较大的风险。这些手段之所以富有诱惑力，是因为它只需人们付出很小的代价。

总之，这些手段只能是一种较小的赌注，因而它只能带来较小的利益——它们只适合在有限的条件和较弱的动机下使用。

第七章　进攻会战

关于我们要说的进攻会战的内容，实际上在防御会战中已经提及很多信息。为了让读者深刻地理解防御的本质，我们在研究防御会战时只列举了一些具有明显的防御性质的会战。但此类会战的例子并不多见，大多数都是半遭遇战。在这种情况下，防御的特性几乎可以忽略不计。

而进攻会战的情况就不同了。它的独特性在任何情况下都会体现得很明显，特别是在防御者并非真正处于防御状态时，这种特性就更加明显。

□ 波洛茨克战役

1812年10月18日，维特根施泰因率俄军进攻白俄罗斯北部的波洛茨克的法军，双方展开激战。战争进行到第3天，俄军打败法军，法军撤退。俄军继续追击，于两个星期后攻破位于维捷布斯克的法军补给站，切断其补给线，拿破仑被迫撤退。

文化伟人代表作图释书系

所以，防御会战和遭遇战之间总会在特性上有着明显的差别。

会战之初，人们即展开包围或是迂回行动，这是明显的进攻会战的特点。而在战斗中，包围战肯定能带来很大的利益，这涉及战术的问题。更重要的是，防御者不可能在采取防御手段时获得实际的利益。而且采用防御手段只是无奈之举。因此，那些本来在交通线位置有利时所采取的手段，如利用包围甚至变换正面战场进行会战的手段，反而成了精神和物质占优势时所采取的手段。

还有一种情况，第一次会战发生时，由于距离边境很近，进攻者的基地即使不比防御者的基地优越，也大多比较大，因此，他们有胆量采取一些有风险的行动，即侧翼攻击在会战中变换成正面作战，则会比包围的手段取得更多的利益。

在某次防御会战中，如果将领要求士兵尽量拖延决定胜负的时间，以赢得更多的反攻时间，那么在进攻会战中，将领就会盼望着那个决定胜负的时刻快些到来。然而，进攻者如果求胜心太切的话，必然会忙中出错，带来巨大的危险，从而造成抵抗力量的削弱。进攻会战的特点之一是在大多数情况下敌情不明，如同暗中摸索一样。

情况越是不明，进攻会战时就越需要集中兵力，尽可能地采取迂回战术，而少用包围战术。胜利的主要果实是在追击中获得的。因此，与防御会战相比，追击更应该成为进攻会战的不可或缺的部分。

第八章　渡河

第一点，对于进攻者来说，在进攻的途中遇到一条大河是非常不便的。如果决定性的战斗发生在进攻者过河以后，进攻者会面临重大的危险。因此，倘若一个统帅没有十足的精神和物质方面的优势，他一定不会让自己处于这种境地之中。

第二点，只有在进攻者陷入背水一战的困境时，防御者才可能有效地防守江河。他们要考虑敌人通过江河防御所进行的抵抗，以及江河给防御者所提供的一切有利条件。因此，在这两种原因的共同影响下，统帅对于进攻设防的江河是顾虑重重的。

第三点，前文中曾提到，江河防御在一定条件下会产生积极的效果。根据事例，我们必须承认，事实上，取得这些成果的可能性比理论上的预言大得多。如果说战史上也曾出现过一些采取江河防御的手段却招致失败的例子，那完全是因为，他们对于江河防御的作用期待过高，他们要求的是不可能实现的作用和效果。

第四点，对进攻者来说，江河防御的抵抗形式唯一有力的前提是，防御者错误地把整个希望寄托于江河防御上，使自己处于一种险境之中，防线一旦被突破，他们就会面临困境甚至是惨败。只有这样，进攻者才会变被动为主动，因为与赢得会战相比，突破江河防御显然更容易。

第五点，由以上论述可总结出：当进攻者不求大规模决战的时候，江河防御的价值是很大的；如果防御者对江河防御的措施使用不当，也会给进攻者带来很多实际利益。

第六点，不管是在一般情况下对整个防线而言，还是在特殊情况下对个别地点而言，不能迂回的江河防御是极为少见的。因此，只要进攻者有兵力上的优势并且决心一战，他总会使用障眼法来骗过敌人。

第七点，如果防御者在对岸设防，那么进攻者要想战胜敌人，就应在战略上

□ **小雅罗斯拉夫韦茨战役**

　　1812年10月24日，库图佐夫率军在小雅斯拉维茨迎头拦阻法军，双方展开激烈的战斗。一日之内，小洛雅罗斯拉维茨八次易手，最后法军损兵5000余人才把它夺下。俄军虽然败给法军，却迫使法军放弃计划好的行军路线，改走入侵时的原路，库图佐夫的战略意图达到了。

采取以下两种手段：第一，即使对岸有敌人防守，他们也应当在某一地点强行渡河，并用渡河的手段战胜防御者；第二，发起会战。

　　总之，就算渡河本身所面临的困难场合并不是很多，但在不求大规模决战的时候，进攻者也会因对渡河及未来情况的担忧而停止渡河的行动。即使在发生大规模的决战的时候，江河也会产生削弱和妨碍进攻的重要作用。

第九章　对防御阵地的进攻

在"防御篇"中，我们已经说明了防御阵地如何迫使进攻者向它进攻，或是迫使进攻者停止前进。一个防御阵地只有发挥了这样的作用才是有意义的。

但事实上，并不是所有的防御阵地都能起到这样的积极作用。如果进攻者发现了一个无须进攻防御阵地也能实现目标的方法，那么进攻防御阵地就毫无必要了。

关于确定敌人的哪一个侧翼为攻击点的问题，关键在于双方的退却线的位置和方向的考虑，也就是说，这样的位置和方向能否在威胁敌人退路的同时又能保障自己的退路。对占领有利地形的敌人发起攻击，本身就是一件非常危险的事情。总的说来，防御阵地受到进攻的危险并不是很大。如果我们再深入了解，便几乎可以断定，这种危险有时候并不存在。

但我们绝不能把常见的会战同我们这里所谈的特殊会战混淆在一起。因为常见的会战大多是遭遇战，在这类会战中，即使有一方是驻扎状态，那他也只是驻扎在毫无准备的土地上。

第十章　对营垒的进攻

在过去，人们对筑垒工事及其作用较为轻视。而且由于经常看到腓特烈大帝凭借进攻手段、通过高速作战取得无数胜利，人们对一切防御方式、防御战斗，特别是筑垒工事的这种情感就更加坚定。

当然，如果只有几千人防守在一个足有十几英里宽的国土范围，或是所谓的筑垒工事不过是一些简单的、没有障碍的堑壕，那么防御工事自然没有什么价值，若是妄图用它们来抵御进攻者的攻击，必定十分危险。

然而，除了理智，还有千百次的经验告诉我们，一个构筑完善、有一定兵力来严密防守的筑垒工事通常是坚不可摧的——进攻者一般也这么认为。然而，通常情况下，一个营垒的守备兵力都不会太多，这是由营垒的性质所决定的。但只要这个营垒处在一个非常有利的地形中，那么它也完全可以抵抗兵力优势较大的敌人。

在我看来，进攻营垒是一种非同寻常的进攻手段。对于它的可行性，可基于这样一些情形：在仓促构筑的营垒没有完成之时，尚无大量的障碍物阻止接近；整个营垒工程进行到一半，粗具规模的时候。

第十一章　山地进攻

在前几章中，我们已详细探讨了山地在防御和进攻时所能起到的战略作用，以及它作为一种防线时所起的作用。我们的结论是：对于山地防御，应该分为次要战斗的进行和主力会战的进行这两种情况来分析，而这两种情况所得出的结论应该是完全不同的。在主力会战中，山地对进攻者来说，是一个有利的地形因素。

对于既有进行会战之兵力，又有进行会战之决心的进攻者来说，选择在山地一带交战，是一定能够获益的明智之举。我们可以看到，在大多数情况下，对于进攻方来说，不管他是否寻求一场主力会战，如果双方之间的山地没有被敌人占领，他都会认为是幸运之事，然后火速赶去占领前面的山地。这样做固然可行，但也必须对不同情况区别对待。

一支军队正在向敌人方向前进，准备发动一次主力会战。在他们穿过必经的未被敌人占领的山地时，便会担心敌人会在关键时刻封锁那些他们想要利用的小路。如果真的如此，那么一个坚不可摧的阵地就可能被防御者占有。而后，他们完全可以凭借山地的优势发起一场主力会战。

虽然上述情况有可能发生，但是如果我们能了解，对于防御者来说，在最后时刻扼守一个良好的山地阵地将遇到多少困难，我们就会明白，这种防御手段是完全不可行的，所以进攻者的担心也不大可能发生。

进攻者担心的另外一种情况是，防御者可能利用前卫或前哨线进行暂时的山地防御。虽然这种手段在防御中并不常见，但进攻者不能排除这种可能性。

另外，根据我们之前的观点，确实会有一个阵地凭借山地的地形特点，成为坚不可摧的阵地的可能性。这种坚固的阵地当然是有的，但不一定在山地才有。如皮尔纳、施莫特赛芬、迈森和费尔德基希等阵地，正因为不在山地上，其作用才更大。总之，我们想要指出的是，在山地上的坚不可摧的阵地是极为少见的。

战史一再暗示我们，山地是一个很不适合进行决定性防御会战的地方，而

□ **老斯摩棱斯克路上撤退的法军**
　　小雅罗斯拉维茨战役之后，法军只得沿着老斯摩棱斯克路撤退。入侵时，一路上战死的士兵尸体仍未埋葬，路边残破的建筑和车辆使氛围看起来更加悲怆，行进中的法军士气低落。

　　优秀的统帅更喜欢在平原上展开防御会战。即使是革命战争时期的山地会战，也是在错误推论的推动下才发生的。如1793年和1794年在孚日山的战争，以及1795年、1796年和1797年在意大利的山地战。大家都指责梅拉斯在1800年没有占领阿尔卑斯山的通路，这无疑是比较肤浅的，换作拿破仑可能也不想占领这些通路。

　　关于山地进攻的部署问题，绝大部分属于战术范畴。在这里，我们只对山地进攻的一般情况，即同战略关系密切和同它一致的部分作以下几点说明：

　　（1）在山地上行进的时候，军队一定不能像在别的地方那样离开道路。一般说来，军队应该沿着几条道路前进，或者说应该在一个比较宽的正面上推进。

　　（2）进攻者应该集中兵力进攻那些正面很宽的山地防御。

　　（3）如果在山地进攻敌人兵力比较集中的地点，采用迂回作战相对比较好，因为进攻者的正面是有着兵力优势的敌方阵地。迂回的目的就是切断防御者的退路，而不是进行战术上的侧翼攻击或背后攻击。

第十二章　对单线式防线的进攻

　　如果进攻者能够设法使防御者与他在单线式防线上进行一次主力决战的话，他的胜算概率就会大很多。因为单线式防线的正面很宽，它与直接的江河防御或是山地防御相比，更不符合进行决定性会战的各种要求。1712年，欧根在德南所设的就是单线式防线，但是在那次战斗中他损失惨重。如果欧根能集中兵力，维拉尔就不会取得胜利。也就是说，如果进攻者本身不具备进行一次决定性会战的条件，而对手驻守的又是优势主力部队和将领，那么进攻者在这种防线面前就无法从容面对了。如1703年，维拉尔就不敢轻率地进攻路德维希·冯·巴登指挥的施托尔霍芬防线。如果当时这条防线只有一支小部队驻守，那么胜利与否就取决于进攻者的兵力数量的多少了。这时候，抵抗不会很激烈，而胜利的成果也就不具有太大的价值。

　　至于围攻者的围攻防卫圈，它是一种有独特性质的概念，我们将在论述对战区的进攻时再对它进行说明。

　　对于加强的前哨线等诸多单线式的配置，都存在被轻易攻破的缺陷。但如果这种突破的目的不是进行决战作准备，那么即使进攻者获得了些许成果，他们的行动也是毫无意义的。

第十三章　机动

第一，虽然机动手段的应用对于防御者和进攻者来说是公平的，但从机动的性质来说，它更偏向于进攻；所以我们会对这个问题作进一步的探讨。

第二，相对于投入强大的兵力到大规模战斗中的进攻实施，机动并不是与之相对立的概念。它与使用进攻手段直接进行的进攻实施才是对立的，即使在威胁敌人的交通线和退路、牵制性进攻以及其他场合也是如此。

第三，从概念上来讲，机动有一种诱使敌人犯错误才产生的效果，这种效果来源于均势，而不是行动。

第四，机动所带来的有利形势，既可以看作行动的目标，也可以作为下一步行动的根据。这些有利形势包括：

（1）切断或限制敌人的给养供应。

（2）与其他部队会合。

（3）破坏敌人的对外联系，包括国内的联系和同其他军团和军的联系。

（4）威胁敌人的退路。

（5）用优势兵力攻击敌人的单个据点。

以上这五种利益表现在当时情况中最小的目标上，因为利益的存在，这些目标就成为一定时期内所有活动的核心。

（6）对于进攻者或是积极行动的一方来说，一次成功的机动给他们带来的成果，可以是一小块地方、一个仓库等等。

（7）在战略机动中有两组对立的概念（它们表面看起来似乎不同，而且总是用来推论出错误的原则和规则），也就是四个概念，但实际上它们只是同一事物的必要组成部分。第一组为包围和内线活动，第二组为集中兵力和分割兵力。

（8）对于第一组对立概念来说，并不存在谁更优越的问题。在通常情况下，包围对进攻者有利，内线活动对防御者有利。只要方式得当，就会取得明显的成效。

拿破仑在格罗德诺

拿破仑军队在撤往斯摩棱斯克的途中，不断受到俄国哥萨克骑兵的突袭骚扰，再加上经过长途跋涉地作战，军队上下饥饿疲惫，士气低落。拿破仑及其元帅们也一筹莫展，不知道究竟该走哪条线路撤退。

（9）对于第二组对立的概念来说，同样不存在谁更优越的问题。兵力较强的一方倾向于分散兵力；兵力较弱的一方则必须尽可能地集中兵力。总之，获得较大机动性的前提，就是要有较高的行军技能。因此，对于兵力较弱的一方来说，他必须把自己的物质力量和精神力量的作用发挥到最大。

（10）正如我们不可以随意使用上述两组对立概念而得出错误的原则和规则一样，我们也不能放大一般条件包括基地、地形等的影响。而追求的利益越小，时间、地点等所起的作用就越大。至于那些重大的情况，在小利益的追逐中则没有什么意义。

（11）因此可以肯定，在机动中是没有规则性可言的，它的价值可通过多种方式体现，而不能用一般原则来衡量。只有不断地采用新方法，再辅以准确性、有秩序、服从性和大无畏的精神才能不断地出奇制胜，而且这是获得胜利的主要根据性原则。

第十四章　沼泽地、泛洪地和森林地的进攻

正如我们在"防御篇"中所指出的那样，那种不可通行、只有少数堤道的沼泽地，在战术进攻时将给进攻一方带来不便。进攻方一般不会在沼泽地一带发起攻击，而是绕过这种地带。但是像荷兰这样的国家，由于低洼地形很多，如果发生战争，防御方就占有很大的优势。

1672年的荷兰战争就是很好的证明。当时法军攻占了泛洪线之外的所有要塞，先由孔代指挥，后由卢森堡指挥。当时法、荷双方的兵力对比是5∶2。尽管在数量上荷兰处于极端劣势，却凭借其地形优势抵挡住了法军的进攻。

冬季是泛洪地防御无法避开的敌人。然而，它必须是个严寒的冬季才行。

正如前面所讲，那种极难通行的森林地也可以算作是一种有利于增强防御性的手段之一。而在这种到处都是森林的环境中，进攻者不仅要克服筹备给养的困难，还要克服己方兵力优势被削弱的困难。这无疑是进攻者所遭遇的最不利的情况之一。

第十五章　寻求决战的战区进攻

与防御同进攻的关系相比，防御与战区之间的关系更近一些。我们将作几点简要的说明，先从寻求大规模决战的战局谈起：

第一，毋庸置疑，取得胜利是进攻最直接的目标。对于防御者从防御地位所获得的各种利益，进攻者一般凭借其作为进攻者和征服者角色的优越感来抵消。然而在大多数情况下，这种优越感的作用被夸大，因为它在战场上并不能维持多久，而且很快就会在实际困难的冲击下消失殆尽。

第二，对于防御者来说，谨慎是必不可少的；对于进攻者来说，大胆则是不可或缺的。当然，这并不意味着，其中一方就不必具备另一方所应具备的特点，它强调的是谨慎同防御，勇敢同进攻所具有的更密切的关系。

第三，对于进攻者来说，获得胜利的一个原则是，设法使敌人出动自己的主力军队来对决。当然，有一种情况例外，那就是防御者配置错误。在这种情况下，进攻者只要作好攻击准备就可以了，因为防御者会主动出来寻找他的敌人。其中的关键就在于对道路和方向的正确判断。

第四，在前面的篇章中，我们已经就什么可以作为进攻的直接目标即胜利的目的作了论述。当这些目标正好处于我方要进攻的战区内，也就是说在我方可能取得胜利的范围之内，那么通向这些目标的道路就是进攻的主要方向。

如果在进攻的胜利范围以内没有大目标的话，那么对于进攻者来说，敌人通往最近的大目标的通

□ 取暖

在严寒中跋涉的法国大军不得不焚烧象征军人荣誉的军旗来取暖。天气成为这场注定失败的战争的主要原因之一。

道就是一个关键的地方。这时进攻者所面临的问题就是，如果他们在会战中胜利了，那么他们要怎样利用这个胜利？答案是，胜利所取得的目标就是进攻的主要方向。

对于进攻者来说，通商要道就是通向目标的最佳道路。进攻者应该避开弯道，选择一段较直的道路，哪怕这段路很狭窄，它也比一条曲折的道路安全得多。

第五，对于进攻者来说，在准备发动大规模决战的时候，最好不要分割兵力。如果兵力分割已经发生，那么极有可能是进攻者不明情况。所以，进攻者必须在能够保证各纵队可以同时参战的正面上前进。相反，如果防御者分割兵力，那么获益的则是进攻方。

第六，作为进攻方，也必须小心谨慎，因为必须保护好后方以及后方的交通线。对进攻者来说，应该尽可能地依靠前进的行动来实现对交通线的掩护，也就是依靠进攻军队本身。

第十六章　不求决战的战区进攻

第一，就算进攻者没有足够的意志和力量来发动大规模的决战，其进攻也具有一定的战略意图。如果进攻目标达到，那么整个局势就会陷入平静和均势的局面中。如果进攻失败，那么在实现这个目标以前，总的前进就会停顿，临时性的进攻或是战略上的机动则会出现，这也是大多数战局的特征。

第二，这种进攻包括的目标对象有：

（1）一个地区。这时进攻者可以获得的利益包括：补充给养，甚至可以向当地人民征收军税来减轻国内的负担，并作为媾和时交换其他物品的等价物。对于一个地区来讲，它的被占领状态不同，所发挥出的作用也就有所差别。通常情况下，如果这个地区同进攻方的战区临近，能够成为战区的给养来源，那它一般都会被保住。

（2）一个大仓库。如果这个仓库没有足够大的规模，那么它就不能成为影响整个战局的进攻目标。因此，夺取仓库不过是一个手段。我们之所以把它当作行动的一个目的，是因为它是进攻的直接而明确的目标。

（3）夺取一个要塞。关于这个问题，我们将用专门的一章来介绍。其中，我们会清楚地阐明，在不能以完全打垮敌人或者占领敌人大部分国土为目的的进攻战争和进攻战局中，为什么要塞始终是最重要、最理想的进攻目标。

（4）展开一次有利的战斗、遭遇战甚至会战。这一类战斗的初衷可能就是夺取战利品，或是单纯地增加军队的荣誉，甚至仅仅是统帅的荣誉感的爆发。

进行此类战斗要具备两个前提条件：一是胜算概率要大；二是失败后可能遭受的损失不太大。当然，在这种特殊情况下，为了有限目标而进行的会战不同于那种由于精神上的软弱而未能利用胜利的会战。

第三，除了第四个目标以外，其他目标一般只需要进行一场较小的战斗就可以实现，而进攻者本身也不希望用大的战斗去换取这些目标。进攻者的手段，除了决战以外，都是针对防御者在其战区内需要保护的一切利益来采取的，如威胁

□ 哈瑙之战

　　1813年10月30日，拿破仑面对的局势极为严峻，因为各处的法军都被击退，相继退回莱茵河，而各路联军部队却仍在向莱茵河挺进。法国的溃败眼看成为定局，这令拿破仑军队的士气有所低迷。这时，连法国的天然盟友巴伐利亚也开始倒戈，他们赶往距法兰克福几公里的哈瑙镇设防，想要切断法军的退路。在拿破仑的指挥和鼓舞下，法军一鼓作气击退巴伐利亚军，攻下哈瑙镇，巴伐利亚军伤亡惨重。经此一役，拿破仑军队的士气再次振奋起来。

对方的交通线（包括给养提供地，如仓库、富饶的地区、水路等相关的部分，或者别的部分，如桥梁、隘路等相关部分）。

　　第四，针对进攻者的以上手段，防御者最好的还击方式就是"以彼之道，还施彼身"，即破坏进攻者的交通线。不过在寻求大规模决战的战争中，这种手段只能在进攻者的战线很长时才可以采用。

　　第五，值得注意的是，在这种战争中，进攻者还有一个优势，那就是他能根据对方的意图和能力作出相应的准确判断。另外，与抱有大企图的进攻准备与抱有小企图的进攻准备之间的差别相比，大规模还击的准备同一般的防御准备之间的差别要大得多。最后，防御者肯定会采取一些措施，此时进攻者便可以根据防御者的措施来展开对策。

第十七章　对要塞的进攻

对要塞的进攻，我们不可能从筑城作业方面来加以探讨，而是准备从下面三个方面着手研究：

第一，与要塞进攻相关的战略目的。

第二，选择进攻要塞。

第三，掩护围攻的方法。

对于防御者来说，要塞的丢失意味着防御力的削弱，特别是在要塞构成了防御屏障的一个重要部分时更是如此。而对于进攻者来说，占领要塞则意味着可以获得更多的有利条件，比如把要塞当作仓库和补给站，用它来掩护地区和舍营地，等等。

攻占要塞有两种前提：寻求大规模决战的战争，以及不求大规模决战的战争。前提不同，过程和结果自然有所差别。在寻求大规模决战的战争中，攻占要塞只是一种不得已的举措。此时，进攻者围攻的目标只是那些对决战有益的要塞。

在有限目标的战争中，攻占要塞就是行动的目的而非手段。与其他行动相比，攻占要塞这种独立的小行动有下列优点：

（1）因为攻占范围有限，所以只需花费少数力量即可，而且不必担心遭到还击。

（2）双方媾和的时候，要塞是一种很好的等价交换物。

（3）围攻要塞的战争虽然很激烈（至少看来是这样的），但与其他的行动相比，它不会使兵力逐渐削弱。

（4）围攻这种行动的危险性并不太高。由于攻占要塞具有上述优点，所以攻占敌人一个或几个要塞往往成为没有较大目标的战略进攻的目的。

当具体目标不明的时候，我们可以根据下列原则决定要围攻的要塞目标：

（1）易于防守（当然这是指攻占以后）。而且它在媾和时可以作为高价等价物。

□ 维亚济马战役

1812年11月3日，达武率领的法军后卫部队与米罗拉多维奇率领的俄军在维亚济马狭路相逢，达武军队遭到俄军围困，博阿尔内在最后关头将其救出重围。此战中法军损失约8000人，被俘4000人。

（2）围攻手段的多少。

（3）要塞工事的坚固程度。当然，一个重要的要塞，并不一定就是坚不可摧的。比起浪费兵力去围攻一个坚不可破且战略意义不大的要塞，占领一个重要的且不甚坚固的要塞显然更明智。

（4）要塞的装备和守备部队的强弱。比起攻占一个强大守备力量坚守的要塞，攻占一个工事坚固的要塞值得付出更大的代价。

（5）运输攻城辎重的难易。缺乏攻城辎重是很多围攻行动失败的原因。而之所以会这样，则是因为运输困难。

（6）最后，掩护围攻的难易是一个必须考虑的问题。

在围攻时，有两种方法可以达到掩护的目的：第一，利用工事的力量，即利用围攻防卫圈；第二，利用所谓的监视线。第一种方法早已被人们所摒弃。而人们采用这种方法的原因就在于进攻者的力量不会因为被分割而受到削弱。

但是，如果出现了以下的情况，进攻者的力量就会被削弱：

（1）围绕要塞的阵地通常会把军队的正面拉得过宽。

（2）守备要塞的敌方部队，当然还要加上前来支援的部队——本来只是同我军对峙的部队，但在要塞的掩护下，他们的力量是非常强大的，不会受到损伤，甚至是不可克服的。

（3）在所有防御配置中，力量最薄弱、最不利的一种就是正面向外的环形配置，因此围攻防卫圈的防御只能是绝对防御，它很难对进攻者发动有力的打击。围攻防卫圈的防御者只能在自己的筑垒工事中进行绝对的抵抗。显然，这种防御造成的防御力量的削弱，可能会比使用监视部队受到的削弱大得多。

如果我们再来看，自腓特烈大帝以来，战争的指挥者们普遍喜欢采取所谓进攻行动，喜欢采取运动和机动，而不喜欢筑垒工事，那么我们就会明白人们为什么会放弃围攻防卫圈的手段了。不过，战术抵抗所带来的兵力削弱并不是围攻防卫圈的唯一缺点。

我们之所以在提出缺点的同时又提出了人们对围攻防卫圈的非客观认识，是因为这些认识同这个缺点有着密切的关系。围攻防卫圈的作用非常有限，只能掩护包围圈以内的地区。而除此以外的部分战区，如果不派兵掩护，就相当于变成敌人的了，如果派兵掩护，则又将陷入人们力图避免的分割兵力的形势中。

路易十四以前，在人们的观念中，并不认同军队的配置和战区的概念是有联系的。尤其是在三十年战争中，部队毫无目的地前进，当他们正好走到了附近没有敌人守卫的某个要塞前面时，便停下来对它发起围攻，围攻时间一般由所带辎重能够支撑的时间来决定，直到敌人的支援部队出现。

然而，在那之后的战争中，利用围攻防卫圈掩护围攻的手段就很少运用了，除非出现与上述情况中类似的条件。

但是我们也不能否认，在许多战例中，围攻防卫圈并没有遭到攻击，甚至在亟须给要塞解围，而且指挥防御的是一位果敢的统帅时，也出现过这种情况。比如1708年，维拉尔就未敢攻击在里尔的围攻防卫圈内的联军。

如果掩护围攻的部队的作战地点在距离围攻地点一日或几日行程的地方，那么就算围攻失败了，围攻者还可以在敌人到来之前撤退。即便他们携带着庞大的运输队，仍然可以在敌人到来的前一天转移至安全的地方。

那么，在配置监视部队时，监视部队到底应该配置在离围攻的要塞多远的位置呢？通常情况下，这个距离由地形条件或是攻城军队同与之保持联络的其他军团和盟军的阵地的相对位置来决定。

第十八章　对运输队的攻击

对运输队的攻击和掩护涉及战术的问题，我们之所以拿出来研究是为了证明只有根据战略上的理由和情况时，我们才可以采取这种行动。

通常情况下，一个由三四百辆运输车构成的运输队只能算是一个中等的运输队，不管车上载的是什么东西，它的长度就可以达到5英里。我们很难想象，有限的护送部队是如何掩护这么长的运输队的。而且，运输队行动很慢，经常出现混乱的情况。

由于存在着上述的种种困难，人们就会提出这样的疑问：到底有什么办法可以掩护和保卫这种运输队？很明显，所有战术上提出来的办法，对于克服运输队的根本缺点来说，都是一些治标不治本的方法。

我们的答案是：因为运输队在战略上所处的地位问题，它们会得到比其他更容易遭受敌人攻击的部队更多的安全上的保障。这时候，只需很少的防御手段就可以发挥出很大的作用。通常情况下，运输队总是在军队的后方活动，并且与敌人军队的距离也很远。因此，敌人如果攻击他们，即使进攻的部队是很小的，他们也必须在强大的预备队的掩护下才可行动。并且尽管运输车辆都是十分笨重的，但这种方法根本不可能真正毁灭运输队。由此可见，运输队的安全地位来自它战略上所处的位置，而不是依靠它的护送部队。

□ 达武元帅

路易斯·尼古拉斯·达武（1770—1823年），埃克米尔亲王，法兰西第一帝国二十六元帅之一。曾参加乌尔姆战役、奥斯特利茨战役、瓦格拉姆会战、远征俄国等著名战役，由于他在作战时坚韧顽强，被士兵们称为"钢铁元帅"。拿破仑退位后，他被流放至卢维耶。他一生从未战败过，对拿破仑忠心耿耿，至死不渝。图为达武元帅在克里姆林宫内的楚铎夫修道院。

还需强调的是：如果你去攻击敌人的运输队，那么你很可能遭到敌人军队或是某一部队的打击报复，并且失败的可能性很大。因此，人们会由于上述种种顾虑而不对运输队采取攻击行动。

当然，运输队的安全地位也不是永久的，如果发生了这样的一种战略态势，它迫使运输队必须从侧面或是军队的前方来运送物资，运输队的危险就非常大了，因为它已经成了敌人的有利进攻目标，当然这个前提是敌人有能力派出一支额外的部队。

所以我们认为，从战术上讲，攻击运输队是非常容易的；但是从战略上讲，这是非常难以实现的一件事。除非敌人的交通线是明显暴露的，不然，你别想指望自己能取得胜利。

第十九章　对舍营敌军的进攻

舍营并不能被当作一种防御手段，因为我们在前文的"防御篇"中并没有提到这个问题。

舍营只能算作一种军队的状态，而且这种状态是战斗准备很差的状态。当我们要讨论与进攻有关的问题时，舍营的敌人军队就得被看作是一种特殊的进攻目标。这是因为，第一，这种进攻是一种很特殊的进攻方式；第二，这种进攻是有着特殊效果的战略手段。我们要关注的重点是进攻敌人的较大舍营地的一支大部队。因此，我们的目标也不是单个舍营地本身，而是不让敌人军队出现集中的态势。

进攻舍营地的敌军，即进攻一支还未处于集结状态的军队。而这种进攻成功的标志则是：使敌人军队不能在预定的地点集结，或者是迫使他们在另外一个离原定地点较远的后方的某个地点集中。如果让敌军集中地点向后移动的话，那么这种移动的距离，通常都不能在一日的行程之内，甚至需要行军数日才可到达，这样敌军就会丧失更多的国土面积。这就是进攻者所取得的第一个好处。在进攻敌人舍营地的时候，必须选择正确的地点。

这种袭击带来的第二个有利之处是：它能迫使敌人进行部分战斗，并且能让其遭受巨大的损失。这是因为，一个大部队肯定不会以营为单位在主要集中地点集结，它一般会先集结成旅、师、军，而这些规模较大的军队单位是不会快速地到达集结地点的。因此，他们在同进攻纵队遭遇时，就必须得接受战斗。因为他们没有时间组织抵抗，所以，他们失败的可能性是比较大的。因此，我们可以推断，如果进攻者在事前就计划好了，那么他就可以通过战斗获得胜利，并且取得大量的战利品。而这些战利品自然就得算作他们胜利果实中的一个部分。

最后也就是整个行动的结果。它会让敌人在一定时间内陷入混乱，并且打击他们的士气，进而取得更大的成果，即就算敌人把军队集结起来了，他们也会因士气低落而在此放弃一些利益，甚至会改变他们原本的作战计划。

上面的各种成果之和便是对敌人舍营地进行攻击的所有利益。但是袭击成功的程度是不同的，因此袭击所带来的成果也是不同的。另外，就算这种袭击取得了很大的成功，也取得了很大的成果，也不能同主力会战时获胜所取得的成果相比。

我们必须牢记上面的提醒，以免我们过于信任这种袭击方式。事实上，很多人都以为这种袭击是进攻活动中最好的形式。然而，就像我们前文所谈论的那样，这不是绝对的。我们都知道，发生在1643年的洛林公爵在图特林根袭击朗超将军指挥的法军的舍营地，是战史上最光辉的袭击之一。当时的法军兵力一共有1.6万人之多，然而他们的结局却是一次惨败——损失了司令官和7000名士兵。这是因为法军并没有设置任何前哨。所以，人们不要总是把胜利的希望寄托在这种袭击方式上。因为这个结果并不完全是由袭击本身带来的，而是对遭遇战的忽视或是考虑不周全。比如蒂朗本来可以避开战斗，与其他地方舍营较远的部队会合。

如果从性质上说，这种进攻不仅涉及战术的问题，更涉及战略范围的问题。因为这种进攻是在宽大的正面上进行的，进行这种进攻的军队可以在集中以前投入战斗，而且在大多数情况下是这样投入战斗的。所以，我们还需简单地谈一下如何合理地组织这种进攻。

进行这种进攻的第一个条件：进攻敌人的舍营地要在一定宽度的正面上进行。只有这样，才能真正袭击几个舍营地，并切断它们同其他舍营地的联系，迫使敌人进入一种混乱无序的状态。

第二个条件：各纵队进攻的方向必须是呈围攻的态势进行。因为敌人的退却大多是随着兵力集中而结束的，那么进攻者也应该是这样的。当然，最好的地点就是在敌人退却线通过某一地形障碍的地点。

第三个条件：当遭遇战发生时，各纵队必须坚决、勇敢、大胆地攻击敌人的军队，因为他们本身就处于一种有利的局势中，他们必须把冒险精神发挥到最大。不过这有个前提，各纵队的指挥者必须有很大的自由指挥权。

第四个条件：当我们面对的敌人已经占领了阵地并进行抵抗时，我们的战术进攻计划应该始终是以迂回的方法来实现的。因为这时我们要想成功，必须分割和切断敌人的军队。

第五个条件：袭击纵队应该包含很多兵种，特别是要有足够多的骑兵部队。

□ **达克拉斯诺耶战役**

1812年11月15日，拿破仑军队撤出斯摩棱斯克以后，退往明斯克方向。博阿尔内率领的先遣队在达克拉斯诺耶与库图佐夫的军队相遇，双方展开战斗。为了将库图佐夫的军队赶走，以保证后续部队的安全行进，拿破仑派近卫军于次日凌晨对俄军发起一场奇袭，将俄军击退。

当各纵队中骑兵力量充足时，也许取胜的希望会更大。但如果你认为骑兵是这种攻击最主要的力量，那么你就错了。因为只要进攻者的前面出现了一个村庄或是一座小桥，就可以把骑兵的作用削弱到最小。

第六个条件：如果我们从袭击的性质来看，进攻者一定不能让自己的前卫推进过远，除非在向敌人接近的时候才可以那样。但如果战斗已经深入敌人的舍营线以内，这也就意味着，进攻者预期的目标已经实现了，那么，各纵队就应该让包含了多种兵种的前卫尽可能地向前推进。

最后一个条件就是，进攻者必须选好作战失利以后的退路和集结地。

第二十章　牵制性进攻

牵制性进攻是指为了迫使敌人将军队调离某一重要地点而对敌人国土采取的进攻行动。而这种进攻若想成为一种特殊的行动，前提就是进攻者的主要企图是为了达到上述的目的，而不是夺取进攻的那个地方，不然的话，它仍是常规的进攻。

当然，即便如此，牵制性进攻也必须有一个进攻的目标。只有这个目标的价值足够大的时候，敌人才有可能把自己的军队调集到那个地方。

牵制性进攻的有利方面是显而易见的。但它也存在着不利的方面——使用牵制性进攻有其必备的前提——它应使敌人从主要战区撤出的兵力不少于我方在采用牵制性进攻时所出动的兵力。在有利的情况下，即使存在着用少数兵力就能取得重大成果的可能性而进行的次要的进攻，也不应该将受到第三国的进攻叫作牵制性进攻。

在理论上，只有专门的事物才能用专有的名称来表示。显而易见，要想用少量的兵力吸引对方更多的兵力，必须具备能够造成这种结果的特殊条件。所以，想要实现牵制性进攻的目的，不是随便派一支部队到一个没有驻军的地点就可以实现的。

毋庸置疑，投入到牵制性进攻中的兵力越多，所能获得的利益就越小。所以，如果进攻者想取得一点好处，那么牵制性进攻的规模越大，就必须具备更多的有利于发动牵制性进攻的条件。

对于牵制性进攻有利的条件：

（1）当进攻者派出一部分军队用于牵制性进攻行动时，他的主要进攻仍没有受到不利的影响。

（2）进攻者采用的牵制性进攻的地点对于防御者来说有重大的意义。

（3）在进攻者进攻的地区内居住的民众对本国政府有强烈的不满情绪。

（4）牵制进攻的目标地区能够为进攻者带来丰富的战略物资。

□ **强渡第聂伯河**

1812年11月18日，法军退往明斯克途中，走在纵队后面的内伊军团遭遇库图佐夫的主力围攻，由于通信联系被切断，内伊只好率军队孤军作战。在俄军的猛烈攻击下，法军损失惨重，仅剩的3000人也被逼至第聂伯河边。内伊不顾一切地指挥残部强渡第聂伯河。由于冰层较薄，很多士兵掉进河里淹死或被冻死，大炮也丢失了一半，最后只剩内伊和800名士兵渡过第聂伯河并幸存下来，与主力会合。

如果进攻者考虑上述的条件，并且认为能够取得成果才采用牵制性进攻的行动，那么，我们就不难想象，能够采用这种手段的机会并不多见。另外，一旦采取牵制性进攻的行动时，就会给那些本来处于和平状态的地区带来战争。

那么，这种行动就会在某种程度上激发敌方潜在的反抗意识和潜在的作战力量。并且，如果敌人发动民众的力量，这种情况就是非常明显的。

这样的话，这一地区就会诞生出很多新的抵抗力量，这是一种接近民众的战争，而且很容易引起全民抗战的抵抗力量。这是在进行牵制性战争时所必须考虑的问题，否则的话，就是自取灭亡。

牵制性进攻的实施：

（1）牵制性进攻可以算作一种真正的进攻，这时行动的最大的特点就是大胆和神速。

（2）不过牵制性进攻也可以表现出佯动的特点，即牵制性进攻只是给人一种将要进攻的假象和错觉。

（3）如果军队的规模很大，并且退路被限制在一定的地点上，一个必要的条件就是建立一支接应这一行动的预备队。

第二十一章　入侵

关于入侵这个问题，我们除了解释词义以外似乎就没什么可谈的了。现代作家经常用到这个词。"入侵"这个词的意思就是向敌国腹地的进攻，并且他们把这种进攻同有步骤的进攻，即蚕食敌人边境的进攻对立起来，这完全是不符合逻辑的。

一次进攻行动的地点在哪里，是在边境附近还是深入敌国腹地，步骤是怎样的，是首先夺取要塞还是首先寻找和不断追击敌人的主力部队，这些问题都不取决于进行的方式，而是与当时的具体情况有关。在大多数情况下，深入敌国腹地正是一次猛烈进攻的成果，因此它与进攻相比，并没有什么区别。

并不是在每次战争中，胜利者都会把失败者打垮。在多数情况下，胜利是存在一个极限的。胜利的结果通常是由各种物质力量和精神力量的综合优势所决定的。不可否认的是，胜利能将这种优势扩大，不然，人们就不会用重大的代价来换取胜利。胜利的效果虽然能增大这种优势，但它不可能无限制地扩大这种优势，这种优势的增大是有一个极限的。现在我们就来讨论一下为什么会出现这样的局面。

在军事行动的过程中，军队会随时受到两种因素的影响：一种是增强自己作战力量的因素，另一种就是削弱自己作战力量的因素。因此，主导的因素便是占有优势的因素。而交战双方中一方力量的削弱代表着另一方力量的增强。这种增强力量和削弱力量伴随着军事行动的始终。我们若明白在一种情况下所引起这种变化的主要原因，也就会明白另一种情况下所引起这种变化的原因。

前进时导致力量增强的主要原因：

（1）敌人军队的损失比我方的大。

（2）敌人遭遇了我方没有的损失，如仓库、补给站、桥梁等作战力量方面。

（3）当我方进入敌国领土，敌人就开始丧失土地了，也就是说他们也丧失了补充新的作战力量的源泉。

（4）如果这些源泉的一部分被我方所获得，则可用敌方资源养己之利。

（5）敌人内部之间失去了联系，丧失了正常活动的便利。

（6）敌人同盟开始瓦解，其中一些国家成为我方的盟友。

（7）敌人在我方进攻下丧失了抵抗的勇气，甚至缴械投降。

前进时引起力量削弱的原因：

（1）我方必须围攻、封锁或监视敌人要塞的行动。

（2）一旦我方进入敌国，战区性质就发生了变化，为了占领敌方土地所进行的行动会削弱军力。

（3）随着战争的深入，我方与补给地的距离越来越远，而敌人则与其补给地越来越近，这使我们不能及时地补充已经消耗的力量。

（4）虽然敌国的安全受到了我方的威胁，却有其他强大的盟国来保护它。

（5）随着局势的日益紧张，失败的可能性增大，敌人的努力程度反而会有所上升；而与之相对的是，占有胜利优势的一方的努力程度则会相对地有所下降。

而这些因素是可以同时存在的，不管是有利还是不利。这一点可以说明，胜利有双重的作用，它可以使敌人慌乱，又能激发敌人更大的力量。

我们再来对上述内容作一些简单的说明：

（1）敌人军队遭遇失败时，士气损失最大的时候就是失败之初，随即便逐渐减少，可能会减少到与我军损失持平的局面，但他们的损失也存在与日俱增的可能。这就由敌方所处的态势和情况来决定了。这两种情况对于战争来说是非常重要的。只有清楚这些，才能明白我军到底处于一种什么样的位置，进而决定是前进还是停止。

（2）敌人仓库的位置和状况会影响到敌人无生命的作战力量的损失情况，可能会越来越少，也可能是越来越多的。不过这个问题的重要性已经比不上其他的问题。

（3）第三个利益会随着军队的前进而增加，但是它有一个前提条件，那就是进攻已经深入到敌国范围之内，即我军已占领了敌人四分之一到三分之一的国土时。另外这些占领地区在军事上的特殊价值也会影响到这个利益。

（4）第四个利益同第三个利益一样，也会随着军队的前进而增加。但对于这两种利益来说，它们对于作战军队的影响不是明显和快速的，而是一种缓慢发生作用的力量，因此，我军不能为了追求这两种利益而给自己增加更大的压力，致使自己陷入一种非常危险的境地。

而我们对第五个利益加以考虑的前提，是军队前进的距离已经很远，并且敌国国土的形状允许我方使它的几个地区同腹地隔离。

最后两个利益也会随着军队的前进而增长。这两点我们会在以后的论述中作补充说明。现在我们要谈的是引起力量削弱的原因：

（1）随着军队的不断前进，我方会产生围攻、封锁和包围敌人要塞的需要，而这种需要会越来越多。而由这个原因产生的力量削弱，会对我军当前的状况产生很大的影响，甚至会抵消所有的利益。如果我军想要对某个大要塞发动围攻，或者是使它断粮，就需要出动一个小型军团的力量。

（2）随着军队的不断前进，我方越来越有必要在敌国境内建立一个战区。由此而产生的力量的削弱，即使不会立即对军队产生影响，一旦时间久了，它也会比第一个原因带来的影响更大。

每一支军队交通线两侧的地区都是我方的战略侧翼，因此侧翼并不能算作是我军明显的弱点。因为敌人也有侧翼。如果我方军队处于我国的领土范围内时，这就不能算作一个弱点。但当我军进入敌国领土范围内时，侧翼就会变成一个非常明显的弱点。因为我军所处的形势是交通线过长而且缺少掩护，就算敌人对我方的侧翼发动一个小的行动也会产生明显的效果。

（3）军队的前进会加大与补充来源地的距离。当然在被占领地区的资源的补充下，这个危险会不断减小，但也不可能完全消失。因为军队必须依靠本国的力量才能得到补充，比如士兵。另外，那些突然出现的需要也不会很快地得到满足，那些潜在的误解和错误也不会及早得到纠正。

（4）政治同盟关系的变化。如果胜利在这方面引起的变化对胜利者产生了不利的影响，那么不利的程度同胜利者前进的程度都是相关的。这时，政治结合关系、利害关系、习惯和方针等与现存政治相关的因素都会发挥作用，它甚至同君主、大臣和情妇等有关。

（5）引起敌人更强烈的抵抗。虽然恐惧和惊慌有时候会促使敌人缴械投降，但它也可能激发敌人的强烈反抗，而进攻者会在第一次胜利以后面临更为激烈的反抗。人民和政府的特性，国土的情况，国家的政治结合关系都是影响到敌人采取行动的因素。

我们需注意的一点是，胜利者在避开危险以后，为了扩大战果而需要作出新

□ 从莫斯科撤回法国的法军

面对严峻的生存问题，拿破仑被迫于11月19日从莫斯科撤兵退回巴黎。在回程路上，法军不断遭遇俄军的伏击，至一个月后离开俄国境内时，整个军队从撤兵时的11万大军仅剩下2万人。图为内伊元帅指挥后卫从莫斯科撤退。

的努力的时候，往往会出现松懈的心理现象。综合考虑，我们可以得出下面的结论：一般情况下，如果想利用胜利或在进攻战中前进，进攻开始所拥有的优势和通过胜利所获得的优势必然会受到削弱。

如果是这样，我们必然会产生一个疑问：促使胜利者追求下一个胜利的原因，是继续进攻还是继续前进，难道这就是所谓的利用胜利？为什么我方不在还有优势的时候，或者说优势还没有被削弱的时候就停止行动？

我们应该这样考虑：兵力的优势只是一个手段，并不是目的。目的除了打垮敌人以外，就是夺取敌人部分国土。这样做虽然可能会削弱军队的力量，但是对战争和媾和能产生有利的影响。当然我们也不能主观臆断地认为，我方的优势一定会在敌人失败前完全丧失。敌人的失败可能比我们预期的要早一些，如果我方可以利用最后仅存的一点优势来击溃敌人，我方就必须利用这点优势来采取行动。

因此，战争中的优势不论是原有的还是后来得到的，都只能算作一种手段，而这一手段的作用就是实现目标。但人们必须清楚自己的优势能够保持到哪一点，因为要是超过了那一点，所得到的新的利益并不能被称为"新的利益"，只能算作是一种很大的耻辱。

所谓的胜利的顶点将会在那些不以打垮敌人为目标的战争中出现，而且这将是大多数战争中所常见的现象。因此，标志着进攻状态已经转为防御状态的转折点就是各个战局计划的自然目标。如果超过了这个目标，还在冒进，那么这不仅是对力量的浪费，还是让它发挥反作用的举动。

有时有人会有一种错觉，即只要进攻者还在前进着，他的优势也就一直保持

□ **法军强渡别列津纳河**

　　1812年11月，拿破仑从莫斯科撤退至别列津纳河岸边，此时河水**泛滥**，浮冰漂流，法军根本无法**蹚**过河。由于退路已被俄军切断，眼看就要全军覆没，拿破仑当即决定架桥渡河。26日，法军在掩护下架好两座浮桥，便立即渡河，此时俄军已经发现这一企图并迅速发起攻击。达武军、乌迪诺军、欧仁军和内伊军残部等先后渡河，并与俄军隔河交火。至28日，法军的后卫维克托军最后渡河，并将桥炸断，成功摆脱了俄军的追击。拿破仑的大批掉队士兵和非战斗人员未能渡河，最后被俄军击毙。

着，如果在胜利的顶点所运用的防御手段是一种优于进攻手段的作战形式，那么进攻者似乎就没有变成弱者的危险了。然而这种危险并非不存在的，只要我们回顾一下历史，就会看到这种剧变往往会发生在进攻者转为防御状态的时候。现在我们就来探讨引起这种现象的原因。

　　我们之所以认为防御是一种优越的作战形式，是因为在防御中：

　　（1）利用地形。

　　（2）占有已经作好准备的战区。

　　（3）民众的支持。

　　（4）享有等待的利益。

　　这些因素并不是在各个地方都会产生作用的，因此出现在不同场合的防御也并不都是相同的，那么防御也就不能总是具有比进攻更优越的地位。在这种防御中，只有上述四个因素中的第一个因素，即利用地形没有变化，第二个因素大多完全不存在，第三个因素成了不利的因素，第四个因素也大大削弱了。现在我们只对第四个因素作一些简单的说明。

有时整个战局会因为人们主观上的均势观念而被无限期地拖延下去。这是因为，进攻的一方没有足够的决心，而防御的一方又能在等待中获得利益。与在本国进行的防御行动相比，在占领地区内进行的防御更具挑战性。因为隐含着进攻的因素，所以它的防御性质就在无形中被削弱了。

显然，对包含在进攻行动中的防御来说，防御本身所包含的主要因素都受到了不同程度的削弱，因此，防御的优越性已经相对地减少了。由此可见，正是防御行为本身削弱了进攻。对于进攻者来说，最不利的转变就是原本的进攻状态转入了防御状态。

现在我们就明白了进攻和防御这两种作战形式原来在力量上的差别是如何逐渐变小的。现在我们要补充的是，这种差别是如何消失的，并且某一种因素是如何在短时间内变成另一种相反的因素的。如果以自然界的概念来说明，我们就更容易理解这个问题。

自然界中的力想发挥作用，都需要一定的时间。如果我们的思想已经有了一个方向，那么它不会轻易地就被某个原因所改变或是终止。能够对它产生作用的，只有时间、平静和对思想的持久不断的作用。战争也是这样。

现在我们再来研究一下，一个统帅在判断胜利的顶点时所要考虑的一些问题，但我们要明白的是，一个统帅在判定时，必须根据远的和近的情况来综合判定。如果一个统帅必须具备射击手的素质，那么他就得具有迅速而准确地判断目标的能力，这种能力对人的智力素质要求很高。复杂的情况和道路会使人出现判断失误的现象。就算这些都不会影响到一个统帅的决定，那么潜在的危险和肩上的重担也会左右他的决定。

由此我们可知，对于大多数统帅来说，与其让军队停在离目标较近的地方，不如让军队停在离目标很远的地方。而那些极具冒险精神的统帅又会因超越了目标而达不到原来所预想的效果。所以能够实现目标的人，仅仅是那些有能力运用有限的手段来获得巨大成功的人。

第八篇 战争计划

　　战争计划是为达到摧毁敌人这一目标服务的。在整个战争计划中，有两个主要原则贯穿其中：

　　一是把敌人的力量归为尽可能少的几个重心，如果可能，最好归结为一个重心。与此同时，尽量把对这些重心的打击次数减到最少；如果可能，最好归结为一次主要行动。总而言之，就是集中力量行动。

　　二是尽量迅速地行动，除非有不可抗力因素存在，否则就不要有军事停顿，不要走弯路，要持续向前推进。

第一章　引言

我们早在第一篇的前两章中，就已论述了战争的总概念，并初步理清了它和周围各事物之间的联系，这对我们的研究打下了一个坚实的基础。

本篇中，我们将提出我们的观点，即战斗是军事行动可使用的唯一手段。我们依据这一论点来深入探讨在之前篇章中所提及的"战争的主要目标是打垮敌人，即消灭敌人军队"这一结论。我们将继续讨论战争计划和战局计划，这将涉及第一篇中所论述的一些概念。

人们发现有的军事行动似乎十分简单，许多伟大的军事家在谈论一场战争时就像谈论一个人的行动，把战争简化成一场搏斗，有时两三个简单的想法就可能成为行动动机，有时一时激动也可能导致一场战争。因此，在战争中，人们处理问题是很难做到完全有把握的。

的确，战争中很多时候都需要人们理智地研究和分析。但作战涉及的面也是十分广泛的，如果在这种时候过于充分而透彻地去作研究，那么人们就会陷进死板概念的泥潭中，永远不可能像优秀的军事家那样敏锐地思考并发挥自身的才能。

军事家把整个军事行动简化成一个人的行动的做法，是一种出色的智力活动的体现。如果人们不想被军事行动所支配，这种智力是不可缺少的。

我们认为，理论是对大量事物长期观察的阐明和总结，应该易于理解并指明事物间的复杂联系；同时它应该避免错误的见解并区分事物的重要性。理论可以指导人们探索各种基础概念，但是它不能给人们提供解决问题的公式，不能用呆板的原则去指导人们的方向。理论应该让人们明白事物间的相互关系，进而进入较高的行动领域，具有更清晰的判断能力。这种能力产生于各种力量的共同作用，与其说是它是人们研究或思考的产物，不如说它是感觉的产物。

第二章 绝对战争和现实战争

　　战争计划包括一切军事行动,并使一切军事行动成为具有唯一最终目的的统一行动。如果人们没有明确战争的目的和目标,那么就不能且不应该开始战争。通过目的和目标才能制订一系列作战方针,明确所需的兵力及使用手段的范围等一切细小环节。

　　军事行动的目标是打垮敌人,交战前双方必然都怀有这个目标,因此在战斗过程中就不应该发生间歇,且在没有任何一方被真正打垮之前,双方都不可能出现平静状态。在论述军事行动的间歇的一章中,我们谈到,从敌对因素的体现者"人"和战争的整体来看,战争机体内部原因对敌对因素是有一定的阻止和节制作用的。但是由此引发的变化并不足以成为使战争从概念状态转变到具体状态的原因。有的战争不是两方的正面接触,而是彼此隔开的,看起来更像双方在发怒并手持武器互相威吓,只在一些小的接触中产生火花的紧张状态。

　　阻碍双方全面爆发的因素就是国家生活中的各种事物、力量和关系。有了这些事物和力量的共同作用,战争全面而迅速的爆发就难以实现了。而且人们往往不是根据严密的逻辑在各种事情中采取行动的,而是依据某些决定性的想法和感觉,所以通常人们无法意识到自己的不明确和不彻底的态度。即使战争的谋划者能够做到这一点,但是他们无法保证其他有关人士的思想和态度,阻力便因此而来。这种不彻底性,有时会出现在交战双方的某一方,有时又会出现在交战的双方,这使得战争存在太多不确定的因素,呈现出一种亦真亦假的形态。

　　这样的战争并不少见,如果不是我们这个时代确实出现过这样的绝对战争形态的现实战争,那么可能总会有人对此产生怀疑。法国革命的简单开幕式后,拿破仑便毫无顾虑且快速地把战争推到这一点上来。在他的指挥下,战争不断推进并以对方的失败告终。这些战例符合所有逻辑结论,这使得我们又回到了战争的原始概念上来。

　　但是,我们是否可以根据这个原始概念来判断所有的战争理论或者推论中的

□ **法军为强渡别列津纳河作准备**

拿破仑下了强渡别列津纳河的决定后，便指挥士兵们着手为渡河作准备。他让法军一部在别列津纳河下游鲍里索夫佯装架桥渡河，以迷惑俄军，暗中却委派一名有过架桥经验的炮兵将军到更北边的上游河段寻找架桥点。最后将架桥位置定在别列津纳河上游的斯图蒂扬卡后，士兵们便在此伐木准备架桥。11月26日，法军终于架起了两座浮桥，一座供步兵通过，一座供火炮和运输车辆通过。

所有结论，这一点我们还是没有明确探讨过。如果我们不弄清楚战争是否还有其他模式，就不能对战争计划这个问题提出合理的见解。

如果战争只是前面的那种模式，那么我们的理论就更加明确和肯定了。但是提及从亚历山大到拿破仑之前的所有战争，我们就不得不否定这一说法。不可否认，在十年以后可能出现与我们的理论相悖的战争。理论虽然经过千锤百炼，但是现实世界总是在不断变化的。因此，战争的形态不仅是由它的概念决定的，还受到各个部分的自然惰性和阻力、人的不彻底性、思考不周密等因素影响。战争及它的形态是由当时起主导作用的思想、感情和各种关系决定的，具有绝对形态的战争亦是如此。战争是以可能性、盖然性、幸运和不幸运的这种"赌博"方式为基础的结论，它可能有时很像战争有时又不大像战争。

理论的任务是把战争的绝对形态放到首要的地位，把它当作思考战争问题的基本出发点。理论对现实战争的作用在最近几次战争中就有明显的体现。假如1798年普鲁士能够预先想到战争一旦失败就会遭到非常强烈的还击，并破坏欧洲原有的均势，难道它还敢用7万人的军队去入侵法国吗？假如1806年普鲁士能够考虑到第一颗枪弹会成为弹药库爆炸的导火索以致自取灭亡，难道它还会用10万人的大军向法国开战吗？

第三章 战争的内在联系及战争目的和使用力量大小的关系

一、战争的内在联系

由于看问题的角度的不同,人们对战争的看法也是不同的,战争被分为两种不同的形态,即绝对形态和现实形态。

战争的绝对形态,其组成部分是由各个必然的原因而引起的,它们互相交织,不存在任何没有联系的事物,是各个要素的相互作用。也就是说,战争具有各个要素的自然的内在联系,因此战争只能有一个最后的结果。在产生这个结果之前,一切都是不明确的,一切都取决于最后的结果。战争就是一个不可分割的整体,它的每个组成部分、每个结果必须和整体联系起来才有价值。1812年拿破仑占领了莫斯科和半个俄国,这种占领只有当拿破仑得到他期望的和约时才是有价值的。这种占领也只是整个战争的一部分,另一部分则是粉碎俄国的军队。如果两个部分同时实现,那么最终的媾和就容易达到了。但是在初期拿破仑忽略的另一部分以致在后期就很难实现它了。

另一种看法认为,战争是由相互独立的各个结果构成的,就像赌博里各自独立的"局",前面几局的输赢对后面的输赢并没有影响。

第一种看法从事物的本质上来说是正确的,而第二种看法从历史上来说也是正确的。没有哪一种看法能够单独地适用于所有的战争,因此它们是同时存在的,理论也必须对这两种看法都加以考虑。但是在运用它们时,又应该区别对待。第一种看法是基本观点,是基础;第二种看法是对第一种看法在具体情况下的修正和补充。

腓特烈大帝在1742年、1744年、1757年和1758年从西里西亚和萨克森进攻奥地利时,明确地知道,这几次进攻不可能实现像对西里西亚和萨克森那样长期的占领。因此他的目的并不是想通过这些战争打垮奥地利,而是想要赢得时间和积蓄力量,这主要是因为他追求的次要目标是没有国家存亡的危险的。

可是,普鲁士在1806年、奥地利在1805年和1809年发动战争,虽然最初目标非常小，只是想把法国人赶过莱茵河，但是如果它们没有考虑到这场战争过程中可能发生的各种情况，它们也无法顺利地达到目标。

仔细研究战争史，我们就能看出这两种情况的不同之处。在十八世纪的西里西亚战争时期，战争是政府的事情，人民只不过是战争中一种没有思想的工具。而在19世纪的初期，人民已经成为一股不可或缺的力量。同腓特烈大帝对峙的统帅都是一些只遵循命令，没有自己思想的人，而奥地利和普鲁士的敌人，却被认为是战神本身。

1805年、1806年和1809年的情况，使我们认为极端的不幸非常有可能发生。正因为这些因素，他们在制订行动计划时完全不是以占领几个要塞和小面积的地区为目标。虽然普鲁士和奥地利这两个强国在战争的准备时期就已经感觉到政治氛围的不同，可是它们没有也不能够采取与这个情况相对应的行动和计划，因为它们身处历史中，不能清楚地认识到事情的本身。正因为这些战局以及战局以后的发展，才使我们清楚地认识到具有破坏力的、现代的、绝对战争的概念。

理论要求在每次战争中，必须根据政治因素和政治关系产生的盖然性来了解战争的特点和主要形态。如果战争的特点越接近于绝对战争，战争的轮廓包括交战国的群众数量越多，参战程度越深，那么战争的各个事件之间就越有联系，就越需要在第一步行动之前就为最后一步做好打算。

二、战争目的和使用力量大小的关系

政治要求的大小决定了在战争中需要给予敌人的压力的大小。如果腓特烈大帝在科林会战中胜利，并在布拉格消灭了奥地利的主力，也许能促使他考虑向维也纳挺进，从而迫使奥地利投降。

如果双方都明确对方的政治要求的大小和目的，那么双方的力量就会比较一致。但是交战过程中所使用的手段是不同的。这由三个因素决定：第一，双方的政治要求的大小不明显；第二，双方的地理位置和内部情况不同；第三，双方的执政政府的意志力、特点和能力的不同。

正是由于这三个因素，我们无法预计战争中所会遇到的阻力，也无法十分准确地确定自己所使用的手段和具体的目标。

在战争中不能足够地使用自己的力量，不但可能达不到目标，而且可能因此而遭受重创。于是双方都会十分重视这一点，因而产生一种互相作用，使人们在力量的使用方面趋向极端。一般来说，最大限度地使用力量会因为内在关系上的限制而无法实现。因此在实战中人们就会为了实现政治目的而使用所必要的力量，而不是最大的力量，并且确定达到政治目的所必要的目标，而不是最大化的目标。

在这里，智力活动变成了一种可以经过快速判断，进而从许多事物和关系中找出最主要的和最有意义的东西来的能力。因此要确定一场战争要使用多少手段，必须考虑敌我双方的政治目的，两国政府的自身力量和关系，敌国政府、人民的特点和能力以及我方在这些方面的状况。另一方面还必须考虑其他相关国家的政治结合关系和对战争产生的各种影响。因此只有被称为军事大才的人才能真正做到这一点，这不是仅凭研究就能掌握实质而得出结论的事情。总而言之，确定进行一场战争所要使用的手段，是一件极其复杂而困难的事。

□ 俄法战争中的俄军将领

图为俄法战争中俄军的四位将领肖像：维特根施泰因中将（左上），第1步兵军指挥官；叶尔莫洛夫（右上），第一集团军参谋长，在瓦卢季纳戈拉、博罗迪诺和小雅罗斯拉韦茨交战中起重要作用；卡尔·冯·托尔（左下），波罗的海德意志人，俄军参谋长；本尼格森伯爵（右下）：俄军总参谋长（库图佐夫担逝世后接任），在菲利村会议上，反对库图佐夫的弃城计划，坚持集中兵力在莫斯科与拿破仑决战。

上述的种种复杂和广泛的关系都证明了这个问题本身的复杂性和困难程度，只有那些在危险状况中能迅速作出决断且具有超强责任感的伟大人物才能做到。只有通过各种关系的客观而具体的观察，加上君主、政治家和统帅的智力和感情特点，才能判断出即将发生的战争所确定的目标和使用的必要手段。

现在我们来简单地看一看历史，半开化的鞑靼人、古代的共和国、中世纪的封建领主和商业城市、18世纪的国王以及19世纪的君主和人民，他们拥有各不相同的战争方式、手段和目标，但是从一个时代所形成的各个国家的总体情况来看，问题就具有了普遍性质。

鞑靼部族是游牧民族，他们必须经常性地寻找适宜他们生活的新住地。因此他们的目标非常明确，那就是使敌人屈服或者把敌人从这片土地上赶走。如果他们具有更高的文明程度，那么他们能利用这种手段并能够快速地打败自己面前的一切敌人。

古代的共和国国土面积较小（不包括罗马共和国），军队的力量也较小，因为他们不包括普通民众。这些国家数量较多，致使他们无法大规模地行动。因此，它们的战争只局限于劫掠平原地区和占领极少数的城市，目的主要是在这些地方保持一定的势力。

罗马共和国的例外，也只存在于它的晚期。在那个时期，罗马共和国为了抢夺物资以及和自己的邻国建立同盟，曾长期用少量的军队和相邻的国家进行小规模的战争。之后的强大也并非通过战争而是通过结盟。结盟中各个民族逐渐融合，直到它的力量扩大到整个意大利之后，军事力量才开始发挥作用。迦太基灭亡了，西班牙、高卢和希腊被征服了，罗马的统治延伸到了亚洲和埃及。在那个时期，因为物质丰富，它没有消耗国家太大的力量就维持了一支庞大的军队。因此，它变得和古代的共和国不同，和它自身过去的情况不同。它成了当时唯一的强国。

同样，亚历山大所进行的那些战争也是独一无二的。他的军队人数不多但组织完备，推翻了亚洲一些国家的腐败统治，直达印度。一般的共和国很难做到这种程度，只有国王亲征，才能迅速成就这样的伟业。

中世纪很多大大小小的君主国用封建的军队进行战争。封建的军队本身就是由封建从属关系所联系到一起的，一半是法定的义务，另一半则是自愿发起的同盟，从整体上说是一个联邦式的集合体。装备和战术则是建立在个人战斗的基础上，因此不适用于较大规模的军队。这所有的一切都决定了这个时期的战争的特点，即迅速、军队停留时间短、战争的目的简单。

□ **德累斯顿会战**

1813年春，俄国、英国、普鲁士、西班牙、葡萄牙和瑞典等国组成第六次反法联盟，奥地利于8月也加入其中。1813年5月，吕岑之战后，法军进驻萨克森德累斯顿休整，以保存实力。7月，拿破仑前往西里西亚突袭布吕歇尔的军队，这时波希米亚同盟军趁双方交战之机进攻德累斯顿。拿破仑得到消息后，率领主力赶回支援，德累斯顿战争爆发。此战虽然法军兵力比同盟军少得多，但由于同盟军战略战术上的失误，被拿破仑从左翼突击，一举击溃。对于拿破仑来说，这是他在外国土地上的最后一次胜利。

雇佣兵战争存在于大的商业城市和一些比较小的共和国。这种战争开支巨大，人数也受到限制，战斗力也是不言而喻的。简单说来，这种战争已经失去其原有的性质，变成了交易的商品。

随着时代的变迁，军队的模式也在不断发生变化。封建领地制度变成整体领土的统治，国家结构变得紧密，人民的人身义务变成物质义务，即被支付的金钱所取代，领军饷的士兵代替了封建军队，存在过较短的时期的雇佣兵也演化成了依靠国库供养的常备正规军。这三种类型的军队在亨利四世时期是同时存在的。到了三十年战争时代仍然存在雇佣兵，甚至十八世纪，还能看到雇佣兵的个别身影。

不同时代的军队是各不相同的，欧洲各国的其他情况在不同时代也是各不相同的。我们一定要从这样的出发点来研究中世纪的外交政策和战争。在此我们先提一下德意志皇帝在五百年的时间里，连续不断地向意大利发动的战争，它是由很多重大的原因决定的。从混乱状态中产生的大国需要时间进行巩固和发展，它就只能从战争这个方面去努力发挥力量。它们很少发动对外部敌人的战争，即使有这样的情况，战争本身也带有参战国自身不够稳固的特点，英国对法国的战争就是最早的战例。当时的法国还不能算作真正意义上的君主国，英国虽然更接近一个统一的国家，但是国内仍然动荡不安。法国在路易十一时代才逐渐统一，在查理八世时代才成为敢于侵略意大利的强国，到了路易十四的时代，它的国家和常备军都得到了高度的发展。

西班牙在联合王费迪南德时期已经开始了统一的进程，通过偶然的联姻，在查理五世时代迅速形成了由西班牙、勃艮第、德意志和意大利组成的强大的西班牙王国，它的常备军也成了第一支能够同法国的常备军相抗衡的军队。但是查理五世退位后，由于巨大的内部动荡使得西班牙分裂成西班牙和奥地利两个部分。奥地利由于得到了波希米亚和匈牙利的支持而成为强国，并把德意志邦联像拖船一样拖在了自己的身后。18世纪常备军普遍存在，其实在17世纪末期，即路易十四时期，就已经达到了顶峰。它们主要是靠征募和金钱建立起来的。这一时期，各国家已经完成统一，各国的政府通过征税增强自己的力量。加上文化事业的迅速发展，行政管理方式的日益完善，国家力量已经空前强盛。法国已经可以派出数十万常备军外出发动战争，其他国家亦是如此。

当时的欧洲已经分成了二三十个君主国和几个共和国，只要某两个国家发生战争，就必然会牵涉到许多的其他相关国家和军队。政治关系仍可能出现各种各样的联合，但是它们是能够随时根据盖然性加以确定的。

每个国家的政府已经变成一个完全的统一体，对外代表着国家。因此，如果有了适用的工具和独立的意志，战争就会具有与其概念一致的形态。

在这个时期，又出现三个新的"亚历山大"：古斯塔夫·阿道夫、卡尔十二和腓特烈大帝。他们试图通过军队把小国建设成为强大的王国，并进一步打垮其他敌人。从战争的扩张性这一点出发，他们也可以被视为拿破仑的先驱者了。

但是从战争这方面得到的力量和彻底性，又会在另一方面失去。军队是靠国库供养的，君主大多把国库视为私有，至少也是政府私有的，而绝非人民的东西。同周围国家的关系大多也只涉及国库或者政府的利益，与人民的利益几乎没有任何关系。因此政府大量地积聚财富和管理财富，而它的臣民们大多对此没有兴趣。

鞑靼人出征时是全民参战的，古代的共和国和中世纪大多数国家是人民参战，但在18世纪，人民从来没有直接参战，而只是对战争产生一些间接影响。这样一来，政府忽略人民，而致使战争完全成为了依靠政府国库金钱和无业游民的事业。于是各国在战争中所能使用的手段范围及持续的时间就有了限制。进而战争最危险的方面，即趋向极端或与此关联的一系列难以预测的可能性就消失了。在这种情况下，必然性就避免了人们在战争中追求极端。即使是君主统帅军队也不得不小心谨慎地对待战争了，因为一旦军队遭到打击，重建新的军队几乎是不可能的。这就使得统帅必须极敏锐地抓住有利时机或者善于创造出对自己有利的时机，这样一来，首先发动进攻的一方的最初动机也就在谨慎和犹豫不决中消失了。

在这种情况下，战争从本质上就只能受时间和偶然性的操控了。从意义上来说，就是一种比较强硬的外交手段，它的根本目的也不过是谋求适当的利益，以便在缔结和约的时候作为谈判的资本。

前面我们说到过，规模有限的战争是由于战争本身所依赖的基础十分狭小。即使是古斯塔夫·阿道夫、卡尔十二和腓特烈大帝这样出色的统帅率领出色的军队也难以超过一般水平。造成这个结果的原因是欧洲当时的政治均势。以前的欧洲小国之间相互关系简单而直接，这就制约了其中某个国家在短期内迅速崛起。但现在的大国关系越来越复杂，国家中心的距离也越来越远，只能依靠各国的外交事务来实现。政治上的利害关系，国家间的引力和斥力就形成了一种微妙的体系，除非欧洲所有国家的政府都参与其中，战争是不会发生的。

虽然路易十四试图打破欧洲大陆的均势，但他仍然只能以传统的方式来进行战争。因为他的军队虽然是最强大的王国的军队，但就其本质来说，仍然和其他王国的军队没有什么区别。

对敌国进行掠夺和破坏在鞑靼人时代、古代各民族时代，甚至是中世纪都产生过深远的影响；但现在它已经过时了，因为从本质上说，这种做法与其说打击了敌国的政府，还不如说是打击了敌国的人民，是没有多大的作用的，也是一种民族文化水平落后的表现。因此，战争不论从手段还是目的来说，都是受到军队本身的限制的。军队包括其要塞及阵地都逐渐不再包含战争的要素。对于各国人民来说，一方面这种变化起到了良好的作用，另一方面也使战争离人民越来越远，纯粹成为了政府的事情。只有当进攻一方或者防御一方的不可避免地要达到他们的目的时，战争才会进行。一般情况下，一次战局只会有一次最多两次围攻，然后就是冬营的休战时间，可以说冬营是战局之间的明显界限。

如果战争双方力量十分均衡或者进攻方力量薄弱，那么会战和围攻就不会发生。那么战局的手段就只有驻守阵地即仓库，或者逐渐占领敌人的某些领土。

主要战争的进展是这样的，那么对战争的自然限制始终是存在的。18世纪开始，军事艺术都没有太多地考虑战争的开始和结局，因此造就了许多所谓的"伟大的统帅"。即使主要功绩是使腓特烈大帝完成了目标的道恩元帅，也可以看作是"伟大的统帅"。

法国大革命爆发时，奥地利和普鲁士企图使用外交式的军事艺术进行战争，但是这种手段明显无法利用太久。当时人们寄希望于不太多的军队上，但是1793年，战争突然出乎意料地成为了3000万名国民的事情。其实就是因为战争有了人民的加入，不再单独是政府和军队的事情，全国人民的力量变成决定因素。这样原来存在的界限和阻力都不存在了，这时对敌人的威胁也是最大的。

如果整个革命战争中人们无法完全觉醒，或者将领们不能坚持最终的目标，又或者德意志军队有能力作出抵抗，那么造成这些情况的原因就是法国人民在战争中表现得不够完美所导致的。这种不完美，从士兵到将军最终在督政府时期的政府身上表现出来。

在拿破仑的统治下，这支由人民力量组建的军队席卷了整个欧洲，因此，反

□ **莱比锡战役**

1813年10月16日，反法联盟与拿破仑军队在莱比锡进行决战，企图以近30万联军的兵力围歼莱比锡地区的法军。拿破仑的16万人的兵力不敌盟军，最后败退至莱茵河西岸，莱比锡落入反法联盟的手中。此战为拿破仑战争中最激烈的战役，代表着拿破仑统治德意志的希望彻底破灭，也直接导致次年反法同盟攻占巴黎，拿破仑投降并被放逐到厄尔巴岛。

抗的力量逐渐复苏。在西班牙，战争自然也成为了人民的事情。1809年，奥地利政府组建了预备队和后备军，按计划接近了进攻目标。1812年，俄国凭借辽阔的领土优势同样取得了辉煌的成果。在德意志，普鲁士把战争当作了人民的事情，在人口和财力都在锐减的情况下，其兵力增加到1806年的一倍，其他各邦也纷纷效仿普鲁士。如果算上参战人员和损失人员，1813年和1814年德意志和俄国对法的两次战争大约使用了100万人的兵力。

虽然战斗力还远不及法军的水平，但是总体来说战局已经发生了变化，军队作战也有了新的方式。八个月后战场逐渐从奥得河转到塞纳河，第一次使巴黎屈服，使拿破仑倒下。

自拿破仑指挥战争以来，战争主要掌握在进攻的一方，后来逐渐转变成为了人民的事情，主动权到了最初的被进攻的一方。可以说战争已经非常接近其绝对完美的形态——使用的手段不再受到限制，随着作战方式的增加，取得成果的范围也在扩大，战斗力因人民的热情和激动的情绪而大大提高。这时，军事行动的目标就是打垮敌人。只有当敌人倒下才可以停止行动，进而根据自己的意愿进行

□ 拿破仑与波尼亚托夫斯基巡视战场

1813年10月15日,莱比锡会战的前一天,拿破仑任命波尼亚托夫斯基为元帅。在随后的会战中,波尼亚托夫斯基积极奋战,多次负伤。10月19日,波尼亚托夫斯基军队被困在敌方控制的一侧,但他拒绝投降,并策马跳进河水中。由于身负重伤,又再次中弹,他最终被急流卷走丧命。图为莱比锡会战之前,拿破仑与波尼亚托夫斯基巡视战场。

谈判。

因此,当战争从旧制中解脱出来时,其自然力量才得以显现。主要原因就是人民的参与,这要归功于法国大革命的推动和世界各国因法军而受到的威胁。

这样的状况是否会长期存在,欧洲是否都会倾国倾地地为各国人民的利益参与战争,以及政府是否会脱离人民,这都是难以确定的。

我们对历史的考察就到这里了,这些考察不是要对各个时代总结出什么作战原则,而是想强调每个时代的历史背景和特点,以及所产生的战争的特点。因此,每个时期都是有自己独有的战争理论,每个时代的战争都离不开它当时的社会背景和特点,只有深入地了解这些特点及这个时代的人,才能正确了解当时的统帅并作出中肯的评价。

现阶段,战争中包含最多的因素是一般适用的和必要的。但是将来的战争恐怕很难被固定在这两种特性中,只考虑这种绝对战争,并不是理论的目的。理论必须研究实际的战争,就必须考虑发生战争的多种形式。在确定战争的大框架时,应该联系时代背景和所处情况的需求。

综上所述,战争的目标及所用的手段是根据当时的具体环境而定的,它同时具有时代性和普遍性,并服从于战争性质的一般结论。

第四章　深入探讨战争目标（一）
——打垮敌人

从概念上说，打垮敌人是战争永恒的目标。

那么是不是只有占领敌人全部的领土才是打垮敌人呢？其实并非如此。如果联军在1792年占领了巴黎，那么不需要打垮革命党的军队就可以结束对它的战争。相反，如果联军在1814年攻下了巴黎，但拿破仑仍然统帅着大量军队，也不算实现了目标。但是当时拿破仑的大部分军队确实已被消灭，因此1814年和1815年占领巴黎就算是一切的结束了。如果拿破仑能在1812年攻下莫斯科，那么即使俄国并没有完全被其占领，占领首都也可能带来交战双方的媾和。

1805年，奥斯特里茨会战导致了双方和约的缔结，即使匈牙利国土仍然完整。在没有其他军队支援的情况下，俄军失败是必然结果。如果俄军在多瑙河畔同奥军会合并一同遭受失败，那么拿破仑也许根本没有必要占领维也纳而直接在林茨签订和约了。

在历史上也有一些占领了全部领土也不能解决问题的战例。如1807年的普鲁士，法国在艾劳对俄国的胜利并没有起到关键性的作用，而在弗里德兰的胜利却作用重大。

这种结局往往是由许多难以察觉的精神方面的因素决定的。在此理论能够指出的是，密切关注交战两国的主要情况才是最重要的。因为这些情况能够形成一个重心，即力量和运动的中心，一切力量的集中攻击都是指向这个重心的。

对于亚历山大、古斯塔夫·阿道夫、卡尔十二和腓特烈大帝而言，军队是他们的重心，军队的失败即意味着他们的失败；对于内部分裂的国家来说，重心一般就是首都；依靠强国的小国，同盟军队是重心。在同盟中，重心是一致的利益；在民众武装中，重心则是主要领导人和民众的情绪。因此进攻敌人要搞清楚其重心在哪里，只要使敌方的重心失去平衡，战斗的方向就没有错。依靠兵力轻松地占据敌人的某一地区是无法真正打垮敌人的，只有不断地寻找敌人的核心力量并加以打击，才能真正实现目标。

当然，战胜和粉碎敌人的军队始终是最明确而可靠的目标。因此从经验上来看，想要打垮敌人主要可采用以下几种方法：

（1）当重心是军队时则消灭敌人军队；

（2）当重心不仅是首都而且也是所有政治团体及党派所在地时，则攻占敌人首都；

（3）当同盟国强大得多时，则集中攻击同盟国。

到目前为止，我们都是把战争中的敌人当作一个整体来考虑，但实际作战中的敌人并不仅有一种情况。

从政治角度来看，若联盟国家反对一个国家，那么所进行的就是一个战争。但是这种政治上的联盟统一体各自的利益不同，我们就不能把这样的统一体看作是一个敌人了。我们的主要行动可以简化为一次主要的攻击，这是获胜的最有效的手段。因此可以说，如果我们可以重点打垮一个敌人，从而打垮其他敌人，那么战胜这个敌人就是战争的目标。

现在我们来深入探讨一下哪些情况才是最适宜实现战争目标的。

首先，我们必须拥有充足的兵力，足以实现一次决定性的胜利，并承受必要的军队损耗，能够把胜利维持到敌人无法再次恢复的地步。

其次，在政治上保证一次胜利不会导致新的强大的敌人。如1806年的法国为了打垮普鲁士而同整个俄军为敌，所幸它当时有足够的力量与之相抗，它在1808年对抗西班牙也是同样的情况，当然新的敌人是英国而不是奥地利。

在对力量和其所能发挥的最大作用作估量时，人们往往认为，在两年内用一半的力量与在一年内用全部的力量是相等的，其实不然，因为时间不是力量的一个因素。

军事行动当然需要有一定的时间，在一周内从维也纳走到莫斯科是无稽之谈。但是，像力学上时间和力量之间的相互关系，在军事行动中是根本不存在的。在交战中，时间是双方都需要的，问题在于谁能够先从时间中获得特殊的利益。如果特殊情况能够抵消，那么，首先，得到这种利益的显然是失败者；其次应该考虑的是，利用最开始的胜利是需要耗费巨大的力量的，并且这种消耗不是一次性的，而是持续不断的。占领敌方领土不代表是永久性的，因为占领所需要的力量是在不断损耗的。一旦国家提供力量的情况变得困难，甚至完全失去力量

□ 莱比锡战役中法军战败

1813年，沙俄第一名将库图佐夫病死，本尼格森接过俄军指挥权，与普鲁士、奥地利及其他各国联军在莱比锡打败拿破仑。

的供给，那么仅仅是时间就能导致情况的巨变。

难道拿破仑可以凭借1812年从俄国及波兰那里掠夺的财富建立一支顺利占领莫斯科的军队吗？如果所占地区十分重要，并且对未占领地区也具有重要意义，那么敌人的灾难就会扩散开来，即使占领者不采取行动，获得的也会比失去的多。如果被占领者得不到外援，那么时间也会成为一大害处。因此，时间也可能成为占领者力量中的一个因素，而对于被占领者来说，时间则没什么作用了，因为简单来说，它已经被对方打垮了。

所以，夺取敌占区越快越好，如果这一行动超过了军事行动的绝对必要时间，那么它只会拖累整体的行动。因此在有足够力量占领某一地区时绝对不允许半途休息或者有什么中间环节。

综上所述，进攻战的一个重要特点是速战速决。这一观点从根本上打破了有秩序地、连续不断地占领的见解。我们的观点同书籍中出现过很多次的陈旧观点是对立的，为了证明我们的观点，我们应该对它们进行进一步的探讨。

如何有步骤地进行进攻战，包括以下五点：

□ 俄普奥联军进攻巴黎

　　1814年，拿破仑以10万人的法军对战35万人的反法同盟联军。在他的指挥下，法军先是在布里埃纳城大败普鲁士，之后又相继在尚波贝尔、蒙米赖、夏托蒂埃、沃尚等地打败反法联军。然而，最后由于拿破仑在战略上的疏忽，错误地将进攻队伍兵分两路，导致反法联军通往巴黎的路畅通无阻。巴黎被联军占领，法国被迫投降。

　　（1）摧毁并占领进攻路线上的敌方所有的阵地和堡垒。

　　（2）做好后勤保障，保证战争必需品的供给。

　　（3）在仓库、桥梁、阵地等战略要点构建防御工事。

　　（4）军队在冬营或舍营中休息。

　　（5）等待下一年的武器装备、兵员和物资等给养。

　　为了达到这些目的，整个进攻可以把划分为几个阶段，在行进中确定一些歇息点。这一切都有利于进攻战的进行，但是并不能保证最后的胜利。因此这些做法也存在以下五个争议点：

　　（1）交战中，兵力的征集在一年内和两年内的数量是大体相同的。一个国家在第二年内所能增加的实际力量，与总数相比是不值一提的。

　　（2）在同一时间内，双方的休整时间是相同的。

　　（3）在城市内和阵地上构筑防御工事不属于军队的事情，不能成为行军中停滞不前的理由。

（4）在行军顺利的时候，军队在驻地更需要设立仓库，这样能够很容易地夺取敌人的储备品，以解决在贫穷地区给养不足的问题。

（5）在作战中，更加猛烈的进攻就是争取夺得敌人的阵地和堡垒，这不是进攻的停止。在攻打某个阵地和堡垒时，采取真正的围攻或单纯的包围，或单纯的监视，都是要根据当时的实际情况才能作出决定。

因此我们认为把进攻战划分阶段、设立停歇点和中间站的做法是不科学的，因为它们都是获胜的绊脚石。如果力量因此而达不到预期的目标，那么实现最终目标也就不可能了。

我们想通过普遍真理消除"时间本身对进攻者是有利的"的思想。但是由于不断变化的政治关系，也会导致同普遍真理相悖的情况。

在此我们要坚持的观点是：不管是在战略上还是战术上，没有任何积极因素的防御都是矛盾的。每一次防御，一旦防御的利益消耗殆尽，就一定要根据自己的力量由防守而转为进攻。这个目标也可以说是防御的本来的目标，因此我们会见到这样的战例：尽管有打垮敌人的具体目标，但在战役初期却采取了防御作战的战术。如1812年的战局，俄国沙皇亚历山大当初可能并没有预想到这场战役可以彻底打垮敌人，但是不代表他不能有这种想法，在战役开始时他采取了防御作战的战术，也是十分合情理的。

第五章　深入探讨战争目标（二）
——有限目标

上一章我们说过，我们应该把打垮敌人当作军事行动原有的绝对目标。那么当条件不成熟时，还有什么其他目标呢？

打垮敌人应具备两个前提条件：第一，在物质或精神上占绝对优势；第二，具有冒险精神。而当这两个条件不具备时，军事行动的目标则应为：第一，占领对方部分土地；第二，等待有利时机。后一种目标一般是防御战进攻的目标。

□ 亚历山大一世在凯旋门下

1814年3月31日，俄军攻占法国巴黎，威风凛凛的亚历山大一世骑着高头大马，率领50万盟军浩浩荡荡地通过巴黎凯旋门，欧洲各国称他是整个欧洲的救世主。

在实际战争中，到底选择哪一种目标？如果未来作战有可能得到有利时机，则选择防御战，反之则选择进攻战。但是在将来的作战中，双方都无法得到任何行动的根据。从政治角度来看，进攻的一方采取进攻战是合理的，因为浪费任何时间对他们来说都是一种损失。

在这里，如何选择与作战双方的兵力没有任何关系。我们假设小国与一个强国冲突，兵力悬殊，并且小国每况愈下。如果无法避免战争，那么它只能在处境没有太糟的时候进攻。这么做是为了在不利时期到来之前解决问题，至少尽可能多地获得一些利益。

关于有限目标的进攻战和防御战，我们在以后的章节专门探讨。在这里我们有必要从政治意图出发来研究战争，考虑战争目标的变化。

在政治意图中，原本一切都与战争本身无关。但是在第一篇第二章中我们已经确认，政治目的的性质，我方和敌方要求的程度以及我方的全部政治状况都对战争起着决定性的作用。

第六章 政治

一、政治目的对战争目标的影响

一个国家永远不可能像处理本国事务一样处理他国事务，在危险处境中派出援军，无论结果如何，这个国家也认为自己尽到了救援的义务，于是开始借口脱身。

在欧洲政治中，攻守同盟必须承担相互支援的义务。但是这并不代表这些国家团结一致，同仇敌忾，而相互支援的程度和兵力的投入也是十分有限的。因此这种概念上的援助是不明确的，也不是一成不变的。

如果同盟国能够支援几万援军，并完全由交战国自己来部署使用，那么战争理论就不会在这方面束手无策了。事实上，援军有自己的统帅，而他们通常只按自己国家的政府的意志办事。

实际上，即使两国有很大的共同利益，也极少提供毫无保留的援助。即使两个国家同第三个国家交战，这两个国家还是会根据它们各自的利益诉求来投入使用兵力。他们都会保留自己的军队力量，以便将来在政治上加以利用。

这种有所保留的态度在同盟战争中并不少见。从根本上讲，战争与和平是两个不能彻底划分阶段的概念。这种态度不仅源于不受欢迎的外交习惯，也源于人类所固有的局限性和弱点。

不容忽视的是，当一个国家单独与他国交战时，政治原因对战争的进行也会产生强烈的影响。战争的动机越弱，行动就会越消极被动，整个军事艺术就只剩下小心谨慎，主要任务就是让动荡不安的均势不会突然对自己不利，从而使半真半假的战争成为真正的战争。

二、战争是政治的一种工具

对立的根源还是存在于人本身，因此，通过哲学的思考是不能解决的。接下来，我们探讨一下这些矛盾的因素在实际生活中运用时，也会由于部分相互抵消而结成一种统一体。这里所说的统一体是指：战争不过是政治交往的一部分，而绝不是什么独立的东西。

战争是国家间或者人民间政治交往所引发的，一旦爆发战争，政治交往就会中断。其实这种想法是不对的，战争其实不过是政治交往以另一种手段的存续，而政治交往通常是以不同的形式继续存在着。战争时期所遵循及被约束的各种过程与情况，就是贯穿整个战争直到媾和为止的政治交往的轮廓。因此，离开政治交往谈政治是不切实际的。

□《荣军，告别，1814.4.20》 贺拉斯·贝内特　法国

1814年3月法国投降之后，拿破仑被迫于4月6日签署退位书。1814年4月11日，拿破仑与反法联盟各国签订《枫丹白露条约》，条约规定：拿破仑及其家族放弃对法兰西帝国、意大利王国及其他国家的所有主权和统治权；拿破仑终身保留皇帝称号，其家族成员保留亲王称号；拿破仑即刻前往意大利的厄尔巴岛等。1814年5月4日，拿破仑被放逐到厄尔巴岛。图为拿破仑临行前在枫丹白露与卫队告别。

在一场真正的彻底的战争中，那些我们在第一篇第一章中所提到的自己的力量、敌人的力量、双方的同盟者、双方的人民和政府的特点等都是有不容忽视的政治性质的。而现实战争也不像战争的概念所规定的那样，是一种趋向极端的努力，而是一种本身具有矛盾且并不彻底的存在。因此，我们必须把战争看作是另一个整体的一部分，而这里所说的整体就是政治。

对于政治来说，来自战争本身性质的那些结论都不会作为根据。一旦战争中出现大量不确定性，政府采取的政治方式只会是利用自己的机器来战胜敌人。这样一来，战争就成了政治的一种工具。

因此，战争隶属于政治，那么它就必然具有政治的某些特性。政治越宏伟有力，战争也是一样，甚至达到绝对形态。所以我们不应该忽视绝对形态的战争，而应该不断考虑它。只有这样理解，战争才是一个统一体，我们才能在判断战争时立足于一个正确的观点，从而作出评价。

在一些具体的事宜，如配置骑哨、派遣巡逻哨上，是不需要考虑政治因素

□ 滑铁卢之战

1815年3月，被放逐了一年的拿破仑率旧部逃离厄尔巴岛，返回巴黎，迅速集结旧部，重新称帝并组建军队。与此同时，英国、俄国、奥地利、普鲁士等国结成第七次反法联盟，计划调集70万人的大军，分路进攻法国。6月17日，拿破仑击退布吕歇尔将军率领的普军后，赶往比利时小镇滑铁卢，于18日与英军在此对峙。正当两军疲惫时，摆脱法军追踪的布吕歇尔率普军赶到，加入战斗，猛攻法军右翼。战争持续到晚上9:00，拿破仑军队惨败。战后，联军很快占领巴黎，拿破仑被放逐到大西洋的圣赫勒拿岛，从此退出历史舞台。

的。但是在制订战争计划上，政治因素起着决定性的作用。

在日常生活中，能够依据的、准确判断事物的观点是十分重要的，只有从这一观点出发，我们才能得到统一的理解，也才能避免矛盾的产生。在制订战争计划时，不能一会儿以军人，一会儿以将领，一会儿又以政治家的观点为依据，那么我们要讨论的是，所有这些其他观点是否一定服从政治这个观点呢？

这里有一个前提，那就是政治是用来集中和协调内政、个人以及哲学上所能提出的其他一切利益的。对其他国家而言，政治本身就是一切利益的代表。但是政治也有偏离方向的时候，即主要代表统治者的利益。但是无论如何，军事艺术都不能作为政治的导师。因此我们只能把政治看作整个社会的利益代表。

现在的问题在于，在制订战争计划的时候，应该是政治观点从属于军事观点，还是政治观点主导军事观点，使其为自己服务呢？

上文我们提到，只有当战争是一场纯粹由敌对感情引发的斗争时，政治观点才会随着战争的爆发而消失。然而，战争是政治本身的一种表现，那么政治观点从属军事观点就不成立了，因为政治是由政治产生的，政治是头脑，战争是工具。因此结论是军事观点从属于政治观点。

在本篇第三章我们谈到过现实战争的性质，因而在此首先我们应该根据由政治产生的战争的特点以及主要轮廓的盖然性来认识战争。在大部分情况下，我们必须将战争看作不可分割的整体，也就是说各部分活动必须集中到整体去，并且其他观点也必须以整体观点为中心。

现在我们更加明确了只有政治观点才能确定战争的主要路线和最高观点。因此我们得出结论，政治利益和军事利益的冲突，不仅是由事物的性质决定，也可能由不完善的认识能力引起。如果政治提出战争不能实现的要求，则表明政治本身违背了战争这一工具和前提。如果政治能够正确地判断战争事件的发展，那么它就能确定战争事件的性质以及与战争目标相适应的方向。

简单地说，军事艺术的最高领域是政治，不是外交文书上的政治，而是实际用于作战的政治。依照这一观点，我们不能对一个大规模战争计划进行纯粹的军事评价。无论是在制订战争计划时让军人从军事观点给出判断，还是把战争的指挥权交给统帅因地制宜制订出一个纯粹的战术或战略计划，都是荒谬的。

即使现代军事发展迅速且十分复杂，但是战争的主要方向仍然由政府决定。决策方是政府当局而非军事当局。这是由事物的本质决定的，因为没有对政治斗争的深刻了解是无法制订出主要的战争计划的。

当人们说政治会对战争产生不利影响时，真正的含义是指责政治本身。如果政治目标同战争目标一致，从政治意图来说，它只会对战争产生有利影响，相反我们只能从政治错误中去寻找原因。

在战争手段中，当政治希望得到与自身性质不符的效果时，才会产生对战争不利的影响。但事实上政治经常会作出与自身意图不符的决定，当这种情况不断发生时，人们就意识到在进行政治交往时必须对军事有一定的了解。

有人认为，当君主没有亲掌内阁时，一个只懂公文的国防大臣，或者一个有学问的军事工程师，甚至一个征战多年的军人可以成为杰出的首相。我们坚决反对这种观点，因为成为首相的主要条件不是了解军事，而是要有聪明的头脑、坚强的性格。至于军事知识可以用各种方式得到补充。法国军事和政治活动最糟糕的时期应当是贝尔岛公爵兄弟和舒瓦瑟尔公爵当权时，即使他们三人都是十分优秀的军人。

要使战争行为和政治意图相互一致，在没有一个既是政治家又是统帅的情况下，最好的办法就是使最高统帅成为内阁的成员。但是这样的可能性并不多见，只有当内阁离战场不远，这样作决定才不至于浪费很多时间。1809年奥地利皇帝以及1813年至1815年反法联盟的各国君主的做法就是最好的证明。

□ 向滑铁卢行进的法军

1815年6月，拿破仑在两个月内集结了近30万兵力，其中不乏老兵。但由于整个军队是在仓促中组建而成，缺乏训练不说，连枪械、弹药和马匹也不充足。此外，除了被拿破仑任命为陆军部长的达武元帅，军队的中高级指挥员十分缺乏。兵力的弱势也许是滑铁卢战役中法军惨败的原因之一。图为向滑铁卢行进的法军。

在内阁中，除了最高统帅之外的任何其他军人都无法起到正确而有力的作用。只有革命政府才会执行恐怖政策。因此，在1793年至1795年法国卡诺从巴黎指挥作战的例子在这里并不能说明什么，接下来让我们来看一看历史。

18世纪90年代，军事艺术发生了惊人的变革，这种变革使一部分优秀军队的作战技巧失去作用。战争的成就已经超越了人们的想象，于是人们认为一切错误的计算都缘于军事艺术。实际上是过去的军事艺术一直被局限在狭隘的概念范围，一旦出现这个范围以外的可能性，人们便感到不知所措了。

有思想有远见的人就会明白，这种现象是源于政治对军事艺术所产生的不利影响，它使军事艺术无法完全而纯粹地存在，甚至成为一种耍花招的艺术。这种情况既不是偶然现象也无可避免。另一些人则认为，从奥地利、普鲁士及英国等国家的政治所带来的影响中，可以得到一切解释。

究竟让人们感到不知所措的是政治本身还是军事艺术呢？换句话说，究竟是缘于政治对战争的影响，还是缘于错误的政治本身呢？

与其说法国大革命产生的巨大影响是由于新型的作战手段和观点，不如说是彻底改变的国策、内政、政府特征以及人民境况引起的。其他各国未能及时认清这一点，企图用老方法与强大的新生力量抗衡也是政治上的错误。

人们也不能用军事的观点来看待战争以期待避免这种错误。如果有人想仅依据敌对力量的性质推论出一切战争结果，并以此为依据对未来的事件作出预判，这样的做法都是荒谬的。

只有当政治能准确地预计到法国这样的觉醒和欧洲政治中的新关系，它才能认清战争的大致轮廓，正确地选择战争的手段。因此，法国大革命之所以取得巨大成果，主要是由于各国政府反对革命的错误政策带来的。

这种错误只会出现在战争期间，因为政治家依赖军事艺术，而军事艺术服从当前的政治，是政治的一种工具。我认为这种由军事艺术和政治共同导致的错误是无法纠正的。无论是本质上还是形式上，政治已经接近其绝对形态，但这样的变化产生的原因不是法国政府的革命，而是法国大革命改变了法国乃至整个欧洲的政治格局。变革后的政治带来了不同的手段和力量，因此它产生的威力不可想象。

综上所述，军事艺术的变革实际也是政治变革的结果，两者是密不可分的。在此我们重申一遍：战争是政治的工具，它不可避免地带有政治的特点，我们必须用政治的尺度衡量战争；但是，这并不代表我们就可以不再按照战争的规律来思考战争了。

第七章 有限目标的进攻战

在战争中，如果作战目标不是打垮敌人，那么它就具有另一个直接而积极的作战目标，即占领敌人的部分领土。它有以下三种利益：

（1）削弱敌人的国家和军队力量，增强我方的力量；

（2）有效地转移战争压力；

（3）在签订和约时，可以用占据的领土换取其他利益，或者选择长期占领。

占领敌人领土的主张本身就是十分合理的，我们在"关于胜利的顶点"中就提到过进攻会削弱军队的力量，并使军队陷入到令人担忧的危险状态。

被占领地区的地理位置决定了军队力量的削弱程度，若这个地区与自己的国土相连或者在自己军队主力的方向上，那么削弱的程度就比较小。七年战争中，萨克森作为一个保障供给的战争基地被腓特烈占领着。他的军队力量不但没有削弱反而增强了，因为萨克森所处的位置距离西里西亚比马克还要近，同时也掩护着马克这个区域。

1740年至1741年腓特烈大帝一直占据着西里西亚，但是他的军队并没有被削弱，正是由于西里西亚优越的地理位置。从它的地形、位置和边界情况来看，在奥地利人没有占领萨克森之前，这里只是一个位于边界的狭长的地域，而两军的主力又都在这个方向上。

相反，如果占据的区域是敌国的中间位置，没有地理优势且位置偏远，那么军队的力量就会明显削弱，这样敌人很容易就可能获得胜利，甚至不战而胜。

在军事历史中这样的例子十分常见。例如奥地利人从意大利进攻普罗旺斯时，不经战斗就被迫撤退了；1744年法国人没有战败就撤离了波希米亚；1757年腓特烈大帝在西里西亚和萨克森取得伟大胜利，但在1758年的波希米亚和摩拉维亚却没有守住。

因此能否守住占领区决定了军队是否需要占领敌人的某一地区，或者暂时的占据是否可以抵消所付出的代价，即力量的削弱。另外还应该考虑是否会遭遇猛烈的还击而使军队陷入困境。

在此我们再补充一点：当我方占领敌方的领土时，敌方也很可能做同样的事情，这样我方在其他地方遭到的损失可能是这种进攻无法弥补的。因此在占领敌方地区时一定要先考虑我方在其他地方可能遭到的损失是否会超过在占领地区所得的利益。

即使两个地区的价值相同，我方的损失也要比所得的利益大，因此占领敌方的地区会使很多力量失去作用，这种情况对敌方也是一样的。因此保护自己的领土总是比较重要，也与自身的关系更密切一些。因此，只有施实报复，才能在某种程度上弥补所遭遇的损失。

综上所述，比起进行有限目标的进攻和以敌国重心为目标的进攻，对不在进攻正面所掩护的其他地区更应该加强防御，因此不能像进攻敌国重心那样集结兵力，最好的办法是在适合这种作战方法的地区同时发动进攻。这样原本可以进行防御所获的利益就失去了。因此在进行有限目标的进攻中没有轻重缓急之分；所有军事行动不再可能由一个主要思想来指导；行动也更加分散，阻力和偶然性也逐渐增大。

这是事物发展的自然趋势，它制约着统帅发挥作用。但是统帅的自信心越强，军队力量越大，作战方法越多，这种制约的作用就越小。因此即使危险很大，统帅也会冒险使某一地区发挥重大的作用和意义。

□ 普鲁士先遣队

1815年6月15日上午9时左右，齐滕将军率领一支3万人的普鲁士军的先遣部队与拿破仑的12万人对抗，虽然普军损失较大，但就在从沙勒尔瓦到利尼这段不足10英里的路程上，普鲁士军就为自己集中兵力至少赢得了24个多小时，直到16日下午2:00左右利尼战役才真正打响。

第八章　有限目标的防御战

我们已经说过，防御战的最终目标决不能是绝对消极的；即使防御者力量再弱，也必然具备影响和威胁敌人的某种手段。

从另一个角度来说，这种战争目标会使敌人感到无力。如果敌人是进攻方，即具有积极的目的，但是如果他们的行动没有达到既定目标，即使仅仅损失兵力，也是一种失败。相反，防御方一开始的战略目标就是据守，即使有损失也是具有价值的，不是无谓的牺牲。

因此，对于防御方来说，防御的积极目标可以是单纯的防守。如果进攻方在多次进攻之后，仍然没有达成任何积极的目标且因疲惫而放弃进攻，那么我们的论点就是成立的。然而进攻方并不一定会这样做，因为在实际战争中，只要看一下双方的兵力损耗就能知道防御者处于不利的位置。前文所说的进攻者的力量削弱，只是就可能出现转折点来说的。如果这样的转折点不存在，防御方的力量削弱要比进攻方大很多，因为即使双方的损失是相当的，防御方的损失在所拥有的资源比例上也是远大于进攻方的。这也能说明在战争过程中，防御方的部分领土和给养站可能已经被进攻方占领了。

因此进攻方会放弃进攻的想法是不切实际的，如果进攻方不计成本地连续进攻，而防御方除了消极抵御不采取任何行动，那么进攻方早晚会实现进攻目标的。

实际上，即使进攻方因资源枯竭或者战力疲惫而选择媾和，也是战争中的不彻底性导致的，理论上我们不能把它当作防御的总目标或者最终目标。因此防御只能在等待中寻找它的目标。等待具体情况的变化，处境的改善这也是它固有的特点。如果处境无法由内部力量改善，那么就只能期待外部力量的加入，即两国政治关系的改变。一种情况是防御方有了新的同盟国，另一种情况是进攻方的同盟瓦解。

如果防御方由于兵力太弱而无法反击，等待就是唯一的目标。根据前文所提

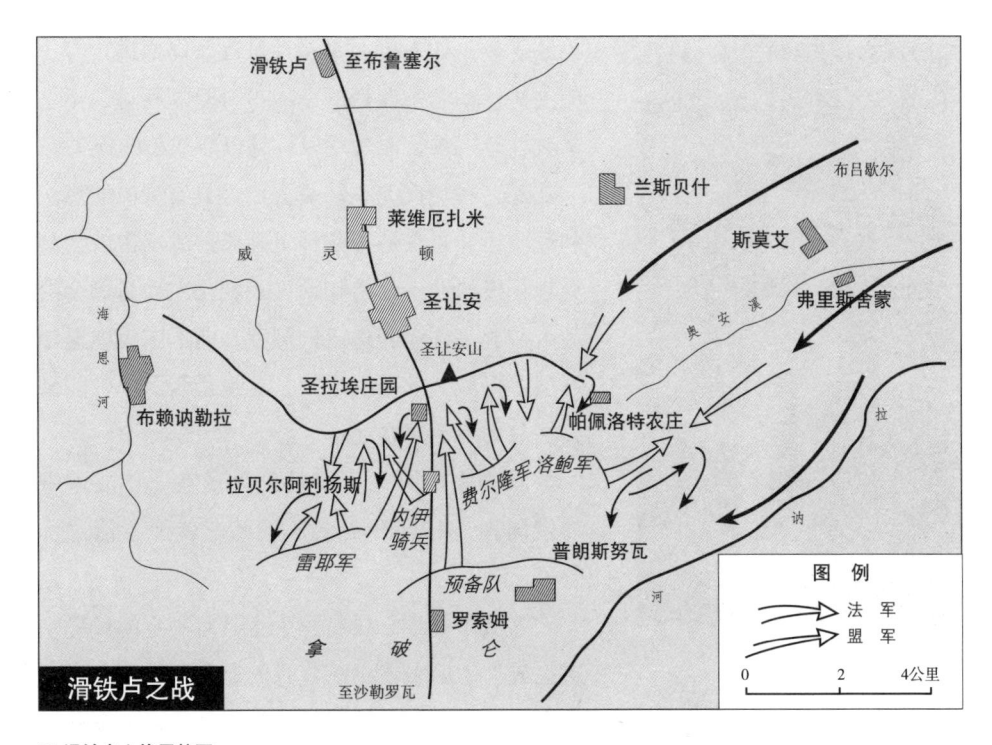

□ 滑铁卢之战局势图

1815年6月18日下午7时，滑铁卢会战达到高潮。普鲁士军队在普朗努瓦集结兵力，直接威胁拿破仑的退却线。拿破仑将手中唯一的老近卫军预备队派出两个营前去驱逐普军，而把八个营交给内伊去突破威灵顿英军的防线。在威灵顿英军的弹雨中，老近卫军被打得溃不成军。最后，威灵顿号令全线反击，这时英军已经精疲力尽，普军却热切地担负起追歼逃敌的任务，逼迫拿破仑军队放弃了战斗。图为滑铁卢之战局势图。

及的防御概念，并不是所有的防御都适用这种情况。防御是强硬的作战方式，如果有强烈程度不同的还击作为目标时，防御战是可取的。

有两种情况对防御产生不同的影响，在这里我们一定要区别对待：

第一种情况是，防御者力图长期占领并维护国土的完整。这样做是为了获得更多的时间从而达到积极目标。大部分情况下，防御方能够达到积极目标并在媾和中实现自己的想法，但是这种目标还是无法被列入战争计划。在战略上的被动状态中，防御方在某一地区获得的利益只能用来抵御敌人的进攻或者用在其他区域上，因为各处的战争形势都是严峻的。如果这样的机会都没有，那么就只能获取一些微小的利益，即暂时喘息的时间。

在防御方兵力充足且目标和本质没有变化的情况下，防御方也可以采取一些

□ 老近卫军

老近卫军成立于1799年11月28日，最初叫执政近卫军，是拿破仑麾下最精锐的部队。他们是拿破仑从那些最早跟随自己一路征战而来的老兵中挑选出来的，其体格和战斗经验都远超其他士兵，由这些士兵组成的军队在任何战场上都显得强大无比。1814年第六次反法同盟胜利以后，老近卫军被解散；1815年拿破仑复辟后，又重新组建老近卫军，一起参加了滑铁卢战役。

小的进攻，如入侵、牵制性进攻及局部进攻等。但这些行动的主要目的是取得暂时的利益，不是永久性地占领，而是用以弥补以后战争的损失。

第二种情况是，防御方已经具有积极的想法和性质，并且在各种条件下越激烈的反击就会具有越积极的性质，换句话说，就是主动防御会给敌人造成一种大胆进攻的假象。向本国腹地退却可以取得最大效果的成绩，这也是与上一种防御方法最大的不同之处。

我们来回顾一下腓特烈大帝在七年战争中与俄国在1812年所处的不同状况就能弄清这一点了。

在战争初期，腓特烈大帝具有一定的优势，这也成为他后来占领萨克森的有利条件。萨克森成为战区的重要补给基地，极大地增强了军队的力量。

1757年战局开始，腓特烈大帝在俄国人和法国人到达西里西亚、马克和萨克森战区之前不断发动进攻。但是由于进攻的失败使他转为防御，迫不得已地撤离了波希米亚，用军队的优势抢回了自己的领土。然而这种优势仅仅是采取防御之后获得的利益，成为了收复领土的有利条件。

1758年敌人对腓特烈大帝的包围圈缩小，在兵力没有优势的情况下，腓特烈大帝仍然企图在摩拉维亚发动小范围进攻，出其不意地占领奥尔米茨。他的目的是为了将这一地区作为抵御奥地利进攻的一个外围工事，并不是想要保留奥尔米茨或者把它当作战争基地。这一行动迫使奥军全力收复失地，甚至为此不得不发动第二次战局。但是腓特烈大帝的这次进攻失败了，于是他放弃了一切进攻行动，因为他明白继续进攻只能将双方兵力差距拉大。腓特烈大帝的战争计划的基本内容是将兵力集中分配每个区域，即西里西亚和萨克森，利用战线不长的优势对遭到威胁的地区增加兵力，一旦时机成熟就发动小型入侵，然后等待有利时机。在计划执行的过程中，腓特烈大帝的目标变得越来越消极，因为他知道，即使胜利，也需要付出很大代价，因此只用小部分兵力应对战局的发展。这时，如何赢得时间对他来说至关重要，土地也变得越来越珍贵，因此他不惜代价地采用单线式防御。亨利亲王在萨克森以及腓特烈大帝在西里西亚山区的兵力设置都是这种防御方式。从腓特烈大帝与阿尔让斯侯爵的书信中我们了解到，他期盼不遭受重大损失就能顺利进入冬营。但是，我们不能因此草率地评断这是腓特烈大帝失去勇气的表现。

如今我们看来，本泽尔韦茨营垒、亨利亲王在萨克森以及腓特烈大帝在西里西亚山区的阵地已经不再是寄托希望的手段了，这种战术的蜘蛛网对拿破仑是很容易冲破的。但是我们也不能忘记，这是时代变化带来的改变。战争中力量的变化，以往发挥作用的阵地现在也已经失去效力，敌人的特点也与以前不同了。而在当时，那些在腓特烈大帝眼里不值一提的作战手段，用来对付敌国军队、道恩以及布图尔林这些人已经看作是最高智慧了。战争的结果证明了腓特烈大帝的正确，他用等待达到了自己的目的，从而规避了那些会使自己力量彻底崩溃的危险。

在1812年的战局中，俄国同法国的兵力优势并不像腓特烈大帝在七年战争中的兵力优势那么大。但是在战争过程中，俄国不断增强兵力。对拿破仑来说整个欧洲大陆除法国外都是他潜在的敌人，他的权力发挥到了极致，西班牙的消耗战使他猝不及防，而战略纵深极大的俄国足以用成百上千英里的撤退最大限度地损耗法国军队。在这种特殊情况下，只要法国的进攻不能迅速获得胜利（亚历山大不媾和或者他的人民不叛变，法国的进攻又如何取得胜利呢？），俄国完全可以发动强烈的还击以消灭敌人。因此，即使才智再高超，也不可能提出更好的战争计划。

当时没有人提出这样的计划，甚至有人认为它是错误的。如果我们想要在历史中有所收获，那么我们就需要把已经发生的事件当作未来可能发生的事件。而且法军进军莫斯科之后的所有大事件都不是偶然事件，在边境，如果俄国稍加抵御，那么法国的力量就很有可能被削弱，而出现对俄国形势有利的局面。但是这种形势的改变也不会是具有决定意义的。

由此可见，要获得巨大的积极战果，只有以积极决战为目标，而不是单纯的等待；即使是在防御战中，也只有大胆下注才能赢得最大利益。

第九章 以打垮敌人为目标的战争计划

我们来探讨一下与前文提及的几种目标相应的战争整体部署，这其中有两个主要原则必须作为一切准则来看待。第一个主要原则是：首先，将敌人的力量归纳为若干个重心，如果可以则归为一个重心；其次，把对重心的攻击归为尽可能少的主要行动，如果可以则归为一个；最后，把次要行动放在从属地位上。总而言之，第一个主要原则就是尽可能地集中行动。第二个原则是：尽可能地迅速行动，没有充分的理由就不要停止，不绕弯路。

能否把敌人的力量归为一个重心取决于以下条件：

第一，敌军的政治关系。如果敌军来自一个国家，那么它就是一个重心；如果敌军是多个国家的同盟军，一国的军队只是履行同盟义务，那么要把它们归为一个重心也并不困难；如果盟军具有共同的目的，那么重心就取决于它们之间的友好程度。

第二，敌军所处的位置。如果敌军集中在同一个战区且形成一支军队，那么它们就是一个整体；如果分属不同的几支军队，那么他们就不是统一却有密切联系的，如果对其中一支军队打击会影响到其他军队；如果各个军队分别处于毗邻的战区，且战区之间没有很大的天然障碍将它们隔开，那么战区的情况会对其他战区产生决定性影响；如果各个战区相隔很远且中间有障碍隔开，那么战区间的影响就难以断定了；如果各个战区分处于被攻击国家的不同方位，那么各个战区之间就几乎不相互影响了。

假如俄国和法国同时进攻普鲁士，从作战角度来说，这是两种完全不同的战争，它们的关系几乎只有在谈判的时候才会体现出来。相反，在七年战争中，萨克森军队和奥地利军队则被看作一支军队，它们之间相互影响。这是因为，一方面对腓特烈大帝来说，两个战区位于同一方向，另一方面萨克森没有政治独立性。

拿破仑在1813年虽然同时对抗多个敌人，但是对他而言所有敌人都处于同一方向上且敌军的战区联系紧密又互相影响。因此只要他能够集中兵力击败某一战区的敌军，那么就可以影响到敌军其他各个战区。如果他打败波希米亚的主力，经布拉格直逼维也纳，那么布吕歇尔就不会继续留在萨克森而会支援波希米亚，而瑞典王储也不会继续留在马克了。

但是如果奥军在莱茵地区和意大利同时对抗法国，那么它就无法使用这一战区的胜利决定另一战区的命运了。一方面两个战区被瑞士和山脉隔开，另一方面两个战区道路的方向也是共朝一方的。

□ 威灵顿与布吕歇尔会面

滑铁卢战役前夕，威灵顿公爵曾与布吕歇尔元帅取得联系，布吕歇尔答应于18日早晨率领普鲁士军前来支援。18日，正在英法两军激烈交战的时候，布吕歇尔如期而至，他亲自率领生力军来西线支援英军。两军联合，最终使拿破仑军队惨败。图为战争结束当晚，威灵顿与布吕歇尔在拉·贝尔·阿里安斯会面，庆祝胜利。

相反，法国用一个战区的胜利影响另一个战区则比较容易，因为在两个战区里，它的军队进攻方向都是奥地利王国的重心——维也纳。同样，用意大利战区的胜利影响莱茵战区也比反过来的影响力大，因为意大利进攻指向奥地利的重心，而莱茵战区的进攻则指向奥地利的侧面。

因此敌人力量的分离和联系是不同的，只有在具体情况下，我们才能看到战区间的相互影响有多大；然后，根据这一点才能确定敌人力量的重心。

但是在次要行动可以带来巨大的利益的情况下，我们可以不遵循这一原则，即把一切力量指向敌人力量的重心。不过前提是，我们要有决定性的优势，即使进行次要行动，军队的主要据点也不至于有太大的危险。

1814年，毕洛夫将军进军荷兰，他率领3万人的军队不但可以牵制法军，而且还可以使原本不能发挥作用的荷军和英军加入战斗之中。

总而言之，在制订战争计划时，首要原则是确定敌军的重心，其次是集中兵力对这一重心进行一次主要的行动。

对于这个问题，也许有人会提出与我们相反的观点，并列出以下理由：

（1）进攻国家原来的军队位置不应该集中兵力，这样做不仅绕弯路且浪费时间。分兵前进的危险并不大。如果进行不必要的兵力集中，那么会削弱第一次进攻的力量和速度，这有悖于我们所提的第二个主要原则。如果计划出其不意地袭击敌人，那么这一点就值得注意。

而更值得注意的是，如果进攻的盟军不在同一直线上，而是并列面对敌国的，例如，普鲁士和奥地利进攻法国时，如果两国想集中兵力前进，就会浪费时间和消耗力量；如果要直捣法国心脏，普鲁士最好是从下莱茵地区出发，而奥地利则从上莱茵地区出发。因此，在实际情况中需要考虑以这些损耗换取兵力集中是否是必要的。

（2）兵分几路可以取得较大战果。兵分几路的目标是一致的，因此向心的前进路线是前提。而路线是平行线或者离心路线的情况则属于次要行动。无论是在战略还是战术上，向心路线的进攻都能够取得较大成果，一旦取得胜利就不仅仅是打败敌人，而且还能切断敌人的退路。但是这样就需要军队在较大范围内分散兵力作战，也是比较冒险的。

同进攻和防御的关系一样，向心路线和离心路线进攻的形式之间的关系特点是，形式本身弱的但是战果较好。因此关键在于，进攻方是否足够自信，认为自身具备追求这个巨大目标的实力。

1757年腓特烈大帝进军波希米亚时选择从萨克森和西里西亚分兵前进，一方面主要因为他的军队在冬季原本就是这样配置的，如果集中兵力后再进攻，就无法做到出其不意；另一方面是这种向心路线进攻能够从侧面和后面同时威胁奥军的两个战区。而他所要面对的危险是两支军队的任何一支都可能被优势敌军击溃。如果没有受到打击，奥军就只能在中央进行会战，否则他们就要面临被截断退路的危险，这正是腓特烈大帝所期望的最大战果。结果奥军选择在中央会战，而他们在布拉格的军队则遭遇包围的威胁，因此奥地利完全处在了被动的地位。最后战争以奥地利的惨败而告终，它三分之二的军队连同司令官一起被困在了布拉格。

腓特烈大帝能在战局开始就获得巨大的战果主要是因为他采取了向心路线的进攻方式。腓特烈大帝对这种行动的判断有着十足的把握，加上将领们的奋勇拼杀和精神上的优势，以及奥军行动的迟钝都足以致使他的计划获得最后的成功。当然我们不能忽略了这其中的精神因素，我们只需回忆一下拿破仑在1796年的辉煌战绩就可以明白这一点了。奥地利于1796年向意大利进行了向心进攻而受到惩罚。与法国将军在1796年拥有的手段相比，奥地利统帅在1757年手段皆是具备的，甚至还要多。由此，如果我方向心地分兵前进，可能使敌人利用内线摆脱不利，这不是我方的选择；这种进攻是一种不得已的下策。我们以这种看法来考察1814年制订的计划，那么这一计划我们不会同意。

当时，俄国、奥地利和普鲁士的军队在法兰克福集结，都位于进攻法兰西的重要方向。为了让军队分别从不同方向进攻法国，在军队很弱的情况下将军队分开，不仅不利于进攻，甚至不利于防守。就算这种向心前进能够成功，所能得到的利益也非常微小，不值得为这点利益就向瑞士进军。虽然决定这次进军的还有其他理由，但我们现在只谈我们研究的问题。

但拿破仑是一位善于用防御抵抗向心进攻的统帅，即使对方的兵力远强于他，而且他很晚才赶到自己的部队，又过于轻敌，但他还是差点打败了两支加起来大约12万人的军队。对拿破仑而言，这是难得的好机会。而联军方面，从行动开始，重新集中兵力已成为迫切任务。

由以上可以得出：即使向心进攻本身属于较强硬的手段，但也只能在军队原先就是分开配置的情况下采用它；单纯为了进行向心进攻而改变军队的前进方向，不是正确选择。

（3）战区的扩大可以作为分兵前进的一个理由。当我方进攻的军队顺利地深入敌国腹地时，可以控制沿线地区或向两侧扩展，但扩展的程度取决于敌国的凝聚力。如果敌方国内不团结，百姓软弱，我方军队就可大范围占领敌后地区。如果敌国的人民团结一致，我方军队能控制的地域只能是狭长的三角形。

进攻者为了摆脱不利局面，需延伸战线宽度。若敌人兵力集中，未同敌军接触时，进攻者可以保持一定宽度，距离敌军越近，战线宽度就应该越小。但敌人的战线宽度大时，我们也应保持同样宽度进军。这类似于一个战区或几个毗邻的战区的问题。

这种主要行动可以同时决定次要地点命运的情况，但我们不能一直按这个观点行动，我们也需要注意：主要地点对次要地点的影响不大，战线需要保持一定的宽度的情况。

不能把所有行动都列出来，但大多时候在主要地点的决战将会决定次要地点的最终命运。因此，一般都应该遵循这一原则展开行动。

拿破仑最初进入俄国，因为他相信道加瓦河上游的俄国军队会因俄军主力被击溃而撤退，所以他才只是命令乌迪诺军队去对付这部分俄军，当维特根斯坦转入进攻时，他才不得不把第六军派去支援那里的。

相反，为了对付巴格拉季昂，拿破仑在战争开始时就派出了一部分军队，但是巴格拉季昂跟着中央主力退却，拿破仑又把派去的军队调回来。如果维特根斯坦一定要掩护第二首都，他可能也会随巴克莱的败退而退却。

拿破仑于1805年在乌尔姆和1809年在雷根斯堡所取得的胜利，分别决定了意大利战区和蒂罗尔战区的命运。而拿破仑于1806年在耶拿和奥尔斯塔特所取得的胜利，则决定了威斯特法伦、黑森和在通往法兰克福的道路上的一切行动的命运。

对次要部分的抵抗起作用的情况主要是以下两种：

第一种情况是：在幅员辽阔且力量强大的国家，不用急于把所有力量都集中到主要地点去，可以推迟在主要地点的进攻。

第二种情况是：还有一些特殊的地点。如1806年的西里西亚，但拿破仑没有重视这个地点，他向华沙进军时不得不把这个地点留在背后，但也派遣了日罗姆率领2万人进攻那里。

如果在主要地点的攻击没有实际震慑住次要地点，敌人一定是在次要地点真正配置了一定实力的军队。进攻者不可再轻视这些次要地点，必须派遣适当的兵力去应对它们，而且进攻者不能一开始就完全放弃自己的交通线。进攻者如果小心谨慎过分，认为主要地点的攻击应该同次要地点攻击完全保持一致，那么敌人不肯从次要地点撤退时，则可能会逼停主要地点的行动。

以前讲的集中精力在一个行动，虽然与现在说的这一原则并不直接矛盾，但两者的指导精神却完全对立。如果按照这一原则行动，会减慢行进速度，削弱进攻力量，增加损耗时间。虽然同样以打垮敌人为目标，但两种原则是不同的。

敌人在次要地点上的军队如果离心退却，在这种情况下，如果统一进攻，我方的结果是不言而喻的。

所以我们必须反对把主要进攻依赖于次要地点的行动。如果没有胆量像箭那样射向敌军的心脏，就不可能达到最终的目标。

（4）最后，易于补充给养是分兵前进的第四个理由。只要方法得当，且军队能吃苦耐劳，一支大部队通过贫瘠的地区是完全可能的。不能因为要用小部队通过富饶的地区，影响指挥者的决心，以致陷入分兵前进的巨大危险之中。

由此，分割兵力是有充分根据的。若行动目的和利弊得失清晰，再根据分割兵力，是可选择的。但如果作战计划制订不合理，行动只是靠幻想式的巧合，通向目标的途径又充满复杂的路线和错综的关系；如果冒着极大的危险把分开不久的军队又集结起来，只为炫耀自己的军事艺术，都是我们所鄙弃的。

我们来研究第一个原则的第三点：次要行动应该尽可能地维持在从属地位上。

我们常常力求把整个战争行动归为一个简单的目标，想尽快实现这个目标，除了主要的行动地点，交战国之间还会有其他次要行动，假设所有的行动归为唯一的一次行动，那么次要行动就失去了作用，所以说不要抽调过多的兵力用于次要地点，导致主要行动被削弱。

如果敌人的所有抵抗不可能归结为一个重心，就是说两个不同性质的战争必须同时进行，战争计划也要遵循原则分开主次战场，按主要战争部署兵力和行动。

□ 威灵顿将军

阿瑟·韦尔斯利，第一代威灵顿公爵（1769—1852年），拿破仑战争时期的军事家。1803年，他在印度取得了一系列战役的胜利；西班牙半岛战争时期，他以少胜多击败了拿破仑麾下的六位元帅，建立了卓越的功勋；滑铁卢战役中，他决定性地打败了拿破仑军队，成为英国陆军元帅，并获得六国授予的元帅军衔，被人们称为"征服者的征服者"。

这样在一个地区采取进攻，一个地区采取防御非常合理。通常只有极少数情况，在两个地区同时进攻。

另外，在次要的地区，我们必须减少防御兵力，并且充分利用好防御这一抵抗形式所提供的一切益处。

这个论点适合敌人的军队来自不同国家的情况，必定有一个战区为它们的重心。

如果我们在次要战区上行动打击主要敌人，次要地区就无法进行防御。这时主要进攻分为两种：一种是主要战区的进攻，另一种是次要战区的进攻。但地区上的防御打击不能直接掩护，这时主力的决战将决定一切损伤只能在主力的决战中得到补偿。如果兵力充足，可以发动这样的一场主力决战。兵力不足，这样做会加大失败的可能性，使我方的行动发生矛盾。

次要行动甚至在所有环节上都要服从主要行动。但究竟是哪些兵力去攻击这个共同的重心，大多取决于其他因素。重点是力求主要行动处于主导地位。这样所有的问题就会变得简单，受偶然性的影响也就会越少。

第二个原则是兵贵神速。

战略不接受耗费时间和走不必要的弯路，更重要的是出其不意地拉开战争序幕几乎是攻击的唯一优点。在进攻中，最强最有力的战略是进攻的突然性和持续推进，特别是在以直接打垮敌人为目标的攻击中。

因此，必须找到通向目标的最近途径。

拿破仑一向最喜欢采取这样的行动的，现在我们把它归结为重心。

关于什么叫打垮敌人，就是在会战开始时，先下手为强，打击敌军的有生力量和斗志，这样就很容易获得整体的胜利。如果战争在两国边界发生，且很短时间就完成，但即使这样的胜利具有决定性的意义，最终的胜利也不会太早出现。也就是说，获得的胜利越容易，取得的战果就越小；反之，战果就越大。

在战争中，如果我方不具有取得胜利的绝对优势，那么就要根据某种可能性去找寻敌方主力。此时，我方可能会走很多的弯路，若选错了进军的方向，必然会浪费时间，导致我方犯低级错误。另一种情况，如果我方选错了找寻方向，必定会对我方的战略目标造成不利，所以必须放弃去寻找。由此我们可以判断：在以后的战争中，我方一定会遇到敌方主力，就算我方不找它，它也会对我方展开战略攻击。那时我方将处于不利地位，这是无法避免的。此时如果我方取得胜利，这次战役将具有决定性意义。

所以我们可以确定：我方在优势不足的情况下，如果在前进路上遇到敌方主力军，采取绕道避开的战略是错误的，认为这样做能够取得最终胜利的想法也是错误的。

当然如果我方为保存实力在不久后的战争中更具有决定性把握，我方可以避开敌方主力不采取军事行动。

前文中我们讨论的都是彻底的胜利，而不是局部战役，在战争中如果要获得彻底的胜利，就必须发动包围进攻或更换正面以诱敌的会战，因为这两种打法是取得决定性胜利所常用的战术。因此，必须计划好所需的军队数量和军队进攻的方向。

战史上虽然存在对敌人发动正面的进攻使敌人受到严重损失的情况，但是，随着敌我双方军队的训练水平和机动能力越来越接近，这种可能性就会变得越来越小。

在某一场会战中，一旦取得了巨大的胜利，就应立刻考虑乘胜追击。我们就应该发动新的攻击，占领敌国的首都，消灭敌人的援军，或者攻击敌国赖以据守的其他所有目标。

我方取得一定胜利时，就需要根据自己兵力的强弱考虑是否强攻以占领敌方的边境要塞。如果当时我方在兵力上具有优势，就应该迅速占领这些要塞。反之可派出小部分兵力对要塞采取行动。但这样就无法攻占要塞，如果进攻方为了围攻要塞而使防御方不能继续前进，就到了顶峰。因此，我方应要求主力迅速地前进和马不停蹄地追击。

前文中，我们否定了主要地区的观点，通常情况下，我军主力的背后只有一片狭长的战区。这种情况会削弱前面部队的进攻力量，给进攻一方造成危险，这样内在的牵制力量足以抵挡部队继续前进。所以在战争开始时，就不把这种狭长的地带考虑到背后的战区范围内，以免放慢进攻的速度。当然我方仍可认为只要统帅还没有打垮敌人，只要他坚信依靠自己一方的力量完全可以达到这个战略目标，他就应该追求这个目标。他这样做的时候，危险和战斗成果同样越来越大。

当统帅感到不能再继续前进且必须向左右伸展的时候，说明进攻到达了顶峰。力量开始减弱，此时还没有打垮敌人，就没有机会打垮敌人了。

如果统帅的前进只是为了占据地盘，那这些行动只是一种缓慢的相对前进，而不是绝对的前进。在这种情况下，敌人可能正在准备新的防御，因此很有可能出现这种情况：虽然进攻者还在前进，但防御者已采取行动，且每天都有进展。所以进攻方如果停顿就不要再前进了。

因此，只要还希望打垮敌人，我方就应马不停蹄地向前行。若有危险就应放弃这个战略，改向两边伸展的行动——这也是合理的，但不能停止前进，而要想如何巧妙地打垮敌人。

逐步地打垮一个国家的例子是存在的。因为我们所说的原则是有根据的。其次，一个国家是自己逐步灭亡还是被其他国家打败，两种情况是不一样的。

我们现在讨论第二种情况，在紧张情况下，不是打败对方，就是被对方打败。如果连续两年取得的都只是微小的利益，那么随之向目标前进的过程中会有危险产生。

这样每个胜利的空隙都将会给敌人缓冲、恢复提供时间。而且两个胜利之间的联系微小，甚至会对总体战局产生不利影响。在这种情况下，敌人得到恢复，甚至得到外援以作出更大的反击。但如果几个行动连续进行，将会取得更大的胜利。如果说有些国家是受了打击才屈服的，就是说，时间对防御者起了不利的作用。其实进攻方落败的例子实在太多了。

因此我们不需要在前进的同时建立相应战区，意思是在行动中两者应该保持平衡，除非持续推进已经没有胜利的希望了，应考虑这种战术以避开不利条件。

拿破仑在1812年的例子使我们更加坚信这一论点。

争取胜利的唯一手段失效，使得拿破仑在这次战争中失败，不是因为他行进得快和远，而是俄国是欧洲国家不能征服的国家，拿破仑的军队也没真正征服俄国。征服俄国只能利用它的弱点和内部的不团结。为攻击这些薄弱的环节，应震动它的核心。拿破仑只能强攻，让军队进攻莫斯科，才可能动摇俄国。拿破仑提出两国缔结合约是他提出的唯一合理目标。拿破仑统领主力向俄军主力进攻，俄军主力不迎战而退却，经过德里萨营垒到斯摩棱斯克才停了下。他使巴格拉季昂跟主力部队一起退却，并击败了其军队，占据了莫斯科。他在这采取的行动和他以前的一样。因为他只有采取这种行动，才能让他成了欧洲的统治者。

评论事件允许根据这个事件的最终结果来判断，但纯粹根据结果来评论，不是明智的。批判战役，并不是说找出了这次战役失败的原因就进行了批判，而是统帅是否事先考虑到可能导致失败的原因。

如果一个人仅仅凭战争的输赢结局来批判战争，那这个人是不具备批判能力的。

如果拿破仑依照很多批判者的要求去做，在立陶宛停顿下来，以便首先保护要塞的安全，他那个冬天就只能进行可悲的防御了。

这样，这些人又会说拿破仑已经不是以前的拿破仑了！为什么这次不发动一次主力会战呢？他怎么会变得犹豫不决，没有去攻打敌国的首都，而让这个核心继续存在下去，并且允许新的抗击力量向这个核心集中呢？摆在他面前的是前所未有的机遇，是非常容易获取的胜利。而他却没有把握这些有利的时机，这难道是他的双脚被凶神绊住了吗？这些人大概就只会这样来评论拿破仑，因为大部分批判者都有这个特点。

□ 威灵顿军团

　　这是一支线列步兵军队，威灵顿对这群喜欢喝酒的年轻人感慨良多。他们遇强则强，遇弱则弱：在印度作战时，他们曾因弱小的敌人突然强悍而一哄而散；在滑铁卢战役中，他们面对法军骑兵无情的冲锋无所畏惧，全歼法军骑兵。这群衣着鲜艳的士兵需要的是一个伟大的将军，比如威灵顿。

　　我们认为1812年的战役之所以失败，是因为俄国政府的统治是巩固的，人民是忠诚而坚强的。也就是说，这次战役不可能获得成功，也许发动这次战役本身就是拿破仑的错误；至少结果证明他对战争的估计是错误的。这个目标是难以实现的。

　　拿破仑在西方采取的作战方法是进行长期的、代价非常大的防御战，而在东方采取的方法与此不同，他唯一可用的手段就是大胆的出击，迫使惊慌失措的敌人媾和来达到自己的目的。这种情况下他可能全军覆没，这是一次赌博——实现理想必须付出代价。说到军队的严重损伤，不是因为行进得太远，而是因为战役开始得太晚。采用了浪费人力的战术，在对军队提供的给养和退却路线上考虑得不够周全，从莫斯科撤离的时间太晚，这些都是使军队受到损伤的原因。

　　俄军曾在拿破仑之前赶到了别列津河，这样做完全是为了阻挡拿破仑退却。这并不能作为批驳我们观点的有力的论据。原因有三点：

第一，要确实切断敌人的后路是非常困难的，况且敌军在被切断后路极不利的情况下，最终还是闯了出来。当然，俄军的这个动作确实增大了拿破仑作战的困难，让拿破仑走向了失败，但这并不是导致拿破仑失败的根本原因。

第二，在作战中地理条件很少能加剧敌人的失败。如果没有横亘在大道前面的别列津河的沼泽地，四周不是茂密的森林就是道路通行困难，要想切断法军的退路就越发困难，越发不可能实现了。

第三，为了防止退路被敌人切断，只能让自己的军队在限定的宽度上行进。若人们采取这种方法，让中央的部队向前推移，让左右两翼的部队作掩护，那么，两个部队中的任何一边如果失利，都会迫使行进比较快的中央部队急速调撤回来，此时，着急进攻没有好处。

此次战役中，我们决不可以说拿破仑没有考虑到对两翼部队的掩护。拿破仑留下了优势的兵力为了对付维特根斯坦，并且他动用了一个兵力合适的军。为了围攻里加要塞，他在南方有施瓦岑贝格统率的5万人的军队，这支军队远超托尔马索夫的兵力，甚至能够与契查哥夫的兵力相对抗。另外，在核心地区的维克多统率3万人——甚至在法军的力量受到极大地削弱，俄军的力量得到极大的增强的关键性时刻。但在进入莫斯科的法国军团的背后，俄军还是占据着比较大的优势。俄军加起来一共是11万人，法军事实上也只有8万人。即使是最小心谨慎的将军，大概也不会在行进时为了保护自己的两翼部队而派出更多的兵力。

1812年，拿破仑渡过尼曼河的时候兵力为60万人，如果他带回来的不是同施瓦岑贝格、雷尼埃和麦克唐纳一起退过尼曼河的5万人，而是25万人，就算这次战役结果仍然失败，理论上就不可对此批评指责了，因为在这种情况下，损失的兵力超总兵力的一半是正常的。引起人们注意是因为绝对数量太大了。

有关主要行动、必要的发展方向，以及不可避免的危险，我们就说这么多。次要行动必须拥有同一个目标是必须要强调的，而且这个共同的目标必须是支持每个部分的活动，不可以有碍于每个活动。假设有三支军队分别从莱茵地区、中莱茵地区和荷兰对法国发起进攻，其共同的目标是在巴黎会师。在会师之前，每一支军队都想着自己的利益，保存自己的完整力量，不会为了共同目标冒危险，那么这个计划是不会成功的。这样一来，三支军队互相牵制不能自由行动。因而就会出现每个部分行动时缓慢和畏缩不前的现象。最好的解决办法是每个军队派给一定数量的任务，直到他们完成任务并汇集成一个整体。

在战争计划中，军队先分为几个部分，行军几天后再集中起来，这种做法是普遍存在的。但现实中，这种做法没有任何意义。如果要兵分几路前进，就一定要有目的和充分的理由，不能随意调度。

因此，当军队向不同的战区发动攻击时，一定要给各支军队分配属于自己的任务，让各支军队，以此为目标。从各个方面进行打击显得尤为重要，反而获得的相应利益并不重要。

如果敌人防御坚固，一支军队因此遭到失败，那这支军队的失败绝不能影响到其他军队的行动，否则可能影响整体战斗的胜利。只有在大部分军队或主要部分的军队失败时，才可以且一定会影响到其他部分的军队。其实就是整体失败了。

原来那些担任防御任务的军队和部队，完成防御任务后，可以转入进攻状态，对军队来说，如果剩余的兵力不能转移到主要的攻击地点去，那么，这条规则同样也是适用的。

□ **布吕歇尔元帅**

格布哈德·列博莱希特·冯·布吕歇尔（1742—1819年），普鲁士元帅。曾参加远征荷兰、耶拿战役、吕岑之战、包岑战役等著名战役，战功显赫，尤其在滑铁卢战役中，他的到来击垮了拿破仑最后的防线。他在战场上的指挥风格为积极进攻，因此被人们称作"前进元帅"。

然而，在这种情况下，所有进攻的几何形式和统一性又将会是什么样的呢？与被击败的军队相邻的各支军队的侧翼和背后又会是什么样的呢？

我们来讨论进攻的几何形式和统一性。把一个大范围的攻击与一个几何学上的四方形粘在一起，这就掉进了错误理论体系的旋涡。

几何要素在战略上应用的价值不如在战术上应用的价值。重复前面的结论：值得注意的是每个地区真正取得的胜利，而不是每个胜利逐步形成的几何图形，这样的现象在攻击中特别是这样。

战略范围内，每个部分的几何位置，一定要由最高统帅来安排和决定，任何次一级的指挥官都没有权力这样做，只能按照统帅的指示去完成自己的任务。如果出现了不协调的情形，那么上级指挥官能够补救。所以分散行动的弊病是能避免的。这个弊病是：各种多疑和假设，突发事件，不只影响到它，还会影响全部；次级指挥官的个人弱点和矛盾。

所以只有当人们没有研究过战史，不懂得把重要和不重要的事物分开，忽略人性的弱点时，才会认为上述不合理。

有战争经验的人知道进攻仅依靠几个纵队步伐一致而取得胜利是困难的。若军队又需长途跋涉，基本不可能胜利。如果认为步调一致是取得胜利的关键，分兵进攻就会完全被否定。各部分必须保持步调一致是没有必要的。所以在战略上没必要重视这个问题，更应该坚持各自分配各自任务。

补充一下如何适当地分配任务。

1793年和1794年，奥军的主力在尼德兰，普军的主力在上莱茵。奥军和普军曾在去目的地的路途交叉而过。奥军可以去防御普军，甚至可以占领它的属地。但这些都是不值得的微小利益。此后奥地利大臣为了集中兵力放弃了尼德兰。诚然，奥地利人到法兰德斯比到阿尔萨斯差不多要远一倍，因为受到兵力和金钱的限制这样做是对的。但土古特还有其他企图：让尼德兰陷入危险之地，迫使与其防御紧密的国家作出更大努力。但普鲁士政府没有上当。所以说政治对战争的影响是巨大的。

普军1972年向香巴尼进军时因为中途遭遇到的不利形势而降低兴趣。如果在尼德兰，普军凭借征服过荷兰的直接联系，用荷兰掩护下莱茵进而掩护普鲁士国土，也可得到英国的援助。因此，如果奥军将自己的主力配置在上莱茵地区，而普军将自己的全部兵力配置在尼德兰，奥军在尼德兰只留下一个普通的军，效果会好得多。在1814年，如果没有任用布吕歇尔，战争可能就会彻底失败。

在七年战争中，如果在帝国军队地区作战，而不是普鲁士的西里西亚地区，那整个战况将会改变。

我们分几种情况来进一步论证这个问题：

（1）盟军为了自己的利益与我方共同作战。

（2）盟军是来支援我方的。

（3）将帅的个人特点不同。

针对前两种情况，将同盟军队混合编制是最好的管制办法，但前提是各国有友好关系并且有共同利益；但这种情况是很少的。一旦军队被混编，各国的利益也很难区分，同时，也会因各国指挥官自己的利益而产生不利影响，进而影响整个战局。分开管制就不会产生这种影响。但如果各国军队完全分开，也会产生很大不利影响，涉及战略范围。所以采取第一种方法，各国要有奉献精神。1813年紧急战况下各国曾采取这种办法，当时贡献巨大、军队最多的俄国并没有骄傲地独立作战，而是将军队交给普鲁士和奥地利统一指挥。

在各国军队不能这样联合的情况下分开是最好的选择，不然战局会被两个独立统帅弄得一团糟，如七年战争中俄军，奥军，帝国军队频频出现此情况。各国军队分开，必须在形势逼迫下承担自己相应的责任。如果分开的各国军队联系比较密切，情况则就很可能不是这样了。一支军队的不当想法则可能导致其他军队受损。

上述的第一种情况，各国都有自己的利益，目标分开没困难。第二种情况，援军只是来帮助，没有自身目标。

至于将帅问题要看具体情况而定。至于将帅个人问题，一定要选择敢作敢为的人担任，不可用小心谨慎的人。军队分开行动想取得胜利，各部分必须充分发挥力量配合。只有当机立断的指挥官才能够使各部分积极地活动起来，过于冷静的人很难激发军队的战斗潜能。

最后，在调兵遣将时，只要情况允许，就要使他们的特点、任务和地形情况结合起来。常规部队、训练良好的部队、大批骑兵、谨慎和明智的经验丰富的老年指挥者应该用在开阔地上；民兵、百姓武装、以亡命之徒临时拼凑起来的武装、敢作敢为的年青指挥者应该部署在森林、山地和隘口上；增援部队应该用在它们所擅长的相对富饶的地区。

在以打击敌人为目标的战争计划中，我们应先强调战争目标然后再指出作战手法和原则。因此，读者能明白战争中应该追求什么和做什么。给各种可能性留下余地（幻想除外）。如果我们的论述达到了这个目的，我们就完成任务了。

我们没有谈到如何利用地形等因素，如果有人感到奇怪，看来还没有理解我们的意图，更没有从总体理解战争。

上述几点的作用微乎其微，对整体以打倒敌人为目标的战争不起任何影响。

关于统率机构的问题，我们将在本篇的最后用专门的这一章加以论述。

现在用一个例子结束这一章。

如果奥地利、普鲁士、德意志邦联、尼德兰和英国决定对法国作战，而俄国保持中立，他们就完全可以打败法国。因为法国只有俄国这一个后援国家，西班牙离得太远，意大利过于腐败，且法国人口稀少、国土资源不足。

上述对法作战的国家的人口是法国的两倍。他们可以抽调出的军队加起来的人数总共有70多万人，这个数字毫不夸张。

这样一来他们的兵力就远远超过了法国军队的人数，如果法国再抽调出兵力作为后备勤务兵，那联军就会有更大的人数优势，直致打败法国。

法国的核心是军队和巴黎，联军的目标应该是用几次主力会战打败法国并占领巴黎。把剩余法军赶过卢瓦尔河。法国国境到首都只有150英里，一部分盟国就在这个地区，都有对此展开行动的配置地点。而奥地利和南德意志从上莱茵地区出发才便于作战，它们自然地会将进攻方向指向特鲁瓦和巴黎或奥尔良。从这两个地区进攻非常快捷而致命，而且敌军会布置了大量军队在这两个地点。

但是还有两个矛盾点必须说，就是奥地利不愿让意大利毫无掩护，也不愿进攻法国心脏而掩护意大利。由于意大利的政治状况，这点是无可厚非的。

在此意图下，如果从意大利进攻法国南部，并把大量军队留在意大利是个错误。为了实现统一计划集中兵力的思想，我们只能在意大利保留部分兵力，仅用来防止极端不利的情况。在罗纳河地区进攻法国是不可靠的，且决不能把法国南部作为进攻的地点。对遥远地区进行进攻，要防止小事情对我方起的不利作用。如果法国在意大利的军队多且战斗力低，那么可以从法国南部进攻。

因此，保留在意大利的军队可以尽量减少到最低情况，只要能够保障奥军不在一次战争中就失去意大利就可以了。

还有一点，法国是个海滨国家，由于英国在海上占有霸权，法国不得不派两倍的兵力和大量的舰队、火炮来防守海岸线。这样也就牵制住了许多的兵力在沿海。这时英国可以派出兵力牵制着这些力量。

第一，假设这一战况总共使用兵力35万人，联军可以留出5万人在边境要塞守备军队。其他30万人进入巴黎同法国主力军队作战。

第二，在上莱茵，集中30万人的军队。与从尼德兰方面进攻的军队同时前进，指向塞纳河上游地区，进而向卢瓦尔河推进，准备与法军进行主力会战，这两个方向的进攻也许可以在卢瓦尔河合二为一。

我们接下来要谈的就是消除错误观念的问题：

第一，统帅想方设法集结兵力，在兵力上取得绝对优势。为此甚至不惜牺牲一切。真正的进攻，应该像一支用强大的力量射出去的箭，而不应该像一个逐渐膨胀而最后破裂的肥皂泡。

第二，认为瑞士的高地理位置对战争的胜利有决定性的影响是错误的想法，如果瑞士对法国保持中立或者是进行攻击，当然是最好的。但法国也不可能在自己国内受到损失的情况下去北上打击瑞士。所以说，在攻击战中瑞士的地理位置没有什么作用。

第三，两路进攻军队之间的区域，可以不去管它。在集中精力攻打巴黎时，联军无须考虑是否保护其他地区和是否掩护交通线。这些思考只会产生错误影响，其实只要根据国家的地理位置具体考虑则不会出现这种情况。

两路进攻的军队都有自己的目标且兵力明显超过对方，那他们之间相互影响是非常有利的。就算一路失利，联军也可以期待用另一路的胜利弥补损失；且两路军队距离较远，日常小事件相互影响小，直接联系没有大价值。

同时，敌人无法切断这种联系，但必须提防被特战部队支持的居民会，敌人可能利用他们而不用一兵一卒切断联系。这时需要调一支万人骑兵队攻击特战部队，配合主力。它只要穿梭在要塞之间遇到敌人可回避，避免遭到自身失败，便可成为两路军队的中间环节。

第四，两个次要行动都可以采取最好的方式实现目的。两路大军对次要行动依赖性很小。

如果法国再骄傲自大，我们就可用此方式打败法国，让它受到惩罚。只有在遥远的巴黎那一边的卢瓦尔河上，我们才能从法国那里得到欧洲和平的保证；而不是像一百五十年前的联军那样，像带子一样围住法国，却各怀心思，最终导致战争的失败。

不难发现，德意志的部

□ 拿破仑的炮兵团

火炮比滑膛枪的射程更远，是一种强大的火力手段。拿破仑因在作战时擅长使用大炮而被称为"炮兵皇帝"。他曾说，"炮兵是一支完整的队伍，不可或缺，没有炮兵参与的战斗是毫无意义的"。在他的每次大规模的胜战中，大炮都发挥了不小的作用。而滑铁卢之战中，由于雨后地面松软，打出去的炮弹扎进泥里发挥不了作用，成为拿破仑战败的原因之一。

署同要求的部署并不吻合，因为德意志是个联邦，联邦是一个战争中脆弱的核心，它无法上下团结一心，选拔优秀将帅等。

奥地利和普鲁士是德意志帝国的两支重要力量，然而他们有自己的利益和独立军队，所以联邦应根据这一点合理部署，而不是追求绝对统一。

特别说明：

因客观原因，书中部分图片作品无法联系到权利人，烦请权利人知悉后与我单位联系，以获取稿酬；联系电话：023-68652915。